다문화 시대의 반편견교육론

다문화 시대의 반편견교육론

발행일	1판 1쇄 2022년 12월 16일
지은이	추병완

펴낸이	박민우
기획팀	송인성, 김선명, 김선호
편집팀	박우진, 김영주, 김정아, 최미라, 전혜련
관리팀	임선희, 정철호, 김성언, 권주련

펴낸곳	(주)도서출판 하우
주소	서울시 중랑구 망우로68길 48
전화	(02)922-7090
팩스	(02)922-7092
홈페이지	http://www.hawoo.co.kr
e-mail	hawoo@hawoo.co.kr
등록번호	제475호

ISBN 979-11-6748-078-1 93370

값 22,000원

다문화 시대의
반편견교육론

추병완 지음

도서
출판 夏雨 하우출판사

저자 서문

　최근 우리 사회가 다문화 사회로 진입함에 따라서 국가의 모든 구성원이 편견 없이 평화롭게 공존하기 위한 삶의 방식을 가르치는 데 초점을 맞추고 있는 반편견교육의 중요성이 날로 커지고 있다. 이에 따라 최근 우리나라에서는 다문화교육의 실천을 통해 우리 사회의 소수자에 대한 각종 편견을 감소시키려는 구체적인 노력을 전개하고 있다. 다문화교육의 근본 목적은 문화적 다양성을 존중하고 소중하게 여기는 것, 다른 문화적 유형에 대한 이해를 제고하는 것, 모든 문화의 개인들을 존중하는 것, 사람들 간에 그리고 다양한 문화 집단의 경험 간에 긍정적이고 생산적인 상호작용을 발전시키는 것을 포함한다. 다문화교육은 다양성, 인권, 모든 사람을 위한 대안적인 삶의 선택이 지닌 힘과 장점에 근거한 인본주의적 개념이다. 그러므로 다문화교육은 우리 사회와 학교 교육의 품격을 높이는 데 있어서 반드시 필요하다.

　이 책은 내가 2011년에 미국 UCR(University of California at Riverside)의 김영옥 연구소(YOK Center for Korean American Studies)에서 1년간 연구 교수로 재

직하면서부터 지금까지 수행한 반편견교육에 관한 여러 연구 결과를 담은 것이다. 다인종·다민족으로 상징되는 캘리포니아의 지정학적 상황은 다문화 사회에서 소수 인종과 민족 혹은 사회적 약자 계층에 대한 편견, 고정관념, 차별을 감소시키는 가운데 다수와 소수가 평화롭게 공존할 수 있는 사회를 건설하는 데 있어서 학교 교육이 어떤 역할을 담당해야 하는지에 대한 나의 진지한 고민과 성찰을 유도하였다. 그리고 2019년부터 춘천교육대학교 시민교육역량강화사업단을 이끌면서 글로벌·다문화 시대에서 민주 시민성에 관한 다양한 연구성과를 축적하였다. 다문화 시대에서 편견, 고정관념, 차별을 줄이는 교육의 가치와 중요성은 계속해서 증가하고 있지만, 학교에서 어떤 내용과 방법을 가지고 교육해야 하는지에 대한 전문 학술 서적이 매우 부족하다는 암울한 우리의 학문적 현실은 내가 이 책을 서둘러 출판하게 만든 결정적인 자극제였다.

이 책의 주요 내용은 크게 보아 2부로 구성되어 있다. 1부는 편견, 고정관념, 차별에 관한 이론적 논의를 개관하는 데 초점을 맞추었다. 그리고 2부는 편견, 고정관념, 차별을 감소시키기 위한 교육 방안들을 제시하는 데 초점을 맞추었다.

먼저 이 책의 1부 내용을 간략하게 요약하면 다음과 같다. 1장은 이 책에서 내가 앞으로 사용할 주요 용어들을 정의하였다. 편견, 고정관념, 차별, 자민족중심주의가 구체적으로 무엇을 의미하는지를 밝힘과 동시에 그와 관련된 지금까지의 연구 결과들을 간략하게 제시하였다.

2장은 편견 형성의 기원에 관한 제반 이론을 다루었다. 여기서는 아동에게서 볼 수 있는 부정적인 인종적 태도와 행동을 이해하고 그것을 감소시키기 위한 발달심리학자 및 사회심리학자들의 연구 결과를 살펴보았다. 최근의 편견 형성 이론을 거의 모두 망라하여 간략하게 그 설명 구조를 제시하였다.

3장은 주로 고정관념을 이해하는 데 초점을 맞추었다. 고정관념의 내용, 고정관념의 인지 구조, 고정관념의 처리, 고정관념의 맥락에 대해 살펴봄으로써, 독자들이 고정관념의 무엇(what), 왜(why), 어떻게(how), 언제(when)를 분명하게 이해할 수 있게 하였다.

4장에서는 집단 간 위협 이론에 대해 살펴보았다. 사람들이 경험하고 있는 집단 간 위협의 본질이 무엇인지, 언제 그리고 왜 사람들은 외집단으로부터의 위협을 느끼게 되는지, 그리고 그러한 위협들에 대해 사람들은 어떤 식으로 반응하고 있는지에 대해 상세하게 다루었다.

5장에서는 편견의 형성과 결과에 관한 공포 관리 이론의 핵심적인 통찰을 개관하고, 공포 관리 이론이 도덕 교과에서의 반편견교육에 주는 시사점이 무엇인지를 분석하였다.

이 책의 2부는 편견, 고정관념, 차별을 감소시키기 위한 교육의 실제에 대해 다루었으며, 그 내용을 간략하게 소개하면 다음과 같다.

6장은 편견 이론에 근거한 반편견 교수 전략을 다루었다. 6장에서는 인종·민족 등 집단 간 편견 형성 이론에 대한 심층 분석을 통하여 편견 형성 이론에 직접적으로 근거한 반편견 교수 전략을 탐색하였다. 이를 위해 여기서는 편견의 개념과 편견 연구의 역사적 전개 과정을 살펴보고, 편견의 형성 및 발달·표현에 관한 대표적 이론들이 반편견 교수 전략에 주는 시사점이 무엇인지를 분석하고, 그것을 토대로 인지적·동기적·행동적 차원의 구체적인 반편견 교수 전략을 구성하여 제시하였다.

7장은 북한이탈주민에 대한 고정관념 해소를 위한 교수 전략을 다루었다. 이를 위해 고정관념의 개념과 북한 및 북한 주민에 대한 고정관념의 실태에 대해 살펴보고, 고정관념의 형성 과정을 설명하는 네트워크 모델의 이론적 유용성 및 시사점을 검토하며, 이를 근거로 하여 학교 통일교육 현장에서 북한이탈주민에 대한 고정관념 해소를 위한 교수 전략을 제안하였다.

8장은 접촉 가설에 근거한 반편견 교수 방법에 대해 다루었다. 접촉 가설은 집단 간 편견을 감소시키기 위해 가장 포괄적으로 연구되어 온 대표적인 이론적 틀 가운데 하나다. 접촉 가설은 개인의 고정관념과 편견을 감소시키기 위한 그리고 집단 간 관계 개선을 위한 구체적인 교수 전략과 방법을 구상하는 이론적 토대 역할을 수행해 왔다. 이에 여기서는 접촉 가설의 개념과 발전 과정을 살펴보고, 접촉 가설이 반편견 교수 방법에 시사하는 바가 무엇인지를 명료하게 밝혔다.

9장은 간접 접촉 이론에 근거한 반편견 교수 방법을 다루었다. 20세기 말부터 사회심리학자들은 집단 간 편견 감소 및 관계 개선에 도움을 줄 수 있는 다양한 형태의 간접 접촉 방안을 연구해 왔다. 이에 여기서는 간접 접촉의 효과를 설명하는 메커니즘에 대한 상세한 문헌 분석 결과에 근거하여, 학교 수업에서 반편견 교수 활동을 실천하기 위한 구체적인 교수 전략을 제시하였다.

10장은 표적 중심 반편견교육을 다루었다. 반편견교육이 실질적인 효과를 거두기 위해서는 편견을 지닌 사람들의 편견을 감소시키는 노력과 더불어 편견의 표적들이 자신들을 향한 각종 편견에 어떻게 대응해 나갈 수 있는지를 알려줄 수 있어야 한다. 편견은 병리적인 현상이 아니라 정상적인 인간 경험의 일부분이기에 우리는 편견의 지각자가 될 수도 있고, 때에 따라서는 편견의 표적이 될 수도 있다. 따라서 반편견교육에서 표적이 수행할 수 있는 대응 전략이 무엇인지를 제시하는 것은 매우 중요한 것이다.

11장은 인종차별 의식 해소를 위한 교육 방안을 다루었다. 여기서는 인종차별주의의 개념·유형·결과, 아동의 인종 의식 발달 경향, 반인종차별교육 방법에 대한 선행연구 결과를 검토하고, 이를 토대로 하여 반인종차별교육을 실시할 때 교사가 지향·적용해야 할 교수·학습 원리를 제시하였다.

12장은 새로운 인종차별주의의 한 유형으로서 혐오적 인종차별주의의 본질과 영향을 밝히고, 그러한 차별 행위를 예방하기 위한 도덕 교과에서의 반편견 교수·학습 방법을 제안하였다. 전통적 인종차별주의자들과는 달리 혐오적 인종차별주의자들은 과거 그들이 범한 부정의한 행동의 피해자들을 동정하고, 인종 간 평등 원리를 지지하며, 그들 스스로를 편견이 없는 사람이라고 간주하는 경향을 보인다. 동시에 그들은 타 인종·민족 집단에 대한 부정적인 태도와 신념을 여전히 드러낸다.

끝으로 13장은 노인차별주의를 다룬다. 노인차별주의란 단지 늙었다는 이유만으로 우리가 노인들을 향해 갖는 체계적인 고정관념 및 차별 행위를 의미한다. 도덕과 수업을 통해 경로효친의 덕목을 가르치는 것만으로 노인에 대한 편견과 차별 의식을 감소시킬 수는 없다. 이에 여기서는 도덕과 수업 상황에서 교사가 아동의 노인차별주의적 의식과 태도를 긍정적으로 변화시키기 위한 학습 내용 및 교수 원리들을 제안하고, 그것을 정당화하는 데 초점을 맞추었다.

이 책의 일부 내용은 내가 학술지에 게재했던 논문을 이 책의 성격에 맞게 재구성하였고, 그 출처를 밝히면 다음과 같다.

이 책이 나오기까지 정말 많은 분이 도움을 주셨으나 그 이름을 모두 거론하지 못하는 것이 다소 아쉽다. 나는 무엇보다도 가족들에게 많은 빚을 졌다. 오로지 연구에만 전념할 수 있도록 이제껏 불평 없이 헌신적으로 지원해 준 나의 사랑하는 아내 혜성의 도움은 이루 말로 다 표현할 수 없다. 플로리다대학교에서 박사 학위 논문을 작성하면서 육아에 헌신하는 아들, 미국 UCI에서 석사 과정을 마치고 귀국하여 이제 직장 생활의 재미를 새롭게 알아가는 딸의 도움과 격려도 컸다. 둘은 내가 이 책의 집필에 필요한 자료를 찾아 파일로 보내주는 수고를 아끼지 않았다. 그리고 지난 5월 5일 태어난 내 손자 이안(Ian)은 나에게 새로운 삶의 의미를 부여해 주었다.

끝으로, 이번에도 어김없이 한 권의 책으로 만들어주신 하우출판사의 박민우 사장님에게 깊이 감사드린다. 그리고 복잡하고 힘든 편집 작업을 수행하느라 고생하신 하우출판사의 편집부 직원 여러분께도 깊이 감사드린다.

2022년 10월

홍익관 연구실에서 **추병완**

차례

반편견교육에
관한
이론적 논의

1장

주요
용어
이해하기

이 책은 다문화 사회에서 특정 집단이나 개인에 대한 편견, 고정관념, 차별, 자민족중심주의를 감소시키기 위한 교육 방안을 제안하는 데 그 목적을 두고 있다. 여기서는 먼저 이 책의 핵심 주제라 할 수 있는 편견, 고정관념, 차별, 자민족중심주의에 대한 개념 정의를 시도하고자 한다. 우리는 일상생활에서 편견, 고정관념, 차별, 자민족중심주의라는 용어를 자주 사용하고 있지만, 정작 그 의미를 제대로 이해하여 설명할 수 있는 사람은 그리 많지 않다. 이 장에서는 학문적 의미에서 편견, 고정관념, 차별, 자민족중심주의라는 용어의 개념 정의가 어떻게 정립되어 왔는지를 밝히고자 한다. 이러한 시도는 앞으로 독자들이 이 책의 전반적인 내용을 쉽게 이해하는 데 큰 도움을 줄 것이다.

1. 편견

편견은 어떤 집단에 대한 전반적인 평가를 반영하고 있는 태도를 의미하는 것이기에, 편견은 다른 태도들과 마찬가지로 인지적 요소(예: 표적 집단에 관한 신념), 정의적 요소(예: 혐오), 행동적 요소(예: 표적 집단에게 부정적으로 행동하려는 성향)를 포함하고 있다. 올포트 (Allport, 1954, p. 7)는 편견을 '그릇되고 완고한 일반화에 근거한 적대감'이라고 정의한 바 있다. 편견은 느껴질 수도 있고 표현될 수도 있다. 편견은 전체로서의 집단에게 혹은 집단의 한 구성원인 개인에게 향할 수도 있다. 편견에 관한 올포트의 개념 정의 이후 대부분 연구자들은 편견을 부정적 태도인 적대감으로서 정의하여 왔다.

심리학자들은 다른 태도들과 마찬가지로 편견은 인간의 환경을 주관적으로 조직화하고, 그 환경 속에 있는 대상과 사람들에 우리를 적응시킨다고 가정하였다. 편견은 자존감을 고양시켜 주고 물질적 이득을 제공하는 것과 같은 심리적 기능을 담당한다. 심리학자들이 심리내적 과정으로서의 편견에 초점을 맞추어 온 반면에, 사회학자들은 집단에 근거한 편견의 기능을 강조하였다. 사회학 이론들은 인종 관계와 같은 집단 간 관계에 있어서 대규모의 사회적·구조적 역학을 강조한다. 즉, 사회학 이론들은 종종 개인적 영향을 배제하는 가운데 경제와 계급에 기반을 둔 용어로서 집단 관계의 역학을 고려한다.

다양한 견해들에도 불구하고 심리학적 접근과 사회학적 접근은 공히 집단과 집합 정체성이 집단 간 관계에 미치는 영향의 중요성을 인정하고 있다. 예를 들어, 블루머(Blumer, 1965)는 집단 경쟁이 사회적 편견의 발달과 존속에 있어서 중추적인 것이라고 주장했다. 그는 인종 편견은 집단 지위감이 도전을 받는 것에 대한 방어적 반작용이라고 주장하였다. 따라서 인종 편견은 하나의 '보호적인 방책'으로서, 지배 집단의 충실성과 지위를 유지하는 기능을 수행한다(Blumer, 1958, p. 5). 이와 유사하게 심리학자들은 집단 간의 기능적 관계야말로 집단 간 태도를 결정함에 있어서 가장 결정적인 것이라고 주장하였다(Sherif et al., 1961). 특히 그들은 집단 간의 경쟁이 편견과 차별을 낳는 반면, 성공적인 결과를 수반하는 집단 간 상호의존과 협동적 상호작용은 집단 간 편견을 감소시킨다고 주장하였다(Bobo, 1988).

편견에 대한 최근의 정의들은 편견의 역동적 본질에 집중함으로써 개인적 수준을 강조하는 심리학과 집단 수준에 초점을 맞춘 사회학의 간극을 제거한다. 이글리와 딕만(Eagly & Diekman, 2005)은 편견을 집단 간 지위 및 역할 차이를 유지시키는 기제로서 정의한다. 나아가 그들은 개인의 반응이 그러한 과정에 어떻게 기여하는지를 강조하였다. 집단의 전통적 역할로부터 일탈한 사람들은 부정적 반응을 보인다. 현상유지를 강화시켜주는 행동을 하는 사람들은 긍정적 반응을 보여준다. 이러한 관점과 일치하듯이 여성을 향한 편견은 적대적 요소와 우호적 요소를 모두 갖고 있다(Glick & Fiske, 1996). 적대적 성차별주의는 전통적인 종속적 역할로부터 일탈한 여성을 응징한다. 반면에, 우호적 성차별주의는 여성의 종속적인 지위를 여전히 강조하면서도 여성의 지지적인 지위를 공표한다. 이러한 관점은 현재의 편견이 표적 집단에 대해 쉽사리 식별 가능한 부정적 관점을 항상 포함하고 있는 것이 아니라, 상당히 미묘하지만 생색을 내는 그리고 유해한(pernicious) '긍정적' 관점을 포함하고 있음을 밝혀준다.

편견은 개인 수준의 심리적 치우침을 표현하는 것이기 때문에, 전통적으로 불리한 처지에 놓인 집단들도 기득권 집단과 그 성원들을 향한 편견을 가질 수도 있다. 소수 집단 성원들은 지배 집단의 긍정적 속성에 근거한 집단 지위에서의 차이를 정당화하는 문화적 이데올로기를 수용하면서도 다수 집단 성원들을 향한 편견을 갖고 있다는 것을 보여준 연구 결과들이 존재한다(Sinadius & Pratto, 1999). 하지만 그러한 편견의 상당수는 다수 집단 성원들에게 차별을 당하는 것에 대한 일종의 반발로서 나온 것이다. 이런 맥락에서의 편견은 집단 간의 위계적 지위를 창출하고 유지하는 집단들과 그 성원들을 향한 개인 수준의 태도를 의미한다.

2. 고정관념

고정관념이라는 용어를 최초로 사용한 립맨(Lippmann, 1922)에 의하면, 고정관념이란 특정한 사회 집단에 대해 생각할 때 머리 속에 떠오르는 전형적인 그림이라고 한다. 고정관념에 대한 초기 연구들은 고정관념을 불변하고 그릇된 사고 과정으로 개념화하였으나, 최근의 연구들은 복잡한 환경을 단순화시키는 것으로서의 고정관념 개념에 주목하는 가운데 고정관념의 기능적이고 역동적인 측면들을 강조한다. 고정관념은 사람들이 타인에 대한 정보를 처리하기 위해 사용하는 인지 도식(cognitive schemas)이다. 고정관념은 전형적인 집단 성원들의 특성에 대한 신념을 반영하고 있을 뿐만 아니라 사회적 역할 및 집단 성원들이 특정한 특성들을 공유하고 있는 정도 등과 같은 여타의 특성들에 대한 정보를 포함하고 있다. 고정관념은 즉각적으로 명백한 표면적인 특성들을 넘어서는 가운데 사람들에 관한 풍부한 양의 정보를 함축하고 있고 새로운 상황에서 집단 성원들의 예상되는 행동에 대한 기대를 만들어 낸다. 그러나 고정관념은 또한 우리가 특정한 방식으로 지각하도록 강요한다. 일반적으로 고정관념은 그 고정관념과 일치하는 행동이나 특성을 지각하기 위한 신속성을 만들어낸다. 지각적 처리의 초기 단계에서 고정관념과 일치하는 특성들은 가장 빠른 주의집중을 받게 된다. 예를 들어, 미국에서 문화적 고정관념은 흑인을 폭력적 범죄와 연합시키기 때문에, 백인들은 백인에 대한 정보보다는 흑인에 대한 정보가 주어졌을 경우에 범죄와 연합된 대상을 더욱 빠르게 인지한다.

최근의 연구들은 사회 구조가 고정관념의 특수한 내용에 어떤 영향을 미치는지를 밝혀내었다. 고정관념은 차별을 증가시킬 뿐만 아니라 그러한 차별에 의해 고정관념이 더욱 강화된다. 특히 사람들은 자신이 차지하고 있는 사회적 역할에 근거하여 집단의 특성을 추단한다. 그 결과 사람들은 낮은 사회경제적 지위를 가진 집단 성원들을 높은 사회경제적 지위를 가진 집단 성원들에 비해 무능하다고 파악한다. 게다가 소수 집단 성원들은 자기 집단을 향한 고정관념을 포함하여 지배 집단의 체제 정당화 이데올로기를 수용하도록 사회화된다.

고정관념 내용 모델은 온정(협동 집단과 연합되고, 경쟁 집단을 거부함.)과 능력(높은 지위 집단과 연합되고 낮은 지위 집단을 거부함.)이라는 고정관념의 두 가지 기본적인 차원을 제안한다. 온정과 능력의 두 차원 중 각각에서 높거나 낮은 고정관념을 가진 집단은 그와 유사한 감정을 유발한다. 고정관념적으로 온정적이고 유능한 집단(예: 내집단, 친밀한 동맹)은 자부심과 감탄을 유발한다. 고정관념적으로 온정적이나 무능한 집단(예: 주부, 노인)은 연민과 동정심을 유발한다. 고정관념적으로 차가우나 유능한 집단(예: 동양인, 유태인)은 질투와 시기심을 유발한다. 고정관념적으로 차갑고 무능한 집단(예: 복지 수혜자, 빈곤층)은 혐오, 화, 적개심을 유발한다.

문화적 고정관념은 인지적 이유와 사회적 이유를 유지하려는 경향이 있다. 인지적인 측면에서 사람들은 종종 고정관념과 모순되는 행동을 고려하지 않는 가운데, 고정관념과 일치하는 행동에 대해서는 성향적 귀인을 한다. 사회적인 측면에서 사람들은 고정관념을 확인시켜 주는 반응을 이끌어내고, 자기 충족 예언을 만들어내는 방식으로 행동한다.

한편, 언어는 고정관념의 전수에 있어서 중요한 역할을 수행한다. 사람들은 커뮤니케이션을 할 때 가장 정보가 풍부하다고 여겨진 특성에 초점을 맞춘다. 고정관념적 특성은 어떤 집단에 독특한 것이기에, 사람들은 사회적 담론에서 그러한 특성을 더욱 빈번하게 사용한다. 고정관념적 특성은 흥미 있고 정보 가치가 있는 것으로 여겨진다.

고정관념에 대한 심리학적 연구가 전통적으로 고정관념을 지각하는 사람에게 초점을 맞춘 반면에, 사회학적 연구들은 고정관념의 표적이 되는 사람들의 경험을 강조하였다. 고정관념이 표적에 미치는 영향을 연구한 결과는 명목상의 징표주의(tokenism)와 고정관념 위협(stereotype threat)으로 대별된다. 사람들이 사회적 상황에서 자기 집단의 상대적 소수 중 하나인 징표일 경우, 타인에 의해 고정관념의 표적이 될 경향이 매우 크다. 이것은 개인이 상황 속에서 자기 집단의 유일한 성원일 때 더욱 그렇다. 징표가 되는 경험은 높은 수준의 자기의식과 위협을 경험하게 만들고, 그것은 효과적으로 사고하고 행동하는 능력을 감소시킨다.

최근의 연구들은 고정관념의 표적이 되고 있는 집단 성원들이 그들에 대한 부정적 고정관념을 인식하게 될 때 발생하는 고정관념 위협 현상을 확인하였다. 고정관념 위협은 자기가 소속된 집단에 대한 부정적 고정관념을 자기의 특성으로서 확언할 위험에 처하는 것을 뜻한다. 이 용어를 처음으로 사용한 스틸과 애론슨(Steele & Aronson, 1995)에 따르면, 흑인 대학생들의 인종이 강조되었을 경우 그들은 백인 대학생들에 비해 표준화된 시험에서 낮은 점수를 기록하였다고 한다. 그러나 인종이 강조되지 않았을 경우에는 백인 학생들보다 우수하거나 혹은 동등한 실력을 보여주었다고 한다. 흑인 학생들의 인종이 강조되었을 경우 "흑인은 열등하다."는 부정적 고정관념을 지각함으로써 흑인 대학생들은 시험에서 제 기량을 제대로 발휘하지 못한 것이다. "여학생은 수학을 잘 하지 못한다."는 부정적 고정관념을 지각한 여학생들이 수학 시험에 어려움을 겪는 것도 이와 유사한 것이다. 이처럼 집단 소속감을 현저하게 만드는 것은 불안감을 유발하고 부정적 고정관념에 인지적으로 파묻히게 만들어버림으로써 수행의 장애를 초래할 수 있다.

이렇듯 고정관념은 어떤 집단의 본질을 반영한다고 지각된 일군의 속성들을 나타낸다. 고정관념은 사람들이 지각하는 방식, 집단 성원들에 대한 정보를 처리하는 방식, 집단 성원들에 반응하는 방식에 체계적으로 영향을 미친다. 고정관념은 사회화, 미디어, 언어, 담론을 통하여 전수된다.

3. 차별

집단 간 관계에서 차별(discrimination)은 경멸적인 의미를 갖고 있다. 차별은 단순히 사회적 대상들을 구별하는 것 이상을 함의하고 있으며, 집단 소속감에 따라 개인을 부적절하고 부당하게 대우하는 것을 지칭한다. 차별은 어떤 집단의 성원에게 의도적으로 부정적인 행동을 하는 것 혹은 비교 가능한 상황에서 더 미묘한 방식으로 외집단 성원들에게 내집단 성원들에 비해 덜 우호적인 반응을 보이는 것을 포함한다. 올포트(1954, p. 51)에 따르면 차별은 '어떤 개인이나 집단이 바라고 있는 동등한 대우를 거부하는 것'을 포함한다. 한편, 존스(Jones, 1991, p. 4)에 의하면 차별은 '비교 집단의 희생을 통해 자기가 속한 집단의 특성을 유지하고 지위를 촉진하기 위해 계획된 행동들'을 의미한다.

일반적으로 차별은 타 집단에게 해로움을 주거나 불이익을 주는 행동을 포함하고 있을 뿐만 아니라 자기가 소속된 집단을 부당하게 편애하는 행동을 포함하고 있는 편파적 행동을 뜻한다. 올포트는 내집단 편애주의가 집단 간 관계에서 근본적인 역할을 한다고 주장하였다. 내집단 편애는 외집단 적대감에 선행하는 심리적 현상인 셈이다. 그는 "내집단은 심리적으로 일차적인 것이다. 우리는 내집단 속에 살고 있으며 때로는 내집단을 위해 산다."고 주장하였다(p. 42). 나아가 그는 "애정 편견이 증오 편견에 비해 인간 삶에 있어서 더욱 기본적인 것이라는 타당한 이유들이 존재한다. 사람들은 타인의 관심과 안전을 희생하면서도 자기 나름의 범주적 가치를 옹호할 수 있다. 증오 편견은 기저의 호혜적 애정 편견으로부터 유래하는 것이다."라고 주장했다(p. 25).

최근의 연구들은 평가(태도) 및 자원 할당(차별)에서의 집단 간 편견은 외집단에 대해 명백하게 부정적인 반응을 보이지 않는 가운데서의 내집단 편애주의를 종종 포함한다는 사실을 밝혀내었다(Mummendey & Otten, 2001).

차별이 특정한 집단 성원이나 전체로서의 집단을 향해 발생하는 것인 반면에, 고정관념과 편견은 심리 내적인 현상이다. 고정관념과 편견은 개인 내부에서 발생하는 것이다. 전통적으로 고정관념과 편견은 명시적 반응으로 여겨져 왔다. 그러기에 사람들은 자신이 고정관념과 편견을 갖고 있다는 것을 알고 있고 의도적으로 통제할 수 있다고 생각했다. 이러한 명시적이고 의식적이며 의도적인 과정과는 대조적으로 암묵적 편견과 고정관념은 인식의 결여 및 무의도적 활성화를 포함한다. 그러한 태도 대상의 단순한 존재 자체가 그와 연합된 고정관념과 태도를 자동적으로 활성화시킬 수 있다(Fazio, Jackson, Dunton & Williams, 1995). 최근의 연구들은 태도와 고정관념의 암묵적 표현이 존재하고, 종종 명시적 태도와 고정관념으로 독립된 상태에서 어떤 행동을 예측할 수 있다고 한다.

4. 자민족중심주의

어원적으로 볼 때 자민족중심주의(ethnocentrism)는 그리스어로 민족을 뜻하는 ethnos와 중심을 의미하는 kentron이 결합되어 생긴 말이다. 자민족중심주의는 자신의 민족 집단이나 문화가 다른 민족 집단이나 문화보다 우월하므로 자신의 문화적 기준이 보편적 방식으로 적용될 수 있다는 것을 표현하는 기본적인 태도이다(Hooghe, 2008, p. 409).

연구자들은 자민족중심주의의 두 가지 중요한 요소를 발견하였다. 두 가지는 서로 밀접하게 관련되어 있지만, 여전히 경험적으로 구분될 수 있다. 문화적 자민족중심주의는 자신이 속한 문화의 규범과 태도들이 다른 사회나 집단의 문화보다 우월하다는 신념에 그 근거를 둔다. 나아가 문화적 자민족중심주의자들은 그러한 문화적 질서가 새로운 집단의 이주로 인해 위협을 받고 있다고 믿는다. 문화적 자민족중심주의는 종종 상징적인 방식으로 그 모습을 드러낸다. 즉, 소수 문화의 의복, 종교적 상징 그리고 여타의 가시적 요소들과 같은 정체성의 문화적 표시들을 공적으로 표현하는 것에 대한 불만을 드러낸다. 한편, 경제적 자민족중심주의는 다른 집단들이 경제적 경쟁자로 여겨질 수 있으므로 경제적 행위자로서의 그들의 역량에 있어서 마땅히 제한을 당해야 한다는 지각과 밀접하게 관련되어 있다. 경제적 자민족중심주의는 노동시장에 대한 차별적 조처, 보이코트 혹은 자기 문화와 연관된 상품과 서비스에 대한 분명한 선호를 표현하는 여타의 소비자 행동을 통해 그 모습을 드러낸다.

일찍이 섬너(Smmner, 1911, p. 11)는 어떤 외집단에 대한 우월감 및 외집단에 대항하여 내집단의 이익을 옹호하려는 반응을 담고 있는 응집성의 감정, 내적 동료의식 그리고 내집단에 대한 헌신을 일컬어 자민족중심주의라고 정의하였다. 섬너는 자민족중심주의가 필연적으로 전쟁으로 귀결되지는 않는다고 했음에도, 이후의 많은 학자처럼 그는 자민족중심주의가 집단 간의 갈등에 이바지하고 실재적인 적대 행위와 전쟁으로 이어질 수 있다고 보았다. 그 결과 집단 간 관계에 대한 이러한 자민족중심주의의 부정적 영향은 심리학과 사회과학에서 자민족중심주의에 대한 기본적 개념의 하나로 자리를 잡게 되었다.

비주믹과 그 동료들(Bizumic et al., 2009)은 자민족중심주의를 네 가지의 집단 간 표현과 두 가지의 집단 내 표현을 담고 있는 민족 집단의 자기 중요성(self-importance)과 자기중심성(self-centeredness)에 대한 강한 감정이라고 정의하였다. 네 가지의 집단 간 표현은 내집단이 외집단보다 더욱 중요하고 외집단보다 자신의 내집단을 더욱 선호하는 것을 포함하는 관점, 내집단 우월성에 대한 신념, 민족적 순수성에 대한 소망, 내집단의 욕구 충족을 위해 외집단을 이용하는 것에 대한 승인을 포함한다. 그리고 두 가지의 집단 내 표현은 자신이 속한 집단이 그 집단의 개별 성원들보다 더욱 중요하다는 관점 그리고 집단 응집성과 내집단 헌신에 대한 욕구를 포함하고 있는 관점과 관련되어 있다. 그들은 자민족중심주의 척도를 개발하여 조사연구를 실시한 결과, 자민족중심주의는 선호, 우월성, 순수성, 이용 가능성을 포함하는 집단 간 자민족중심주의와 집단 응집성과 헌신을 포함하는 집단 내 자민족중심주의로 구성되어 있다는 사실을 밝혀내었다. 그러므로 자민족중심주의는 선호, 우월성, 순수성, 이용 가능성, 집단 응집성과 집단 헌신이라는 여섯 가지 차원으로 구성된 조작적 개념이다.

Abrams, D. (1985), "Focus of attention in minimal intergroup discrimination", *British Journal Social Psychology*, 24, 65-74.

Adorno, T. W., Frenkel-Brunswik, E., Levinson, D. J. & Sanford, R. N. (1950), *The authoritarian personality*, New York: Harper.

Allport, G. W. (1954), *The nature of prejudice*, Cambridge: Addison-Wesley.

Bizumic, B., Duckitt, J., Popadic, D., Dru, V., & Krauss, S. (2009), "A cross-cultural investigation into a reconceptualization of ethnocentrism", *European Journal of Social Psychology*, 39, 871–899.

Blumer, H. (1958), "Race prejudice as a sense of group position", *Pacific Sociological Review*, 1, 3-7.

Blumer, H. (1965), "Industrialization and race relation", In G. Hunter (Ed.). *Industrialization and race relations: A symposium* (pp. 228-229), New York: Oxford University Press.

Bobo, L. (1988), "Group conflict, prejudice, and the paradox of contemporary racial attitudes", In P. A. Katz & D. A. Taylor (Eds.), *Eliminating racism: Profiles in controversy* (pp. 85-114), New York: Plenum.

Dollard, J., Doob., L. W., Miller, N., Mowrer, O. H. & Sears, R. R. (1939), *Frustration and aggression*, New Haven: Yale University Press.

Dovidio, J. F., Hewstone, M., Glick, P. & Esses, V. M. (2010), "Prejudice, stereotyping and discrimination: Theoretical and empirical overview", In

J. F. Dovidio, M. Hewstone, P. Glick & V. M. Esses (Eds.), *The SAGE handbook of prejudice, stereotyping and discrimination* (pp. 3-28), Los Angeles: SAGE.

Eagly, A. H. & Diekman, A. B. (2005), "What is the problem? Prejudice as an attitude-in-context", In J. F. Dovidio, P. Glick & L. A. Rudman (Eds.), *On the nature of prejudice: Fifty years after Allport* (pp. 19-35), Malden: Blackwell.

Fazio, R. H., Jackson, J. R., Dunton, B. C. & Williams, C. J. (1995), "Variability in automatic activation as an unobtrusive measure of racial attitudes: A bona fide pipeline?", *Journal of Personality and Social Psychology*, 69, 1013-1027.

Glick, P. (2005), "Choice of scapegoats', In J. F. Dovidio, P. Glick & L. A. Rudman (Eds.), *On the nature of prejudice: Fifty years after Allport* (pp. 244-261), Malden: Blackwell.

Glick, P. & Fiske, S. T. (1996), "The ambivalent sexism inventory: Differentiating hostile and benevolent sexism", *Journal of Personality and Social Psychology*, 70, 491-512.

Haslam, S. A. & Dovidio, J. F. (2010), "Prejudice", In J. M. Levine & M. A. Hogg (Eds.), *Encyclopedia of group processes and intergroup relations* (Vol. 2, pp. 655-660), Thousand Oaks: Sage.

Hogg, M. A. & Hains, S. C. (1996), "Intergroup relations and group solidarity: Effects of group identification and social beliefs on depersonalized attraction", *Journal of Personality and Social Psychology*, 70, 295-309.

Howard, J. M. & Rothbart, M. (1980), "Social categorization for ingroup and outgroup behavior", *Journal of Personality and Social Psychology*, 38, 301-310.

Hooghe, M. (2008), "Ethnocentrism", *International Encyclopedia of the Social Sciences*, Philadelphia: MacMillan Reference.

Insko, C. A., Schopler, J., Gaertner, L., Wildschut, T., Kozar, R., Pinter, B., et al. (2001), "Interindividual-intergroup discontinuity reduction through the anticipation of future interaction", *Journal of Personality and Social Psychology*, 80, 95-111.

Lipmann, W. (1922), *Public opinion*, New York: Harcourt, Brace.

Mummendey, A. & Otten, S. (2001), "Aversive discrimination", In R. Brown & S. L. Gaertner (Eds.), *Blackwell handbook of social Psychology: Intergroup process* (pp. 112-132), Malden: Blackwell.

Myers, D. G. (2005), *Social Psychology*, Boston: McGraw Hill.

Sherif, M., Harvey, O. J. White, B. J., Hood, W. R. & Sherif, C. W. (1961), *Ingroup conflict and cooperation: The Robbers Cave experiment*, Norman: University of Oklahoma Book Exchange.

Sinadius, J. & Pratto, F. (1999), *Social dominance: An intergroup theory of social hierarchy and oppression*, New York: Cambridge University Press.

Steele, C. M. & Aronson, J. (1995), "Stereotype threat and the intellectual test performance of African Americans", *Journal of Personality and Social Psychology*, 69, 797-811.

Tajfel, H. (1969), "Cognitive aspects of prejudice", *Journal of Social Issues*, 25(4), 79-97.

Turner, J. C. & Reynolds, K. J. (2001), "The social identity perspective in intergroup relations: Theories, themes, and controversies", In R. Brown & S. L. Gaertner (Eds.), *Blackwell handbook of social Psychology: Intergroup processes* (pp. 133-152), Malden: Blackwell Publishers.

2장

편견 형성의
기원에 관한
이론

도대체 우리는 왜 특정한 사람들에 대해 편견을 갖게 되는가? 왜 사람들은 특정 집단에 속한 사람들에 대해 부정적인 견해를 갖게 되는가? 이에 대해서는 여러 가지 답변들이 제시되어 왔다. 여기서는 아동들에게서 볼 수 있는 부정적인 인종적 태도와 행동을 이해하고 그것을 감소시키기 위한 발달심리학자 및 사회심리학자들의 연구 결과를 살펴보고자 한다. 이러한 시도는 아동기에 있어서 인종적 편견 형성의 기원을 이해하는 데 큰 도움을 준다.

1. 심리 역동적 접근 (psychodynamic approach)

편견 발달에 관한 초기 이론들은 아동기의 편견이 희귀하고, 비정상적인 문제임을 암시한다. 이러한 제한된 관점은 아도르노와 그 동료들이 발전시킨 심리 역동적 접근에 잘 나타나 있다. 아도르노와 그 동료들의 연구는 나치 독일의 잔혹성을 이해하기 위한 것이었다. 그들은 1950년에 출판된 『권위주의적 인성』이라는 책에서 처벌과 위협을 특징으로 하는 양육 스타일이 아동기의 인종 편견을 야기한다고 주장하였다(Adorno, 1950). 비인습적 행위의 표현에 대한 부모의 반응으로서 처벌과 위협을 접한 아동들은 불완전한 에고(ego)를 갖게 된다. 인습주의와 권위에 대한 복종을 강제로 조장하는 환경에서 성장한 아동은 자신의 공격 충동을 방출하기 위해 방어기제에 의존한다. 이를테면 아동들은 그들의 분노를 그들이 의존하고 있는 강력한 부모보다는 오히려 사회적 일탈자들에게 투사한다. 아동이 그의 분노를 사회적 일탈자에게 투사하는 주된 이유는 권위 있는 사람들이 그런 사람들을 목표로 한 공격을 승인하기 때문이다. 그러한 사회적 일탈자의 범주에는 인종적·종족적 소수자, 장애인들도 포함된다. 따라서 사회적 일탈자에게 분노를 투사하는 것이 어떤 집단에 대한 편견을 야기한다고 여겨진다. 주로 청소년기에 발달하는 것으로 알려진 권위주의적 인성은 이러한 아동기의 경험에 근거한 것이다.

초기의 심리 역동적 이론은 편견을 드러내는 아동에게 치료가 가장 적절한 조처임을 제안했다. 그러나 그러한 치료 기법은 오늘날에는 흔하지 않다. 그 이유는 편견에 대한 심리 역동적 접근이 이론적으로 논파 불가능한 형식을 취하고 있고, 방법론적으로 성인들에게 그들의 과거를 주관적으로 인터뷰하는 방식에 의존하고 있다는 비판을 받고 있기 때문이다.

오늘날의 연구들은 권위주의적 인성이 독일인의 인성처럼 어떤 국민적 풍토를 반영하지 않음을 보여준다. 편견은 만연되어 있고, 잔혹함은 전 세계적으로 상이한 집단 수준에서 발생한다. 편견은 더 이상 비정상적 산출이 아니다. 권위주의적 인성에 대한 현대의 연구들은 심리 역동적 이론 틀을 상당수 포기한다. 대신에 사회 학습 이론 틀에 초점을 맞춘다. 비록 이러한 연구가 인종·종족 편견과 학습된 신념 체계로서의 권위주의(지나친 동조, 권위에 대한 복종, 일탈 행동에 대한 적대감) 간의 개념상 연결을 만들어냈음에도 불구하고, 그러한 연구는 주로 대학생 샘플을 대상으로 이뤄졌다. 그러나 아동기의 편견에 대한 권위주의의 잠재적인 기여 및 역할을 이해하려는 연구들은 거의 이뤄진 바가 없다(Levy & Hughes, 2009, p. 26).

2. 사회 학습 접근 (social learning approach)

아동기 편견의 발달에 대한 또 다른 초기 이론은 사회 학습 이론인데, 이것은 올포트(Allport, 1954)의 고전적 저서인 '편견의 본질'에서 처음으로 제기되었다. 올포트는 "한 개인이 특정 집단에 속해 있다는 사실을 토대로 그 개인에 대해 갖는 부정적 태도"를 일컬어 편견이라고 정의하였다(p. 7). 따라서 그 개인은 특정 집단에 귀속된 반대할 만한 특성들을 이미 갖고 있다고 여겨진다. 올포트에 의하면, 인간은 편견의 성향(propensity)을 갖고 있다. 이러한 성향은 일반화, 개념, 범주를 만들어내려는 인간의 정상적이고 자연스러운 경향성에 따른 것이다. 그런데 일반화, 개념, 범주의 내용은 경험 세계에 대한 과잉 단순화를 나타내기에 편견이 발생하는 것이다(p. 27).

사회 학습 이론에 의하면, 아동은 부모와 같은 역할 모델을 관찰하고 모방함으로써 편견을 학습한다. 심리 역동적 접근과 유사하게 사회 학습 접근은 아동의 편견이 연령의 증가와 더불어 증가한다고 주장한다. 하지만 올포트는 아동은 먼저 모방하고, 그 후에 그들이 환경에서 접한 것을 믿게 된다고 주장하였다.

사회 학습 이론을 지지하는 많은 증거들이 존재한다(Bandura, 1977). 그러나 연구 결과들은 아동의 인종적 태도와 그가 속해 있는 환경 안의 타인들(예: 부모)의 인종적 태도 간의 관계에 대하여 일관된 증거를 제공하지 못했다. 일례로, 유럽계 미국인 아버지와 그 아들 간의 인종적 태도 간에는 긍정적 관계가 발견되었으나, 흑인 아버지와 아들 사이에서는 긍정적 관계가 발견되지 않았다(Carlson & Iovini, 1985). 다른 연구는 흑인 아이가 성장함에 따라서 흑인과 백인에 대한 그의 태도가 그 부모의 태도와 점차적으로 유사해진다는 것을 발견했다(Branch & Newcombe). 또, 8세 무렵의 캐나다 백인 아동의 인종적 태도는 그 어머니의 인종적 태도와 아무 관계가 없는 것으로 밝혀졌다(Aboud & Doyle, 1996b).

사회 학습 이론에서 편견의 또 다른 잠재적 원천은 바로 아동의 또래들이다. 한 연구는 14세 백인 학생과 흑인 학생의 인종적 태도와 행동이 그들 또래의 인종적 태도와 행동과는 전혀 무관한 것임을 보여주었다(Patchen, 1983). 다른 연구에서는 학령기 백인 아동들은 그들 또래가 자신들과 유사한 인종적 태도를 갖고 있다고 지각하고 있음에도 불구하고, 그 백인 학생들과 그 또래들이 실제적으로는 유사한 인종적 태도를 갖고 있지 않음을 보여주었다(Aboud & Amato, 2001).

왜 아동들은 그들의 인종적 태도를 역할 모델들과 공유하지 않는 것일까? 몇 가지 연구들은 그 이유가 부모들 특히 인종적 주류 집단의 부모들이 아이들과 편견에 대한 논의를 하지 않는 데서 비롯된 것임을 보여준다(Aboud & Amato, 2001). 역설적이게도, 인종에 대해 더욱 관용적인 태도를 가진 부모들이 인종에 대한 관심을 이끌어내는 것을 두려워한 나머지 자신의 자녀들과 인종에 대한 논의를 거의 하지 않는 것으로 밝혀졌다. 부모와 또래들이 편견을 진지하게 다룰 때, 편견이 감소한다는 것을 보여주는 연구 결과가 있다. 사전 검사 결과를 토대로 하여 낮은 편견을 가진 학생과 높은 편견을 가진 학생들을 한 집단으로 편성하여 그들이 함께 편견에 대해 논의하도록 하는 것은 사전 검사에서 높은 편견을 가진 학생들의 편견을 감소시켜 주는 것으로 밝혀졌다(Aboud & Doyle, 1996a). 이렇듯 아동과 그 역할 모델 간의 인종적 태도에 있어서 강력한 관계의 결여는 편견에 대한 분명한 논의의 부재에서 비롯되는 것이다. 이후에 살펴보게 될 인지 발달 연구들은 아동이 적극적으로 학습 전략을 활용할 때 그 정보가 내면화·일반화되어 그에 입각한 행동을 하게 된다는 것을 잘 보여 준다. 이제 사회 학습 접근에 포함되는 여러 하위 이론들에 대해 구체적으로 살펴보기로 하자.

가. 언어적 내포 이론 (linguistic connotation theorizing)

사회 학습 이론의 하위 이론 중 하나인 언어적 내포 이론은 주로 유아들에게 초점을 맞추고 있다. 윌리엄스와 에드워즈(Williams & Edwards, 1969)는 미국 문화에서 유아의 인종적 태도는 부분적으로 색채의 명칭이 내포하고 있는 의미로부터 비롯된다는 사실을 가설로 설정한 연구를 수행하였다. 그들은 백인 유치원 아이들이 흰색을 긍정적으로 그리고 검은 색을 부정적으로 평가하는 경향이 있음을 보여 주었다. 이후에 다른 연구는 색채 연상과 인종적 태도 간의 인과 관계를 입증하였다. 윌리엄스과 에드워즈는 검은 색 동물에 대한 긍정적 이미지와 흰색 동물에 대한 부정적 이미지를 연합하기 위하여 유치원 아이들에게 정적강화('좋아!'라는 말과 함께 세 개의 캔디를 준다.)와 부적강화('아니야'라는 말과 함께 2페니를 빼앗는다.)를 활용하는 실험을 하였다. 이 실험은 유아의 최초 색 개념을 약화시키기는 하였지만 역전시키지는 못했다. 그리고 유아의 흑인에 대한 부정적 평가가 약간 줄어들었다. 그러므로 인종 호칭(labels)의 평가적 차원을 표적으로 삼는 개입 활동은 유아들의 관용을 증진하기 위한 잠재력을 갖고 있다. 하지만, 그보다 나이 든 아이들에게 색채 개념에 대한 단순한 재조건화는 효과가 없는 것으로 나타났다. 이러한 연구 결과는 만약 아동이 그들의 환경으로부터 편견을 배운다면, 그와 마찬가지로 환경으로부터 편견을 배우지 않을 수도 있음을 암시해 준다.

오래된 신념을 새로운 신념으로 단지 대체하려는 것은 나이 든 아이들에게는 지나치게 단순한 것일 수 있다(Bigler, 1999). 기존에 존재하는 아동의 편견을 타파하기 위해서는 적극적인 교수 기법이 필요할 수 있다. 그럼에도 불구하고, 사회적 편견의 대상이 되고 있는 집단들에 대한 역고정관념(counterstereotype) 정보를 제공하는 연구들은 대부분 수동적인 학습 전략을 활용하고 있다. 즉, 교사가 학생에게 정보를 직접 전달하거나 미디어의 자료를 시청하는 것과 같은 수동적인 학습 전략에 머물고 있다(Elliot & Tyson, 1983; Graves, 1999). 이러한 전략들은 아동의 인종 태도에 최소한의 효과만을 갖는다. 그러한 정보는 인종·민족적 이슈의 현실을 반영하고 있는 풍부하면서도 복합적인 것이어야 함과 동시에 아동의 능동적 정보처리 과정을 촉진하는 방식에서 소통될 필요가 있다(Levy & Hughes, 2009, p. 27).

나. 다문화적 이론 (multicultural theorizing)

다문화교육은 사회 학습 이론으로부터 파생된 편견 감소에 대한 가장 대중적인 접근이다. 다문화교육은 다문화주의 철학을 반영하는 몇 가지의 가정에 기반을 두고 있다(Salili & Hoosain, 2001, pp. 9-10). 첫째, 문화적 다양성은 긍정적이고 풍부한 경험이며, 사람들로 하여금 서로의 문화에 대해 학습하도록 도와줌으로써 인간을 더욱 완전한 존재로 만들어 준다. 둘째, 다문화교육은 모든 학생들을 위한 것이지 소수 집단에게만 해당하는 것이 아니다. 셋째, 교수 활동은 문화 교차적인 만남이다. 넷째, 다문화교육은 전체 교육과정 속에 스며들어야 한다. 다섯째, 교육 체제가 모든 학생들에게 동등한 도움을 주지 못하였다.

미국의 경우 1960년대 이후로 다문화교육은 몇 가지 형태를 띠면서 발전해 왔다. 깁슨(Gibson, 1984, p. 95)은 미국 내 다문화교육을 옹호하는 논문들에 대한 분석을 토대로 하여 다섯 가지 접근법을 확인하였다. 첫째, '문화적으로 다른 학생을 위한 교육' 혹은 '박애주의적 다문화교육'은 문화적으로 상이한 학생들을 주류 사회·문화에 효과적으로 합류시키는 것을 도와주는 방법을 찾는 것이다. 둘째, '문화 차이에 대한 교육'은 모든 학생들에게 상이한 문화 간의 상호 이해를 증진하려는 시도로서 여러 문화의 차이점들을 가르치는 것이다. 셋째, '문화적 다원주의를 위한 교육'은 각 민족·종족의 문화를 지키고 소수 민족·종족의 영향력을 높이기 위한 교육이다. 넷째, '이중 문화 교육'은 학생들이 두 개의 문화권 속에서 성공적으로 적응할 수 있도록 준비시키는 것이다. 끝으로, '인간의 정상적 경험으로서의 다문화교육'은 학생들이 다양한 문화적·인종적 환경에서 살아갈 수 있도록 가르치는 것이다.

이에 근거하여 슬리터와 그랜트(Sleeter & Grant, 1988, pp. 27-28)는 미국 내 다문화교육의 접근법을 사적으로 고찰한 결과를 발표하였다. 그들의 연구 결과에 의하면, 1960년대에는 세 가지의 서로 다른 접근법들이 출현하였다. 첫째는 '예외적이고 문화적으로 상이한 학생들을 가르치는 것'이었다. 이 접근법은 하위 계층, 노동자 계층, 장애 학생, 제한된 영어 능력을 가진 학생, 표준화 시험 통과가 절실한 여학생 혹은 주요 과목의 성적이 뒤처진 유색 인종 학생들이 주류 교육에서 성공할 수 있도록 돕는 데 초점을 맞추고 있었다. 둘째는 '인간관계 접근법'으로서 이것은 학생들 사이에서 긍정적 정서를 유발하고 고정관념을 감소시킴으로써, 다양한 사람들로 구성된 사회에서 일치를 도모하고 관용 정신을 발전시키는 데 초점을 맞추었다. 셋째는 '단일 집단 연구'로서 집단의 억압에 대한 의식을 제고하고 사회적 행동을 취하도록 하는 데 초점을 맞추었다.

1970~1980년대에는 두 개의 접근법이 추가로 등장하였다. 하나는 '다문화교육 접근법'이다. 이것은 문화적 다원주의와 기회 균등에 근거하여 미국의 다양성을 인정하는 학교 정책과 실제를 창출하는 것에 초점을 맞추었다. 둘째, '다문화적 사회정의 교육' 혹은 '다문화적 사회 재구성 접근법'은 '다문화교육 접근법'을 사회적 행위, 교수·학습 상황 및

사회 자체의 재구성으로까지 확대한다. 이 접근법은 미래의 시민들이 유색 인종, 빈곤층, 여성, 동성애자, 성 전환자, 장애인 등의 이해관계를 더 잘 배려할 수 있는 공정한 사회를 재건할 수 있도록 준비시키는 데 초점을 맞추고 있다(Sleeter, 1989, p. 63). 따라서 이 접근법은 내용뿐만 아니라 과정과 맥락을 강조하며, 학생들을 공정한 사회 구축을 위한 의사 결정자 및 사회 변혁가로 교육시키는 것을 강조한다.

다문화교육 이론은 다양한 집단에 대한 지식과 이해 부족으로 말미암아 편견이 발달한다고 본다. 이에 다문화교육 이론은 다양한 문화 집단에 대한 학습을 통하여 개인은 다른 문화를 이해하고 존중하며, 그 결과 부정적 태도를 감소시킬 수 있다고 본다(Banks, 1995). 다문화교육은 종종 교실의 안과 밖에서 아동의 참여를 포함한다. 문화적 축일을 기념하기 위한 학급 미술 프로젝트 혹은 문화에 대한 직접 학습뿐만 아니라 문화에 초점을 맞춘 박물관 방문 학습 등이 그것에 해당한다.

그런데 다문화교육에 대한 비판론자들은 문화적 차이를 찬양하는 것은 오히려 개인들을 엄격하게 범주화시키는 경향성을 높여서 아동과 청소년의 인종·민족에 대한 고정관념과 편견을 증가시킬 수 있다고 본다(Bigler, 1999). 이것은 개인이 다양한 범주에 속할 수 있다는 사실을 인식하기 위한 인지적 정교화를 결여하고 있는 아이들의 경우에는 옳은 말일 수도 있다. 비글러와 그 동료들은 지각적으로 현저한 사회적 범주를 분명하게 언급하는 것이 편견적 태도의 발달을 가져온다는 사실을 밝혀내었다(Bigler, Brown & Markell, 2001; Patterson & Bigler, 2006). 인종적으로 다양한 사회에서 인종과 인종적 차이를 강조하는 가운데 어떤 인종 집단의 역사에 특수하게 초점을 맞추는 교육과정은 주의 깊게 행해지지 않을 경우에는 오히려 아동의 편견을 증가시킬 수 있다. 일례로, '흑인 역사의 달'(Black History Month) 동안에 인종 관련 교육 자료를 발표하는 것은 인종 집단 소속감에 따라서 사람들을 분화시킬 수 있다. 이러한 정보를 접한 아동들은 인종이 개인을 구분하는 중요한 차원이라는 결론을 내릴 수도 있으며, 그 결과 고정관념과 편견이 감소하는 것이 아니라 오히려 더 커질 수 있는 것이다. 이것은 교실에서 차이를 만들어내는 특징의 하나로서 인종을 활용함에 있어서 분명한 제한이 있어야 한다는 사실을 잘 지적해 준다. 인종에 대한 논의를 할 때는 인종 집단을 가로지르는 유사성 그리고 인종 집단 안에서의 차이점을 분명하게 강조해야 한다.

뱅크스(Banks, 1995)는 효과적인 다문화교육이 되기 위해서는 전체 학교 환경이 미국 사회의 문화적 다양성을 반영해야 하며, 학생 모두가 교육 평등을 경험해야 한다는 것을 강조한다. 그는 교직원의 가치와 태도, 교육과정과 교수 자료, 평가와 시험 절차, 교수 활동 및 동기 부여 스타일, 학교가 지원하는 가치와 규범에서의 변화가 있어야 한다고 주장한다. 하지만 뱅크스의 다문화 학교 개혁 제안은 학교 교육과정에서 다문화 관련 내용을 부가해야 한다는 제안에 비해 훨씬 실현하기 어려운 것처럼 보인다.

다. 반인종차별주의 이론 (antiracist theorizing)

다문화교육과 유사하게 반인종차별주의 교육 이론은 편견이 부분적으로 집단 간 이해의 부족, 즉 불평등의 역사와 근원에 대한 인식과 이해가 부족한 데서 비롯된 것이라고 본다(McGregor, 1993). 반인종차별 교육은 종종 초·중등학교에서의 다문화교육 시도와 병행한다. 반인종차별 교수 활동은 인종차별주의를 유지시키는 힘을 지적하는 가운데, 과거와 현재의 인종차별과 불평등에 대한 설명을 포함한다. 그러한 활동은 공감 능력을 증진시켜주는 동시에 장래의 인종차별주의를 어느 정도 약화시킬 수 있다. 그러나 그러한 교수 활동이 조심스럽게 행해지지 않을 경우에는 오히려 인종차별주의를 행하는 사람이나 그 대상자 모두에게 생산적이지 못할 수도 있다. 학생들의 내집단에 대한 편견과 학생 자신의 편견적 반응 행동에 대한 통찰을 제공하는 것이 오히려 학생들을 화나게 하거나 독선적이게끔 만들 수 있다(Kehoe & Mansfield, 1993). 인종차별주의를 예시하기 위해 사용되는 수업 자료와 활동들이 소수자 아동의 관점에서는 오히려 모욕감과 위협감을 느끼거나, 자신들에 대한 고정관념을 상기하도록 만들 수도 있다(McGregor, 1993, p. 216). 그러나 나이 든 학생들에게 있어서 죄책감을 담고 있는 반응 행동은 긍정적 산출물이다. 일례로 대학생을 대상으로 한 연구는 죄책감이 편견 표현을 감소시키는 동기적 힘이 될 수 있음을 보여주었다. 인종차별주의를 종식시키기 위해 애쓰는 다수 집단 성원의 사례를 제공하는 것 그리고 고정관념화를 피하기 위해 집단 간의 유사성을 강조하는 것이 반인종차별 교육의 부작용을 감소시킬 수 있는 방안이 될 수 있다(Hughes, Bigler & Levy, 2007).

휴즈와 그 동료들은 역사적 인종차별주의에 대한 학습이 백인 아동과 흑인 아동의 인종 태도에 미치는 효과를 조사하였다(Hughes, Bigler & Levy, 2007). 이 연구에서 실험집단은 미국의 유명한 흑인 지도자들에 대한 수업을 받았고, 그 수업에는 그들이 경험한 인종차별의 사례들이 포함되어 있었다. 통제집단 학생들은 그 지도자들에 대한 동일한 전기문적인 정보를 제공받았으나, 거기에는 인종차별의 사례에 대한 언급이 전혀 없었다. 사후검사 결과 통제집단과 비교해 볼 때, 실험집단의 백인 아동들은 흑인에 대한 낮은 편견을 보여주었다. 통제집단의 경우에는 흑인에 대한 부정적 평가가 현저하게 많았다. 또한, 실험집단에 속했던 흑인 학생과 백인 학생들 모두 인종 간의 공평 문제를 더욱 중시하게 되었다. 이 연구는 아동들에게 인종차별의 해악에 대해 가르치는 활동의 긍정적 결과를 보여주는 가장 대표적인 사례이다. 이 연구에서 아동은 다소간 반인종차별주의 메시지의 수동적인 수혜자였다.

연구자들은 편견의 표적이 되어보는 감정적 경험에 아동을 직접 참여시키는 활동이 아동의 인종적 태도와 행동에 미치는 영향을 조사하였다. 편견에 대한 일차적이고 직접적인 경험은 타인의 고통을 완화하도록 동기화시켜 준다. 아동은 타인의 고통이 마치 자신의 고통인 것처럼 느끼게 되어 인종적 외집단에 대한 편견을 감소시키게 된다(Underwood & Moore, 1982). 엘리엇은 1960년대 후반에 교실에서 활용 가능한 반인종차별 공감 훈련을 실행하였다. 전형적으로 백인이 거주하는 시골 지역의 교사였던 엘리엇은 킹 목사의 암살 사건에 대한 반응으로서, 8세 아동들에게 만약 그들이 차별의 표적이 될 경우 느낌이 어떨지에 대하여 가르쳤다. 엘리엇은 학생들을 구별하는 특징으로서 눈 색깔을 선택하여, 학생들에게 어느 날은 파란색 눈을 가진 학생들이 우월하고, 그 다음 날은 갈색 눈을 가진 아이들이 우월하다고 말하였다. 엘리엇은 하루 종일 우월 집단에게 특별한 대우를 해 주는 수업을 전개하면서, 집단의 우월한 지위와 열등한 지위의 증거로서 집단 성원들의 성공과 실패를 분명하게 지적하였다. 따라서 학생들은 하루 동안 눈 색깔이라는 자의적 특성에 근거하여 차별을 피부로 직접 접하는 체험을 하였다. 하지만 이러한 파란색 눈과 갈색 눈 시뮬레이션의 효과에 대한 실제적 증거는 미미하다.

와이너와 라이트(Weiner & Wright, 1973)는 8세 백인 아동들을 대상으로 파란색 눈과 갈색 눈 시뮬레이션을 약간 변형하여 실험을 전개하였다. 이 실험에서 교사는 아이들을 녹색 집단과 황색 집단으로 구분하고, 각기 팔에 녹색과 황색의 완장을 차도록 하였다. 엘리엇처럼 교사는 하루 동안 각 집단에 차별을 하도록 학생들을 고무시켰다. 통제집단에 비해 실험에 참여한 학생들은 흑인 아동과 소풍을 같이 가겠다는 의지가 더욱 강한 것으로 밝혀졌다. 이러한 결과는 반인종차별주의 역할놀이가 집단 간 태도에 미치는 효과에 대한 고무적인 지지 근거를 제공한다.

공감 훈련의 한 가지 제한점은 그 성공이 연령에 따른 인지적·정서적 기능과 밀접한 관계가 있다는 점이다. 인지적으로 정교화된 아동일수록 어린 아동에 비해 더 정교한 공감 기능을 갖는다(McGregor, 1993). 만약 아동이 입장채택을 할 수 있는 정교화를 결여하고 있다면, 공감적 활동은 아동의 편견을 감소시키는데 효과적이지 못할 수 있다. 오히려 인지적으로 정교하지 못한 아동들은 공감 훈련을 통해 적대감의 증가 혹은 타 인종 집단의 회피를 수반할 수도 있다(Levy & Hughes, 2009, p. 29).

라. 색맹 이론 (colorblind theorizing)

앞에서 언급한 세 가지 사회 학습 이론들은 인종·종족과 같은 사회적 범주를 강조하고, 학습된 편견에 직접적으로 맞섬으로써 편견이 감소될 수 있음을 암시한다. 색맹 이론, 즉 피부색에 따른 차별을 하지 않는 접근은 이와는 다른 가설에 기반을 둔다. 색맹 이론은 사람들이 인종을 강조함으로써 편견이 비롯된 것이므로, 인종을 강조하지 않는다면 편견이 감소될 수 있다고 본다. 연구자들은 색맹 이론이 미국처럼 인종적으로 다양한 사회에서 사회적 조화를 촉진한다고 주장해 왔다. 그러한 주장은 사람들 간의 차이점이 모두 녹아 없어져서 편견의 가시적 혹은 심리적 근거가 모두 사라진다는 용광로(melting pot) 비유에 잘 나타나 있다.

　　연구자들은 인종을 강조해서는 안 된다는 사실을 모토로 하는 가운데 아동을 대상으로 했던 상당수 중재 실험에서 성공적인 결과를 얻었다. 인종 편견을 감소시키기 위해 색맹 이론을 실행하는 한 방법, 다시 말해 인종을 강조하지 않는다는 개념을 실현하는 한 방법은 사람들의 관심을 인종 집단 소속감 대신에 인간의 보편적 속성으로 돌리는 것이다. 하우저(Hauser, 1978)는 보편적으로 공유된 특성에 초점을 맞추는 것이 중요하다는 메시지를 전달하는 영화를 관람한 5~9세의 아동들과 그렇지 않은 아동들에게서 어떤 민족 집단에 대한 고정관념이 줄어드는지를 상세하게 조사하였다. 일례로 '장난감 제조자'(toymaker)라는 영화는 두 작은 인형의 이야기를 담고 있다. 두 인형은 거울을 보기 전까지는 아주 절친한 사이였다. 거울을 본 후에 하나는 줄무늬를, 다른 하나는 점무늬를 갖고 있다는 것을 깨달았다. 영화는 두 인형 모두 동일인에 의해 만들어진 것이고 본질적으로 서로 연결되어 있다는 것을 강조했다. 두 인형은 각기 인형극 조종자의 한 손을 담당하고 있다.

10~15분 정도 걸리는 영화를 본 아이들은 몇몇 민족 집단에 대한 고정 관념에 있어서 현저한 감소를 보여주었다.

아동의 초점을 인종 집단 소속감으로부터 선호와 혐오 같은 개인의 고유한 내적 특성으로 바꿀 수 있다. 어바우드와 펜윅(Aboud & Fenwick, 1999)은 사람들의 내적 속성에 초점을 맞추게 하는 11주간의 학교 프로그램에 참여한 캐나다 백인 아동들이 그렇지 않은 백인 아동들에 비해 흑인에 대한 편견을 적게 갖는다는 사실을 보여주었다. 아이들로 하여금 한 집단 안에서의 개인차에 주목하게 함으로써 인종을 전혀 강조하지 않은 실험들은 편견 감소를 위한 가능성을 보여주었다. 케이츠(Katz, 1973)는 7~11세의 백인 아동과 흑인 아동들로 하여금 사람들의 독특한 특성에 주의를 기울이게 하는 실험을 수행했다. 한 실험 상황에서는 아동으로 하여금 여러 이름들을 다른 인종의 아동 사진과 연합하게 함으로써 인종 집단 안에서의 개인의 독특성을 강조하였다. 다른 실험 상황에서는 아동들로 하여금 어떤 사진들이 서로 짝을 이루는 것인지를 결정하게 했다. 이를 통해 아동이 개인차에 주목하도록 하였다. 두 실험 상황들은 아동의 사회적 거리감과 편견을 감소시키는데 효과적인 것으로 밝혀졌다.

일부 실험들은 아동의 주의를 사회 범주 정보로부터 사람들 간의 유사성 및 차이점이 어느 정도 되는지의 문제로 전환시켜 주는 조합적 접근을 활용했다(Jones & Foley, 2003). 레비와 그 동료(Levy, West & Bigler, 2005)들은 11~14세의 흑인과 라틴계 학생들을 대상으로 한 실험에서 조합적 접근을 활용하였다. 그들은 실험집단과 통제집단 학생들에게 과학 소설을 읽게 했다. 거기에는 밝은 색 피부와 어두운 색 피부를 가진 아이들이 같은 숫자로 등장한다. 날씨를 다룬 책의 장면에서 이야기 속의 아이들은 천둥과 번개를 보고 놀라는 것으로 묘사되어 있다. 유사성과 차이점이 조합된 메시지는 이런 것이다. "모든 인간은 동등하다. 모든 사람은 때때로 놀란다. 그러나 각자는 또한 독특한 개인이다. 상이한 것들이 상이한 개인들을 놀라게 한다." 통제집단에 속한 아이들은 책의 주된 주제인 기후에 대해서만 읽어 보게 하였다. 실험집단은 통제집단에 비해 높은 인류평등주의 수준을 보여주었으며, 백인 학생에 대한 사회적 친근감에 있어서도 높은 수준을 보여주었다. 사람들이 유사한 동시에 독특하다는 메시지를 담은 조합적 접근법은 사회적 평등과 대우에 대한 참가자의 신념을 증가시켰다. 조합적 접근은 가장 현실적인 접근인 동시에 타인과 동일해지고 달라지려는 인간의 동시적 욕구를 잘 충족시켜 주는 것이기 때문에 매우 효과적이고 매력적인 방법이다(Brewer, 1991).

인종 및 민족 범주에 대한 관심을 갖지 않게 하는 색맹 접근은 상당한 유용성을 보여준다. 하지만 교육에 있어서 전체적인 색맹 접근법에 대해서는 여전히 논란이 많다. 왜냐하면 인종을 비롯한 여타의 집단 속성들이 사람들의 삶에 여전히 영향을 주기 때문이다. 일례로, 이민자와 민족 집단을 지배문화에 동화시키려는 것은 효과가 없다(Garcia & Hurtado, 1995). 색맹 접근은 덜 지배적인 문화의 풍부한 역사를 얼버무리고 한 사회 안에서 인종차별주의의 과거와 현재를 무시함으로써 불관용을 조장한다(Schofield, 1986). 인종차별주의가 발생할 때 색맹 이론은 차별 자체의 거부를 통한 무위(inaction)를 정당화하는 데 활용되어, 현재의 권력 구조와 지배 집단의 특권을 유지하는 데 도움을 준다

(Schofield, 1986). 색맹 이론의 이러한 불관용적인 측면은 연령이 증가함에 따라 발달하며, 후기 청소년기와 성인기에 그 모습을 드러낸다 (Levy, West & Ramirez, 2005).

마. 단순 접촉 이론 (mere exposure theorizing)

이 이론은 부정적 태도의 원인이 외집단 성원과의 접촉의 결여에 있다고 가정한다. 일찍이 올포트는 외집단 성원과의 접촉의 결여를 '낯선 것에 대한 두려움'으로 묘사한 바 있다(Allport, 1954, p. 300). 이 이론은 다민족 서적, 사진, TV를 통한 외집단 성원과의 반복적인 대리적 접촉과 관찰은 긍정적인 집단 간 태도를 증진할 수 있다고 본다(Graves, 1999; Litcher & Johnson, 1969). 하지만 단순 접촉 이론에 기반을 둔 연구 결과들의 성과는 그다지 고무적이지 않다. 일례로, 멕시칸계 미국인에 대한 아동 문학 발췌문을 접한 6학년 학생들의 멕시칸계 미국인에 대한 부정적 태도는 큰 변화를 보여주지 않았다(Koeller, 1977). 따라서 단순한 접촉은 부정적으로 견지된 태도를 근본적으로 변화시키는 데에 충분하지 않다(Banks, 1995; Bigler, 1999; Bigler & Liben, 1993). 이 이론에 대한 또 다른 반론은 인종적으로 다양한 주인공들을 풍부하게 제공하는 수많은 미디어가 존재하는 지금 이 순간에도 아동들 사이에서는 여전히 편견이 존재한다는 엄연한 사실이다(Black-Gutman & Hickson, 1996; Hughes et al., 2007).

바. 확대 접촉 이론 (extended contact theory)

확대 접촉 이론은 단순 접촉 이론을 넘어선다. 확대된 접촉 효과

(extended contact effect) 혹은 간접적인 교차 우정 가설(indirect cross friendship hypothesis)은 자기 집단 성원이 타 집단 성원과 친구임을 아는 것이 그 집단에 대한 긍정적인 태도를 유발한다고 주장한다(Cameron & Rutland, 2006, 2008; Cameron, Rutland, Brown & Douch, 2006). 확대 접촉 가설을 지지하는 증거들은 많이 있다.

카메론과 러트랜드(Cameron & Rutland, 2006)는 자기가 소속된 집단의 성원들이 외집단 성원과 친밀한 우정을 맺고 있는 이야기를 담은 몇 개의 소설을 읽고 토론하게 했다. 이후에 아동들은 외집단에 대해 보다 긍정적인 태도를 보여주었고, 장차 외집단과 상호작용을 하겠다는 강한 의지를 보여 주었다. 하지만 내집단을 향한 그들의 태도와 의도된 행동은 변화하지 않았다. 확대 접촉의 적정 조건은 '내집단 및 외집단 성원의 현저함과 대표성' 그리고 관찰자 혹은 참가자 쪽에서 '높은 수준의 내집단 동일시'를 포함한다. 확대 접촉 이론에서 외집단에 대한 긍정적 태도는 외집단 성원을 자신의 자아개념에 심리적으로 통합하는 것을 통해서 가능해진다.

사. 집단 간 접촉 이론

집단 간 접촉 이론은 한 걸음 더 나아가서 외집단과의 상호작용이 외집단에 대한 긍정적 개념의 발달을 촉진한다고 주장한다. 올포트에 의해 처음 제기된 집단 간 접촉 이론에 의하면(Pettigrew, 1998), 편견은 부분적으로 상이한 집단 성원들 사이에서 긍정적·개별적인 접촉의 결여로 말미암아 생기는 것이다. 미국의 학교 통합 사례에서 볼 수 있듯이, 단순히 집단 간 접촉의 기회를 제공하는 것만으로는 집단 간 관계를 개선할 수 없다. 즉, 학교에 인종적 다양성이 존재한다고 할지라도, 학생들은 인종에 따라서 그들 자신을 계속 분리하고, 인종 편견을 공개적으로 드러낸다. 불행하게도 학교는 능력에 따라서 학생들의 학급 편성을 시도함으로써 그러한 재분리를 돕고 있다. 따라서 학교는 교실 안에서 긍정적 접촉이 일어날 기회를 가로막고 있다(Khmelkov & Hallinan, 1999).

접촉 가설의 적정 조건들, 즉 공동의 목표, 개별화되고 협동적인 집단 간 접촉, 개인들 간에 동등한 지위의 유지, 권위에 의해 지원을 받는 집단 간 접촉이 충족되었을 때 집단 간 이해와 우정이 증진된다는 연구 결과가 많이 있다(Pettigrew & Tropp, 2006; Tropp & Prenovost, 2008). 연구자들은 네 가지 원칙에 일치하는 방식으로 교실 환경의 특징을 바꿈으로써 집단 간 조화가 실현될 수 있다고 주장한다. 애론슨과 곤잘레스(Aronson & Gonzalez, 1988)는 직소우 교실(Jigsaw classroom)이라는 기법을 도입했는데, 이것은 학생들이 학습하기 위해 서로 협력하고, 학습 내용의 요소들을 서로 가르쳐주는 것을 특징으로 한다. 이 기법은 교실의 경쟁적 측면들을 협동적 측면으로 대체시켜 준다. 예를 들어, 한 교실의 학생들은 인종과 학업 성적을 고려한 여섯 개의 혼성 집단으로 구분되며, 각 집단은 6명의 학생들로 구성된다. 각 집단은 전체 학습 내용을 이해하는데 있어서 고유하고, 가치 있으며, 필수적인 정보의 1/6을 각기 학습한다. 그 후에 각 집단에서 한 명씩 모여 새로운 집단을 형성하고, 이 집단에서 각자는 다른 학생들에게 자신이 맡은 1/6의 분야를 다른 학생들에게 서로 가르쳐주어 전체 학습 내용을 이해하게 된다. 따라서 직소 기법은 인종적으로 다양한 교실에서의 상호의존성과 협동을 증진시켜 준다. 이러한 형태의 협동학습은 아동 상호 간의 관계를 개선하고, 자존감을 높여주며, 학생들의 학업 성취도를 높여주는 것으로 판명되었다.

하지만 협동학습 전략의 약점은 협동학습이 종료한 이후에 인종 간 우정이 지속하지 않을 수도 있다는 것이다(Khmelkov & Hallinan, 1999). 일반적으로 인종 간 우정은 연령의 증가에 따라 감소한다. 인종 간 우정은 매우 취약한 것이다. 연구자들은 연령이 증가함에 따라서 모두가 같은 인종일 때 집단이 더 잘 기능할 수 있다고 믿기 때문에, 아동은 점차로 다른 인종 동료들을 배제하기 시작한다고 주장하였다(Killen et al., 2002).

3. 인지적 접근

사회 학습 이론과 마찬가지로 인지 이론에 관한 연구는 편견이 기본적·정상적인 인간의 심리 과정에서 연유한다고 주장한다. 인지 발달 이론은 처음에 피아제에 의해 정교화되었으며(Piaget & Weil, 1951), 케이츠(Katz, 1973), 어바우드(Aboud, 1988), 비글러와 리벤(Bigler & Liben, 1993) 등에 의해 인간의 편견을 이해하는데 적용되었다. 인지 발달 이론은 인종·종족에 대한 아동의 태도는 집단 정보에 대하여 복잡한 방식으로 사고하는 아동의 능력에 영향을 받는다고 주장한다. 이를테면 아동은 타인의 관점을 통해 세상을 볼 수 있는 능력을 가질 때까지는 타인에 대한 공감을 제대로 표현할 수 없다.

인지 발달 이론에 의하면, 편견은 어린 아동에게 있어서 필연적인 것이다. 그 이유는 그들이 사람들을 개인으로서 보는 데 필요한 능력을 결여하고 있기 때문이다. 인지 발달 이론에 의하면, 아동은 처음에 그들 자신에게만 초점을 맞추고, 그 후에 사회적 범주에 초점을 맞추게 된다. 이때 그들은 표면적 특성에 초점을 맞추는 경향이 있으며 집단들 사이에서의 차이점을 과장하는 경향이 있다. 이를테면 그들은 집단 A의 구성원들은 모두 X를 한다고 가정한다. 인지 체제가 성숙함에 따라서 아동들은 집단을 가로지르는 유사성(예: 집단 A와 집단 B의 일부 성원들이 X를 한다.)과 동일 집단 안에서의 차이점(예: 집단 A의 일부 성원들은 X를 하고, 일부 성원들은 Y를 한다.)을 인식한다. 아동이 이러한 기능을 획득할 때야 비로소 사람들을 개인들로서 판단할 수 있으며, 그 결과 그들의 편견이 감소한다. 연령의 증가와 더불어 모든 아동들은 편견 감소를 가능하게 해 주는 이러한 인지 기능을 획득한다. 아동은 대개 7~11세 사이에 그러한 기능을 획득한다. 그러나 연령이 증가해도 편견이 영구적으로 감소하지 않을 수도 있다.

이러한 이론을 지지하는 상당수 연구들이 존재한다. 유치원 또래의 주류 집단 아이들은 편견을 드러낸다. 영국계 캐나다 아이가 프랑스계 캐나다 아이에 대해(Doyle et al., 1988), 유대 이슬람 아이가 아랍 아이에 대해(Bar-Tal, 1996), 유럽계 호주 아이가 호주 원주민에 대한 편견을 드러낸다(Black-Gutman & Hickson, 1996). 유아들은 자기가 속한 집단에 대해 외집단보다 긍정적 특성을 많이 부여하고, 부정적 특성을 적게 부여한다. 그러다가 7세 무렵에 편견이 줄어든다(Doyle & Aboud, 1995; Doyle et al., 1988). 연구 결과에 의하면, 그 시기에 편견이 감소하는 것은 부분적으로 사회 인지 기능의 획득에 의해 설명된다. 즉, 타인을 다양한 차원에서 분류할 수 있는 능력(Bigler & Liben, 1993; Katz et al., 1975), 상이한 집단 성원들 사이에서 유사성을 지각할 수 있는 능력(Black-Gutman & Hickson, 1996; Doyle & Aboud, 1995), 동일 집단 내에서 차이점을 지각할 수 있는 능력의 획득에 의해서 가능해진 것이다(Doyle & Aboud, 1995; Katz et al., 1975).

인지 발달 접근은 동기화된 사회 인지(motivated social cognition)에 관한 성인 사회 심리학 문헌과 공통점이 매우 많다. 그러한 연구들은 낮은 수준의 고정관념을 갖고 있는 동기화된 사회 지각자(motivated social perceivers)들은 집단 간의 유사성 지각, 귀인에서의 복잡성(attributional complexity), 인지 욕구가 매우 높은 반면에, 단순한 인지 구조에 대한 욕구는 매우 낮다는 것을 보여준다(Levy, 1999). 그러므로 연령의 증가에 따라 획득한 인지 기능은 성인들 사이에서의 개인적 차이로서 그들 자신을 표현하는 것으로, 그리고 고정관념에 영향을 주는 것으로 알려지고 있다. 따라서 인지 발달 기능을 발달시킨 후에 아동이 그러한 기능을 필연적으로 사용하는 것은 결코 아니다. 이러한 기능들의 상이한 사용 정도 혹은 시간의 변화에 따라 그러한 개념에 대한 차별적 접근 가능성은 비교적 안정된 개인차를 설명해 줄 수 있다(Levy, 1999).

여러 연구들은 아동기의 편견에서 인지 발달 이론의 인과적 역할을 검증하였다. 케이츠(Katz, 1973)는 동일 집단 성원들 사이에서의 차이점을 지각하도록 아이들을 훈련시켰다. 그러한 중재 실험은 인지 기능을 획득한 7세~10세 아이들을 대상으로 실행되었다. 15분 정도 소요되는 이 실험에서 케이츠는 백인 아동들에게 많은 사진들 가운데서 흑인 아동의 사진을 구별해내거나(실험 조건) 혹은 백인 아동의 사진을 구별해 내도록(통제 조건) 가르쳤다. 2주가 지난 후에 실험 조건의 아이들은 연령에 상관없이 통제 조건 아이들보다 편견이 적은 반응을 보여주었다.

앞서 언급한 실험들이 사회 학습 이론에 인지 발달 이론의 측면들을 통합했다는 것은 분명하다. 즉, 집단 간 유사성을 목격하는 진화하는 사회 인지 능력에 초점을 맞추는 것은 공통된 특성을 가르치는 것과 중복된다. 마찬가지로 집단 내 차이점을 목격하는 사회 인지 능력에 초점을 맞추는 것은 개인의 독특한 특성에 초점을 맞추는 것과 유사한 것이다. 이러한 중복은 아주 중요하다. 반편견 메시지를 통해 사회 인지 기능을 가르침과 동시에 그것을 더욱 증진시킬 수 있음을 보여준다.

아동의 편견에 있어서 인지 발달 기능의 인과적 역할을 검증하는 또 다른 실험은 그리 성공적이지 못했다. 이러한 실험들은 다중 분류 기능 훈련에 초점을 맞추었다. 비글러와 리벤(Bigler & Liben, 1992)은 5~10세의 아이들에게 집단의 현저한 특징(젠더와 직업)에 따라서 사진들을 구분해 보도록 훈련시킨 결과, 젠더 고정관념은 줄어든 것으로 나타났으나, 편견 감소에는 큰 영향을 주지 못했다.

이렇듯 인지 발달 기능은 편견 발달에 있어서 어느 정도 중요한 역할을 한다. 인지 발달 이론은 인지적 기능 훈련을 통하여 편견을 감소시킬 수 있음을 보여준다. 하지만 인지 발달 이론은 유사한 인지 기능 수준에서의 아동들 사이에서 볼 수 있는 편견에서의 개인차를 설명함에 있어서는 근본적으로 한계가 있다. 그러므로 환경적 요인과 인지적 요인들이 모두 고려될 필요가 있다(Bigler et al., 2001; Cameron et al., 2006).

4. 사회 인지 발달 접근

사회 인지 발달 접근은 사회 학습 접근과 인지 발달 접근의 핵심 요소들을 결합한 것이다. 따라서 이 접근의 특징은 개인적 측면(연령, 인지적 능력)과 사회 환경 측면 모두를 강조하는 것이다.

가. 사회 정체성 발달 이론 (social identity development theory)

앞서 살펴본 바와 같이 인지 발달 이론에 따르면 연령의 증가에 따라 아동의 초점은 '자신'으로부터 내집단과 외집단 같은 '사회적 범주'로 이동한다. 사회 정체성 이론은 상이한 상황에서 현저하게 드러나고, 사회적 판단과 행위에 영향을 미치는 사람들의 여러 가지 사회적 정체성(젠더, 국적, 사회 계층, 인종 등)의 중추적 역할에 초점을 맞춘다(Turner, Brown & Tajfel, 1979). 인지 발달 이론과는 달리, 사회 정체성 이론은 사회적 정체성을 이끌어내는 맥락의 역할을 강조하고, 개인과 환경의 상호작용을 중시한다. 사람들은 자신들의 내집단을 타 집단과 구별되는 독특하고 긍정적인 것으로 파악하려는 동기를 갖고 있으며, 이것은 긍정적인 자긍심과 일관적인 자아 이미지를 유지하는 데 도움을 준다(Abrams & Hogg, 2001).

성인을 대상으로 한 사회 정체성 연구는 사회 정체성 발달 이론(social identity development theory)에 의해 아동들에게 적용되었다(Nesdale, 1999; Nesdale, Maass, Durkin & Griffiths, 2005). 성인을 대상으로 했었던 연구 결과들과 일치하는 가운데, 사회 정체성 발달 이론은 아동이 특히 소중하게 여기는 사회적 정체성을 이끌어 냄에 있어서 '맥락'이 수행하는 중추적 역할을 강조한다. 이 때 사회적 정체성은 내집단을 선호하고 외집단을 경멸하도록 만든다. 네스데일(Nesdale, 1999)에 의하면, 아동의 집단 간 편견은 정도(extent), 안정성(stability), 집단 간 지위 차이의 정당성과 같은 여타 요인들의 영향을 받는다. 사회 집단을 향한 아동의 주관적인 동일시는 그가 속한 사회적 내집단에 대한 선호를 드러내기 위한 필수적인 전제조건이 아닐 수도 있다. 연구자들은 그들의 민족 집단을 동일시하지는 않으나 그 민족 집단에 대한 긍정적 정보에 접하게 하는 문화에 익숙한 아동 및 청소년들은 그 민족 집단에 대한 선호를 보여준다는 사실을 말해준 바 있다(Bennett, Lyons, Sani & Barrett, 1998). 이것은 내집단 동일시가 부재한다고 하더라도, 자신의 내집단을 강하게 선호하는 맥락에서 내집단 편애주의가 출현할 수 있음을 암시한다(Levy & Hughes, 2009, p. 35).

나. 공통의 내집단 정체성 모델 (common ingroup identity model)

공통의 내집단 정체성 모델에 의하면, 공통의 상위 소속감(예: 학교)의 특징을 증가시킴으로써 또는 공유된 집단 소속감과 관련된 공유된 특징(예: 공통의 목표)을 증가시킴으로써 편견을 감소시킬 수 있다(Gaertner & Dovidio, 2000; Gaertner et al., 2008). 공유된 공통의 정체성은 이전의 외집단 성원들이 이제는 우리와 같은 내집단 성원이 된다는 것을 암시한다. 즉, 앞서 살펴보았던 확대된 접촉 이론에서와 마찬가지로, 외집단 성원들이 내집단 우호주의의 보상을 받게 되는 위치가 된다. 연구 결과들은 공유된 정체성을 가졌다고 느끼는 정도가 클수록 집단 간 편견 수준은 줄어든다는 사실을 잘 보여 준다

(Gaertner et al., 2008). 이를테면 '모든 사람들은 인류라는 한 가족에 속한다.'는 전체적인 메시지를 담고 있는 다양한 활동에 참여했었던 아동들은 장차 가상의 외집단 또래들과 함께 놀며 활동하는 것에 대해 매우 긍정적인 관심을 표명하였다(Houlette, Gaertner & Johnson, 2004).

다. 주관적 집단 역학의 발달 모델
(developmetal model of subjective group dynamics)

인지 발달 이론과 사회 정체성 발달 이론은 아동들이 '언제' 그리고 '왜' 그들의 내집단을 선호하고 외집단을 경멸하는지를 이해하는 데 큰 도움을 주었다. 하지만 그 이론들은 외집단을 선호하고 내집단을 경멸하도록 만드는 과정을 제대로 설명하지 못하는 한계가 있었다. 사회적 배제와 포함의 맥락 안에서 그러한 과정에 초점을 맞춘 이론이 바로 주관적 집단 역할의 발달 모델이다(Abrams, Rutland, Cameron & Marques, 2003).

이것은 혐오적인 혹은 배제된 내집단 성원들이 혐오적인 외집단 성원들에 비해 더 부정적으로 평가되는 '검은 양 효과'(black sheep effect)에 대한 연구에 기반을 둔다. '검은 양 효과'는 집단의 규범을 이탈하여 사회적으로 부정적인 모습을 보이는 집단 성원에 대해서는 그 사람이 내집단 성원인 경우에 외집단 성원인 경우보다도 훨씬 더 부정적으로 평가되는 현상을 의미한다.

이 모델에 따르면, 내집단은 관련된 외집단과 비교하여 내집단의 주관적 우위를 보장하기 위해 그 정당성이 확인될 필요가 있다. 내집단에 충성을 보이는 일탈적인 외집단 성원들은 일탈적인 혹은 충성심이 없는 내집단 성원들에 비해 훨씬 더 내집단의 정당성을 확인시켜 준다. 따라서 외집단 성원들이 내집단 성원들보다 더욱 바람직한 선호의 대상이 될 수 있는 것이다. 다른 이론들과 비교하여 볼 때, 이 이론은 집단 간 과정(외집단과 비교되는 전체로서의 내집단에 대한 평가)과 집단 내 과정(내집단과 외집단의 개별 성원들에 대한 평가) 둘 모두에 초점을 맞추고 있다.

연구자들은 5세부터 12세 아이들을 대상으로 2002년 월드컵 축구 대회 때 영국 축구팀을 응원한 정상적인 집단과 독일 축구팀을 응원한 일탈 집단 아이들을 포함하는 가운데 내집단(영국)과 외집단(독일)을 평가하도록 하는 실험을 전개하였다. 연령의 증가에 따라서 아이들은 집단 충성심을 이해함에 있어서 더욱 정교해진 모습을 보여 줌과 동시에 주관적 집단 역학을 보여 주었다. 일탈적인 내집단 성원에 비해 정상적인 내집단 성원을 선호함에도 불구하고, 나이든 아이들일수록 일탈적인 내집단 성원에 비해 일탈적인 외집단 성원을 선호하는 모습을 보여주기도 하였다. 또한, 영국 축구팀에 대한 강한 동일시를 보여주었던 나이든 아이들일수록 주관적인 집단 역학이 더욱 강하였다 (Abrams, Rutland & Cameron, 2003). 이 연구는 연령이 증가함에 따라 아동들은 집단 성원을 판정할 때 단순하게 범주 소속감을 활용하지 않는다는 사실을 잘 보여준다. 주관적 집단 역학의 발달 이론은 맥락, 즉 집단 규범과 관련한 개별적인 집단 성원들의 특성 역시 나이 든 아동의 집단 태도를 추동한다는 사실을 강조한다.

이 이론이 얼핏 보면 사회 정체성 이론과 대립되는 것으로 보이지만, 내집단 편향을 설명하는 사회 정체성 이론에 의해 어느 정도 설명될 수 있다. 즉, 내집단에 부정적인 일탈자가 존재한다는 사실로 말미암아 내집단에 대한 긍정적 이미지나 자신이 가진 집단 정체성이 위협을 받기 때문에, 사람들은 일탈적인 내집단 성원들을 부정적으로 평가하여 집단 정체성을 보호하려는 것이다. 이런 의미에서 볼 때, '검은 양 효과'는 여전히 내집단 보호의 동기로부터 일어나는 현상이라고 평가할 수 있다.

라. 사회 영역 모델 (social domain model)

집단에 근거한 아동의 배제 현상을 이해하는데 도움을 주는 또 다른 이론은 바로 사회 영역 모델이다(Killen et al., 2002). 사회 정체성 발달 모델이나 주관적 집단 역학의 발달 모델과는 다르게, 이 이론은 발달 심리학에 그 기원을 두고 있다. 사회 영역 모델에 따르면 아동의 사회적 판단은 아주 어린시기부터 맥락 특수적이고, 세 가지 유형의 추론에 의해 영향을 받는다. 세 가지 추론 유형은 도덕적(예: 정의, 권리, 타인의 복지), 사회 인습적(예: 전통, 규칙, 규범, 안전한 집단 기능), 심리적(개인적 선택) 추론이다. 이 모델을 집단 간 영역에 적용함에 있어서, 연구자들은 아동들이 집단 간 맥락에서 세 가지 유형의 추론들을 어떻게 적용하는지를 엄밀하게 살펴보았다. 대부분의 아동들은 자신의 인종 때문에 클럽에서 배제 당하는 것(예: 흑인 아이를 체스 클럽에서 배제하는 것) 혹은 인종을 이유로 학교에서 어떤 아동을 배제하는 것은 도덕적으로 잘못된 것이라고 판단하였다(Killen & Stangor, 2001; Killen et al., 2002).

하지만, 맥락이 매우 다면적일 때, 즉 클럽에 참여하기를 바라는 고정관념적인 그리고 탈고정관념적인 아이의 자격 기준에 대해 학습한 이후에, 나이 든 아이일수록 어떤 클럽에서 타 인종 아이를 배제하는 것에 대한 도덕적 이유에 덧붙여 사회 인습적 이유(예: 집단 기능)를 제시하였다. 우정이라는 맥락에 근거하여 때때로 나이 든 아동들은 심리적 이유(친구를 선택하는 개인적 선택) 때문에 배제를 긍정적인 것으로 판정하는 경향이 있었다. 이러한 연구는 맥락을 연구할 필요성과 더불어 집단 간 맥락에서 아동이 활용하는 추론에도 초점을 맞추어야 한다는 사실을 강조한다.

마. 일상 이론에 관한 사회 발달 접근
(social-developmental perspective on lay theories)

집단 간 판단에서 개인 변인과 맥락 변인의 상호작용을 강조한 다른 이론들을 보완하는 가운데, 레비와 그 동료들은 아동들의 집단 간 판단에 있어서 일상 이론의 역할에 관한 사회 발달적 관점을 검증했다. 생태학적 관점(Bronfenbrenner, 1979), 사회 정체성 이론(Turner et al., 1979), 사회 영역 이론(Killen et al., 2002)을 활용한 그들의 사회 발달적 관점은 사람들이 수많은 환경들과 상호작용하며 그러한 환경 속에 거주하고 있다는 사실을 강조한다. 또한, 이 관점은 아동이 자신을 둘러싸고 있는 환경으로부터 수용하는 통속 이론의 해석에 있어서 개인적 요인들(예: 연령, 인종, 심리적 동기)이 중요한 역할을 한다는 사실을 강조한다. 이를테면 10~15세의 흑인 학생과 백인 학생들은 프로테스탄트 근로윤리를 사회적 평등에 관한 하나의 신념(모든 사람은 노력하여 성공할 수 있고, 그래서 만인은 평등한 것이다)으로서 보는 경향이 있다. 즉, 그들은 프로테스탄트 근로윤리를 '열심히 일한 사람은 성공한다.'는 일상 이론으로 수용하고 있다(Levy, West & Bigler, et al., 2005; Levy, West, Ramirez & Karafantis, 2006). 하지만 연령이 증가함에 따라서 프로테스탄트 근로윤리의 불관용적인(intolerant) 의미들에 접촉하는 것이 더욱 증가할 것이라는 사실을 쉽게 예측할 수 있다. 그러한 불관용적 의미에 대한 대표적인 접촉 사례는 바로 '불우한 집단 및 그 성원들은 자신들이 열심히 일하지 않은 것에 대한 비난을 받아야만 한다.'는 타인의 주장을 듣는 것이다. 그런 주장의 근거로서 프로테스탄트 근로윤리를 활용하는 타인의 사례를 많이 접한 대학생일수록 그렇지 않은 학생들에 비해 낮은 수준의 인류평등적인 관점(예: 무주택자에 대한 기부에 대한 거부감, 사회적 평등에 대한 낮은 지지)을 보여주었다(Levy et al., 2006).

어른들은 아이들에 비해 편견을 정당화하는 프로테스탄트 근로윤리의 의미를 접하는 기회가 훨씬 많았다. 백인들은 흑인들보다 프로테스탄트 근로윤리의 정당화 의미를 더 믿고 있었다. 그러한 정당화 의미는 사회 속에서 그들의 특권적 지위를 정당화시켜 주는 역할을 수행한다. 백인들은 흑인들이 못사는 이유는 그들이 열심히 일을 하지 않았기 때문이라고 정당화함으로써, 일상 이론으로서의 프로테스탄트 근로윤리가 흑인에 대한 백인들의 편견을 정당화하는 의미로 활용된 것이다. 그러므로 이 연구는 개인적 요인(예: 연령, 인종, 심리적 욕구)과 더불어 맥락이 사람들이 편견 혹은 관용을 지지하기 위해 일상 이론을 사용하도록 하는 데 도움을 준다는 사실을 잘 보여준다(Levy & Hughes, 2009, p. 36).

바. 발달적 집단 간 이론 (developmental intergroup theory)

최근에 등장한 발달적 집단 간 이론은 사회 정체성이론, 인지 발달 이론, 여타의 경험 연구 결과들을 결합시킨 것이다(Bigler & Liben, 2006). 따라서 이 이론은 종족 태도 발달에 관한 하나의 통합적 접근이라 할 수 있다. 이 이론에 따르면, 하나의 사회적 차원이 심리적 특징(salience)을 갖게 되면, 집단 간 편견이 증가한다. 네 가지 요인들이 사회적 차원의 심리적 특징에 기여를 한다. 그 네 가지 요인들은 바로 집단의 지각적 특징, 불평등한 집단 크기, 집단 소속감에 대한 명백한 표시(labeling), 암묵적인 인종차별이다. 이 네 가지 요인들은 인종과 민족에 대한 사회의 처리 방식에 아주 커다란 영향을 준다. 그 결과 아동들은 인종과 민족을 개인들을 구별시켜 주는 중요한 차원으로 인식하게 된다. 인종의 심리적 특징을 고려할 때, 몇 가지 부가적 요인(예: 인종과 민족에 대한 본질주의 사고)이 인종 편견의 발달을 촉진시켜 준다(Hirschfeld, 1995). 발달적 집단 간 이론에 의하면, 외생적 요인(예: 고정관념적인 환경 모델)과 내생적 요인(예: 자존심, 인지 발달)은 편견과 고정관념을 유지하는데 크게 기여한다. 집단에 대한 분류 표시(labeling) 및 집단 소속감에 대한 여타의 환경적 표시들은 아동에게 집단의 특징을 증가시켜 줌으로써 집단 간 편견이 형성되게끔 만든다(Levy & Hughes, 2009, p. 37).

5. 진화적 접근

진화적 관점에 따르면 편견과 차별은 거의 피할 수 없으며 변화시키기도 어렵다. 피시바인(Fishbein, 1996)에 의하면, 편견의 뿌리는 수렵·채집 부족 시기로부터 생긴 것이며, 인간의 진화 시기에서 계속 성공을 거두었기 때문에 오늘날에도 보편적으로 존속하는 것이다. 진화 메커니즘은 서로에 대한 큰 선호를 보여주는 동족(同族) 성원의 역사에 근거한다. 그들은 서로를 돕고 보호한다. 이것은 다음 세대에게 전수되는 그들 유전자의 비율을 극대화한다. 피시바인은 인간은 유전적으로 그들 자신과 가장 유사한 개인들을 향한 편애주의를 보여주도록 정향되어 있다고 본다.

또 다른 메커니즘은 젊은 세대에게 정보를 전수하기 위해 권위 있는 인물에 의존하는 것이다. 이 과정은 아동에게 권위 있는 인물이 말한 것을 의심할 바 없이 수용하도록 권면한다. 거기에는 외집단 성원들에 대한 정보도 포함되어 있다. 마지막 메커니즘은 인간은 그들의 아이, 여자, 자원을 외부자로부터 보호하기 위해 적대감을 발달시켜 왔다는 것이다. 이러한 편견의 발달은 3~4세 무렵에 발달하는 집단 정체성과 밀접하게 연결되어 있다.

또 다른 진화적 관점은 사회 집단에 대한 아동의 사고가 인간에 대한 생득적 이론들에 따라 조직화된다고 한다. 생득적 이론은 사회 집단에 관한 정보를 수집하고 해석하도록 안내한다(Hirschfeld, 1995, 2001). 이러한 생득적 이론은 아동들이 중요한 집단 정보에 주의를 기울이고, 중요하지 않은 정보를 무시하게 만든다. 이 관점에 따르면, 인종의 개념은 사회 집단을 구별하는 아동의 기존 인지 구조와 아주 쉽게 공진하는 것이기에, 인종은 인간을 위한 하나의 강력한 조직화 요인이다. 인종 편견에 대한 진화적 이론에 대한 관심에도 불구하고 이러한 접근들은 많은 비난을 받고 있다. 왜냐하면 이 이론은 편견이 자연적인 것이고, 묵인되어야 한다는 것을 암시하고 있기 때문이다.

그럼에도 불구하고, 진화 이론은 다른 이론들과 중첩되는 공통점이 있다. 자신과의 유사성에 따른 범주화를 선호하는 경향은 인지적 구두쇠라고 가정하는 인지 이론과 유사하다. 제한된 자원과 사회력으로부터 편견이 발생한다는 것은 사회문화적 이론과 유사하다. 권위 있는 인물로부터 정보를 수용하는 것에 대한 강조는 사회 학습 이론을 보완해 준다. 진화론적 이론은 편견을 촉진하는 기제의 역사를 잘 설명해 준다. 즉, 범주화 기능의 역사를 잘 설명해 준다.

Aboud, F. E. & Amato, M. (2001), "Developmental and socialization influences on intergroup bias", In R. Brown & S. Gaertner (Eds.), *Blackwell handbook in social Psychology*: Vol. 4. Intergroup processes (pp. 65-85), Oxford, UK: Blackwell.

Aboud, F. E. & Doyle, A. B. (1996a), "Does talk of race foster prejudice or tolerance in children?", *Canadian Journal of Behavioral Science*, 28, 161-170.

Aboud, F. E. & Doyle, A. B. (1996b), "Parental and peer influences on reduce prejudice in pre-adolescents", *Journal of Social Issues*, 55, 767-785.

Aboud, F. E. & Fenwick, V. (1999), "Evaluating school-based interventions to reduce prejudice in pre-adolescents", *Journal of Social Issues*, 55, 767-785.

Aboud, F. E. (1988), *Child and prejudice*, New York: Blackwell.

Aboud, F. E. (2003), "The formation of ingroup favoritism and outgroup prejudice in young children: Are they distinct attitudes?", *Developmental Psychology*, 39, 48-60.

Abrams, D. & Hogg, M A. (2001), "Comments on the motivational status of self-esteem in social identity and intergroup discrimination", In M. A. Hogg & D. Abrams (Eds.), *Intergroup relations: Essential readings* (pp. 232-244), New York: Psychology Press.

Abrams, D., Rutland, A. & Cameron, L. (2003), "The development of subjective group dynamics: Children's judgments of normative and deviant in-group and out-group individuals", *Child Development*, 74, 1840-1856.

Abrams, D., Rutland, A., Cameron, L. & Marques, J. M. (2003), "The development of subjective group dynamics: When in-group bias gets specific", *British Journal of Developmental Psychology*, 21, 155-176.

Adorno, T. W., Frenkel-Brunswick, E., Levinson, D. J., & Sanford, R. N. (1950), *The authoritarian personality*, New York: Harper.

Allport, G. W. (1954), *The nature of prejudice*, Cambridge: Addison-Wesley.

Aronson, E. & Gonzalez, A. (1988), "Desegregation, jigsaw and the Mexican American experience", In P. A. Katz & D. A. Taylor (Eds.), *Eliminating racism: Profiles in controversy* (pp. 301-314), New York: Plenum.

Banks, J. A. (1995), "Multicultural education for young children: Racial and ethnic attitudes and their modification", In W. D. Hawley & A. W. Jackson (Eds.), *Toward a common destiny: Improving race and ethnic relations in America* (pp. 236-250), San Francisco: Jossey-Bass.

Baron, A. S. & Banaji, M. R. (2006), "The development of implicit attitudes: Evidence of race evaluations from ages 6 and 10 and adulthood", *Psychological Science*, 17, 53-58.

Bar-Tal, D. (1996), "Development of social categories and stereotypes in early childhood: The case of "the Arab" concept formation, stereotype and attitudes by Jewish children in Israel", *International Journal of Intercultural Relations*, 20, 341-370.

Bigler, R. S. & Lieben, L. S. (1992), "Cognitive mechanisms in children's gender stereotyping: theoretical and educational implications of a cognitive-based intervention", *Child Development*, 63, 1351-1363.

Bigler, R. S. & Lieben, L. S. (1993), "A cognitive-developmental approach to racial stereotyping and reconstructive memory in Euro-American children", *Child Development*, 64, 1507-1518.

Bigler, R. S. & Lieben, L. S. (2006), "A developmental intergroup theory of social stereotypes and prejudice", In R. V. Kail (Ed.). *Advances in child development and behavior* (Vol. 34, pp. 38-89), San Diego: Elsevier.

Bigler, R. S. (1999), "The use of multicultural curricula and materials to counter racism in children", *Journal of Social issues*, 55, 687-705.

Bigler, R. S., Brown, C. S. & Markell, M. (2001), "When groups are not created equal: Effects of group status on the formation of intergroup attitudes in children", *Child Development*, 72, 1151-1162.

Branch, C. W. & Newcombe. N. (1986), "Racial attitude development among black children as a function of parental attitudes: A longitudinal and cross-sectional study", *Child Development*, 57, 712-721.

Brewer, M. B. (1991), "The social self: On being the same and different at the same time", *Personality and Social Psychology Bulletin*, 17, 475-482.

Brewer, M. B. (1999), "The Psychology of prejudice: Ingroup love or outgroup hate?", *Journal of Social Issues*, 55, 429-444.

Bronfenbrenner, U. (1979), "Contexts of child rearing: Problems and prospects", *American Psychologist*, 34, 844-850.

Brown, R. (1995), *Prejudice: Its social Psychology*, Cambridge: Blackwell.

Cameron, J. A., Alvarez, J. M., Ruble, D. N., Fuligni, A. J. (2001), "Children's lay theories about ingroups and outgroups: Reconceptualizing research on prejudice", *Personality and Social Psychology Review*, 5, 118-128.

Cameron, L. & Rutland, A. (2006), "Extended contact through story reading in school: Reducing children's prejudice towards the disabled", *Journal of Social Issues*, 62, 469-488.

Cameron, L. & Rutland, A. (2008), "An intergrative approach to changing children's intergroup attitudes", In S. R. Levy & M. Killen (Eds.), *Intergroup relations: An integrative development and social psychological perspective* (pp. 191-203), New York: Oxford University Press.

Cameron, L., Rutland, A., Brown, R. & Douch, R. (2006), "Changing children's intergroup attitudes towards refugees: Testing different models of extended contact", *Child Development*, 77, 1208-1219.

Carlson, J. M. & Iovini, J. (1985), "The transmission of racial attitudes from fathers to sons: A study of blacks and whites", *Adolescence*, 20, 233-237.

Doyle, A. B. & Aboud, F. E. (1995), "A longitudinal study of white children: Racial prejudice as a social cognitive development", *Merrill-Palmer Quarterly*, 41, 209-228.

Doyle, A. B., Beaudet, J. & Aboud, F. E. (1988), "Developmental patterns in the flexibility of children's ethnic attitudes", *Journal of Cross-Cultural Psychology*, 19, 3-18.

Elliot, G. A. & Tyson, G. A. (1983), "The effects of modifying color-meaning concepts on the racial attitudes of Black and White South African preschool children", *Journal of Social Psychology*, 121, 181-190.

Fishbein, H. D. (1996), *Peer prejudice and discrimination: Evolutionary, cultural, and developmental dynamics*, Boulder: Westview.

Gaertner, S. L. & Dovidio, J. F. (2000), *Reducing intergroup bias: The common ingroup identity model*, New York: Psychology Press.

Gaertner, S. L., Dovidio, J. F., Guerra, R., Rebelo, M., Monteiro, M. B., Riek,

B. M. & Houlette, M. A. (2008), "The common ingroup identity: Applications to children and adolescents", In S. R. Levy & M. Killen (Eds.), *Intergroup relations: An integrative developmental and social psychological perspective* (pp. 204-219), New York: Oxford University Press.

Garcia, E. E. & Hurtado, A. (1995), "Becoming American: A review of current research on the development of racial and ethnic identity in children", In W. D. Hawley & A. W. Jackson (Eds.), *Toward a common destiny* (pp. 163-184), San Francisco: Jossey-Bass.

Gibson, M. A. (1984), "Approaches to multicultural education in the United States: Some Concepts and Assumptions", *Anthropology & Education Quarterly*, 15(1), 94-120.

Gimmestad, B. J. & de Chiara, E. (1982), "Dramatic plays: A vehicle for prejudice reduction in the elementary school", *Journal of Educational Research*, 76, 45-49.

Graves, S. B. (1999), "Television and prejudice reduction: When does television as a vicarious experience make a difference?", *Journal of Social Issues*, 55, 707-727.

Greenwald, A. G. & Banaji, M. R. (1995), "Implicit social cognition: Attitudes, self-esteem, and stereotypes", *Psychological Review*, 102, 4-27.

Hirschfeld, L. A. (1995), "Do children have a theory of race?", *Cognition*, 54, 209-252.

Hirschfeld, L. A. (2001), "On a folk theory of society: Children, evolution, and mental representations of social group", *Personality and Social Psychology Review*, 5, 107-117.

Houlette, M. A., Gaertner, S. L. & Johnson, K. M. (2004), "Developing a more inclusive social identity: An elementary school intervention", *Journal of Social Issues*, 60, 35-55.

Houser, B. B. (1988), "An examination of the use of audiovisual media in reducing prejudice", *Psychology in the Schools*, 15, 116-122.

Hughes, J. M., Bigler, R. S. & Levy, S. R. (2007), "Consequences of learning about historical racism among European American and African children", *Child Development*, 78, 1689-1705.

Johnson, D. W. & Johnson, R. T. (2000), "The three Cs of reducing prejudice and discrimination", In S. Oskamp (Ed.), *Reducing prejudice and discrimination*, Mahwah: Erlbaum.

Jones, L. M. & Foley, L. A. (2003), "Educating children to decategorize racial group", *Journal of Applied Social Psychology*, 33, 554-564.

Karafantis, D. M. & Levy, S. R. (2004), "The role of children's lay theories about the malleability of human attributes in beliefs about and volunteering for disadvantaged groups", *Child Development*, 75, 236-250.

Katlins, M., Coffman, T. L. & Walters, G. (1969), "On the fading of social stereotypes: Studies in three generations of college students", *Journal of Personality and Social Psychology*, 13, 1-16.

Katz, P. A. (1973), "Stimulus predifferentiation and modification of children's racial attitudes", *Child Development*, 44, 232-237.

Kehoe, J. W. & Mansfield, E. (1993), "The limitations of multicultural education and anti-racist education", In K. A. McLeod (Ed.), *Multicultural education: The state of the art* (pp. 3-8), Toronto: University of Toronto.

Khmelkov, V. T. & Hallinan, M. T. (1999), "Organizational effects on race relations in schools", *Journal of Social Issues*, 55, 627-645.

Killen, M. & Stangor, C. (2001), "Children's social reasoning about inclusion and exclusion in gender and race peer group contexts", *Child Development*, 72, 174-186.

Killen, M., Lee-Kim, J., McGlothlin, H. & Stangor, C. (2002), "How children and adolescents evaluate gender and racial exclusion", *Monographs of the Society for Research in Child Development*, 67, 1-119.

Koeller, S. (1977), "The effect of listening to excerpts from children's stories about Mexican-Americans on the attitudes of sixth graders", *Journal of Educational Research*, 70, 329-334.

Levy, S. R. & Dweck, C. S. (1999), "The impact of children's static versus dynamic conceptions of people on stereotype formation", *Child Development*, 70, 1163-1180.

Levy, S. R. & Hughes, J. M. (2009), "Development of racial and ethnic prejudice among children", In T. D. Nelson (Ed.), *Handbook of prejudice, stereotyping, and discrimination*, New York: Psychology Press.

Levy, S. R. (1999), "Reducing prejudice: Lessons from socio-cognitive factors underlying conceptions of people on stereotype formation", *Journal of Social Issues*, 55, 745-766.

Levy, S. R., West, T. L. & Ramirez, L. (2005), "Lay theories and intergroup relations: A social developmental perspective", *The European Review of Social Psychology*, 16, 189-220.

Levy, S. R., West, T. L., Bigler, R. S., Karafantis, D. M., Ramirez, L. & Velilla, E. (2005), "Messgaes about the uniqueness and similarities of people: Impact on U. S. Black & Latino youth", *Journal of Applied Developmental Psychology*, 26, 714-733.

Lieben, L. S. & Bigler, R. S. (2002), "The developmental course of gender differentiation: Conceptualizing, measuring, and evaluating constructs and pathways", *Monographs of the Society for Research in Child Development*, 67, vii-47.

Litcher, J. H. & Johnson, D. W. (1969), "Changes in attitudes toward Negroes of white elementary school students after use of multiethnic readers", *Journal of Educational Psychology*, 60, 148-152.

Margie, N. G., Killen, M. & Sinno, S. (2005), "Minority children's intergroup attitudes about peer relationships", *British Journal of Developmental Psychology*, 23, 251-269.

McGlothlin, H., Killen, M. & Edmonds, C. (2005), "European- American children's intergroup attitudes about peer relations", *British Journal of Developmental Psychology*, 23, 227-249.

McGregor, J. (1993), "Effectiveness of role playing and anti-racist teaching in reducing student prejudice", *The Journal of Educational Research*, 86, 215-226.

Mendelson, M. J. & Aboud, F. E. (1999), "Measuring friendship equility in late adolescents and young adults: McGill friendship questionnaires", *Canadian Journal of Behavioral Science*, 31, 130-132.

Monteith, M. (1993), "Self-regulation of prejudiced responses: Implications for progress in prejudice-reduction efforts", *Journal of Personality and Social Psychology*, 65, 469-485.

Nesdale, D. (1999), "Developmental changes in children's ethnic preferences and social cognitions", *Journal of Applied Developmental Psychology*, 20, 501-519.

Nesdale, D., Maass, A., Durkin, K. & Griffiths, J. (2005), "Group norms, threat, and children's racial prejudice", *Child development*, 76, 652-663.

Patchen, M. (1983), "Student's own racial attitudes and those of peers of both races, as related to interracial behavior", *Sociology & Social Research*, 68, 59-77.

Patterson, M. M. & Bigler, R. S. (2006), "Preschool children's attention to environmental messages about groups: Social categorization and the origins of inter group bias", *Child Development*, 49, 69-85.

Pettigrew, T. F. & Tropp, L. R. (2006), "A meta-analytical test of intergroup contact theory", *Journal of Personality and Social Psychology*, 90, 751-783.

Pettigrew, T. F. (1998), "Intergroup contact theory", *Annual Review of Psychology*, 49, 65-85.

Piaget, J. & Weil, A. M. (1951), "The development in children of the idea of the homeland and of relations to other countries", *International Social Science Journal*, 3, 561-578.

Quintana, S. M. (1998), "Children's developmental understanding of ethnicity and race", *Applied and Preventive Psychology*, 7, 27-45.

Ritchey, P. N. & Fishbein, H. D. (2001), "The lack of an association between adolescent friend's prejudices and stereotypes", *Merrill-Palmer Quarterly*, 47, 188-206.

Rutland, A., Cameron, L., Milne, A. & McGeorge, P. (2005), "Social norms and self-presentation: Children's implicit and explicit intergroup attitudes", *Child Development*, 76, 451-466.

Sagar, H. A. & Scofield, J. W. (1980), "Racial and behavioral cues in Black and White children's perceptions of ambiguously aggressive acts", *Journal of*

Personality and Social Psychology, 39, 590-598.

Salili, F., & Hoosain, R. (2001), "Multicultural education: History, issues, and practices", In F. Salili & R. Hoosain (Eds.), *Multicultural education: Issues, politics and practices*, Greenwich: Information Age Publishing.

Schofield, J. W. (1986), "Causes and consequences of the colorblind perspective", In J. F. Dovodio & S. L. Gaertner (Eds.), *Prejudice, discrimination, and racism* (pp. 231-253), Orlando: Academic.

Sleeter, C. E. & Grant, C. (1988), *Making choices for multicultural education: Five approaches to race, class, and gender*, Columbus: Merrill.

Sleeter, C. E. (1989), "Multicultural education as a form of resistance to oppression", *Journal of Education*, 171(3), 51-71.

Teasley, S. D. (1995), "The role of talk in children's peer collaborations", *Developmental Psychology*, 31, 207-220.

Tropp, L. R. & Prenovost, M. A. (2008), "The role of intergroup contact in predicting children's inter-ethnic attitudes: evidence from meta-analytic and field studies", In S. R. Levy & M. Killen (Eds.), *Intergroup relations: An integrative developmental and social psychological perspective* (pp. 236-248), New York: Oxford University Press.

Turner, J. C., Brown, R. J. & Tajfel, H. (1979), "Social comparison and group interest in ingroup favouritism", *European Journal of Social Psychology*, 9, 187-204.

Underwood, B. & Moore, B. (1982), "Perspective taking and altruism", *Psychological Bulletin*, 91, 143-173.

Weiner, M. J. & Wright, F. E. (1973), "Effects of undergoing arbitrary discrimination upon subsequent attitudes toward a minority group",

Journal of Applied Psychology, 3, 94-102.

Williams, J. E. & Edwards, C. D. (1969), "An exploratory study of the modification of color and racial concept attitude in preschool children", *Child Development*, 40, 737-750.

Williams, J. E., Best, D. L. & Boswell, D. A. (1975), "The measurement of children's racial attitudes in the early school years", *Child Development*, 46, 494-500.

Wright, S. C. & Tropp, L. R. (2005), "Language and intergroup contact: Investigating the impact of bilingual instruction on children's intergroup attitudes", *Group Processes & Intergroup Relations*, 8, 309-328.

3장

고정관념에
관한
이해

사회과학에 고정관념이라는 용어를 처음 도입한 사람은 립맨(Walter Lippmann)이다. 그는 고정관념을 일컬어 우리가 인간 집단들에 대해 생각하는 방식을 단순화시켜 주는 '우리 머릿속의 그림'이라고 규정하였다. 그에 의하면, 사람들은 타인에 관한 의견을 내거나 표현할 때 단순한 그림과 이미지에 의존한다고 한다. 그 결과, 인간 집단에 대한 사람들의 고정관념은 실재를 모호하게 만든다. 즉, 고정관념은 편견이 가득한 선입견에 의해 우리의 실제 경험을 왜곡한다. 그가 말했듯이, 대부분의 경우에 있어서 우리는 먼저 보고 그것을 정의하는 것이 아니라, 먼저 정의하고 그것을 나중에 본다(Lippmann, 1922, p. 81).

고정관념에 대한 립맨의 고전적인 연구 이후로 사회심리학자들은 고정관념의 모든 측면에 대한 수많은 연구들을 수행하여 왔다. 고정관념에 관한 연구들을 종합할 때, 우리는 두 가지 사실을 확인할 수 있다. 첫째, 고정관념은 우리가 인식하고 있는 것보다도 훨씬 더 양면가치적인(ambivalent) 것이다. 고정관념은 사회 집단들에 대한 긍정적 속성과 부정적 속성을 모두 담고 있다. 따라서 고정관념의 힘과 위력은 그것이 발생하는 사회적 맥락에 의해 결정된다. 둘째, 고정관념은 인간의 인지 체계의 생득적 부산물이지만, 개인적 동기와 노력에 의해 통제가 가능한 것이다(Operatio & Fiske, 2001, p. 23).

이 장에서는 고정관념의 네 가지 측면들에 대해 상세하게 살펴볼 것이다. 다시 말해, 이 장에서는 고정관념의 내용, 고정관념의 인지 구조, 고정관념의 처리, 고정관념의 맥락에 대해 살펴보고자 한다. 이를 통해 우리는 고정관념의 무엇(what), 왜(why), 어떻게(how), 언제(when)를 분명하게 이해하게 될 것이다.

1. 고정관념의 내용

고정관념에 대한 일반인들의 논의는 대개가 고정관념의 내용에 초점을 맞추고 있다. 우리 사회에서 고정관념의 내용은 특히 특정 지역 출신 사람들의 특성을 기술하는 것과 관계되어 있다. 이를테면 우리는 경상도 사람은 무뚝뚝하다거나, 충청도 사람은 매우 느리며, 서울 사람들은 매우 약삭빠르다는 고정관념 내용을 갖고 있다. 또한 우리는 여성, 노인, 뚱뚱한 사람, 동성애자, 장애인 등에 대한 다양한 고정관념 내용을 갖고 있다. 고정관념은 위에 언급한 범주와 관련된 사람들의 개인적 혹은 행동 상의 특징을 과잉 일반화하거나 혹은 비난한다.

고정관념의 내용은 일반적인 심리적 원리를 따른다. 고정관념 내용의 기저를 이루고 있는 심리적 원리들은 다음과 같다. 첫째, 고정관념은 집단 간 관계를 반영하는 양면가치적인 신념을 담고 있다. 둘째, 고정관념은 부정적이고 극단적인 행동을 증대시킨다. 셋째, 고정관념은 내집단과 외집단 간의 분리를 유지한다. 이제 이 세 가지 원리들에 대해 보다 상세하게 살펴보기로 하자.

가. 양면가치적인 신념 체계

올포트(Allport, 1954)의 고전적 저서인 『편견의 본질』에 서술된 고정관념의 내용은 경멸하는 집단 성원들에 대한 적대감을 반영하고 있다. 하지만 사회심리학의 최근 연구들에 의하면, 고정관념에 근거를 둔 적대감은 매우 드물다고 한다. 대신에 고정관념은 대개가 부정적인 속성이지만 어느 정도 긍정적인 속성도 함께 가지고 있는 양면가치적인 신념을 담고 있다.

이러한 사례는 흑인에 대한 고정관념 연구에서 잘 나타난다(Katz & Braly, 1933). 그러한 연구에 의하면, 흑인에 대한 고정관념 내용은 '게으른, 미신적인, 무식한, 음악적인, 종교적인, 과시하는, 낙천적인' 등을 특징으로 하고 있다. 이러한 특성에서 볼 수 있듯이, 백인들은 흑인에 대해 철저한 적대보다는 양면 가치적인 거부를 표명하고 있다. 그러므로 외집단에 대한 고정관념에 있어서 적대감보다는 양면가치감이 더욱 보편적인 것이라고 할 수 있다.

고정관념의 양면가치감은 집단의 상대적 지위 그리고 집단 간 상호의존의 본질에 의해 결정되는 집단들 간의 구조적 관계를 반영한다. 상대적 지위는 고정관념의 대상인 표적 집단(target group)이 유능한지 혹은 무능한지를 예언한다. 그리고 상호의존은 표적 집단이 유쾌한지 혹은 불쾌한지를 예언한다. 그러므로 유능함과 유쾌함은 양면가치적인 신념 체계의 핵심 차원을 잘 나타내 준다. 고정관념은 집단의 구조적 관계로부터 나오는 것이기에, 비주류 집단은 어느 한 영역에선 높으나 다른 한 영역에선 낮은 것으로 여겨지는 경향이 있다. 즉, 아주 유능하지만 유쾌하지 않은 혹은 무능하지만 유쾌한 집단으로 여겨지는 경향이 있다. 고정관념의 내용은 이러한 유형을 고수한다.

사회심리학자들의 연구에 의하면, 미국인들은 정신지체인, 주부, 노인, 신체 장애인을 유쾌하지만 무능한 사람들이라고 믿고 있다. 이와는 반대로 사람들은 여권운동가, 직업여성, 흑인 전문가, 아시아 사람, 유태인을 불쾌하지만 유능한 사람들이라고 믿고 있다. 이 두 가지 집단과 연합된 신념들은 지배적인 다수(예: 백인, 중산층, 남성, 능력자)와의 관계를 반영한다. 그러기에 첫 번째 집단은 다수에 대한 위협이 되지 못하지만, 두 번째 집단은 심각한 위협이 될 수 있음을 보여준다(Operatio & Fiske, 2001, p. 25).

집단의 지위와 상호의존으로부터 연유하는 유능함과 유쾌함의 차원은 고정관념의 초역사적인 원리를 반영한다. 대부분의 보편적인 고정관념은 외집단 범주에 대해 순수하게 부정적이라기보다는 양면가치적인 신념을 담고 있으며, 그것은 미묘하지만 강력한 방식으로 외집단에 대해 고정관념을 갖고 있는 사람들의 태도와 행동에 영향을 줄 수 있다(Gaertner & Dovidio, 1986). 양면가치적인 고정관념의 전체적인 유발과 유력함을 결정하는 것은 바로 상황적 맥락이다(Oakes, Haslam &

Reynolds, 1999). 미국인들이 아시아인들에게 갖고 있는 고정관념의 사례가 그것을 잘 설명해 준다. 미국 사회에서 백인들은 아시아인들이 똑똑하고, 수줍음이 많으며, 상향 이동 욕구가 강하고, 근면하며, 사회적으로 세련되지 못하다고 믿고 있다. 이를 통해 알 수 있듯이 미국 백인들이 아시아인들에 대해 갖고 있는 고정관념은 매우 이질적인 특성들의 조합으로 이루어져 있다. 미국 백인들이 이러한 고정관념을 어떤 식으로 활용하는지는 바로 사회적 상황에 달려 있다. 대부분의 사회적 상황에서 아시아인들은 무관하고 위협적이지 못한 존재들이지만, 경쟁적인 상황에서는 위압적이고 위협적인 존재들이다.

나. 부정적 · 극단적 행동

고정관념 내용의 두 번째 원리는 고정관념이 부정적·극단적 행동을 증대시킨다는 것이다. 이 간단한 원리는 오랜 기간 사회 인지(social cognition) 연구를 통해 입증되었으며(Fiske, 1980), 사람들이 외집단에 대해 생각하는 방식에 영향을 준다. 부정적이고 극단적인 정보들이 사람들의 주의를 끈다(Skowronski & Carlston, 1989; Taylor, 1991). 일례로, 현저성(salience)에 관한 연구들은 사람들의 주의가 부정적이고 극단적인 자극(예: 범죄와 같은 부적절한 행위, 교통사고와 같은 예측 불가능한 사건)으로 향한다는 것을 잘 보여 준다. 이러한 현상은 사람들이 타인 혹은 사건이 약간은 긍정적이거나 온화한 것이기를 기대하기 때문이다(Matlin & Stang, 1978). 그 결과 부정적이고 극단적인 자극들이 두드러지게 되는 것이다. 결과적으로 고정관념을 갖고 있는 사람들은 부정적이고 극단적인 자극들이 어떤 개인이나 상황의 징후라고 가정하게 되고, 그러한 징후는 추후에 형성되는 인상의 핵심을 이루게 된다(Skowronski & Carlston, 1989).

외집단에 대한 지각은 특히 부정적이고 극단적인 행동의 인지적 효과에 매우 취약하다. 고정관념을 지각하고 있는 사람들은 소수 집단을 부정적 혹은 극단적 행동과 연합시키는데, 그 이유는 둘 모두 매우 드문 현상이고 규칙(다수 집단 혹은 긍정적 사건)에 대한 예외를 대표하고 있기 때문이다. 이러한 현상을 흔히 착각적 상관(illusory correlation)이라고 한다. 사람들은 생소한 집단 그리고 매우 드문 사건과 조우하게 될 경우, 두 가지가 서로 직접적으로 연합되어 있다고 가정한다. 예를 들어, 사람들은 에이즈(AIDS)를 동성애자의 질병으로 간주하는 경향이 있다. 이 경우 둘 모두 새롭고 신기한 자극이다. 동성애자는 사회에서 소수 집단이고, 에이즈는 부정적인 사건이다. 에이즈가 이성애자인 여성에게서도 발병하고 있음에도 불구하고, 에이즈와 동성애 간의 착각적 상관은 여전히 존재한다. 다른 사례로서 흑인과 연금 수혜자 간의 착각적 상관이다. 많은 미국 백인들은 흑인들이 하는 일 없이 연금만 축내고 있다고 불평을 한다. 하지만 연금 수혜자의 대다수는 백인들이다. 그리고 멕시코인들은 불법 이민자라는 착각적 상관이다. 미국에 불법으로 입국하는 사람들은 멕시코인 못지않게 캐나다인, 유럽인, 아시아인 등 그 출신이 매우 다양하다.

고정관념은 사람들의 정신적 표상 속에 저장된 부정적이고 극단적인 개념들의 독특성에 편승한다. 소수 집단 성원들은 다수 집단 성원들에게 신기한 것이나 독특한 것으로 보이는 경향이 있기에, 다수 집단 성원들은 그 독특성을 사회적으로 바람직하지 않은 특성 및 행동과 짝지

으려는 인지적 처리 과정인 착각적 상관에 매우 취약하게 된다.

다. 우리와 그들

고정관념 내용의 세 번째 원리는 내집단에게 유리함을 부여하고 외집단에게 상대적인 불리함을 부여하는 것이다. 이 원리는 앞에서 언급한 바 있는 사회 정체성 이론(Tajfel & Turner, 1986)의 핵심 사항인 동시에 사회심리학의 기본 개념이다(Brewer & Brown, 1998).

사람들은 외집단 성원들보다는 내집단 성원들에게 더 많은 보상을 할당하고(Brewer, 1979), 외집단 성원들보다는 내집단 성원들에게 더욱 긍정적으로 반응하며(Perdue, Dovidio, Gutman & Tyler, 1990), 내집단 성원들과는 경쟁적인 행동보다는 협동적인 행동을 더욱 많이 수행한다(Schopler & Insko, 1992). 대부분의 실험 연구들은 외집단 경멸보다는 내집단 편애주의가 더욱 보편적임을 보여주고는 있으나, 사회적 삶의 현실 및 자원의 희소성은 내집단 편애주의와 외집단 경멸이 적어도 부분적으로 상관관계에 있다는 사실을 잘 보여준다. 더구나 사람들은 외집단의 단순한 존재만으로도 자신의 개인적 목적이 위태롭다는 느낌을 갖게 되고(Fiske & Ruscher, 1993), 그러한 자극은 고정관념을 활성화시킨다.

2. 고정관념의 구조

고정관념을 이해하기 위한 두 번째 방법은 고정관념이 생기는 인지 구조를 조사하는 것이다. 고정관념의 내용에 관한 이전의 논의들은 고정관념적인 신념과 정보를 저장하는 내적 구조의 존재를 가정하고 있다. 우리는 사람들을 여성, 흑인, 장애인, 노동자 등과 같은 집단들로 범주화함으로써 그 집단과 관련된 특성들을 그 집단의 개별 성원들의 탓으로 돌리는 경향이 있다. 여기서 우리는 한 가지 의문에 봉착한다. 인지적 범주란 정확히 어떤 것인가? 그것은 이론적 추상화인가 아니면 실재하는 정신적 구성물인가? 이에 대한 해답을 얻기 위해 여기서는 사람들이 머릿속에 정보를 어떻게 저장하는지 그리고 그러한 정보의 조직들이 이후의 지각과 판단에 어떤 영향을 미치는지를 명료하게 설명하고 있는 네 가지의 주요한 사회 인지 접근법들을 살펴보고자 한다. 이러한 네 가지 접근법들은 전형(prototype), 실례(exemplar), 연합적 네트워크(associative network), 교섭 모델(connectionist model)이다(Fiske & Taylor, 1991; Smith, 1998).

가. 전형 모델 (prototype models)

여기서 전형이라는 말은 어떤 범주의 평균적 혹은 가장 전형적인 성원을 의미한다. 전형 모델에 따르면, 사람들은 어떤 범주의 통계적 평균 주위에 있는 범주 정보들을 조직화한다. 그러나 어떤 범주의 전형이 그 범주의 진실한 사례나 성원을 대표할 필요는 없다. 대부분의 경우에 있어서 전형은 사실상 존재하지 않는다(Posner & Keele, 1968; Reed, 1972). 비록 법조인, 백인, 여성 등의 범주에 연관된 평균적 속성들을 우리가 기술할 수 있다고 할지라도, 우리가 평균적인 법조인, 백인, 여성의 구체적 사례들을 실제로 확인하는 것은 상당히 어려운 일이다.

전형 모델은 사람들이 범주 정보를 퍼지 집합(fuzzy sets)으로 설명하고 있다고 가정한다. 즉, 범주에 관한 속성들은 그 전형과 연결되어 있다는 단순 사실을 제외하고는, 어떤 명확한 경계나 체계적 조직화를 갖고 있지 않다. 범주 속성들은 가족 유사성(family resemblance)에 따라서 전형 주변에 밀집하여 있다. 여기서 가족 유사성이란 범주의 한 구성원이 가진 속성을 그 범주의 다른 구성원들이 공유하는 정도를 나타내는 척도를 의미한다. 속성들은 유사한 특색을 공유하고 있으나, 그것들의 연합은 전형의 맥락에서만 의미가 있다(Fiske & Taylor, 1991). 예를 들어 지적인, 비조직적인, 두드러진, 서투른 등과 같은 속성들은 일관된 인성에 대한 기술로서 거의 의미가 없지만, 조직화된 교수와 같은 전형은 수많은 친숙한 개인들을 기술할 수 있다.

전형은 집단 성원들에 대한 인상을 형성하고 판단을 내리는 데 있어서 중요한 함의를 갖는다. 사람들에 대한 인상을 형성할 때, 우리는 표적이 되는 개인을 어떤 범주 정보와 비교한다. 표적이 전형적 표현과 중복되는 것이 많을 경우, 우리는 그 표적을 범주 속에 병합시킨다(Fiske & Neuberg, 1990). 전반적 범주와 연합된 퍼지 집합 속성들이 표적이 되는 개인을 묘사한다고 가정할 때, 고정관념에 빠지게 된다. 이러한 논리에 따르면, 전형은 사람들이 타인에 대해 갖게 되는 최초 인상에서부터 그들이 후속 정보를 판단하는 방식 및 표적의 속성을 상기하는 방식에 이르기까지 사회 인지의 모든 단계에 영향을 미친다(Fiske, Lin & Neuberg, 1999).

전형에 근거한 고정관념은 사람들이 어떤 범주와의 직접 경험은 거의 없으나 강한 집단 기대사항을 갖고 있을 경우에 가장 강력하다(Smith & Zárate, 1990). 즉, 사람들이 실제적인 상호작용보다는 문화적 사회화를 통하여 외집단에 대해 학습했을 경우에 전형에 근거한 고정관념이 가장 강력하다. 인종에 대한 고정관념은 그 대표적 사례가 될 수 있다. 전형 모델에 의하면, 어떤 주어진 범주(예: 평균적인 여성, 평균적인 한국인)의 전형적 성원에 대한 사람들의 신념을 변화시키는 것은 고정관념을 희석시킬 수 있다(Hanzi, 1995).

나. 실례 모델 (exemplar models)

실례 모델은 정신적 표상에서의 구체적 실례의 역할을 강조하며 (Medin & Schaffer, 1978), 범주 성원과의 실제적인 경험에 기반을 두고 있다(Carlston & Smith, 1996). 따라서 사람들은 인상을 형성하고 판단을 내림에 있어서 판단 표적 대상이 되는 개인을 실제적인 범주 성원들에 관한 정신적 표상과 비교한다. 즉, 인상을 형성하고 판단을 내림에 있어서 전형적 추상화(예: 그는 전형적인 교수의 모습을 떠올리게 만든다.)보다는 오히려 실제적 범주 성원들에 대한 정신적 표상(예: 그는 대학원 시절 내 지도 교수의 모습을 떠올리게 만든다.)에 의존하는 것이다.

실례 모델은 정신적 표상이 전형 모델에서의 경우와 마찬가지로 전형성과 동질성보다는 변이성을 포함하고 있다고 본다(Linville, Fischer & Salovey, 1989). 달리 말해, 실례 모델은 범주 안에는 이질적 사례가 존재한다는 것을 인정한다. 실례 모델은 '전체 범주의 하위 집단'이라는 개념과 유사하다고 보면 된다. 그러기에 집단 안에서의 이질성을 인정하고, 충분한 집단 변이성의 축적을 통해서 고정관념의 변화가 일어날 수 있다고 본다(Maurer, Park & Rothbart, 1995;

Rothbart, 1996).

실례 모델에 따르면 고정관념은 개별 표적과 범주 실례 간의 일치로 부터 연유한다(Smith & Zárate, 1990). 표적들이 실례를 닮았을 경우에 사람들은 실례의 특징을 표적들에게 귀속시킨다. 전형에 근거한 고정관념 처리 과정과 유사성이 있음에도 불구하고, 실례에 근거한 고정관념은 어떤 전형과 연합되어 있는 추상적 속상들보다는 오히려 실례와 연합되어 있는 구체적 속성들의 적용을 포함하고 있다(Smith, 1998). 연구 결과에 의하면, 실례에 근거한 고정관념은 사람들이 전체적인 범주에 관하여 미성숙한 신념을 갖고 있을 경우(Sherman, 1996) 그리고 구체적 실례들이 사람들의 기억 속에 또렷하게 남아 있을 경우에 가장 강력하다고 한다(Higgins, 1996). 그러나 사람들이 인상 형성을 위한 준거 체제로 실례를 활용하거나 표적이 실례와 대조를 이룰 경우에는 고정관념이 줄어들게 된다(Stapel & Koomen, 1998).

다. 연합적 네트워크 (associative networks)

연합적 네트워크 모델은 전형 모델과 실례 모델의 기본 가정들을 명료화할 수 있는 동시에 고정관념에 관한 독특한 예측을 제공하는 특징을 갖고 있다. 연합적 네트워크 모델에 따르면(Anderson, 1983), 정보는 노드(node)라고 불리는 별개의 정신 구조 안에 저장된다. 개별 노드는 이름, 장소, 대상, 시각적 개념, 인성 특성 등 그것이 무엇이든지 간에 상관없이 오직 한 가지 개념에만 상응한다(Carlston, 1994). 노드는 링크(link)에 의해 체계적으로 서로 연결되어 있는데, 여기서 링크는 각 노드 안에 포함된 개념들 간의 의미 있는 연합을 상세하게 나타내준다.

노드 간의 링크는 사람들의 정신적 표상을 구조화한다. 어떤 링크들은 특히 강한데, 이것은 개념들 간의 중대한 연합을 의미하는 것이다. 그리고 어떤 링크들은 상대적으로 약하기도 하다. 노드 간 연결의 본질은 사람들의 경험에 따라서 변동하게 되어 있다. 개념들 간의 상관관계를 어떻게 지각하고 있는지에 따라서 링크의 힘이 늘기도 하고 줄어들기도 한다. 그리고 이전에 별개였었던 개념들 간의 새로운 연합이 생김에 따라서 새로운 노드 연결이 만들어지기도 한다.

네트워크 모델은 모든 지식과 경험들이 상호 연결된 노드에 의해 인지적으로 표현되고 조직화된다는 사실을 강조한다. 그러나 대부분의 노드들은 휴지 상태에 있다. 달리 말해 대부분의 노드들은 우리의 장기 기억 속에 저장되어 있다. 아주 일부분의 노드들만이 활동하면서 의식적인 그리고 무의식적인 인지에 영향을 준다(Carlston & Smith, 1996). 인상, 판단, 기억은 어떤 시점에서 어떤 노드가 활동하고 있는지에 달려 있다. 어떤 특정한 하나의 노드가 활성화된다는 것은 그것과 밀접하게 관련된 개념의 활성화를 의미하는 것이다(Smith, 1998).

연합적 네트워크 모델은 단순한 범주화로부터 어떻게 고정관념이 생기는지를 설명할 수 있다. 전형 모델과 실례 모델에 의하면, 우리는 전형적인 성원(전형 모델)이나 전체 범주의 구체적 사례(실례 모델)와 연합되어 있는 표적의 속성을 추단한다. 네트워크 모델은 이러한 분석을 더욱 확장시킨 것이다. 네트워크 모델에 의하면, 고정관념은 활성화의 확산으로부터 발생하는 것이다. 사회적 범주인 교수라는 하나의 노드가 자극을 받으면 상호 연결된 링크를 따라서 다른 노드들(예: 지적이고 기억력이 나쁜 속성들, 안경을 끼고 있고 정리가 잘 안된 책상들과 같은 시각적 이미지, 위압감을 느끼는 것과 같은 정의적 반응)을 자극하게 된다. 네트워크 모델에 따르면, 자극은 연결된 개념들 간의 자동적 연합을 일으키는 가운데 강력한 링크를 따라서 급속도로 이동한다. 이렇듯 미시 수준의 인지 구조를 강조하고 있는 네트워크 모델에서 연합된 노드를 통한 고정관념은 대부분 사람들이 그것을 제대로 인식하지 못하는 가운데 일어나는 현상이다.

라. 평행 배포 처리 모델 (parallel-distributed processing models)

연합적 네트워크 모델과 마찬가지로 평행 배포 처리 모델은 지식이 연합적 링크에 의해 상호 연결된 노드 속에서 표상된다고 주장한다. 네트워크 모델이 활성화되는 노드에 포함되어 있는 정보에 초점을 맞추고 있는 반면에, 평행 배포 처리 모델은 하나의 노드는 그 자체로는 고유의 의미를 갖지 못하다는 사실 그리고 노드들이 범주 특수적인 것 (category specific)이 아니라는 사실을 강조한다. 오히려 의미들은 노드를 가로지르는 활성화의 유형으로 나오는 것이며, 노드들은 어떤 특정한 범주에 특수하지 않은 일반적인 정신 구조이다. 그러므로 이 이론에서의 초점은 개별적인 특수한 노드의 분리된 속성에 있는 것이 아니라, 오히려 노드들의 유형을 가로지르는 활성화로부터 생기는 충격 자극의 혼합에 맞추어져 있는 것이다.

예를 들어, 노드 A로부터 노드 B, 노드 C, 노드 D로의 활성화 유형은 최초 노드 A의 자극 수준과 더불어 A-B, A-C, A-D, B-C, B-D, C-D 노드 연결의 세기로부터 기능하는 것이다. 노드 간의 활성화는 긍정적이거나 부정적일 수 있다. 긍정적인 활성화는 노드 간의 연결을 촉진하고, 부정적인 연결은 연결을 금지시킨다. 반복된 자극과 경험에 노출될 경우에 한 유형 안에서 2~3개 노드의 활성화는 이전에 학습한 유형의 완성으로 끝날 수도 있다. 노드 A와 B를 활성화시키는 것만으로도 C와 D를 자극해야 가능한 유형을 끝낼 수 있다. 유형 활성화는 초기 정보의 투입 그리고 노드 간의 이전의 세기(긍정적 혹은 부정적)에 의해 제한을 받는다.

사회심리학 분야에서 이 이론의 적용은 아직 시작 단계에 불과하다. 대표적인 적용 사례는 고정관념의 기저를 이루고 있는 촉진적·억압적 기제에 관한 것이다(Bodenhausen & Macrae, 1998). 긍정적인 연결과 부정적인 연결 모두에 대한 강조점을 확장하는 가운데 최근의 연구는 고정관념을 훼손시키거나 약화시키는 변인들을 조사하고 있다.

지금까지 살펴본 비와 같이 전형 모델, 실례 모델, 연합적 네트워크 모델, 평행 배포 처리 모델은 서로 중첩되는 부분이 있음과 동시에 각기 다른 설명과 예측을 제공해 준다. 이 네 가지 모델들은 고정관념을 유지시키는 인지 구조에 대한 통찰력을 갖게 하는 데 큰 도움을 준다. 네 모델은 고정관념이 이전의 신념과 기대를 저장하고 있는 기본적인 인지 단위로부터 출현하는 것이기에 우리의 정신적 구조물 안에 파묻혀 있다는 사실을 잘 지적해 준다.

3. 고정관념의 처리

고정관념을 이해하는 세 번째의 방법은 사람들이 타 집단 성원에 대해 생각할 때 그와 연루된 정신적 처리 과정을 살펴보는 일이다. 고정관념의 특수한 내용과 상관없이, 고정관념의 처리는 세계를 지각하고 이해하기 위한 인간의 기본 기제이다. 여기서는 범주화 및 고정관념 활성화의 자동적 성격, 추후의 지각을 안내하는 인지적·동기적 처리, 고정관념의 유지 및 변화 기제에 초점을 맞추는 가운데 고정관념 처리의 기능적 특성들에 관한 연구 결과들을 살펴볼 것이다. 이를 통해, 고정관념은 부가적인 정보에 대한 동기화 및 고려에 의해 통제 가능한 하나의 실용적인 처리가 될 수 있으며, 전적으로 그릇된 것이 아님을 보게 될 것이다. 고정관념은 대개가 그것의 표적이 되는 사람들에게 해로운 것이지만, 정확성 또는 상호의존성이 중요할 경우에는 고정관념을 지각하는 사람에게도 해로움을 줄 수 있다.

가. 사회적 범주의 유용성

일찍이 립맨(Lippmann, 1922, p. 26)은 인간은 그들을 둘러싸고 있는 환경의 복잡함을 제대로 다룰 수 없기 때문에 그러한 복잡함 속에서 제대로 기능하기 위해 환경을 '단순한 모델로 재구성'한다고 말한 바 있다. 올포트는 세계를 단순화하는 립맨의 논의를 진전시켜서 인지적 관점이라는 용어를 사용하였다. 나아가 그는 대상을 범주화하는 것은 인간이 효율적으로 기능함에 있어서 필수적인 동시에 적응적인 것이라고 주장하였다. "새로운 경험은 오래된 범주로 편집되어야만 한다. 우리는 개별 사건들을 의당 새롭게 다룰 수 없다."(Allport, 1954, p. 19). 사람들은 테이블과 의자를 가구로, 레스토랑과 사무실을 장소로, 교수와 학생을 사람으로 범주화한다. 범주화를 통해 우리는 소수의 진단적 단서에 주의를 기울임으로써 환경 대상으로부터 의미를 추출해낼 수 있다. 범주화는 모든 대상의 모든 속성들을 지각해야 하는 우리의 시간과 노력을 감소시켜 준다. 그러기에 올포트는 "모든 범주들은 세계에 대한 의미를 야기한다. 숲속의 길과 마찬가지로 범주는 우리의 삶의 공간에 질서를 부여한다."고 말했다(1954, p. 171).

올포트에 따르면, 범주화를 안내하는 처리는 모든 대상에 동일한 것이다. 가구, 주방용품, 장소, 사람 등 그 무엇에 상관없이 우리가 환경 속의 대상을 조우할 경우, 우리는 먼저 그 대상을 정의하는 어떤 특징들을 선택하고, 이전에 형성된 인상 속에서 그러한 특징들을 두드러지게 만들며, 마침내 그 특정한 특징들로부터의 일반화에 의해 그 대상을 해석한다. 이렇듯 고정관념은 단순한 범주화와 연합된 기본 규칙을 따른다. 한편 올포트는 범주와 고정관념을 구별하였다. 범주는 의미나 목적에서 중첩되는 연합된 개념, 속성 혹은 대상을 언급한다. 고정관념은 사람들의 범주와 연합된 과장된 신념으로서 그 범주를 향한 행동을 합리화시켜 주는 기능을 수행한다. 고정관념은 보다 일반적인 범주화 처리의 특수한 결과들이다.

나. 범주 기반 고정관념 모델

고정관념을 지각하고 있는 사람들은 자동적으로 타인을 범주화한다. 고정관념을 지각하고 있는 사람들은 가능한 경우에는 언제나 초기 범주화에 따라서 타인에 관한 정보를 해석한다. 하지만 동기화가 될 경우 고정관념을 지각하고 있는 사람들은 자신의 고정관념적인 신념을 교정하기 위하여 범주 불일치 정보를 사용할 수 있으며, 타인을 고정관념화된 범주 성원들이 아닌 개별 성원으로서 볼 수 있다.

1) 자동적 활성화

고정관념을 가진 사람들은 타인을 만나는 즉시 그들을 범주화한다. 그 시간은 1,000분의 1초도 걸리지 않는다고 한다. 고정관념을 가진 사람들은 인종, 젠더, 연령, 신체 크기, 사회적 역할 등과 같은 분명하면서도 시각적으로 현저한 단서들을 활용하여 타인을 범주화한다. 최초의 범주화는 종종 고정관념 지각자가 스스로 인식하지 못하는 사이에 이루어지고, 지각에 대한 범주의 효과는 눈에 띄지 않는 가운데 행해질 수 있다.

일단 어떤 표적이 하나의 범주 안에 놓이게 되면 고정관념을 촉진하는 수많은 인지적 효과들이 즉각적으로 일어난다(Fiske & Taylor, 1991). 일례로, 고정관념의 지각자들은 표적과 다른 범주 성원들과의 차이를 극소화하고(Taylor, 1981), 고정관념적인 속성들을 그 표적에게 귀속시킨다(Devine, 1989; Dovidio et al., 1986). 첫 만남에서 변호사로서 범주화가 이루어진다면, 고정관념의 지각자는 그 사람에 대해 야심이 있는, 지적인, 정직하지 못한, 탐욕스러운 등과 같은 고정관념적 속성을 귀속시키게 된다.

최초 범주화의 효과는 표적을 고유한 개인이 아닌 상호 교환 가능한 범주 성원으로 지각하도록 만들기에 대체로 부정적이다. 그렇지만 이것은 고정관념의 지각자에게 이로움을 준다. 자신의 지각적 처리를 돕기 위해 자동적인 범주를 활용하는 것은 빠른 판단을 내리는데 도움을 줄 뿐만 아니라 다른 과업 수행을 위한 인지적 에너지를 보존하는 효과가 있기 때문이다(Macrae et al., 1994). 따라서 최초의 범주화는 고정관념을 지각하는 사람들의 환경을 조직화하고, 주의력의 흐름이 질서 있는 궤적을 따르게끔 만들어 준다.

2) 정보 해석

자동적인 최초의 범주화 이후에 고정관념을 지각하는 사람들은 때때로 더욱 사려 깊은 처리를 수행한다. 이것은 범주화 단계를 넘어서서 인지적 노력을 시도하려는 동기와 더불어 인상 형성을 위한 가용한 정보들에 달려 있다(Fiske & Neuberg, 1990). 고정관념의 지각자들은 알맞은 양의 동기 부여에 의해 부가 정보를 활용하지만(Erber & Fiske, 1984; Neuberg & Fiske, 1987; Ruscher & Fiske, 1990), 최초의 범주화에 의해 대개는 편파적인 것이 된다.

고정관념의 지각자들은 범주화를 따르기 때문에 그들의 주의는 주로 범주 일치 정보를 향한다(Hamilton, Sherman & Ruvolo, 1990). 어느 누군가를 여성 혹은 흑인으로 범주화하였다면, 우리는 그 범주와 일치하는 속성들에 깊은 주의를 기울이게 되는 것이다. 범주에 기반을 둔 정보 처리는 사람들이 정확하게 생각할 시간과 에너지를 갖고 있지 못할 때 더욱 증가한다(Macrae, Milne & Bodenhausen, 1994).

고정관념을 지각하고 있는 사람이 고정관념과 일치하는 정보를 향해 편파적으로 정보 처리를 한다고 할지라도, 여타 유형의 정보들은 인상 형성에 영향을 미치게 된다. 고정관념을 지각하고 있는 사람은 타인에 대한 인상을 형성할 때 세 가지 유형의 정보들을 접할 수 있다. 범주와 일치하는 정보, 범주와 무관한 정보, 범주의 부당성을 입증하는 정보가 바로 그것이다. 정보가 범주와 일치할 때는 기대 사항이 확증되어 범주가 더 강화된다(Hamilton et al., 1990; Oakes, Turner &

Haslam, 1991). 표적 정보와 이전의 신념이 명확하게 일치함으로서 고정관념이 더욱 커지게 된다(Snyder, 1987). 정보가 범주와 무관한 경우에 고정관념의 지각자들은 그것을 무시하거나(Belmore, 1987; Fiske, Neuberg, Beattie & Milberg, 1987) 고정관념에 기반을 둔 기대 사항에 따라서 그것을 해석한다(Hilton & Von Hippel, 1990; Nelson, Biernat & Manis, 1990). 그 결과 고정관념은 정보 모호성에 편승하게 된다. 정보가 범주화의 부당성을 입증할 경우 고정관념을 지각하는 사람들은 그 정보를 일반 범주의 표상이 아닌 것으로 지각하는 경향이 있다(Krueger & Rothbart, 1990; Kunda & Oleson, 1995). 그래서 고정관념은 일탈적 정보를 잘 해명한다(Weber & Crocker, 1983). 고정관념을 지각하고 있는 사람들은 아주 특수한 경우에서만 기대와 불일치하는 정보를 회상하는 경향이 있다. 그러한 경우는 기대 사항이 취약할 때, 불일치가 강할 때, 그리고 고정관념을 지각하고 있는 사람이 분명한 인상 형성 목적을 가지고 있을 때이다(Stangor & McMillan, 1992).

사람들은 범주에 대해 자신이 이전에 갖고 있던 신념 속에 정보를 동화시킨다. 즉, 고정관념을 갖고 있는 사람들은 선택적 정보 탐색을 통해 그들의 범주와 이전 신념들을 유지하려고 한다. 고정관념을 지각하고 있는 사람들이 모순된 정보를 재해석하는 창조적 방법을 발견하기 때문에, 고정관념은 무관하거나 불일치하는 정보에 탄력성이 있는 것처럼 보인다. 그러나 고정관념화가 필연적인 것은 아니다. 부당성을 입증하는 충분한 정보가 제공되고, 주의를 집중하는 충분한 동기가 부여된다면, 사람들은 자신의 범주적 신념을 변경할 수 있고, 타인들을 범주 성원만이 아닌 개인들로서 볼 수 있다.

3) 범주적 신념의 수정

주의를 집중하는 높은 수준의 동기가 부여되고 충분한 정보가 제공될 경우, 고정관념을 지각하고 있는 사람들은 그들이 갖고 있던 이전의 기대 사항과 범주의 본질 자체를 수정할 수 있다. 달리 말해, 정보에 대해 주의를 기울이는 높은 수준의 동기 부여를 통해 범주적 신념을 수정함으로써 고정관념 변화가 일어날 수 있다(Hilton & Von Hippel, 1996).

몇 가지 모델들은 범주가 변화할 수 있는 처리를 설명해 준다. 초기 모델들은 두 가지 대조적인 처리를 제시하였다(Rothbart, 1981). 부기 처리(bookkeeping process)에 의하면, 사람들은 범주와 모순되는 표적들에 주의를 기울이고 새로운 정보를 그 범주에 통합시킴으로써 오랜 시간에 걸쳐 그들의 고정관념을 점진적으로 변화시킨다. 새로운 정보가 이전 신념들과 평균을 이룸으로써 범주적 기대 사항들이 변화한다. 이와는 달리 전환 처리(conversion process)에 의하면, 사람들은 상당히 모순적인 성원들과의 만남의 결과로서 그들이 갖고 있던 고정관념을 급격하게 변화시킨다. 따라서 한 명의 걸출한 범주 성원이 개인적으로 고정관념의 본질을 바꿀 수 있다(Weber & Crocker, 1983).

그러므로 우리가 정보에 더욱 주의를 기울이고, 새로운 정보들을 이전 정보와 통합한다면, 고정관념을 변화시킬 수 있다. 이를테면 우리는 일반적인 범주에 포섭되는 더 특수하고 구체적인 범주들을 만들 수 있다. 이것을 흔히 특수형으로 만들기(subtyping)라고 부른다. 그리고 범주에 대해 보다 정교한 신념들을 가짐으로써 궁극적으로는 고정관념을 희석시킬 수 있다. 이것을 소집단으로 만들기(subgrouping)라고 한다. 범주 다양성이 고정관념적 신념을 감소시키는 경우에는 소집단으로 만드는 것이 고정관념 변화를 위해 더 유효할 수 있다.

4) 개별화된 인상 형성

인상 형성에 관한 모델들은 범주와 일치하는 속성보다는 오히려 고유한 사적인 특성에 따라서 개인을 지각하는 것이 인간 지각에 있어서의 가장 개별화된 형태임을 말해 준다(Brewer, 1988; Fiske & Neuberg, 1990). 하지만 모델들은 개별화가 아주 드물게 발생한다는 것을 인정한다. 특수형으로 만드는 것과 소집단으로 만드는 것도 사실상 개인적 특성보다 범주에 우선성을 둔다. 따라서 범주에 기반을 둔 지각이 보다 보편적이라고 할 수 있는데, 그 이유는 완전한 개별화는 상당한 노력을 요구하기 때문이다.

아주 드문 상황에서 사람들은 표적의 모든 특성들을 통합하는 가운데 서서히 인상을 형성하려는 동기를 갖게 된다. 이러한 동기 부여는 결과 의존성, 책무감, 정확성 목표, 개인의 공정성 가치, 여타의 사회적 동인들로부터 나올 수 있다.

개별화된 인상 형성을 위해 우리는 범주화, 정보 탐색, 해석, 재범주화라는 네 가지 단계들을 모두 거쳐야 한다. 표적이 되는 개인을 설명할 수 있는 단일의 범주가 없을 때, 우리는 그 범주를 또 다른 속성으로 다룬다. 우리는 개인의 고유한 속성들을 평가하고 그것을 점진적인 인상 형성에 통합시켜야 한다. 그 결과 범주는 또 다른 정보의 부분으로 축소되고, 인상 형성 처리에서 다른 이상한 정보와 동등한 비중을 갖게 된다.

4. 고정관념 맥락

고정관념에 대한 논의에서 마지막으로 중요한 것은 바로 고정관념을 가진 사람들과 표적이 되는 사람들의 사회적 맥락이다. 사회적 맥락의 두 가지 측면들이 고정관념의 세기를 결정하는데, 하나는 권력 역학과 집단 위계이고, 다른 하나는 현상유지 정당화이다. 이를 통해 우리는 고정관념이 사회적 위계를 유지하고, 사회적 불평등을 합리화하며, 집단 간 적대감을 고취하는 강력한 도구가 될 수 있다는 사실을 이해하게 될 것이다.

가. 권력과 위계

사회적 권력 역학과 집단 위계는 어떤 개인과 집단에게 특히 압제적인 고정관념을 부여한다(Operario, Goodwin & Fiske, 1998). 성과가 타인의 통제를 받을 수 있는 사람들 그리고 사회적 위계에서 낮은 위치에 있는 집단들은 그들의 품위를 떨어뜨리는 고정관념에 매우 취약하다. 반대로 타인의 성과를 통제하는 사람들 및 사회적 위계에서 높은 위치에 있는 집단들은 타인에 대한 고정관념을 갖기 쉽고, 심지어 그러한 고정관념으로부터 이득을 얻을 수 있다(Fiske, 1993).

권력을 가진 사람들은 하위 사람들에게 개별화된 관심을 거의 기울이지 않기 때문에, 타인에게 권력을 행사하는 개인들은 고정관념적인 처리에 더욱 쉽게 관여하기 마련이다. 권력을 가진 사람들은 그들의 추론과 판단에 있어서 하위 사람들의 고유한 특성과 속성들을 검토하기보다는 오히려 고정관념적인 가정들에 의존하는 경우가 더 많다. 이에 대한 세 가지의 해명 기제는 다음과 같다. 첫째, 권력을 가진 사람들은 하위 사람들에 대한 정확한 인상을 형성할 동기를 결여하고 있으며, 그 대신에 하위 사람의 인상에 대한 고정관념적 윤곽에 만족하는 경향이 있다. 둘째, 권력을 가진 사람들은 하위 사람들에게 주의를 기울일 인지적 역량을 갖고 있지 않다. 그들은 주로 다른 곳에 그들이 갖고 있는 인지적 역량을 할당한다. 셋째, 권력을 가진 사람들 중 특히 타인을 지배하는 것을 선호하는 사람들은 하위 사람들에 대한 고정관념을 가지려는 욕망을 갖고 있다. 덧붙여, 유력한 집단을 동일시하는 사람은 그 집단과 연합된 인지적·태도적 경향성을 가진 체 하는 경우가 많기에, 하위 사람들을 고정관념으로 처리하기가 매우 쉽다(Sachdev & Bourhis, 1985, 1991). 일부 연구들에 의하면, 위협을 받고 있거나 자원이 희소할 때 고정관념적 처리가 증가한다고 한다. 그 이유는 그런 상황에서는 권력을 가진 사람들의 특권적인 지위가 위협을 받기 때문이다(Ellemers, Doosje, van Knippenberg & Wilke, 1992). 그러나 권력을 가진 사람들이 하위 사람들과 공동의 지향을 갖고 있을 경우에는 고정관념적 처리가 줄어든다.

하위 사람이나 집단들은 권력을 가진 사람들을 고정관념을 갖고 보는 경우가 훨씬 적다(Fiske & Dépret, 1996). 하위 사람들은 권력 소지자의 개인적 속성에 더욱 엄밀한 주의를 기울이며, 장래의 성과에 대한 예측 및 통제감을 증가하기 위한 노력의 일환으로서 때로는 그들에 대해 비현실적인 긍정적인 인상을 형성한다(Erber & Fiske, 1984; Neuberg & Fiske, 1987).

모든 사람들이 고정관념을 갖는 것에 취약한 것이 사실임에도 불구하고, 권력은 범주에 기반을 둔 판단을 내릴 경향성을 증가시키고, 개인적 인상을 형성할 필요성을 감소시킨다. 권력은 사회적 하위 사람 및 소수 집단과 연합된 신념들을 영속화할 뿐만 아니라 입법, 경제 정책, 제도적 관행을 통해 고정관념적 신념에 입각한 행동이 가능하도록 만들어 준다.

나. 현상유지 정당화

권력 소지자들이 사회적 하위 사람이나 집단에 대해 갖고 있는 고정관념은 장기적으로 현상유지를 위한 효과를 수반한다. 하위 집단들이 부정적이고 바람직하지 못한 속성들을 갖고 있다는 사실에 전적으로 동의하는 권력 소지자들은 권력 격차를 유지하려는 방식으로 행동한다(Pratto, Sidanius, Stallworth & Malle, 1994; Sidanius, 1993).

한편, 무력하거나 압제를 당하고 있는 사람들은 외집단 우호주의를 표명하고, 자기 집단의 낮은 지위를 유지하고 정당화하는 편견을 보여준다(Mlicki & Ellemers, 1996). 왜 그럴까? 그 이유는 이런 것이다. 피억압 집단들은 그들의 사회적 혹은 제도적 맥락이 적절한 사회 정의의 기준을 따르고 있다고 지각할 때에는 현상유지를 수용한다(Major, 1994; Martin, 1986). 외부적으로 인류평등주의와 공평을 보장하는 문화나 맥락 안에서 사회 부정의는 얼마든지 지속할 수 있다. 그러한 맥락에 놓인 사람들은 위계 유지적인 고정관념이 사회 집단에 대한 진실을 반영한다고 믿을 수도 있다. 그들은 고정관념이 권력 격차를 영속화하는 신화라는 것을 보지 못할 수 있다(Sidanius, 1993).

낮은 지위 집단 성원들이 필연적으로 부정적인 고정관념을 내면화하는 것은 아니다(Crocker, Major & Steele, 1998). 낮은 지위 집단 성원들은 자신들의 집단이 억압을 당하는 지위에 놓여 있음을 인정하지만, 차별에 대한 개인적 취약성을 지각하는 것을 최소화한다. 그렇게 함으로써 그들은 자존감과 개인적 통제 수준을 유지하고(Ruggiero & Taylor, 1997), 개인적으로 피해를 보고 있다는 감정을 회피한다.

Allport, G. W. (1954), *The nature of prejudice*, Reading: Addison-Wesley.

Anderson, J. R. (1983), *The architecture of cognition*, Cambridge: Harvard University Press.

Anderson, N. H. (1981), *Foundations of information integration theory*, New York: Academic Press.

Banaji, M. R. & Hardin, C. (1996), "Automatic stereotyping", *Psychological Science*, 7, 136-141.

Banks, R. R. & Ebenhardt, J. L. (1988), "Social psychological processes and the legal bases of racial categorization", In J. L. Ebenhardt & T. Fiske (Eds.), *Confronting racism: The problem and the response* (pp. 54-75), Thousand Oaks: Sage.

Belmonte, S. M. (1987), "Determinants of attention during impression formation", *Journal of Experimental Psychology: Learning, Memory, and Cognition*, 13, 48-489.

Bodenhausen, G. V. & Macrae, C. N. (1998), "Stereotype activation and inhibition", In R. S. Wyer (Ed.), *Advances in social cognition* (Vol. 11, pp. 1-52), MahWah: Erlbaum.

Brewer, M. B. & Brown, R. J. (1998), "Intergroup relations", In D. T. Gilbert, S. T. Fiske & G. Lindzey (Eds.), *Handbook of social psychology* (4th ed., Vol. 2, pp. 554-594), New York: McGraw-Hill.

Brewer, M. B. (1979), "Ingroup bias in the minimal intergroup situation: A cognitive motivational analysis", *Psychological Bulletin*, 86, 307-324.

Brewer, M. B. (1988), "A dual process model of impression formation", In R. Wyer & T. Srull (Eds.), *Advances in social cognition* (Vol. 1, pp. 1-36), Hillsdale: Erlbaum.

Carlston, D. E. & Smith, E. R. (1996), "Principles od mental representation", In E. T. Higgins & A. W. Kruglanski (Eds.), *Social Psychology: Handbook of basic principles* (pp. 184-210), New York: Guilford Press.

Carlston, D. E. (1994), "Associated systems theory: A systematic approach to cognitive representations of persons", In T. K. Srull & R. S. Wyer (Eds.), *Advances in social cognition* (Vol. 7, pp. 1-78), Mahwah: Erlbaum.

Chen, M. & Bargh, J. A. (1997), "Nonconscious behavioral confrimation processes: The self fulfilling consequences of automatic activation", *Journal of Experimental Social Psychology*, 33, 541-560.

Chen, S., Schechter, D. & Chaiken, S. (1996), "Getting the truth or getting along", *Journal of Personality and Social Psychology*, 71, 262-275.

Collins, A. M. & Loftus, E. F. (1975), "A spreading-activation theory of semantic processing", *Psychological Review*, 82, 407-428.

Crandall, C. S. (1994), "Prejudice against fat people: Ideology and self-interest", *Journal of Personality and Social Psychology*, 66, 882-894.

Crocker, J., Major, B. & Steele, C. (1998), "Social stigma", In D. T. Gilbert, S. T. Fiske & G. Lindzey (Eds.), *The handbook of social Psychology* (4th ed., pp. 504-553), New York: McGraw-Hill.

Dépret, E. F. & Fiske, S. T. (1993), "Social cognition and power", In G. Weary, F. Gleicher & K. Marsh (Eds.), *Control motivation and social cognition*, New

York: Springer-Verlag.

Devine, P. G. (1989), "Stereotypes and prejudice", *Journal of Personality and Social Psychology*, 56, 5-18.

Dovidio, J. F., Evans, N. & Tyler, R. B. (1986), "Racial stereotypes: The contents of their cognitive representations", *Journal of Experimental Social Psychology*, 22, 22-37.

Ellemers, N., Doosje, B. J., Knippenberg, A. V. & Wilke, J. (1992), "Status protection in high status minority groups", *European Journal of Social Psychology*, 22, 123-140.

Erber, R. & Fiske, S. T. (1984), "Outcome dependancy and attention to inconsistent information", *Journal of Personality and Social Psychology*, 47, 709-726.

Fiske, S. T. & Dépret, E. (1996), "Control, independence, and power", *European Review of Social Psychology*, 7, 31-61.

Fiske, S. T. & Neuberg, S. L. (1990), "A continuum model of impression formation: From category-based to individuating processes as a function of information, motivation, and attention", In M. P. Zanna (Ed.), *Advances in experimental social Psychology* (Vol. 23, pp. 1-74), New York: Academic Press.

Fiske, S. T. (1980), "Attention and weight in person perception", *Journal of Personality and Social Psychology*, 38, 889-906.

Fiske, S. T. (1993), "Controlling other people: The impact of power on stereotyping", *American Psychologist*, 48, 621-628.

Fiske, S. T. (1998), "Stereotyping, prejudice, and discrimination", In D. T. Gilbert, S. T. Fiske & G. Lindzey (Eds.), *The handbook of social Psychology* (4th ed.,

Vol. 2, pp. 357-411), New York: McGraw-Hill.

Fiske, S. T., Lin, M. & Neuberg, S. L. (1999), "The continuum model: Ten years later", In S. Chaiken (Ed.), *Dual-process theories in social Psychology* (pp. 231-254), New York: Guilford Press.

Fiske, S. T., Neuberg, S. L., Beattie, A. E. & Milberg, S. J. (1987), "Category-based and attribute-based reactions to others: Some informational conditions of stereotyping and individuating processes", *Journal of Experimental Social Psychology*, 23, 399-427.

Gaertner, S. L. & Dovidio, J. F. (1986), "The aversive form of racism", In J. F. Dovidio & S. L. Gaertner (Eds.), *Prejudice, discrimination, and racism* (pp. 61-89), Orlando: Academic Press.

Goodwin, S. A., Operario, D. & Fiske, S. T. (1998), "Situational power and interpersonal dominance", *Journal of Social Issues*, 54, 677-698.

Hamilton, D. L., Sherman, S. J. & Ruvolo, C. M. (1990), "Stereotype-based expectancies: Effects on information processing and social behavior", *Journal of Social Issues*, 46, 35-60.

Hantzi, A. (1995), "Change in stereotypic perceptions of familiar and unfamiliar groups", *British Journal of Social Psychology*, 34, 463-477.

Higgins, E. T. (1996), "Knowledge activation: Accessibility, applicability, and salience", In E. T. Higgins & A. W. Kruglanski (Eds.), *Social Psychology: Handbook of basic principles* (pp. 133-168), New York : Guilford Press.

Hilton, J. L. & von Hippel, W. (1996), "Stereotypes", In J. T. Spence, J. M. Darley & D. J. Foss (Eds.), *Annual review of Psychology* (Vol. 47, pp. 237-271), Palo Alto: Annual Reviews.

Judd, C. M. & Park, B. (1993), "Definition and assessment of accuracy in social stereotypes", *Psychological Review*, 100, 109-128.

Karlins, M., Coffman, T. L. & Walters, G. (1969), "On the fading of social stereotypes", *Journal of Personality and Social Psychology*, 13, 1-16.

Krueger, J. & Rothbart, M. (1990), "Contrast and accentuation effects in category learning", *Journal of Personality and Social Psychology*, 59, 651-663.

Kunda, Z. & Oleson, K. C. (1995), "Maintaining stereotypes in the face of disconfirmation: Constructing grounds for subtyping deviants", *Journal of Personality and Social Psychology*, 68, 565-579.

Kunda, Z. & Thagard, P. (1996), "Forming impressions from stereotypes, traits, and behaviors: A parallel-constraint- satisfaction theory", *Psychological Review*, 103-284-308.

Lippmann, W. (1922), *Public opinion*, New York: Harcourt Brace.

Macrae, C. N., Milne, A. B. & Bodenhausen, G. V. (1994), "Stereotypes as energy-saving devices: A peek inside the cognitive toolbox", *Journal of Personality and Social Psychology*, 66, 37-47.

Maurer, K. L., Park, B. & Rothbart, M. (1995), "Subtyping versus subgrouping processes in stereotype representation", *Journal of Personality and Social Psychology*, 69, 812-824.

Medin, D. L. & Schaffer, M. M. (1978), "Context theory of classification learning", *Psychological Review*, 85, 207-238.

Monteith, M. J. (1993), "Self-regulation of prejudiced responses: Implications for progress in prejudice-reduction efforts', *Journal of Personality and Social Psychology*, 64, 198-210.

Neuberg, S. L. & Fiske, S. T. (1987), "Motivational influences on impression formation", *Journal of Personality and Social Psychology*, 53, 431-444.

Oakes, P. J., Haslam, S. A. & Reynolds, K. J. (1990), "Social categorization and social context: Is stereotype change a matter of information or of meaning?", In D. Abrams (Ed.), *Social identity and social categorization* (pp. 55-79), Malden: Blackwell.

Operario, D. & Goodwin, S. A. & Fiske, S. T. (1998), "Power is everywhere: Social control and personal control both operate as stereotype activation, interpretation, and response", In R. S. Wyer (Ed.), *Advances in social cognition* (Vol. 11, pp. 163-176), Hillsdale: Erlbaum.

Perdue, C. W., Dovidio, J. F., Gurtman, M. B. & Tyler, R. B. (1990), "Us and them: Social categorization and the process of intergroup bias", *Journal of Personality and Social Psychology*, 59, 475-486.

Pettigrew, T. F. (1997), "Generalized intergroup contact effects on prejudice", *Personality and Social Psychology Bulletin*, 5, 461-476.

Pratto, F., Sinadius, J., Stallworth, L. M. & Malle, B. F. (1994), "Social dominance orientation: A personality variable predicting social and political attitudes", *Journal of Personality and Social Psychology*, 67, 741-763.

Rothbart, M. (1996), "Category-exemplar dynamics and stereotype change", *International Journal of Intellectual Relations*, 20, 305-321.

Ruggiero, K. M. & Taylor, D. M. (1997), "Why minority group members perceive or do not perceive the discrimination that confronts them: The role of self-esteem and perceived control", *Journal of Personality and Social Psychology*, 72, 373-389.

Ruscher, J. B. & Fiske, S. T. (1990), "Interpersonal competition can cause individuating impression formation", *Journal of Personality and Social Psychology*, 68, 826-838.

Sherman, J. W. (1996), "Development and mental representation of stereotypes", *Journal of Personality and Social Psychology*, 70, 1126-1141.

Sinadius, J. (1993), "The Psychology of group conflict and the dynamics of oppression", In S. Iyengar & W. J. McGuire (Eds.), *Explorations in political Psychology* (pp. 183-219), Durham: Duke University Press.

Smith, E. R. & Zárate, M. A. (1990), "Exemplar and protype use in social categorization", *Social Cognition*, 8, 243-262.

Smith, E. R. & Zárate, M. A. (1992), "Exemplar-based model of social judgment", *Psychological Review*, 99, 3-21.

Smith, E. R. (1996), "What do connectionism and social Psychology offer each other?", *Journal of Personality and Social Psychology*, 70, 893-912.

Snyder, M. (1992), "Motivational foundations of behavioral confirmation", In M. P. Zanna (Ed.), *Advances in experimental social Psychology* (Vol. 25, pp. 67-114), San Diego: Academic Press.

Stangor, C. Lynch, L., Duan, C. & Glass, B. (1992), "Categorization of individuals on the basis of multiple social features", *Journal of Personality and Social Psychology*, 62, 207-218.

Tajfel, H. & Turner, J. C. (1986), "Social identity theory of intergroup behaviors", In S. Worchel & W. G. Austin (Eds.), *Psychology of intergroup relations* (pp. 7-24), Chicago: Nelson.

Taylor, S. E. & Fiske, S. T. (1978), "Salience, attention, and attribution", In L. Berkowitz (Ed.), *Advances in experimental social Psychology* (Vol. 11, pp. 249-288), New York: Academic Press.

Taylor, S. E. (1981), "A categorization approach to stereotyping", In D. L. Hamilton (Ed.), *Cognitive processes in stereotyping and intergroup behavior* (pp. 88-114), Hillsdale: Erlbaum.

Weber, R. & Crocker, J. (1983), "Cognitive processes in the revision of stereotypic beliefs", *Journal of personality and Social Psychology*, 45, 961-977.

Zárate, M. A. & Smith, E. R. (1990), "Person categorization and stereotyping", *Social Cognition*, 8, 161-185.

4장

집단 간 위협 이론

우리는 종교, 국적, 정치 이데올로기, 인종, 종족, 성, 사회 계급, 이데올로기 등 이루 다 언급할 수 없을 만큼 수많은 분파들로 대립된 사회 속에 살고 있다. 이러한 사회 집단들은 우리의 삶과 정체성을 형성하고 있다. 이러한 모든 사회 집단들은 소속감 기준과 경계에 의해 특성화되어 있으며, 특정인들을 포함하고 타인들을 배제한다. 이러한 경계가 집단 간의 어떤 긴장을 논리상 필연적으로 함의하지는 않는다고 할지라도, 사실상 집단 간 관계는 보완적이라기보다는 오히려 적대적이다. 사회 정체성 이론가들은 집단 간 적대 행위의 이유 중 하나는 집단 성원들에게 부여되는 심리적 이득으로서 이것은 내집단 동일시와 밀접하게 연결되어 있다고 주장한다(Tajfel & Turner, 1986). 이러한 이득은 행동을 이끌어주는 역할 체계, 규칙, 규범, 가치, 신념뿐만 아니라 승인, 소속, 사회적 지지를 포함한다. 집단은 자존심을 고양해 주고, 타인과 구별되는 독자성에 대한 감각을 제고하며, 사회 세계 및 그 안에서의 우리의 위상에 대해 보다 명확하게 알게 해 줌으로써 우리의 삶에 의미를 부여한다. 집단은 이렇듯 다양한 인간의 욕구들을 충족시켜 주고 있기 때문에 집단은 우리의 삶만큼이나 소중한 것이다. 우리는 우리 자신이 망가지는 것만큼이나 집단이 파괴되는 것을 두려워한다. 결과적으로 우리는 우리 나름의 집단을 선호하고 타 집단에 대한 적대감을 드러내는 경향이 있다. 이것은 특히 위기 상황이나 대결 상황에서 더욱 그렇다.

집단 간 위협 이론의 맥락에서 볼 때, 한 집단의 성원들이 다른 집단이 그들에게 해로움을 가할 위치에 있다고 지각할 때 집단 간 위협을 경험하게 된다. 이때의 위협은 신체적 위해나 자원의 상실과 같은 현실적 위협만이 아니라 내집단 의미 체계의 충실성이나 타당성의 훼손과 같은 상징적 위협을 모두 포함한다. 집단 간 위협이 중요한 이유는 그것이 집단 간 관계에 미치는 영향이 대개의 경우 파괴적이기 때문이다. 외집단으로부터의 위협이 적대적이지 않은 반응을 유발하는 경우마저도, 위협에 대한 인지적·정의적 반응은 부정적인 경우가 대부분이다.

이에 이 장에서는 사람들이 경험하고 있는 집단 간 위협의 본질이 무엇인지, 언제 그리고 왜 사람들은 외집단으로부터의 위협을 느끼게 되는지, 그리고 그러한 위협들에 대해 사람들은 어떤 식으로 반응하고 있는지에 대해 살펴보고자 한다.

1. 위협의 유형

집단 간 위협 이론은 위협의 지각에 주로 관심을 두고 있는 사회 심리학의 한 이론이다. 지각된 위협은 위협의 지각이 정확한 것인지의 여부에 상관없이 실질적인 결과를 가져온다. 그러므로 집단 간 위협 이론은 외집단에 의해 제기된 실질적인 위협(예: 실업률이나 이민자 비율의 증가)에 관심을 갖는 것이 아니라, 내집단에 대한 위협이 존재한다고 지각하는 정도에 관심을 갖고 있다. 이 점을 분명히 하기 위해 독일에서 행해진 이민자들에 대한 조사연구 결과를 고려해 볼 필요가 있다(Semyonov, Raijman, Tov, & Schmidt, 2004). 이 연구는 네 가지 변인들을 조사하였다. 즉, 독일의 각 지역별 이주민의 실제 비율, 독일 내 이주민의 비율에 대한 응답자의 지각, 이주민에 의해 생긴 위협에 대한 응답자의 지각, 이주민에 대한 응답자의 배타적 태도를 조사하였다. 연구 결과에 의하면, 응답자가 살고 있는 지역에서의 이주민의 실제 비율은 이주민들에 대한 배타적 태도를 예측해 주지 못했다. 하지만 지각된 이주민의 비율은 지각된 위협과 배타적 태도를 예측하였다. 그리고 지각된 이주민 비율과 배타적 태도는 지각된 위협에 의해 매개된 것으로 밝혀졌다.

집단 간 위협 이론에서 위협은 두 가지 유형, 즉 현실적 위협과 상징적 위협으로 구분된다. 동시에 각각의 위협은 전체로서의 내집단에 대한 위협과 개별 성원들에 대한 위협으로 다시 세분화된다. 현실적 집단 위협은 한 집단의 권력, 자원, 일반 복리에 대한 위협을 의미한다. 상징적 집단 위협은 한 집단의 종교, 가치, 신념 체계, 이데올로기, 철학, 도덕, 세계관에 대한 위협을 의미한다. 현실적인 개인적 위협은 고통, 고문, 죽음, 경제적 손실, 가치 있는 자원의 박탈, 건강 혹은 개인적 안전에 대한 위협 등과 같이 개별적인 집단 성원들에 대한 실재적인 신체적·물질적 해로움을 의미한다. 끝으로 상징적인 개인적 위협은 체면이나 명예의 상실 및 개인의 자아 정체성이나 자존감의 훼손을 의미한다(Stephan, Ybarra & Morrison, 2009).

이스라엘과 아랍 국가들의 대립은 여러 가지 유형의 위협의 실례들을 잘 보여준다. 두 집단에 있어서 현실적인 집단 위협은 전쟁의 가능성이 농후하다는 것이다. 이것은 영토, 경제, 권력, 피 등을 포함하는 싸움이며, 각 집단은 상대방의 존재 자체를 위협한다. 상징적 집단 위협은 매우 자명하다. 두 집단은 종교와 문화가 다르며, 서로 다른 언어를 사용하고 있다. 각 집단은 상대방을 자신들의 문화적 세계관과 생활방식에 대한 위협으로 지각한다. 위협은 개인 수준에서도 존재한다. 현실적인 개인적 위협은 이스라엘 사람들에 대한 테러리즘 형태로서 존재한다. 아랍인들에게 있어서 현실적인 개인적 위협은 민간인들이 종종 피해자가 되고 있는 계획된 암살 행위이다. 개인적인 상징적 위협은 각 집단 성원들이 상대방 성원들에게 모욕이나 무시 혹은 짐승 같은 대우를 받았다고 느꼈을 때 발생한다.

집단 간 위협 이론은 외집단의 행위가 종종 내집단으로 하여금 자기 집단의 지위가 위협을 받고 있는 것처럼 느끼게 만든다는 사회 정체성 이론과 상당히 유사한 점이 있다. 사회 정체성 이론에서 지위 위협(status threat) 개념은 가시적 자원(예: 불투명한 취업 전망)과 집단 자존심(예: 외집단이 내집단을 부정적으로 파악하고 있다는 사실)을 모두 포함한다. 집단 간 위협 이론에서는 가시적 자원에 대한 위협이 현실적 위협으로 그리고 집단 자존감에 대한 위협이 상징적 위협으로 대체된다.

2. 위협의 선행 요인

일찍이 올포트(1954)는 편견의 선행 요건들은 네 가지로 이루어져 있다고 밝힌 바 있다. 역사적, 사회문화적, 상황적 선행 요인과 인성 요인이 바로 그에 해당한다. 이를 근거로 하여, 여기서는 집단 간 위협의 선행 요인을 집단 간 관계, 문화적 차원, 상황적 요인, 개인 차 변인으로 대별하여 살펴보고자 한다.

가. 집단 간 관계

집단 간 위협의 지각에 영향을 미치는 요인으로 알려진 선행 요인으로는 상대적 권력, 집단 간 갈등의 역사, 집단 크기이다. 집단 간 위협의 지각에 영향을 미치는 대표적인 요인은 바로 집단들의 상대적 권력이다. 일반적으로 하위 권력 집단은 상위 권력 집단에 비해 위협을 경험하는 경우가 더 많다. 그러나 상위 권력 집단은 위협을 지각했을 경우 위협에 더욱 강력하게 반응한다. 하위 권력 집단은 상위 권력 집단에 좌우되기 때문에 위협을 지각하는 것이 훨씬 쉽다. 한 사회 내의 소수 집단은 주류 집단이 소수 집단으로부터 지각하는 위협 수준보다도 더 높은 수준의 위협을 주류 집단으로부터 지각한다. 상위 권력 집단은 하위 권력 집단에 비해 잃을 것이 상당히 많고, 위협에 반응할 자원들을 소유하고 있기 때문에 위협을 지각할 경우에는 매우 강력하게 반응한다. 위협과 집단 간 태도 사이의 관계는 하위 권력 집단보다도 상위 권력 집단의 경우에 더욱 강하게 나타난다는 연구 결과가 그것을 잘 입증해 준다(Johnson, Terry & Louis, 2005; Riek, Mania & Gaertner, 2006).

내집단과 외집단이 권력에 있어서 상대적으로 동등하다고 믿고 있을 때에는 위협을 지각하는 수준이 매우 높을 수 있다. 동등한 권력 집단들이 공개적인 갈등 상황에 돌입하거나 가치 있는 자원을 두고 서로 경쟁할 경우, 그들 간의 동등한 권력은 서로를 적으로 여기도록 만든다(Esses, Dovidio, Jackson & Armstrong, 2001). 이를 뒷받침해 주는 연구가 미국에서 수행된 바 있다. 일과 관련된 특성에 있어서 외집단인 멕시코 사람들과 내집단 간의 유사성이 크다고 확인한 백인들은 내집단과 외집단 간의 차이점이 크다고 지각한 사람들보다도 높은 수준의 위협을 지각하는 것으로 나타났다(Zárate, Garcia, Garza & Hitlan, 2004). 일과 관련된 유사성을 중시하는 백인들의 생각(예: 미국 내 멕시코 사람들도 우리처럼 열심히 일하는 사람들이다.)은 외집단 성원들을 권력에 있어서 동등한 집단으로 파악하여 직업과 같은 가치 있는 자원을 두고 내집단 성원들과 효율적으로 경쟁할 수 있는 상대로 여기도록 만들었다. 사회적 비교 처리에 관련된 연구들도 이와 비슷한 결과를 보여 준다. 지위 격차가 그리 크지 않은 집단들은 지위 격차가 아주 큰 집단들에 비해 서로를 경쟁상대로 생각하여 높은 수준의 위협을 지각하는 것으로 나타났다(Garcia, Tor & Gonzalez, 2006).

집단 간 위협의 또 다른 선행 요건으로 집단 간 갈등의 역사와 집단 크기를 들 수 있다. 집단들이 오랜 갈등의 역사를 가지고 있다고 믿는 경우 그리고 외집단에 비해 상대적으로 내집단의 크기가 작다고 느낄 경우에는 집단 간 위협을 느끼는 경우가 많다. 이스라엘과 팔레스타인의 관계는 집단 크기와 집단 간 갈등이 지각된 위협에 미치는 영향을 가장 단적으로 보여주는 사례라고 할 수 있다. 내집단의 크기에 대한 지각은 이스라엘과 팔레스타인 양자로 하여금 서로에게 위협을 받고 있다고 느낌을 갖도록 만들지만, 그 이유는 다소 상이하다. 팔레스타인은 수치상 작은 집단이기 때문에 이스라엘로부터 위협을 받고 있다고 느낀다. 이스라엘은 이슬람 국가들 틈에서 자신들이 상대적인 소수라고 믿기 때문에 팔레스타인으로부터 위협을 받는다고 느낀다. 이스라엘과 팔레스타인의 이전 관계는 격렬한 갈등을 특징으로 하기 때문에, 두 집단의 구성원들은 서로에 대한 높은 수준의 위협을 지각한다. 양 집단 간의 폭력 대결 이후에 이스라엘 사람들이 팔레스타인 사람들로부터 높은 수준의 위협을 지각하고 있다는 조사 결과가 그러한 사실을 잘 입증해 준다(Shamir & Sagiv-Schifter, 2006).

집단 간 위협을 야기하는 선행 요인으로서의 집단 권력, 이전 갈등, 상대적인 집단 크기는 상징적 위협보다는 현실적 위협을 더 많이 초래한다고 볼 수 있다. 왜냐하면, 그러한 요인들은 가치나 신념에서의 차이보다는 오히려 상대방에게 해로움을 주는 집단의 능력 혹은 가치 있는 자원을 통제하는 집단의 능력과 더욱 밀접하게 관련되어 있기 때문이다. 또한, 그러한 요인들은 전체로서의 내집단에 해로움을 가하는 외집단의 능력과도 밀접하게 연관되어 있기 때문에 개인적 위협보다는 집단적 위협을 초래하기가 더욱 쉽다고 볼 수 있다(Stephan, Ybarra & Morrison, 2009).

역사적으로 형성된 문화적 가치 차이도 위협의 지각을 예언해 준다. 집단들은 자기 집단의 문화적 가치와 특징이 외집단의 그것과는 다르다고 믿을 때에는 외집단을 위협적인 대상으로 지각하는 경향이 있다 (Zárate et al., 2004). 주류 문화는 이민자 집단이 자신들의 문화를 포기하고 주류 문화에 동화되기를 바란다. 주류 문화는 이민자 집단이 자신들의 문화를 유지하는 것을 매우 두려워한다. 역으로 이민자 집단은 자신들만의 가치와 갈등을 일으킬 수도 있는 주류 집단의 가치를 수용해야만 하는 것에 대해 두려움을 느낄 수 있다(Crisp, Stone & Hall, 2006).

이러한 가치 차이는 현실적 위협보다는 상징적 위협을 그리고 개인적 위협보다는 집단적 위협을 잘 예언해준다. 이를테면 최근의 실험에서 독일 참가자들은 가상의 이민자 집단의 가치가 자신들의 것과 유사한 경우와 차이가 있는 경우에 대한 이야기를 읽도록 되어 있었다 (Rothman et al., 2006). 상이한 가치를 갖고 있는 이민자 집단의 이야기를 읽는 것은 참가자들의 상징적 위협에 대한 지각을 높여 주었으나, 현실적 위협의 지각에 대해서는 아무런 영향을 주지 않는 것으로 밝혀졌다.

두 집단 간의 이전 관계가 위협을 초래한다고 할지라도, 사회 집단의 상이한 유형들이 상이한 유형의 위협을 제기한다는 사실도 매우 중요한 것이다. 예를 들어, 경제적으로 경쟁적인 집단들은 잠재적인 자원의 상실과 관련된 현실적 위협을 지각하도록 만들 수 있다. 에이즈와 같은 질병을 가진 외집단들은 전염 공포와 연관된 현실적 위협을 지각하도록 만들 수 있다. 컬트(cults)의 경우처럼 사회적 일탈로 분류된 집단들은 상징적 위협을 지각하도록 만들 수 있다.

나. 문화적 차원

여기서의 기본 전제는 어떤 문화는 외집단으로부터의 위협을 느끼기 쉽게 되어 있다는 것이다. 먼저 문화적 가치의 유형은 위협을 지각하는 것에 영향을 줄 수 있다. 집단 간 위협을 지각하게 만드는 문화적 차원으로서 최근에 새롭게 주목을 받고 있는 것은 개인주의 대 집단주의, 권력 거리(power distance), 불확실성 회피이다. 개인주의는 자아가 각 개인의 고유하고 독특한 특성의 관점에서 정의되는 것을 언급하는 반면에, 집단주의는 자아가 특정 집단과의 관계 속에서 정의되는 문화를 언급한다(Triandis, 1995). 집단주의 문화의 성원들은 외집단으로부터의 위협을 경험할 가능성이 매우 크다. 권력 거리는 어떤 개인들이 다른 사람들보다 더 강력할 것이라는 기대가 존재하는 문화를 언급한다(Hofstede, 1980). 높은 수준의 권력 거리를 가진 문화는 낮은 수준의 권력 거리를 가진 문화에 비해 갈등과 폭력의 비율이 훨씬 높기 때문에(Hofstede, 2001), 전자가 후자에 비해 위협을 지각할 가능성이 더욱 크다. 높은 수준의 불확실성 회피를 특징으로 하는 문화는 불확실성의 감소 및 사회 질서의 보전을 중시하기 때문에, 그런 문화에서는 위협이 만연해 있다고 볼 수 있다(Hofstede, 1980).

문화적 엄격성 대 산만성, 안전 욕구, 호의적인 세계관의 소유도 외집단으로부터 위협을 지각하는 데 영향을 미치는 것으로 알려져 있다. 엄격한 문화는 집단 규범과 가치에 대한 순종을 강조하지만, 산만한 문화는 사회 규범으로부터의 일탈에 대해 상대적으로 관용적이다

(Triandis, 1989). 순응을 거부하는 것은 자신들의 가치를 위협하기 때문에, 엄격한 문화일수록 높은 수준의 위협을 경험할 가능성이 크다. 높은 수준의 안전 욕구를 특징으로 하는 문화, 즉 신체적 안전에 대한 위협을 회피하려는 강한 욕구를 가진 성원들로 이루어진 문화 혹은 세계가 불안전하고 위험한 장소라는 신념을 가진 문화, 즉 호의적이지 않은 세계관을 특징으로 하는 문화일수록 집단 간 위협을 경험할 가능성이 매우 크다(Schwartz & Bilsky, 1987).

저맥락 커뮤니케이션(low context communication)과 고맥락 커뮤니케이션(high context communication)도 위협의 지각과 관계가 있다. 저맥락 커뮤니케이션 양식을 가진 문화는 메시지가 말하는 단어 속에 담겨져 있는 직접적 커뮤니케이션을 강조한다. 하지만 우리나라의 경우처럼 고맥락 커뮤니케이션은 말하거나 말하지 않은 단어 이면의 의미를 해독하는 것을 포함하며, 문화적 규칙·역할·규범·역사·상황에 대한 포괄적인 지식을 요구한다. 고맥락 문화의 사람들이 다른 문화 출신의 사람들과 소통할 때에는 갈등과 오해의 잠재성이 매우 크기 때문에, 고맥락 문화의 사람들은 문화적 외집단과 상호작용하는 것에 대해 우려하는 경우가 많다. 그러므로 고맥락 커뮤니케이션을 특징으로 하는 문화는 직접적인 커뮤니케이션을 특징으로 하는 문화에 비해 문화적 외집단으로부터의 위협을 지각할 가능성이 더욱 크다.

문화적 차원은 주로 가치, 기준, 규칙, 규범, 사회 집단의 신념을 언급하는 것이기에 현실적 위협보다는 상징적 위협과 더욱 밀접한 관계를 맺고 있다. 오늘날 국제 테러의 대부분은 회교 근본주의자들에 의해 행해지고 있다. 정치, 경제, 역사 등 여러 가지 이유가 있겠으나 한 가지 기본적인 이유는 그들이 서구 문화로부터 위협을 경험하고 있다는 사실이다. 회교 문화는 집단주의적이고, 높은 수준의 권력 거리를 가지고 있으며, 높은 수준의 문화적 경직성과 불확실성 회피를 특징으로 하고, 고맥락 커뮤니케이션을 강조하며, 다른 집단들을 잘 신뢰하지 않는 특징을 갖고 있다. 회교 문화의 이러한 측면들은 회교 근본주의자들로 하여금 그들 문화와는 상당히 다른 서구 문화로부터의 위협을 지각할 가능성을 매우 크게 만든다. 그들은 자신들의 문화가 전통적인 형태로서 계속 존재하는 것에 깊은 관심을 가지고 있다. 서구 문화가 유발하는 위협이 주로 상징적인 것이라고 할지라도 현실적 위협도 어느 정도 상존한다고 볼 수 있다. 왜냐하면 회교 근본주의 전사들은 자신들의 문화를 지키기 위해 부분적으로 테러 행위를 일삼고 있기 때문이다. 이러한 테러 행위는 아프가니스탄이나 이라크 전쟁에서 볼 수 있는 바와 같이 서방 세계로 하여금 회교도에 대한 대대적인 공격을 가하게 만들었고, 이것은 다시 회교도로 하여금 그들의 안전과 복지 및 삶의 양식이 위험에 처해 있다는 인식을 갖게 만들었다(Stephan, Ybarra & Morrison, 2009).

다. 상황적 요인

집단 간 위협 이론은 위협을 지각하는 것에 영향을 미치는 일련의 변인들을 구체화함에 있어서 접촉 이론에 의존하고 있다. 집단 간 상호작용이 발생하는 환경, 상호작용의 구조화 정도, 집단 간 관계를 위해 존재하는 규범의 정도, 상호작용에 연루된 내집단 및 외집단 성원의 수, 상호작용의 목적, 내집단 및 외집단의 상대적 권력, 적절한 권위 있는 인물로부터의 지원 정도, 상호작용의 협동적 혹은 경쟁적 특성 등이 고려의 대상이다. 그리고 특정 상황에서 타 집단이 소유하고 있는 위해를 가할 수 있는 실제적 권력도 고려 대상이 된다. 이러한 상황적 변인들은 두 집단의 성원들이 상호작용하는 대인 관계적 맥락에 특수한 것이다. 그러므로 상황적 변인들은 전체로서의 집단 간 역사적 관계에 관심을 두는 집단 간 변인들과 구별될 수 있다.

위협을 가장 잘 지각하게 만드는 상황들은 다음과 같다. 사람들이 행동 방식에 대해 불확실성을 느끼는 경우, 낯선 환경에 있는 경우, 다른 집단보다 수가 적고 권력이 작은 경우, 권위 있는 인물로부터 지원을 받지 못한다고 느끼는 경우, 자신들에게 해로움이나 위협을 주는 외집단과 경쟁하는 경우이다. 예를 들어, 주류 집단이 소유하고 있거나 지배하고 있는 공장에서 일하는 비주류 집단 성원들은 상황적 요인들이 그들을 불리한 처지에 놓이게 했기 때문에 위협을 느낄 가능성이 매우 크다. 그들은 수적으로나 권력에 있어서나 불리한 위치에 있고, 승진을 위해 다수 집단 성원들과 경쟁해야 하며, 다수 집단의 관리자로부터 지지를 받기 어려운 처지에 있고, 일을 함에 있어서 괴롭힘이나 신체적 폭력에 접할 수도 있다.

상황적 요인들은 집단 간 상호작용의 즉각적이고 가시적인 결과에 영향을 미치는 조건들을 주로 언급하고 있기 때문에, 상징적 위협보다는 현실적 위협과 밀접하게 관련되어 있다. 그러한 요인들은 전체로서의 집단의 결과보다는 개별 집단 성원의 결과(예: 어느 노동자가 실직을 하는 것)에 대한 관심을 이끌어내기 때문에, 현실적인 집단적 위협보다는 현실적인 개인적 위협과 더욱 밀접한 관계를 맺고 있다

(Stephan, Ybarra & Morrison, 2009).

상황적 요인들은 다른 유형의 선행 요인들에 비해 시간과 장소에 따라 변화가 매우 심하다. 그러한 변화는 위협을 경험하는 것을 매우 역동적이게끔 만들어 준다. 동일한 두 집단의 성원들이 어떤 상황에서는 위협을 크게 느끼지만, 다른 상황에서는 그렇지 않을 수 있다. 상이한 상황에서 두 집단이 경험하는 위협의 정도는 그들이 서로에 대해 어떻게 반응하고 어떻게 상호작용할 것인지에 대해 중요한 시사점을 준다. 이에 대해서는 위협의 결과를 다루는 부분에서 자세하게 언급할 것이다.

라. 개인 차 변인

초기 위협 이론은 집단 간 위협을 지각하게 만드는 개인 차 변인으로서 내집단 정체성의 강도, 접촉의 양과 유형, 외집단에 관한 지식을 포함하였다. 집단주의 문화의 성원들에서 볼 수 있는 높은 수준의 집단 정체성은 자신을 정의함에 있어서 내집단을 아주 중요한 것으로 고려한다. 그 결과 그들은 낮은 수준의 집단 정체성을 가진 집단 성원들에 비해 외집단으로부터의 편견을 지각하고 그에 반응할 경향성이 매우 크다(Riek et al., 2006; Stephan et al., 2002). 긍정적인 환경에서 외집단과의 개인적 접촉 기회가 적은 집단 성원들일수록 위협을 경험할 가능성이 매우 많다(Tropp & Pettigrew, 2000). 하지만 부정적인 환경에서 외집단과의 개인적 접촉 기회는 위협을 지각하는 것을 강화시켜 준다(Plant & Devine, 2003). 외집단에 대해 생소한 집단 성원들은 외집단에 대한 상당한 지식을 가지고 있는 사람들에 비해 위협에 매우 취약하다(Chasteen, 2005).

집단 간 위협에 대한 최근 이론들은 개인 차 변인으로서 사회 지배 정향(social dominance orientation), 집단 기반 불평등에 대한 지지 정도, 좌익-우익 권위주의, 사회 질서에 대한 욕망의 정도를 새롭게 포함하였다. 사회 지배 정향과 좌익-우익 권위주의는 앞에서 언급했었던 권력 거리와 경직성과 같은 위계 관련 문화적 차원과 매우 유사하다. 사회 지배 정향은 외집단이 내집단과의 경쟁의 요인이라는 신념을 예언하는 반면에, 좌익-우익 권위주의는 외집단이 내집단의 생활 방식을 위협한다는 신념을 예언한다(Duckitt, 2006). 그러므로 사회 지배 정향은 현실적 위협의 선행 요인이 될 수 있는 반면에, 좌익-우익 권위주의는 상징적 위협의 선행 요인이 될 수 있다.

개인적 자존감과 집단적 자존감은 위협을 경험하는 성향과 정반대로 관련되어 있다. 낮은 개인적 자존감을 가진 사람들은 그들이 위협에 잘 대처할 수 있다는 확신이 적기 때문에 위협을 경험하기가 매우 쉽다. 위협을 실제로 경험하는 일이 높은 자존감을 가진 사람에게는 특히 혐오스러울 수가 있는데 그 이유는 그런 사람들은 긍정적인 자기 이미지를 유지하려는 매우 강한 욕구를 갖고 있기 때문이다. 집단 자존감 혹은 내집단에 대한 애착 감정의 경우, 높은 집단 자존감은 위협의 지각에 가장 취약한데, 그 이유는 그런 사람들이야말로 자기 집단이나 성원들에게 발생하는 것에 대해 가장 신경을 많이 쓰는 사람들이기 때문이다.

만성적 사망 현저성과 편집증적 세계관 역시 위협의 지각을 예언한다. 왜냐하면 이 두 가지 변인들은 개인적 안전의 결여와 해로움에 취약한 감정을 포함하고 있기 때문이다. 이렇게 볼 때, 외집단으로부터 위협을 받고 있다는 감정을 가장 갖기 쉬운 사람들은 불안전하고, 의심이 많으며, 죽음을 두려워하고, 외집단 접촉 경험이 거의 없으며, 내집단 의존성이 강하고, 질서 있는 사회를 원하며, 사회적 불평등을 지지하는 사람들이다.

개인적 자존감, 죽음에 대한 두려움, 의심이 많음, 외집단과의 접촉 경험의 결여 등과 같이 자아에 대한 관심과 결합된 개인 차 변인들은 집단적 위협보다는 개인적 위협의 지각과 밀접한 관련을 맺고 있다. 반대로, 집단 자존감, 사회 질서 중시의 경우처럼 하나의 실체로서의 집단과 연결된 개인 차 변인들은 개인적 위협보다는 집단적 위협의 지각과 밀접한 관련을 맺고 있다.

지금까지 살펴본 바와 같이, 집단 간 위협을 지각하는 것을 조장하는 다섯 가지 요인들은 네 가지 선행 요인 영역을 가로질러 반복적으로 계속 등장하고 있다. 첫째, 내집단을 매우 중시한다. 둘째, 과거나 혹은 현재 내집단이 외집단에 비해 적은 권력이나 통제력을 갖고 있다. 셋째, 외집단과의 관계가 부정적이다. 넷째, 내집단 성원들이 외집단 성원들을 불신하거나 의심스럽게 대한다. 다섯째, 내집단 성원들이 규칙, 질서, 사회적 위계를 중시한다.

3. 위협의 결과

여기서는 위협의 인지적, 감정적, 행동적 결과에 대해 살펴보고자 한다.

가. 인지적 반응

집단 간 위협에 대한 인지적 반응은 외집단 지각에서의 변화, 외집단 동질성의 지각, 외집단 행동에 대한 귀인에서의 변화, 타인에게서 위협 관련 감정을 지각할 가능성의 증가 그리고 자민족중심주의, 불관용, 증오, 외집단의 비인간화를 포함한다(Stephan, Ybarra & Morrison, 2009).

집단 간 지각에 있어서 인지적 편견은 위협에 의해 촉발되거나 확대될 수 있다. 일례로, 위협은 기본적 귀인 오류의 발생을 증가시킬 수 있다. 그러므로 사람들은 외집단의 부정적 행동은 성원의 특성으로 설명하는 반면에 외집단의 긍정적 행동은 상황 탓으로 돌린다. 이와는 달리, 사람들은 내집단의 긍정적 행동은 성원 특성으로 설명하는 반면에 내집단의 부정적 행동은 상황 탓으로 여긴다.

사람들은 외집단을 선호하는 정책에 반대함으로써 그리고 일상적으로 용인할 수 없는 극단적 행동을 용인함으로써(예: 테러리스트 용의자에 대한 고문 실시) 위협에 반응할 수도 있다. 내집단을 향한 태도는 더 우호적으로 변하고, 위협에 직면하여 내집단의 응집성이 견고해지기를 바란다. 이러한 인지적 편견들의 공통된 결과는 외집단에 대한 폭력의 사용 및 그것의 정당화가 더욱 용이하게 행해진다는 것이다.

예사롭지 않은 중대한 위협을 지각하는 것은 집단생활에 매우 해로운 것이기에, 위협을 받고 있는 집단 성원들은 경우에 따라서 외집단으로부터의 위협의 존재를 최소화하거나 부정할 수도 있다. 최근의 연구 결과에 의하면, 낮은 지위 집단 성원들이 그들의 내집단과 외집단에 대해 판단할 때 그들은 지위와 관련된 특성에서는 내집단의 낮은 지위를 인정하지만, 지위와 무관한 특성에서는 내집단에 대한 자신들의 평가를 지지하는 것으로 나타났다(Karasawa et al., 2004). 이런 식으로 그들 자신 및 내집단을 확언함으로써 사람들은 지위 차이에 대한 이유 및 그러한 차이가 수반할 실제적 위협을 경시할 수 있는 것이다.

나. 감정적 반응

위협에 대한 감정적 반응은 부정적이기 십상이다. 감정적 반응은 공포, 불안, 화, 분개, 모욕과 혐오, 취약성, 집단 죄책감, 증오, 무력감, 절망, 패닉 등을 포함한다(Stephan, Ybarra & Morrison, 2009). 위협은 외집단 성원에 대한 공감을 감소시키고 내집단 성원에 대한 공감을 증가시켜 준다. 위협과 외집단에 대한 공감의 관계에 대한 연구 결과에 의하면, 집단의 지위에 대한 위협은 집단 성원들로 하여금 외집단의 고통에 쾌감을 갖도록 만든다고 한다. 그러한 예는 우리 주변에서 쉽게 찾아볼 수 있다. 한일 관계에 있어서 일본의 독도 영유권 주장에 위협을 느낀 우리 국민들 가운데 일부는 일본에 대지진이 발생했을 때 매우 고소해하는 감정적 반응을 보여준 바 있다.

개별 집단 성원에 대한 위협은 공포나 취약성처럼 자아에 대한 관심(예: 개인적 안전 혹은 자기 이미지)과 결합된 감정을 유발한다. 이와는 달리 전체로서의 집단에 대한 위협은 화, 분개, 집단 죄책감처럼 집단의 복리에 대한 관심(예: 집단의 자원과 평판)과 결합된 감정을 유발한다.

상이한 집단 유형은 상이한 감정적 반응을 이끌어낼 수 있다. 예를 들어, 게이 남성은 이성애자들 사이에서의 혐오를 유발한다. 흑인은 백인들 사이에서 공포와 노여움을 이끌어낸다. 이러한 차이의 원인은 무엇일까? 게이 남성은 상징적 위협의 원천이고, 흑인은 현실적 위협의 원천이기 때문이다.

집단 간 위협은 외집단을 인간 이하로 취급하는 경향성을 증가시킬 수 있다(Leyens et al., 2001). 외집단을 인간 이하로 취급한다는 것은 내집단이 느낄 수 있는 미묘한 인간 감정(예: 향수, 죄책감)을 외집단 성원들은 경험할 능력을 갖고 있지 않다고 보는 것을 의미한다. 대신에 외집단은 동물(예: 화, 쾌락)과 동일한 기본적인 정서만을 경험할 능력을 갖고 있다고 본다.

다. 행동적 반응

위협에 대한 행동적 반응은 철수, 굴복, 타협으로부터 공격, 차별, 속임수, 괴롭힘, 절도, 보복, 태업, 저항, 파업, 전쟁 및 여타의 공개적 갈등에 이르기까지 매우 다양하다. 어떤 경우에는 위협이 외집단에 대한 직접적인 적대 행위를 유발하기도 한다(Stephan, Ybarra & Morrison, 2009). 이 경우 사람들은 위협의 근원과 밀접한 관계가 있는 적대 행위를 시도한다. 일례로, 자신의 성 정체성에 위협을 느끼는 남성들은 여성들에게 성적인 가혹 행위를 저지를 경향성이 매우 높다. 그러나 여타의 경우 위협에 대한 행동적 반응은 위협의 근원과는 무관하게 치환된 적대 행위를 유발한다. 예를 들어, 외집단에 의해 자신들의 지위가 위협을 받고 있다고 느낀 사람들은 이후에 자신들보다 지위가 낮은 다른 외집단을 차별하는 경향이 있다.

대개의 경우 위협이 외집단을 향한 직접적인 혹은 치환된 적대 행위를 유발하지만, 경우에 따라서는 위협이 외집단 성원들을 향한 외견상의 긍정적인 행동을 촉발시킬 수도 있다. 사람들이 편견이 없는 것처럼 보이려는 동기가 강하고 그래서 자신들 및 자기가 속한 내집단의 긍정적 이미지를 유지하고자 할 경우에는 위협에 대해 긍정적 행동이 나올 가능성이 매우 크다. 이성애 취향을 가진 대학생들을 대상으로 한 실험 연구에서 게이 남성과 데이트에 대해 대화할 것이라는 말을 전해 듣자 그들은 자신들의 대화 파트너인 게이 남성들 옆에 가까이 앉는 경향을 보여주었다. 이것은 자신들이 편견을 가진 사람으로 인식되는 것을 원하지 않기 때문이다.

행동적 반응은 위협에 의해 생성된 스트레스에 대해 부정적으로 반응하는 것을 포함하기도 한다. 사회적 낙인의 대상이 되고 있는 집단 성원들은 타인들이 자신들을 부정적으로 보고 있다고 믿을 때 혹은 자신들에 대한 부정적 고정관념을 그들 스스로 확인하게 될 때, 고통을 겪는다. 이것은 상징적인 집단 위협과 상징적인 개인적 위협을 잘 보여준다.

집단 간 위협은 집단 역학에도 영향을 준다. 외집단으로부터의 위협은 집단 간의 경계를 더욱 분명하게 하는 정책을 취함과 동시에 내집단의 이탈자나 배반자에 대해 더욱 부정적인 반응을 유발할 수 있다. 내집단의 지위와 핵심 가치에 대한 위협은 일탈적인 내집단 성원들에게 손상을 가하는 행동을 유발할 수 있다. 그러나 외집단이 내집단보다 더욱 크고 강력하며 바람직하다고 여겨질 경우 내집단으로부터의 탈퇴 현상이 생길 수도 있다. 내집단 안에서 다수자에게 영향을 미치는 소수자의 능력은 위협을 받을 경우에는 대개가 감소하고, 집단 순응 사고가 증가한다. 집단 순응 사고는 위협을 받는 시기 동안에 가장 강할 수 있다.

지금까지 살펴본 바와 같이, 위협에 대한 인지적·감정적·행동적 반응의 본질은 지각된 위협의 본질이 상징적인 것인지 혹은 현실적인 것인지에 달려 있다. 상징적 위협은 현실적 위협보다도 외집단을 비인간화하고, 정당성을 인정하지 않으며, 도덕적으로 배제하고, 외집단을 향한 감소된 공감을 나타내는 반응을 유발하기가 쉽다. 또한 상징적 위협은 내집단 규범과 가치에 대한 동조를 증가시켜 준다. 상징적 위협은 외집단에게 대량 학살, 고문, 절단과 같은 해로운 행동적 반응을 유발할 가능성이 크다. 이민 정책의 상황에서 상징적 위협은 외집단을 동화시키는 정책을 선호하게끔 만든다.

현실적 위협은 외집단에 대해 더욱 실용적인 반응, 즉 위협에 대처하도록 계획된 행동을 유발하는 것으로 알려져 있다. 이러한 행동은 철수, 회피, 공격을 포함한다. 현실적 위협은 상징적 위협에 비해 타협을 이끌어낼 가능성이 크다. 왜냐하면 대부분의 집단들은 그들의 핵심 가치들이 변화하는 것에 저항하기 때문이다. 이민 정책의 경우에 현실적 위협은 분리주의를 선호하는 정책을 선호하게끔 만든다. 현실적 위협에 대한 반응들은 상징적 위협에 대한 반응에 비해 외집단의 상대적 권력에 더욱 쉽게 영향을 받는다.

위협에 대한 반응은 위협이 집단의 차원에서 지각되는지 혹은 집단 내의 개별 성원들의 차원에서 지각되는지에 의해서도 영향을 받는다. 집단적 위협은 개인적 위협에 비해 집단 응징성, 집단 순응 사고, 분노와 공격의 표현, 집합적 죄책감의 감소, 외집단에 대한 집합적 반응(예:

파업, 보이콧, 전쟁)의 증가와 밀접한 관련을 맺고 있다. 개인적 위협은 집단적 위협에 비해 인지적 편견, 공포, 무력감, 회피, 유화, 영합, 수행에서의 감소, 내집단으로부터의 탈퇴, 공격자에 대한 동일시와 밀접한 관련을 맺고 있다.

이렇듯 사람들은 위협에 대해 매우 다양한 방식으로 반응한다. 위협에 대한 인지적 반응은 사람들이 외집단에 대해 분명하고 신중하며 정확하게 사고하여 반응하는 것을 어렵게 만든다. 감정적 반응은 대개가 부정적인데, 그것은 존재하는 위협에 대해 사려 깊게 반응하는 것을 방해할 수 있다. 외집단에 대한 행동적 반응은 공격 혹은 회피를 유발할 수 있으나, 위협이 내집단을 고정시킬 수도 있다. 그렇게 되면 내집단은 아무 활동도 할 수 없게 된다. 위협은 스트레스 반응을 크게 유발할 수도 있다. 대부분의 경우에 위협이 그러한 반응을 가져오는 데 대한 책임이 있는 것은 아니지만, 위협은 스트레스 반응을 확장할 수 있다. 사람들을 단순히 집단으로 범주화하는 것이 집단 간 편견을 이끌어낸다고 알려져 있다. 하지만 범주화 과정에 위협을 첨가하는 것은 그러한 편견을 더욱 확대할 수 있다.

위협의 결과들은 대개가 부정적이기는 하지만, 위협이 때로는 긍정적 결과를 수반하기도 한다. 위협은 하나의 큰 집단 안에서의 하위 집단 간 관계들을 개선하는 데 기여할 수 있다. 이를테면 외국과의 전쟁은 하나의 공통된 위협에 대처하여 한 국가 내의 모든 하위 집단들을 하나로 결속하는 힘을 발휘할 수 있다. 또한, 위협이 클수록 진정 용기 있는 행동이 나올 가능성도 크다. 용기가 항상 외집단을 향한 공격을 형태를 취하는 것만은 아니다. 간디나 킹 목사의 사례에서 볼 수 있듯이 용기가 더욱 공평한 관계를 향한 리더십을 이루는 경우도 있다. 그들은 치명적 위협에 직면하여 비공격적인 방법을 활용하였다 (Stephan, Ybarra & Morrison, 2009).

지금까지 살펴본 바와 같이, 위협은 집단 간의 지속적 관계 속에서 발생하고 있고, 위협의 선행 요인들과 결과는 상호작용적이고 순환적이다. 즉, 각 집단의 행동은 타 집단의 반응과 지각에 영향을 준다.

Crisp, R. J., Stone, C. H. & Hall, N. R. (2006), "Recategorization and subgroup identification: Predicting and preventing threats from common ingroups", *Personality and Social Psychology Bulletin*, 32, 230-243.

Esses, V. M., Dovidio, J. F., Jackson, L. M. & Armstrong, T. L. (2001), "The immigration dilemma: The role of perceived group competition, ethnic prejudice, and national identity", *Journal of Social Issues*, 57, 389-412.

Garcia, S. M., Tor, A. & Gonzalez, R. (2006), "Ranks and rivals: A theory of competition", *Personality and Social Psychology Bulletin*, 32, 970-982.

Hofstede, G. (1980), *Culture's consequences*, Beverly Hills: Sage.

Hofstede, G. (1991), *Cultures and organizations*, London: McGraw-Hill.

Hofstede, G. (2001), *Culture's consequences: Comparing values, behaviors, institutions and organizations across nations*, Thousand Oaks: Sage.

Johnson, D., Terry, D. J. & Louis, W. R. (2005), "Perceptions of the intergroup structure and anti-Asian prejudice among White Australians", *Group Processes and Intergroup Relations*, 8, 53-71.

Karasawa, M., Karasawa, K. & Hirose, Y. (2004), "Homogeneity perception as a reaction to identify threat: Effects of status difference in a simulated society game", *European Journal of Social Psychology*, 34, 613-625.

Leyens, J. P., Rodriguez-Perez, A., Rodriguez-Torres, R., Gaunt., R., Paladino, M. P. & Vales, J. et al. (2001). "Psychological essentialism and the differential attiribution of uniquely human emotions to ingroups and outgroups", *European Journal of Social Psychology,* 31(4), 395-411.

Riek, B. M., Mania, E. W. & Gaertner, S. L. (2006), "Intergroup threat and outgroup attitudes: A meta-analytic review", *Personality and Social Psychology Review,* 10, 336-353.

Rohmann, A., Piontkowski, U. & van Randnborgh, A. (2008), "When attitudes do not fit: Discordance of acculturation attitudes as an antecedent of intergroup threat", *Personality and Social Psychology Bulletin,* 34(3), 337-352.

Schwartz, S. H. & Bilsky, W. (1987), "Toward a theory of the universal content and structure of values: Extensions and cross-cultural replications", *Journal of Personality and Social Psychology,* 58, 878-891.

Semyonov, M., Raijman, R., Toy, A. Y. & Schmidt, P. (2004), "Population size, perceived threat, and exclusion: A multiple-indicators analysis of attitudes toward foreigners in Germany", *Social Science Research,* 33, 681-701.

Shamir, M. & Sagiv-Schifter, T. (2006), "Conflict, identity, and tolerance: Israel in the Al-Aqsa intifada", *Political Psychology,* 27, 569-595.

Stephan, W. G. & Stephan, C. W. (2000), "An integrated threat theory of prejudice", In S. Oskamp (Ed.), *Reducing prejudice and discrimination* (pp. 23-45), Mahwah: Erlbaum.

Stephan, W. G., Ybarra, O. & Morrison, K. R. (2009), "Intergroup threat theory", In T. D. Nelson (ed.), *Handbook of prejudice, stereotyping, and discrimination* (pp. 43-59), New York: Psychology Press.

Tajfel, H. V. & Turner, J. C. (1986), "The social identity theory of intergroup behavior", In S. Worchel & W. G. Austin (Eds.), *Psychology of intergroup relations* (pp. 7-24), Chicago: Nelson-Hall.

Triandis, H. C. (1995), *Individualism and collectivism*, Boulder: Westview.

Zárate, M. A., Garcia, B., Garza, A. A. & Hitlan, R. T. (2004), "Cultural threat and perceived realistic group conflict as dual predictors of prejudice", *Journal of Experimental Social Psychology*, 40, 99-105.

5장

편견의
원인과 결과:
공포 관리 이론

집단생활이 인간의 타고난 본성 중의 하나라는 사실은 거의 의문의 여지가 없다. 인류는 공동의 식량 공유, 육아, 호혜적 생계, 협동적인 수렵과 채취, 안락한 소속감을 위해 집단을 이루어 생활하는 적응적인 기능을 가지고 있다. 그러나 집단생활을 위한 인간의 성향이 항상 긍정적인 모습을 보인 것만은 아니었다. 인간의 집단생활을 위한 성향은 심각한 하강과 퇴락의 모습을 보여주기도 하였다. 인류 역사를 통틀어 볼 때 우리는 한 집단에 의해 다른 집단에 행해진 잔혹한 야만적 행위들을 수없이 목격할 수 있기 때문이다. 노예제도, 아파르트헤이트, 킬링 필드, 홀로코스트, 9·11 테러 등이 바로 그러한 하강과 퇴락의 대표적인 사례에 속한다.

왜 인간은 다른 집단에 대한 편견과 차별을 일삼는 비도덕적인 행위를 자행하는가? 올포트(Allport, 1954) 이래로 많은 사회심리학자들은 이에 대한 해답을 찾기 위해 다양한 이론들을 만들어내었다. 편견과 차별 행위에 대한 인간 행위의 근본 동기를 밝히려는 최근의 다양한 시도들 가운데 가장 영향력 있는 거대 이론은 바로 공포 관리 이론이다. 공포 관리 이론은 편견 형성의 원인과 결과를 이해하는데 있어서 우리에게 새로운 통찰력을 제공해준다. 공포 관리 이론에 의하면, 죽음에 대한 인식에 직면할 때 우리 인간은 자신과 유사한 타인들에 대한 호감이 증가하는 반면에 상이한 타인들에 대한 적대감과 혐오감이 급격하게 증가하는 경향을 보인다고 한다. 달리 말해, 죽음에 대한 생각은 내집단 편애주의와 외집단 경멸을 초래하며, 그 주된 이유는 외집단이 자신들의 문화적 세계관의 충실성을 위협하는 존재로 여겨지기 때문이라는 것이다.

공포 관리 이론이 매력을 끄는 이유는 그것이 역사와 사회과학으로부터 우리가 인간에 대해 지금까지 학습한 내용들과 상당 부분 일치하기 때문이다(Greenberg, Solomon & Arndt, 2008, p. 117). 우리 인간은 문화의 방식에 순응하는 존재이다. 우리는 문화의 규범을 따르고 문화의 권위에 복종한다. 우리는 우리가 소중히 여기는 신념과 의례들을 열렬히 옹호한다. 심지어 많은 사람들은 그러한 신념과 의례를 위해 아주 기꺼이 목숨을 바치기도 한다. 종교, 정부, 교육 제도는 문화적 가치와 신념들을 여러 가지 방식으로 강화시켜 준다. 문화적 신념 체계는 세계와 인간이 어디에서 유래했고, 우리가 무엇을 추구하며, 우리 각자가 사망한 후에 어떤 형태로 존속할 것인가에 대한 근본적인 설명을 제공한다. 이를테면, 신과 영혼의 개념은 우리 모두에게 알려진 대표적인 세계관 중의 하나이다. 죽음을 인식함으로써 발생한 잠재적인 공포를 관리하기 위하여 우리는 내면화된 문화적 세계관에 대한 강한 신조를 유지해야만 한다. 문화적 세계관은 주관적인 현실에 질서의 의미와 영속성을 불어넣어주고, 문화가 규정하는 가치 규준을 충족시키는 사람들에게 죽음 초월의 토대를 마련해 주기 때문이다(Bassett, 2007, p. 729). 동시에 사람들은 문화가 규정한 가치 기준들을 자기 스스로 잘 충족하고 있다는 신념, 즉 자존감을 유지해야만 한다.

공포 관리 이론은 편견, 고정관념, 집단 간 공격에서의 실존적 위협의 역할에 초점을 맞춤으로써 편견의 형성과 결과에 관한 새로우면서도 매우 독특한 이론적 관점을 제공한다. 이에 5장에서는 편견의 형성과 결과에 관한 공포 관리 이론의 핵심적인 통찰을 개관하고, 공포 관리 이론이 도덕 교과에서의 반편견교육에 주는 시사점이 무엇인지를 분석하고자 한다.

1. 공포 관리 이론의 개관

가. 공포 관리 이론의 태동 배경

공포 관리 이론은 문화인류학자인 베커(Becker)의 저술에 근거하고 있으며, 다른 동물과 마찬가지로 인간은 자신의 존재를 지속하려는 생물학적 체제를 가지고 있다는 진화론적 가정을 출발점으로 삼는다(Landou, Solomon, Pyszczynski & Greenberg, 2007, p. 477). 그러나 다른 동물들과 달리 인간은 모든 유형의 잠재적인 치명적 위협에 취약하고, 생명을 지속하려는 우리의 시도는 결국에 실패할 것이라는 사실을 깨닫는 데 충분할 정도로 우리를 명석하게 만들어주는 대뇌 피질을 가지고 있다. 베커에 의하면, 이러한 자각은 생존을 향해 추진되는 많은 동기 체제들과 갈등을 일으키기 때문에, 우리는 이러한 실존적 진리를 다룰 수가 없다고 한다. 오히려 그러한 실존적 진리는 인간을 불안으로 마비시킬 수 있는 잠재력을 갖고 있다. 우리 인간은 인간만의 위대한 독특함에 대한 인식을 가지고 있는 동시에 언젠가는 땅속에 묻혀 사라질 것이라는 사실을 인식하고 있으며, 이것은 인간에게는 매우 무서운 딜레마이다(Becker, 1973, p. 26).

자신의 취약함과 죽음에 대한 인식으로부터 연유하는 잠재적인 공포를 관리하기 위하여 인간은 심리적인 안전을 목적으로 자신들의 문화에 의존한다. 문화는 현실에 대한 의미 있는 관점과 영속적으로 중요하다고 느끼는 기회를 그 성원들에게 제공해 준다. 이렇게 내면화된 문화적 세계관은 사람들로 하여금 의미·가치·목적·역할의 세계에서 자신들의 삶을 영위하는 것을 허용하고, 죽음과 동시에 소거되는 운명에 처해 있는 여타의 동물들보다 인간이 우월한 존재라는 감각을 강하게 만들어 줌으로써 심리적 평정을 제공한다. 이러한 신념은 문화에 의해 제공되는 죽음 초월에 관한 문자나 상징 형식을 통해 지지된다. 문자 상의 불멸은 영원한 영혼 혹은 정신, 하늘, 환생 등과 같은 개념에 의해 제공되고, 상징적인 불멸은 거대 집단과 조물주와의 동일시, 후손, 예술과 과학에서의 가치 있는 성취에 의해 획득된다(Greenberg, Schimel & Martens, 2004, p. 31).

한편, 우리는 사회화 과정을 통하여 문화적 세계관을 마음속에 깊이 새기게 된다. 인지적 능력의 발달에 따라 자신의 취약성과 궁극적 죽음을 파악하는 능력 또한 성숙한다는 점에서 볼 때, 사실상 아이들은 종족 유전 과정을 반복하고 있는 것이다. 아이들은 무력한 존재로 태어나기에 시작부터 의존적이며, 그들에게 있어서 최초의 안전을 위한 토대는 부모의 사랑과 보호이다. 부모는 언어와 이야기를 통해 아이들을 역할과 가치에 접촉하게 해 줌으로써 문화적 세계관의 전달자로서 기능한다. 아이들이 성장함에 따라서 TV, 동료, 교사가 지배적인 세계관을 전달하고 확인해주는 역할을 떠맡게 된다. 이를 통해 아이들은 내면화된 문화적 가치 기준에 따라 생활함으로써 자신들을 소중한 존재로 여기는 한, 사랑과 보호를 받을 것이라는 사실을 학습하게 된다. 그리고 그렇지 못할 경우에는 보호를 받지 못할 수도 있다는 것을 학습한다. 아이들이 보다 성장하여 그들의 부모로부터 개별화될 때, 그들은 부모의 보호가 지닌 한계를 인식하게 된다. 그들은 이제 신, 과학, 국가와 같은 보다 큰 안전의 토대를 확보해야만 한다. 그러한 토대는 문화가 제공하는 역할을 채택하여 그와 관련된 가치 기준을 고수하는 것에 의해 실현된다. 이러한 사회화 과정을 통하여 개별화되어 있으나 문화적으로 파생된 질서 있고 의미 있는 실재의 구성물 안에 우리의 삶을 안치시킨다. 그 안에서 우리는 영구적인 영혼과 끝없는 세계에의 기여(예: 후손, 집단 소속감, 문화적으로 가치 있는 성취)를 통해 죽음을 초월하는 자격을 갖춘 의미 있는 존재가 된다(Greenberg, Solomon & Arndt, 2008, pp. 116-117).

나. 공포 관리 이론의 타당성 근거

연구자들은 베커의 아이디어를 검증 가능한 가설로 발전시켜 공포 관리 이론을 만들어 내었다. 그들은 두 가지의 심리학적 구성물인 문화적 세계관과 자존감을 이론적으로 공식화하였다(Greenberg, Landau, Kosloff & Solomon, 2010, p. 311). 죽음을 인식함으로써 발생한 잠재적인 공포를 관리하기 위하여 우리는 내면화된 문화적 세계관에 대한 신조를 유지해야만 한다. 문화적 세계관은 주관적인 현실에 질서의 의미와 영속성을 불어넣어주고, 문화가 규정하는 가치 규준을 충족시키는 사람들에게 죽음 초월의 토대를 마련해 준다. 그러므로 사람들은 문화가 규정한 가치 기준들을 자기 스스로 잘 충족하고 있다는 신념, 즉 자존감을 유지해야만 한다.

이러한 가설을 검증하기 위해 연구자들은 사람들에게 자신의 죽음을 상기시키고, 그것이 죽음에 대한 염려로부터 사람들을 보호해준다고 여겨지는 심리적 구성물인 문화적 세계관과 자존감을 지지해주는지의 여부를 평가하였다. 공포 관리 이론을 검증하려는 대부분의 연구들은 피험자 자신의 죽음에 관한 개인적 사고와 감정에 관한 개방적 질문에 반응함으로써 자신의 죽음에 대해 깨닫게 하는 형식으로 구성되었다. 문화적 세계관은 자존감과 더불어 죽음과 관련된 생각으로부터의 완충을 제공하기 때문에 죽음을 자각한 개인들은 자신들의 문화적 세계관을 더욱 고수하게 된다(Bradley, Kennison, Burke & Chaney, 2012, p. 821).

공포 관리 이론의 관점에서 볼 때, 공포 관리 기능을 지원하는 핵심적인 문화적 신념은 우리 인간은 동물 그 이상의 초자연적 생명 형태이기에 다른 피조물처럼 죽음과 함께 절대적으로 소멸되는 운명에 처해지지 않는다는 사실이다. 이에 따라 연구자들은 공포 관리 이론을 동물성(animality)의 거부, 자존감 추구, 편견과 집단 간 갈등, 친밀한 관계에 적용하는 수많은 연구들을 수행하였다. 지금까지 공포 관리 이론의 타당성을 입증하기 위한 350편 이상의 연구들이 수행되었을 정도이다. 최근에 공포 관리 이론은 창의성, 신체적·정신적 건강, 법, 정치의 영역에도 적용되고 있다. 이에 여기서는 공포 관리 이론의 타당성을 입증해 주는 주요 연구 결과들을 개관하고, 공포 관리 과정의 이론적 구성에 대하여 살펴보고자 한다.

첫째, 궁극적인 죽음을 인식하는 것, 즉 죽음 현출성(mortality salience)은 인간의 동물성을 부정하는 것과 깊은 관계가 있다(Greenberg, Solomon & Arndt, 2008, p. 118). 죽음 현출성의 증가는 동물성을 생각나게 하는 것에 대한 혐오적인 반응과 더불어 여타의 동물과는 상이한 인간의 독특함을 과시하는 시도에 대한 선호를 증가시킨다. 죽음 현출성은 수유, 섹스 등과 같은 인간의 재생산 행위들의 육체적 측면에 대한 부정적인 반응을 유발시킨다. 이러한 연구 결과들은 문화가 섹스와 같은 육체적 활동에 부분적으로 의미를 부여하기 위해 낭만적 사랑과 같은 구성물을 제공한다는 사실을 입증해 준다. 깨끗하게 정제된 식사, 대소변의 은폐, 신체 치장, 섹스에 관한 특별한 의식, 할례, 월경 등은 인간을 동물과 차이가 있게 만드는 대표적인 문화적 사례들이다.

둘째, 죽음 현출성은 인간의 자존감 추구 시도를 증가시켜 주는 경향이 있다(Harmon-Jones, Simon, Greenberg, Pyszczynski, Solomon & McGreger, 1997, p. 25). 문화의 기능은 인간을 동물 이상의 존재로 승격시켜 주는 것에 그치지 않는다. 문화는 우리가 소중한 특성과 능력을 행사할 때 유의미한 세계에 중요한 기여를 할 수 있다는 감각을 우리에게 부여해 준다. 이렇듯 문화적으로 파생된 자존감이 공포 관리 기능에 기여하기 위해서는 죽음 현출성이 문화적으로 가치 있는 특성들을 행사하기 위한 시도를 증가시켜 주어야만 한다. 연구자들은 이러한 생각을 입증하기 위한 다양한 연구를 수행하였다. 죽음 현출성은 자존감의 토대를 운전 기능에 두고 있는 사람들의 운전 기능 수행을 증가시켜 주었고, 자존감의 토대를 신체에 두고 있는 사람들의 신체에 대한 동일시를 증가시켰다. 죽음 현출성은 기부 행위의 증가, 성공적인 내집단에 대한 동일시의 증가, 유명해지려는 욕망의 증가를 초래하는 것으로 나타났다. 죽음 현출성은 위협에 대한 반응에서 불안을 완충시켜주고, 죽음을 생각나게 하는 것에 대한 방어적 반응을 감소시켜주는 자존감을 고양시켜 준다(Arndt & Greenberg, 1999, p. 1341). 이렇듯 증가된 자존감은 문화적 불안에 대한 완충 기능을 증가시켜줌으로써 죽음에 대한 염려로부터 인간을 보호해 준다. 이렇듯 높은 자존감은 세계관 방어에 미치는 죽음 현출성의 영향을 감소시켜 준다.

셋째, 죽음 현출성은 편견과 집단 간 갈등을 증폭시키는 경향이 있다. 죽음 현출성에 직면할 때, 인간은 유사한 타인들에 대한 호감이 증가하는 반면에 상이한 타인들에 대한 적대감과 혐오감이 증가하는 경향을 보인다(Bradley, Kennison, Burke & Chaney, 2012, p. 820). 공포 관리 이론에 따르면, 사람들이 서로 잘 어울리지 못하는 주된 이유 가운데 하나는 타인들이 자신이 지닌 세계관의 타당성을 침해하거나 위협한다고 느끼기 때문이다. 인간에게 있어서 문화적 세계관은 안전을 제공하는 중요한 근거이기 때문에, 사람들은 타인을 경멸하거나 개종시키거나 절멸시킴으로써 자신의 세계관을 옹호하려고 한다. 죽음 현출성에 직면할 때, 사람들은 자신들의 세계관이 표방하는 가치들을 위반하는 사람들에 대한 강한 처벌을 요구하였고, 자신들의 세계관을 비판하거나 혹은 자신들과는 다른 세계관을 지지하는 사람들을 경멸하거나 공격하려는 성향을 보여주었다. 반면에 자신들의 세계관이 표방하는 가치들을 지지하거나 혹은 자신들의 세계관을 타당한 것으로 만드는데 도움을 주는 사람들에 대해서는 더 많은 보상을 해 줄 것을 요구하거나 매우 긍정적인 반응을 하는 것으로 나타났다(Greenberg, Solomon & Arndt, 2008, p. 118). 죽음 현출성은 사람들을 단순히 좋은 사람 또는 나쁜 사람으로 범주화시키는 행동을 증가시켜서 선호의 양극화를 초래한다. 또한, 죽음 현출성은 고정관념과 일치하는 외집단 성원들에 대한 고정관념적 사고와 선호를 더욱 증가시키는 역할을 수행한다(Greenberg, Solomon & Arndt, 2008, p. 123). 이러한 연구 결과들은 공포 관리 이론이 편견과 집단 간 갈등에 있어서 중요한 역할을 하고 있다는 사실을 잘 입증시켜 준다.

끝으로, 친밀한 관계는 공포 관리에 있어서 매우 중요한 역할을 수행한다(Mikulincer & Florian, 2003, p. 267). 죽음 현출성은 친밀한 관계 형성에 대한 관심을 증가시켜서 자신의 부모만큼이나 현재의 낭만적인 파트너를 소중히 여기는 태도를 증가시켜 준다. 많은 연구들은 안전한 애착이 죽음 현출성에 대한 모종의 반응들을 경감시켜 준다는 사실을 보여준다(Greenberg, Solomon & Arndt, 2008, p. 119). 또한, 확대된 분리와 같은 친밀한 관계에 대한 위협을 응시하는 것은 죽음과 관련된 사고에의 접근을 증가시켜 준다고 한다. 친밀한 관계는 사람들의 공포 관리에 있어서 매우 중심적인 역할을 수행할 수 있는데, 그 이유는 친밀한 관계가 자신의 세계관과 자존감을 타당한 것으로 만들어 주는 데 있어서 커다란 역할을 수행하기 때문이다.

그렇다면, 공포 관리 과정의 기저를 이루고 있는 인지적 역학은 무엇인가? 공포 관리 이론 연구자들은 이중 방어 모델(dual defense model)이라는 개념을 통하여 공포 관리 과정의 인지적 구조를 설명하고자 하였다(Arndt, Greenberg & Cook, 2002, p. 308). 죽음과 관련된 사고의 활성화는 자신의 죽음과 관련된 인식이 의식의 초점에 있는 것인지 아니면 의식적 인식의 바깥에 있는 것인지에 따라 두 가지의 상이한 방어 체제를 동기화시킨다.

죽음에 대한 명시적인 사고는 의식적인 인식으로부터 죽음과 관련된 인식을 제거하도록 고안된 근접 방어(proximal defense)를 유발시킨다. 일반적으로 사람들은 죽음에 대한 자신의 취약함에 대하여 생각하는 것을 좋아하지 않기에 그러한 생각을 회피하려는 다양한 유사합리적 수단들을 채택한다. 죽음과 관련된 사고를 억압하는 것, 취약함을 거부하거나 극소화하기 위한 인지적·동기적 토대에 관여하는 것 등이 그에 속한다. 근접 방어가 느슨해지게 되면, 초점상의 주의력 외부에 있는 죽음 관련 사고에의 접근이 뒤늦게 증가하게 된다. 그러한 접근은 매우 높은 불안감을 가져올 잠재력이 있기에 세계관 및 자존감과 관련된 원위 방어(distal defense) 혹은 상징적 방어(symbolic defense)가 활성화된다. 원위 방어는 문화적 세계관과 자존감을 유지시켜 주는 것과 관련된 구성물에 대한 접근을 증가시켜 줌으로써 공포 관리 기능을 수행한다. 성공적인 원위 방어 혹은 상징적 방어는 뿌리 깊은 실존적 공포로부터 인간을 보호해 줌으로써 개인적 평정과 삶의 의미를 되찾는 것을 가능하게 해 준다(Greenberg, Schimel & Martens, 2004, pp. 36-37).

요약하면, 공포 관리 이론은 죽음 현출성에 의해 발생하는 공포를 관리하기 위해 인간은 문화적 세계관에 대한 신념과 자존감을 유지해야만 한다는 사실을 강조한다(Greenberg & Kosloff, 2008, p. 1883). 왜냐하면 문화적 세계관은 현실에 질서·의미·영속성을 부여하고, 규정된 가치 기준을 충족시키는 사람들을 위한 문자적·상징적인 불멸의 방침을 제공하여 주기 때문이다. 동시에 개인은 자신이 속해 있는 문화가 규정한 가치 기준들을 충족하고 있다는 강한 신념을 유지해야만 공포를 효과적으로 관리할 수 있다.

2. 편견과 공포 관리 이론

가. 편견의 형성과 공포 관리 이론

베커는 인간이 특정한 방식으로 행동하게끔 추동하는 인간 행위의 동기를 밝히고자 하였으며, 특히 인간의 고통을 가져오는데 주된 역할을 하는 집단 간 공격에 주된 관심을 가지고 있었다(Becker, 1975, p. 5).

인간이 이제껏 실행해 온 것은 죽음의 공포를 높은 수준의 문화적 영속물로 변화시킨 것이다. 이러한 승리는 불길한 새로운 문제를 예고하였다. 이제 인간은 소중한 삶을 위해 그가 살고 있는 사회의 자아 초월적 의미와 모종의 무한한 지속을 보장해 주는 불멸의 상징들을 계속 유지해야만 하기 때문에 새로운 유형의 불안정과 불안이 조성되었다. 이러한 불안은 인간의 문제로 쉽게 확산되는 것이었다. 악을 피하기 위한 시도에서 인간은 더 많은 악을 이 세상에 초래하게 된 것에 대한 근본적인 책임이 있다.

　베커의 이러한 분석에 근거해 볼 때, 공포 관리 이론이 편견의 이해에 주는 일차적인 시사점은 매우 분명해진다. 자신과는 다른 세계관을 견지하고 있는 사람들은 암묵적으로 혹은 명시적으로 자신의 세계관에 도전하고 있기 때문에, 그리고 자신의 세계관은 심리적 안전을 위한 근본적인 기반이기 때문에, 개인은 자신의 세계관을 회복하기 위하여 타인을 경멸하거나 동화시키거나 근절시키려는 위협적인 시도들을 감행하는 것이다(Greenberg, Landau, Kosloff & Solomon, 2010, p. 312). 자존감과 영생을 얻기 위해 하나의 문화적 세계관에 자신을 내맡기는 것은 불행하게도 타인의 문화적 세계관은 근본적으로 오류가 있는 것이라고 믿게 만든다. 다른 문화적 세계관의 존재는 개인이 지닌 세계관의 타당성을 위협하여 결과적으로 그의 자존감과 영생을 위협하게 되는 것이다(Bradley, Kennison, Burke & Chaney, 2012, p. 820).

　연구자들은 죽음 현출성이 집단 간 편견을 급격하게 증가시키는 효과가 있음을 밝혀내었다. 죽음 현출성에 직면한 후에, 백인 피험자들은 백인 인종차별주의자의 행동에 쉽게 공감하였으며, 흑인에 대한 인종차별 혐의를 받고 있는 백인 고용주에 대해 아주 낮은 형량을 선고하는 행동을 보여주었다(Greenberg, Schimel, Martens, Solomon, & Pyszcznyski, 2001, p. 113). 죽음 현출성에 직면한 후에, 기독교인들은 유태인에 비해 기독교인들을 더욱 긍정적으로 보았고, 이탈리아 사람들은 독일인에 대해 부정적인 태도를 보였으며, 이란인들은 자살 테러에 대해 더욱 우호적인 태도를 보여주었고, 남학생들은 대학에서의 친(親)여성 강좌에 대한 낮은 수용 태도를 보여주었으며, 젊은이들은 자신들을 노인들로부터 더욱 분리시켜 생각하려는 태도를 보여주었다 (Bradley, Kennison, Burke & Chaney, 2012, p. 820).

이러한 연구 결과들을 근거로 생각해 볼 때, 죽음 현출성에 직면한 이후에 나타나는 외집단에 대한 확대된 경멸은 대안적 세계관의 옹호자들에 의해 자신의 세계관에 대한 신념이 도전을 받는다는 사실로부터 유래된 것이다. 외집단은 자신의 세계관에 대한 신념 및 자존감에 대한 위협을 나타내기 때문에 공포 관리의 욕구는 편견을 야기하는 것이다. 이렇듯 공포 관리 이론은 세계관과 자존감에 대한 위협이 편견의 일차적인 원인이 된다고 본다.

공포 관리 이론은 두 가지 형태의 특수한 편견에도 적용될 수 있다. 공포 관리 이론은 반드시 상이한 세계관을 지니지 않을 수도 있는 두 개의 집단인 여성과 노인에 대한 편견에도 적용될 수 있다. 물론 여성차별주의와 노인차별주의 역시 여러 요인들의 결합에 의해 발생한 것이지만, 그리고 내집단 여성과 노인들이 일반적으로 젊은 남성의 세계관을 위협하지 않는다고 할지라도, 공포 관리 이론은 여성과 노인에 대한 차별을 이해하는 데 새로운 통찰력을 제공해 준다.

공포 관리 이론은 강한 여성 혐오증과 여성을 향한 폭력적 경향의 심리적 근거를 밝히는데 도움을 준다. 신체적인 것과 죽음의 연결 때문에 사람들은 종종 몸과 섹스의 육체적 측면에 대해 양면가치적인 생각을 갖고 있다. 신체적 피조물은 죽게 마련이므로 우리의 공포 관리는 우리 자신을 의미의 세계에서 지속적으로 중요한 존재, 즉 단순한 동물 그 이상의 존재로서 여기도록 만드는 것에 의존한다. 남성은 가끔 여성에 대한 매료로부터 자신을 멀리 하고 여성을 평가 절하하는데, 그 이유는 성적 각성에 자신들이 취약하다는 것을 인식하게 됨으로써 남성들은 자신들의 동물성과 죽음의 본질에 직면하기 때문이다. 따라서 남성에게서 강한 성욕을 불러일으키는 여성, 특히 낭만적 사랑과 같은 상징적인 욕망 개념의 배출 통로 바깥에 있는 육체적으로만 섹시한 여성은 남성들에게 부정적으로 보이게 된다(Greenberg, Landau, Kosloff & Solomon, 2010, p. 313). 죽음 현출성에 직면한 후에 남성들은 유혹적인 여성을 경멸하였으나, 동일한 여성이 건강한 여성으로 묘사되었을 때에는 경멸하지 않는 것으로 나타났다. 남성들로 하여금 죽음 현출성에 직면한 후에 여성에 의해 성적 욕망이 있었던 때를 상기하도록 한 또 다른 연구에서는 자신의 여자 친구를 성 폭행한 남성에 대한 형량을 선택함에 있어서 여성에 대한 공격에 대해 더욱 관용적으로 대하는 모습을 보여주었다. 이러한 연구 결과들은 남성의 성욕에 의해 발생한 실존적 위협이 여성에 대한 강한 혐오를 유발함에 있어서 중요한 역할을 수행한다는 사실을 잘 입증하여 준다(Greenberg, Landau, Kosloff & Solomon, 2010, p. 314).

한편, 노인은 동물성뿐만 아니라 인간의 궁극적 운명을 생각나게 하는 존재이기 때문에, 공포 관리 이론은 노인차별주의의 원인을 설명하는데 있어서도 매우 유용하다. 공포 관리 이론에 의하면, 우리는 노인을 통해 죽음은 피할 수 없는 것이고, 신체는 퇴화하며, 우리가 찾았던 자존감의 토대들은 덧없는 것이라는 사실을 인식하게 된다(Nelson, 2010, p. 436). 이렇듯 노인들은 젊은 세대들에게 인간 생명의 유한성을 상기시켜 주기 때문에, 젊은 세대들은 부정적 감정을 노인들과 연합시키게 된다. 죽음과 관련된 공포와 불안은 젊은 세대로 하여금 노인들이 겪고 있는 고통은 그들이 노화한 탓이라고 치부해 버린다. 이렇게 함으로써 젊은 세대들은 자신들 역시 노화할 것이라는 생각을 거부할 수 있게 되는 것이다(Greenberg, Schimel & Martens, 2004, p. 37). 노인을 비난하고, 고정관념을 갖고 대하며, 경멸스럽게 대함으로써 젊은 세대들은 스스로를 기만하여 자신들은 결국 죽지 않을 것이라는 신념을 갖게 된다. 노인의 가치와 인격을 손상시키고 훼손하는 일련의 행동들은 노인에 대한 부정적인 편견을 더욱 증가시켜 노인차별주의적인 행동을 하도록 만든다. 젊은 세대가 죽음에 대해 갖는 불안이 크면 클수록 노인차별주의적인 행동을 할 가능성은 그만큼 커지게 된다.

나. 편견의 결과와 공포 관리 이론

공포 관리 이론은 편견 형성의 원인을 이해하는 것과 더불어 어떤 문화 안에서 편견과 차별의 표적이 되고 있는 사람들에게 미치는 결과를 이해하는 데에도 많은 도움을 준다. 편견과 차별의 표적이 되는 사람들은 지배적인 주류 문화 속에서 유린당하기 때문에 자존감을 유지하는데 있어서 곤란을 겪을 가능성이 매우 크다. 비록 그들이 자존감의 결여와 맞서기 위한 보상 전략을 사용한다고 할지라도, 대부분의 자기 보고형 자존감 척도를 살펴보면 표적 집단은 낮은 자존감을 갖고 있는 것으로 밝혀졌다(Crocker & Major, 1989, p. 608). 편견과 차별의 표적이 되는 개인들은 그들이 신봉하는 세계관의 맥락 속에서 그들의 자아 가치를 제대로 확인시켜 주지 못할 정도로 매우 불안정하고 불안한 자존감을 갖고 있다.

공포 관리 이론에 의하면, 편견의 표적이 되는 민족 집단은 그들이 거주하는 문화 안에서 전형적으로 두 개의 세계관, 즉 그들 조상 집단의 전통적인 세계관과 지배 문화의 세계관에 사로잡히게 된다고 한다(Solomon, Greenberg & Pyszczynski, 1991, pp. 94-95). 이러한 환경 속에서 개인은 의미 있는 세계관과 안전한 자존감에 대한 신념을 유지하는 것이 매우 어렵게 된다. 그런 상황에서 공포를 효과적으로 관리하기 위해서는 크게 보아 세 가지의 선택이 가능할 수 있다(Greenberg, Landau, Kosloff & Solomon, 2010, p. 317).

첫째, 전통적인 세계관과 자존감의 토대가 편견을 가진 다수의 세계관과 자존감의 토대에 의해 압도당하고 있음을 고려할 때, 한 가지 선택은 완전한 동화(assimilation)이다. 그러나 지배 집단의 세계관을 전적으로 포용하는 것은 전통적 세계관의 포기를 요구하고, 오랜 기간 자기 집단을 거칠게 다루어 왔었던 집단의 세계관을 채택하는 것은 자기 집단에 대한 자존감 고양을 위해 매우 제한된 토대만을 제공할 뿐이다.

두 번째의 선택은 주류의 세계관을 거부하고 전통적 세계관으로부터 자존감을 이끌어내고 그에 대한 신념을 지속하려는 시도라고 할 수 있는 투쟁 정신이다. 그러나 이것 또한 매우 어려운 일이다. 왜냐하면 전통적 세계관이 상이한 상황에 적용되어져야만 하고, 또 그것이 현재의 자연적·사회적·경제적 환경의 측면들과 양립하지 못할 수도 있기 때문이다. 나아가 그러한 투쟁적인 세계관은 전형적으로 지배적인 세계관에 반작용하여 형성되는 것이기에 그들 성원들의 자존감에 제한된 토대만을 제공하는 데 그치고 만다.

세 번째의 선택은 더욱 커다란 무대에 참여하는 가운데 지배적 세계관의 자존감 토대와 전통적 세계관의 자존감 토대를 통합하는 하나의 세계관을 구성하려는 시도인 다원주의이다. 비록 현실적으로 성취하기는 어렵지만, 이 대안은 효과적인 공포 관리를 위해 의미와 중요성을 찾기 위한 최상의 대안이 될 수 있다.

요약하면, 공포 관리 이론은 편견의 피해자들이 죽음에 대한 관심으로부터 그들을 보호해 주는 의미 부여 구조와 가치 부여 구조에 있어서 지배적 세계관으로부터의 지속적인 위협에 직면하고 있음을 잘 지적해 준다. 연구 결과에 의하면, 죽음에 대해 증폭된 관심은 표적 집단 성원들로 하여금 내집단을 불신하거나 심지어는 부정적인 문화적 고정관념에 동조하도록 만든다. 하지만 하와이 사람들의 경우에서 볼 수 있는 바와 같이, 편견의 표적이 되는 사람들이 자신들의 문화와 지배 문화의 요소들을 유연성 있게 통합한 새로운 세계관을 만들어내는 경우도 있다(Greenberg, Landau, Kosloff & Solomon, 2010, p. 319). 그러므로 표적의 대상이 되는 사람들이 이렇듯 상이한 전략을 채택하게 되는 상황적 요인과 인성 요인들이 무엇인지에 대해서는 후속 연구가 필요하다.

3. 공포 관리 이론의 유용성과 반편견교육적 함의

공포 관리 이론은 인간 행동을 추동하는 근본 동기로서의 죽음 현출성에 초점을 맞추는 이론이다. 공포 관리 이론의 관점에서 볼 때, 자존감과 세계관에 대한 위협은 편견을 발생시키는 주된 원인이며, 편견은 편견의 표적이 되는 대상들이 자신들의 세계관에 대한 신념과 자존감을 유지하는 것을 어렵게 만드는 결과를 초래한다는 사실을 밝혀내었다. 여기서는 편견 형성의 원인과 결과에 대한 설명 체계로서 공포 관리 이론의 학문적 유용성과 의의를 밝히고, 동시에 공포 관리 이론이 도덕과에서의 반편견교육에 구체적으로 시사하는 바가 무엇인지를 규명하고자 한다.

가. 공포 관리 이론의 학문적 유용성

편견 형성의 원인에 관한 대표적인 이론으로는 심리 역동적 접근, 사회 학습 접근, 인지적 접근, 사회 인지 발달 접근, 진화적 접근이 있다(추병완, 2012, p. 30). 공포 관리 이론은 기존의 이론들을 대체한다기보다는 오히려 보완해주는 측면이 강하다고 볼 수 있다. 그러므로 여기서는 공포 관리 이론이 기존의 이론들과 어떻게 양립할 수 있으며, 어떤 측면들을 보완해 주는지를 중심으로 논의를 전개하고자 한다.

첫째, 공포 관리 이론은 편견의 수준에 있어서 개인차가 존재하는 이유를 설명함에 있어서 매우 유용하다. 공포 관리 이론의 관점에서 볼 때, 사람들은 편견의 수준에서 각기 다를 수가 있는데 그 주된 이유는 문화적으로 파생된 세계관에 대한 개별화·내면화된 해석의 차이 때문이다(Greenberg, Landau, Kosloff & Solomon, 2010, p. 319). 즉, 편견의 수준에 있어서의 차이는 문화적 세계관의 사회화 과정에서의 변인들의 차이에서 유래하는 것이다. 공포 관리 이론은 각 개인의 자아감의 수준 차이가 편견의 수준에 그리고 그들이 갖는 편견의 특정한 표적에게 영향을 미친다고 본다. 공포 관리 방어가 불안정하거나 위협에 매우 취약한 사람들일수록 자신들과는 상이한 타인들을 경멸함으로써 자신의 세계관에 대한 신념을 고양하고, 유리한 사회적 비교 과정을 통하여 자존감을 획득한다. 이와는 반대로 안전한 애착과 자존감의 증가는 죽음 현출성이 외집단을 향한 편견에 미치는 영향을 감소시킨다.

둘째, 공포 관리 이론은 자존감의 심리적 기능을 설명함에 있어서 매우 유용하다. 사회 정체성 이론은 사회 집단에의 소속감, 그 집단의 지각된 지위와 중요성으로부터 자존감을 얻는다고 주장한다. 사회 정체성 이론에 의하면, 개인들은 긍정적인 사회적 정체성을 성취하고자 하며, 그것은 부분적으로 내집단과 외집단의 긍정적 비교를 통해서 성취된다(Levy & Hughes, 2010, p. 34). 공포 관리 이론에 의하면, 자존감은 의미 있는 세계 속에서 자신이 가치 있는 사람이라는 신념으로 구성된다. 그리고 자존감의 근본 기능은 죽음의 인식에서 유래하는 불안을 완충시켜 주는 것이다. 공포 관리 이론에서 볼 때, 집단은 개인에게 소속감과 자존감의 근거만을 제공해 주는 것이 아니다. 집단은 자아보다 더욱 크고 오래 지속하는 실체와의 동일시를 통해 불멸을 추구하는 집단적 양식을 개인에게 제공하여 줌으로써 공포 관리 기능에 기여한다. 즉, 집단은 개인에게 자존감의 토대를 제공함과 동시에 실존적 관심을 완화할 수 있는 안정된 의미의 틀을 제공해 준다. 그러므로 공포 관리 이론은 사회 정체성 이론에서 강조하는 내집단 동일시가 생기는 근본 원인을 잘 설명해 준다. 공포 관리 이론에서의 죽음 현출성은 바로 내집단에 대한 동일시를 강화시켜주고, 외집단에 대한 편견적 반응을 증가시키는 근본 원인이다.

셋째, 공포 관리 이론은 사회 인지적 접근의 한계를 보완해 주는 역할을 수행한다. 사회 인지적 접근에서의 편견은 정상적인 사고 과정에서 발생하는 것이다(Levy & Hughes, 2010, p. 32). 사회 인지 이론에 의하면 인지적 구두쇠인 인간은 사회적 범주와 도식에 의존하여 정보를 처리함으로써 인지적 노력을 절감하고자 한다. 공포 관리 이론에 의하면, 고정관념을 비롯한 여타의 사회 인지적 구조화 경향성은 단순히 인간의 타고난 인지적 한계 때문에 발생하는 것이 아니다. 오히려 죽음의 인식에서 비롯되는 실존적 공포를 관리하기 위해 실재에 대해 질서 있고 안정된 지각을 유지하려는 더욱 원위적인 동기에서 발생하는 것이다. 공포 관리 이론은 사회 인지 이론에서 소홀하게 취급되고 있는 개인차에 대한 설명을 보완해주기도 한다. 타인에 대하여 잘 구조화된 지각으로부터 공포 완화 의미를 연역해내는 정도에 있어서 사람들마다 개인차가 존재하고, 이러한 차이는 고정관념과 편견의 중요한 예측 인자가 될 수 있다.

그러나 공포 관리 이론이 몇 가지 문제점을 지니고 있는 것도 사실이다. 공포 관리 이론의 옹호자들은 죽음 회피와 죽음에 대한 공포의 회피를 명확하게 구분하지 않는 논리적 오류를 범하고 있다. 유기체가 죽음을 회피하도록 동기화되어 있다고 말하는 것은 유기체가 죽음과 관련된 공포를 회피하도록 동기화되어 있다는 것을 필연적으로 의미하지는 않기 때문이다. 그러나 공포 관리 이론의 옹호자들은 생존 동기의 존재는 유기체가 죽음을 두려워할 뿐만 아니라 그러한 불안을 회피하도록 동기화되어 있다고 가정한다.

또 다른 문제점은 실존적인 공포가 필연적으로 인간을 마비시키는지의 문제이다. 우리는 자신들이 경험하는 공포가 무엇이든지 간에 전혀 상관하지 않고 죽음에 직면해서도 어떤 의미 있는 최종 행동을 하는 사람들을 간혹 보게 된다. 또한 죽음의 인식은 행동의 마비를 가져오기보다는 죽음의 가능성을 감소시키는 특정한 목표 지향 행동을 유발할 수도 있다. 따라서 공포 관리 이론은 공포 관리 과정이 자기 보존으로부터 어떻게 생성되는지 그리고 유기체의 생존을 어떻게 고양시켜주는지를 명쾌하게 설명함에 있어서 한계를 보인다. 또한, 이론적 가정 가운데 하나인 죽음 관련 공포를 완충시켜 주는 데 있어서 자존감의 역할을 경험적으로 입증시켜 주는 데 있어서 상당한 한계를 보인다.

최근 심리학 이론에서의 수많은 미시 이론들과는 달리, 공포 관리이론은 죽음 현출성이라는 하나의 동기에 근거하여 인간의 행위를 설명하려는 일종의 거대 이론이다. 공포 관리 이론은 미시 이론 못지않게 하나의 거대한 통합적 관점으로부터 얻어질 수 있는 연구 성과가 무엇인지를 잘 보여주었다는 점에서 그 의의를 찾을 수 있다. 공포 관리 이론은 우리가 왜 자신의 신념 체계에 그리 집착하는지 그리고 우리는 왜 자신이 가치 있는 존재라고 여기려고 하는지의 이유에 대한 분명한 해답을 제공해 준다(Burke, Martens &, Faucher, 2010, p. 156). 특히 공포 관리 이론은 죽음과 관련된 생각이 인간의 행위에 미치는 영향을 심층적으로 파헤침으로써 많은 학자들이 소홀하게 취급했었던 죽음의 역할을 본격적으로 다루었다는 측면에서 큰 의의를 찾을 수 있다.

나. 반편견교육에 대한 시사점

공포 관리 이론이 도덕 교과에서의 반편견교육에 주는 시사점은 무엇일까? 사실상 공포 관리 이론은 죽음 현출성이라는 동기를 중심으로 인간 행동의 기재를 설명하려는 이론이기에 직접적인 교육적 시사점에 대해 구체적으로 언급하는 사항이 없다. 그럼에도 불구하고, 공포 관리 이론은 반편견교육과 관련하여 몇 가지 중요한 함축 의미를 지닌다. 여기서는 교육 내용의 측면과 교육 방법의 측면에서 공포 관리 이론의 시사점을 모색하고자 한다.

교육 내용의 측면에서 볼 때, 공포 관리 이론은 분단 상황에 처해 있는 남북한 주민들의 뿌리 깊은 편견과 적대감의 원인을 이해하는 데 큰 도움을 줄 수 있다. 한국 전쟁과 이후의 잦은 무력 도발 행위를 통해 죽음의 고통을 직접 체험한 남북한 주민들은 심리적 안전을 제공하고 불안을 완충시켜 줄 수 있는 각기 상이한 세계관을 채택하였다. 공포 관리 이론의 측면에서 볼 때, 남북한 정권이 채택한 상이한 이데올로기 및 그것의 정치 사회화 과정은 주민들에게 심리적 안전감과 자존감을 부여하는 문화적 세계관의 형성 및 확산 과정이라고 표현할 수 있다. 그 결과 남북한 주민들은 각기 서로의 존재를 죽음에 대한 인식을 직접적으로 떠올리게 하는 존재로 여기게 되었으며, 이것은 상대방에 대한 편견과 적대적 감정을 발전시키는 근본 요인이 되었다고 평가할 수 있다.

또한, 공포 관리 이론은 북한 이탈 주민에 대한 우리의 편견을 이해하는 데에도 도움을 준다. 남북 대치 상황과 죽음을 연상시키는 전쟁의 공포는 남한 주민들에게 빈번하게 죽음 현출성을 상기시켜 줌으로써 내집단에 대한 동일시를 크게 함과 동시에 외집단인 북한 이탈 주민에 대한 편견과 차별 의식을 조장한다고 볼 수 있다. 남한 주민들에게 있어서 북한 이탈 주민들은 우리의 지배적인 문화적 세계관의 충실성을 훼손할 수 있는 잠재적 위협 세력으로 인식되기에(Bassett &

Connelly, 2011: 118), 남한 주민들은 북한 이탈 주민들에 대해 부정적이고 혐오적인 태도를 갖는다고 볼 수 있다.

한편, 공포 관리 이론은 세습 독재 체제로 점철되고 있는 북한 사회의 내구성을 이해하는 데에도 큰 도움을 줄 수 있다. 북한 정권은 남한과의 대결 체제 속에서 북한 주민들을 끊임없이 죽음 현출성에 직면하게 함으로써 카리스마적인 1인 지배 체제를 선호하도록 만들었다고 볼 수 있다. 일찍이 프롬(Fromm)이 지적한 바와 같이, 카리스마적인 지도자에 대한 충성은 방어적 욕구에서 기인하는 것이다. 개인적 자유를 카리스마적인 지도자에게 양도하고 그로부터 의미와 자아 가치감을 찾으려는 인간의 방어적 욕구는 공포 관리 이론에 의해서 잘 입증된 바 있다. 죽음 현출성에 의해 공포 관리 욕구가 활성화되면 카리스마적 리더십에 대한 호의적 태도가 크게 증가한다. 실제로 9·11 테러 이후에 부시 정권에 대한 미국인들의 지지도가 급격히 상승했었다는 사실이 이것을 잘 뒷받침해 준다. 그러므로 죽음 현출성을 활용한 북한 정권의 공포 정치는 카리스마적 1인 독재에 대한 수용과 호감을 만들어 내는 동시에 여타의 대안적인 문화적 세계관의 채택을 불허함으로써 유일무이한 자존감의 원천으로서 작동하고 있다고 볼 수 있다.

교육 방법의 측면에서도 공포 관리 이론은 나름의 시사점을 제공한다고 볼 수 있다. 공포 관리 이론은 죽음을 떠올리거나 연상시키는 것에 대해 지나치게 방어적인 반응을 완화할 수 있는 모종의 교육 방법이 필요함을 시사해 준다. 무조건적으로 수용할 수 있는 중요한 타자(significant others)와의 상호작용을 떠올린 피험자들은 죽음 현출성에 직면해서도 극단적으로 폭력적인 후보자를 지지하지 않았다는 연구 결과가 이를 잘 입증해 준다(Greenberg, Landau, Kosloff & Solomon, 2010, p. 327). 그러므로 공포 관리 욕구의 활성화나 방어 욕구를 완화시켜 줄 수 있는 안전한 애착 관계를 형성시켜 주는 교육, 자존감을 향상시키는 교육, 자기 확언을 고양시켜 주는 교육 등은 죽음 현출성에 따른 방어 욕구를 제거하는 데 도움을 줄 수 있다. 따라서 교사는 학생들과의 배려적 관계를 통해 안전하고 신뢰할 수 있는 애착 관계를 형성함과 동시에 학생들이 자존감과 자기 확언을 가질 수 있도록 학생들에 대한 높은 기대(high expectation)를 가질 필요가 있다.

또한, 공포 관리 이론은 반편견교육에 있어서 관용에 높은 가치를 두는 상대주의적 문화적 세계관에 대한 신념을 갖도록 해 주는 것이 필요함을 시사해 준다(Greenberg & Kosloff, 2008, p. 1892). 타인을 배척하거나 경멸하지 않는 가운데 있는 그대로의 타인의 독특함과 고유함을 인식할 수 있고, 죽음이라는 실존적 위협에 겸허하게 직면할 수 있는 인간을 양성하기 위해서는 상대주의적 세계관을 포용할 수 있는 관용적 태도가 무엇보다도 중요하다. 그러므로 도덕과에서의 반편견교육은 다양한 문화적 세계관에 대한 감수성 및 존중의 태도를 길러주는 데에 초점을 맞추어야 한다. 교사는 학생들이 상호 문화 역량(intercultural competencies)을 계발하여 타 집단의 문화적 세계관을 존중할 수 있도록 지도해야 한다. 상호 문화 역량은 언어적·문화적으로 자신과는 상이한 사람들과 상호작용을 해야 하는 상황에서 효과적으로 그리고 적절하게 소통을 하는 데 필요한 능력들의 복합체를 의미한다. 이에 교사는 사례 연구, 위기 사건, 역할놀이, 시각적 심상의 방법을 활용하여 학생들의 상호 문화 역량을 제고시켜 줄 필요가 있다.

한편, 교사는 도덕과의 가치·규범 학습에 있어서 편견과 차별이 세 가지 이상적인 규범으로부터 이탈한 것임을 학생들에게 일깨워 줄 필요가 있다. 합리성(rationality) 규범으로부터의 이탈은 개인 간의 차이와 집단 간의 차이를 인정하는 것을 거부하고, 고정관념을 반증하는 새로운 증거를 찾으려는 관심과 노력의 부족으로 인해 기존의 고정관념에 안주·의존하는 것을 의미한다. 정의(justice)의 규범으로부터의 이탈은 편견과 차별이 인간에 대한 불평등한 대우라는 사실과 관련되어 있다. 끝으로 인간다움(humanity)으로부터의 이탈은 편견이 모든 인간에게 공유되어 있는 인간다움과 인간의 존엄성을 인정하지 않는 것을 의미한다.

끝으로 공포 관리 이론은 죽음에 대한 의식적이고 신중한 성찰을 독려하는 교육이 필요함을 시사해 준다. 사람들이 자신의 운명에 두려움 없이 직면하고 죽음에 대한 올바른 지식을 갖고 있다면, 그들의 죽음을 자신들의 세계관과 자존감에 포함하는 더욱 생산적인 방식들을 강화시켜 줄 수 있다. 죽음을 막연한 공포의 대상으로 여기거나 또는 죽음에 대한 생각 자체를 회피하려는 것에서 탈피하여, 인간의 삶에서 죽음이 차지하는 의미에 대해 신중하고 사려 깊게 관조하고 성찰할 수 있는 기회를 부여하는 것이 지나친 방어 욕구를 완화시켜 주는 데 효과적이기 때문이다. 따라서 도덕과에서의 반편견교육을 통해 교사는 인간의 노화와 죽음에 대한 마음챙김(mindfulness)이나 명상 등과 같은 방법을 활용하여 죽음의 문제를 직접적으로 성찰해보는 다양한 경험을 제공할 필요가 있다. 이를 통해 교사는 죽음에 대한 생각을 일부러 억압하거나 죽음으로부터의 맹목적인 회피는 참된 삶을 외면하고 기피하는 것이라는 사실을 학생들이 인식할 수 있게 해 주어야 한다.

4. 결론

인간은 왜 자기와는 다른 사람들에 대해 편견과 적대감을 갖는 것일까? 공포 관리 이론은 이 근본적인 질문에 대한 분명하면서도 명쾌한 하나의 답을 제공한다. 그것은 자신이 신봉하는 문화적 가치관에 대한 위협을 느끼기 때문이다. 공포 관리 이론은 편견 형성의 원인과 결과를 이해하는 데 있어서 새로운 통찰력을 제공해준다. 이에 이 장에서는 공포 관리 이론에서의 편견에 대한 설명 기제와 연구 결과를 살펴보고, 공포 관리 이론이 도덕 교과에서의 반편견교육에 시사하는 바가 무엇인지를 찾아내고자 하였다.

공포 관리 이론은 두 가지의 기본적인 전제에서 출발한다. 첫째, 우리 인간은 다른 동물과 마찬가지로 우리를 살아있도록 만들어주는 수많은 생물학적 체계를 갖고 있다. 둘째, 우리 인간은 동물과는 달리 고유한 정신적 능력을 소유하고 있기에, 생물학적 체계들이 궁극적으로 실패할 것이라는 사실을 인식할 수 있다. 인간의 두뇌가 진화하고 죽음에 대한 인식이 증가함에 따라서 인간은 세계에 질서·의미·영속성을 부여해 주는 실재에 대한 공유된 관점인 문화적 세계관에 의해 죽음이라는 잠재적 불안을 통제하는 방법을 학습하였다. 이러한 세계관은 죽음과 동시에 소멸되는 단순한 동물들과는 달리 우리 인간은 의미의 세계에서 지속할 수 있는 존재라는 믿음을 갖게 해 줌으로써 심리적 안전감과 자존감을 향상시켜 주었다.

죽음 현출성은 내집단 편애주의와 외집단 경멸 형태를 취하는 가운데 문화적 세계관 방어를 동기화시켜준다. 그러므로 공포 관리 이론에서 편견 형성의 원인은 문화적 세계관의 방어 욕구에서 비롯되는 것이다. 한편, 지배적인 문화적 세계관과는 다른 세계관을 가지고 있는 사람들은 쉽사리 편견의 표적이 되며, 그들은 자신들의 세계관에 대한 신념과 자존감을 유지함에 있어서 커다란 어려움을 겪을 수밖에 없다. 공포 관리 이론은 편견 형성의 원인과 결과에 대하여 기존 이론의 한계를 보완해 주는 중요한 역할을 수행하고 있으며, 특히 편견에 있어서 개인차 및 동기의 역할을 중시했다는 측면에서 그 유용성과 의의를 찾을 수 있다.

공포 관리 이론은 도덕 교과에서의 반편견교육에도 중요한 시사점을 준다. 공포 관리 이론은 특히 죽음 현출성에 늘 직면해 있는 남북 대치 상황에서 남북한 주민들 간의 편견과 고정관념을 이해하는 데 많은 도움을 줄 수 있다. 나아가 공포 관리 이론은 상대적 세계관을 포용하는 관용의 중요성, 심리적 안전감을 줄 수 있는 애착 관계의 중요성, 자존감과 자기 확언의 중요성, 죽음에 대한 신중한 성찰의 중요성을 강조하는 반편견교육이 실행되어야 한다는 사실을 강조한다.

공포 관리 이론은 죽음 현출성이 인간의 행동에 미치는 구체적인 기제를 잘 설명해 주고 있다. 흑백 논리가 득세하고, 확고한 심리적 안전을 추구할 수 있는 애착 관계가 부재하는 작금의 우리 상황은 왜 우리 사회에 그토록 많은 편견과 차별 행위가 자행되는지를 이해하는 데 많은 도움을 준다. 이제 우리는 공포 관리 이론의 유용성에 대한 더욱 깊이 있는 성찰을 통해 서로 존중하며 평화롭게 공존할 수 있는 사회를 만들 수 있는 교육적 아이디어를 산출하는 데에 진력해야 할 것이다.

추병완(2012), 『다문화사회에서의 반편견 교수 전략』, 서울: 하우.

Allport, G. W. (1954), *The nature of prejudice*, Reading: Addison-Wesley.

Arndt, J. & Greenberg, J. (1999), "The effects of a self-esteem boost and mortality salience on responses to boost relevant and irrelevant worldview threats", *Personality and Social Psychology Bulletin*, 25, 1331-1341.

Arndt, J., Greenberg, J. & Cook, A. (2002), "MS and the spreading activation of worldview-relevant constructs: Exploring the cognitive architecture of terror management", *Journal of Experimental Psychology: General*, 8, 379-385.

Bassett, J. F. (2007), "Psychological defenses against death anxiety: Integrating terror management theory and Firestone's separation theory", *Death Studies*, 31, 727-750.

Bassett, J. F. & Connelly, J. N. (2011), "Terror management and reactions to undocumented immigrants: Mortality salience increases aversion to culturally dissimilar others", *The Journal of Social Psychology*, 151(2), 117-120.

Becker, E. (1973), *The denial of death*, New York: The Free Press.

Becker, E. (1975), *Escape from evil*, New York: The Free Press.

Bradley, K. I., Kennison, S. M., Burke, A. L. & Chaney, J. M. (2012), "The effect of mortality salience on implicit bias", *Death Studies*, 36, 819-831.

Burke, B. L., Martens, A. & Faucher, E. H. (2010), "Two decades of terror management theory: A meta-analysis of mortality salience research", *Personality and Social Psychology Review*, 14(2), 155-195.

Crocker, J. & Major, B.(1989), "Social stigma and self-esteem: The self-protective properties of stigma", *Psychological Review*, 96, 608-630.

Deci, E. L. & Ryan, R. M. (2008), "Self-determination theory: A macrotheory of human motivation, development, and health", *Canadian Psychology*, 49(3), 182-185.

Greenberg, J. & Kosloff, S. (2008), "Terror management theory: Implications for understanding prejudice, stereotyping, intergroup conflicts, and political attitudes", *Social and Personality Psychology Compass*, 2(5), 1881-1894.

Greenberg, J., Landau, M., Kosloff, S. & Solomon, S. (2010), "How our dreams of death transcendence breed prejudice, stereotyping, and conflict: Terror management theory", In T. D. Nelson (Ed.), *Handbook of prejudice, stereotyping, and discrimination* (pp. 309-332), New York: Psychology Press.

Greenberg, J., Schimel, J., Martens, A., Solomon, S., & Pyszczynski, T. (2001), "Sympathy for the devil: Evidence that reminding whites of their morality promotes more favorable reactions to white racists", *Motivation and Emotion*, 25, 113-133.

Greenberg, J., Schimel, J. & Martens, A. (2004), "Ageism: Denying the face of the future", In T. D. Nelson (Ed.), *Ageism: Stereotyping and prejudice against older persons* (pp. 27-48), Cambridge: The MIT Press.

Greenberg, J., Solomon, S. & Arndt, J. (2008), "A basic but uniquely human motivation: Terror management", In J. Shah & W. Gardner (Eds.), *Handbook of motivation science* (pp. 114-154), New York: Guilford.

Harmon-Jones, E., Simon, L., Greenberg, J., Pyszczynski, T., Solomon, S. & McGreger, H. (1997), "Terror management theory and self-esteem: Evidence that increased self-esteem reduces mortality salience effects", *Journal of Personality and Social Psychology*, 72(1), 24-36.

Landou, M. J., Solomon, S., Pyszczynski, T. & Greenberg, J. (2007), "On the compatibility of terror management theory and perspectives on human evolution", *Evolutionary Psychology*, 5(3), 476-519.

Levy, S. R. & Hughes, J. M. (2010), "Development of racial and ethnic prejudice among children", In T. D. Nelson (Ed.), *Handbook of prejudice, stereotyping, and discrimination* (pp. 23-42), New York: Psychology Press.

Kesebir, P. & Psyzczynski, T. (2011), "A moral-existential account of the psychological factors fostering intergroup conflict", *Social and Personality Psychology Compass*, 5(11), 878-890.

Mikulincer, M. & Florian, V. (2002), "The effect of mortality salience on self-serving attributions: Evidence for the function of self-esteem as a terror management mechanism", *Basic and Applied Social Psychology*, 24, 261-271.

Nelson, T. D. (2010), "Ageism", In T. D. Nelson (Ed.), *Handbook of prejudice, stereotyping, and discrimination* (pp. 431-440), New York: Psychology Press.

Schimel, J., Landau, M. & Hayes, J. (2008), "Self-esteem: A human solution to the problem of death", *Social and Personality Psychology Compass*, 2(3), 1218-1234.

Solomon, S., Greenberg, J. & Psyzczynski, T. (2004), "The cultural animal: Twenty years of terror management theory and research", In J. Greenberg, S. Koole & T. Psyzczynski (Eds.), *Handbook of experimental existential psychology* (pp. 13-34), New York: Guilford.

Solomon, S., Greenberg, J. & Pyszczynski, T. (1991), "A terror management theory of social behavior: On the psychological functions of self-esteem and cultural worldviews", In M. O. Zann (Ed.), *Advances in experimental social psychology* (pp. 93-159), San Diego: Academic Press.

Wichmann, S. S. (2011), "Self-determination Theory: The importance of autonomy to well-being across cultures", *Journal of Humanistic Counseling*, 50, 16-26.

Wisman, A. (2006), "Digging is terror management theory: To use or lose the symbolic self", *Psychological Inquiry*, 17(4), 319-327.

II부

반편견교육의
실제

6장
편견 이론에
근거한
반편견 교수 전략

인종·민족 간의 갈등과 차별은 전 세계에 만연해 있는 대표적인 문화적 악이다. 아랍과 이스라엘의 갈등, 독일의 도시 이민자에 대한 신나치주의자들의 공격, 르완다의 후투족(Hutu)에 의한 투치족(Tutsi) 학살, 일본의 아이누족에 대한 차별, 미국의 9·11 테러 등 인종·종족 간의 갈등으로 인해 지금까지 수많은 무고한 시민들이 목숨을 잃었다. 그동안 우리나라는 이러한 인종·민족 간의 갈등으로부터 비교적 자유로운 국가에 속했다. 그러나 우리 사회가 급격하게 다문화 사회로 변모하면서 인종·민족 간의 갈등을 이제는 결코 남의 일처럼 여길 수 없게 되었으므로, 우리는 한국 사회에서 일어나고 있는 혹은 향후 일어날 수 있는 인종·민족 간의 관계에 대해 깊은 관심과 노력을 경주해야 한다.

최근 국내에서 수행된 연구 결과들을 살펴보면, 다문화 사회로의 변화 속도와 국민의 다문화 감수성 및 다문화 역량 사이에는 심각한 지체 현상이 발생하고 있음을 알 수 있다. 소수자 집단에 대한 태도와 사회적 거리감을 연구한 김상학(2004, p. 169)의 연구에서는 북한이탈주민과 장애인, 외국인 노동자, 동성애자에 대한 사회적 거리감을 조사했는데 장애인, 북한이탈주민, 외국인 노동자, 동성애자 순으로 사회적 거리감의 크기가 커지는 것으로 밝혀졌다. 특히 한국인들은 외국인에 대한 자신의 태도를 결정함에 있어서 출신국의 경제력을 가장 중요한 원인으로 생각하고 있다. 그 결과, 한국인들은 선진국 출신 외국인에 대해서는 선망의 태도를 보이고, 후진국 출신 외국인에 대해서는 사회적으로 무시하는 이중적 태도를 보인다(유승무·이태정, 2006, p. 276).

한편 초·중·고에 재학 중인 다문화 가정 학생의 수는 이미 14만 명을 돌파했으며, 이들은 공통적으로 학교생활을 통해 자신의 정체성 혼란, 낮은 학업 성취도, 집단 따돌림을 경험하고 있는 것으로 나타났다(오성배, 2007, p. 1). 다문화가정 학생들은 교사 혹은 또래들에게 인종·민족·문화적 편견으로 인한 무시와 멸시, 놀림이나 따돌림을 받고 있으며, 이것은 다문화가정 학생들의 자존감 상실과 자기비하로 이어져 학업 성취나 또래 관계에서 자신감을 잃게 하여 고립, 우울, 폭력, 심지어는 자살 등 돌이킬 수 없는 심각한 결과를 낳고 있다.

다문화 사회에서 학교교육에 부여된 중요한 과업 가운데 하나는 편견과 인종차별을 줄여서 인종·민족 집단 간의 관계를 개선하는 것이다. 이를 위해 최근 정부는 다문화 사회에서 문화적 다양성을 존중하고, 편견을 감소시키기 위한 능력과 태도를 길러주기 위한 방편의 일환으로 다문화교육을 강조하고 있다. 그러나 편견 감소에 대한 내용이 학교 교육과정에 포함되었다고 해서 학생들의 인종·민족에 대한 편견이 저절로 감소되는 것은 결코 아니다. 편견 감소를 위한 교사들의 적극적인 개입과 교수 활동이 전개되어야 함에도 불구하고, 대부분의 교사들은 편견 형성 과정에 대한 심층적 이해 및 편견을 감소시키기 위한 교육 기제에 대한 충분한 지식과 기능을 갖고 있지 않다.

한편, 지금까지 국내외에 소개된 다양한 반편견 교수 기법들은 편견 형성 이론과의 직접적인 연계성이 상당히 미흡하다. 이러한 현상이 발생하게 된 근본적인 이유는 편견 형성에 관한 대부분의 이론들이 편견의 근원을 밝히는 데 초점을 맞추었을 뿐 편견 감소에 대해서는 큰 관심을 기울이지 않았기 때문이다. 사실상 사회심리학에서 편견 감소와 관련된 직접적인 이론은 접촉 가설에 국한되고 있을 정도다(Grim et al., 2005, p. 96). 편견 감소에 관심이 있는 교육학자들 역시 편견 형성에 관한 이론에 직접적으로 근거한 교수 방법을 모색하기보다는 자신의 경험과 상식에 근거하여 편견 감소에 효과가 있을 것으로 보이는 잠재적인 교육 방법들의 효과를 검증하는 데에만 치중하였기 때문이다(Cameron, 2005, p. 3). 덧붙여 편견 형성에 관한 연구자들과 편견 감소를 위한 실천자들 간의 서로에 대한 지식과 접촉의 결여는 편견 형성 이론에 근거한 반편견 교수 전략의 개발을 방해하는 주된 요인으로 작용하였다(Stephan, 2006, p. 602). 그러다보니 실험연구를 통해 편견 감소에 강력한 효과가 있다고 밝혀진 방법조차도 현장에서 제대로 활용되지 않음으로써 연구와 실천이 괴리되는 현상이 발생하였다(Paluck & Green, 2009, p. 360). 미국의 경우를 보더라도 그간 반인종차별교육(anti-racist education), 다문화교육(multicultural education), 반편견교육(anti-bias education) 등을 통해 편견과 차별을 감소시키려는 노력을 지속적으로 경주해 왔으나, 편견 형성 이론에 근거한 반편견 교수 전략을 포괄적으로 제공해 주지는 못하고 있다.

우리가 질병을 치유하려면 그 질병의 근본 원인을 명확하게 파악하는 것이 가장 중요하듯이, 편견을 감소시키기 위해서는 편견이 생기는 근본 원인에 대한 명확한 이해가 필요하다. 뱅크스(Banks, 2001, p. 293)가 지적한 바와 같이, 만약 우리가 편견의 원인에 대한 이해를 결여하고 있다면, 결코 편견을 감소시킬 수 없다. 편견의 원인에 대한 명확한 이해를 바탕으로, 그 근본 원인을 치유하는 데 가장 적합한 교수 전략과 방법을 적용해야만 편견 감소의 효과를 극대화할 수 있다. 물론 반편견교육학자들의 풍부한 경험과 상식에 근거한 교수 전략이 편견 감소에 있어서 효과적인 것은 사실이지만, 편견 형성 이론과 그 연구 결과에 대한 직접적인 고려가 그것에 덧붙여진다면 편견 감소의 효과는 지금보다 더욱 커질 수 있을 것이다. 이에 이 장에서는 인종·민족 등 집단 간 편견 형성 이론에 대한 심층 분석을 통하여 편견 형성 이론에 직접적으로 근거한 반편견 교수 전략을 탐색하고자 한다. 이를 위해 여기서는 편견의 개념과 편견 연구의 역사적 전개 과정을 살펴보고, 편견의 형성 및 발달·표현에 관한 대표적 이론들이 반편견 교수 전략에 주는 시사점이 무엇인지를 분석하고, 그것을 토대로 인지적·동기적·행동적 차원의 구체적인 반편견 교수 전략을 구성하여 제시하고자 한다.

1. 편견의 의미와 표현

일반적으로 편견은 어떤 특정한 사회 집단 및 그 집단에 속한 개인을 향한 부정적·비우호적·혐오적인 태도라고 정의할 수 있다(Allport, 1954, p. 7; Ehrlich, 1973, p. 8; Fishbein, 2002, p. 3). 이렇듯 편견이란 우리가 어떤 집단의 구성원을 단순히 그가 그 집단에 속한다는 것을 토대로 그에 대해 흔히 부정적 태도를 보이는 것이다. 달리 말해, 한 개인이 어떤 사회 집단이나 사회 범주에 대하여 편견을 가지고 있으면, 그는 그 구성원을 단지 그가 그 집단에 속했다는 이유만으로 부정적으로 평가하는 경향이 있다. 그들의 개인적인 특질 또는 행동은 중요한 역할을 하지 못한다. 그들이 미움을 받는 것은 단지 그들이 어떤 구체적인 집단에 속하고 있기 때문이다.

올포트에 의하면, 편견은 그릇되고 융통성이 전혀 없는 일반화에 근거한 적대감을 의미한다. 편견은 느껴지거나 표현될 수 있으며, 전체로서의 어떤 집단을 향할 수도 있고, 그 집단에 소속되어 있다는 이유만으로 어느 한 개인을 향할 수도 있다. 그는 특히 편견은 두 가지의 본질적인 요소를 담고 있어야 한다고 주장하였다. 편견은 우호 혹은 혐오의 태도이어야만 하고, 과잉 일반화된 혹은 그릇된 신념과 관계된 것이어야만 한다(Allport, 1954, p. 13). 그러므로 편견적인 태도는 대개 엄격성, 비합리성, 과잉 일반화, 부당성이라는 특징을 갖는다(Stephan, 1999, p. 24).

전통적으로 심리학자들은 다른 태도들과 마찬가지로 편견은 인간의 환경을 주관적으로 조직화하고, 그 환경 속에 있는 대상과 사람들에 우리를 적응시킨다고 가정하였다. 편견은 자존감을 고양시켜 주고 물질적 이득을 제공하는 것과 같은 심리적 기능을 담당한다. 심리학자들이 심리내적 과정으로서의 편견에 초점을 맞추어 온 반면에, 사회학자들은 집단에 근거한 편견의 기능을 강조하여 왔다. 사회학 이론들은 인종 관계와 같은 집단 간 관계에 있어서 대규모의 사회적·구조적 역학을 강조한다. 즉, 사회학 이론들은 종종 개인적 영향을 배제하는 가운데 경제와 계급에 기반을 둔 용어로서 집단 관계의 역학을 고려한다 (Dovidio et al., 2010, p. 6). 편견에 대한 최근의 정의들은 편견의 역동적 본질에 집중함으로써 개인적 수준을 강조하는 심리학과 집단 수준에 초점을 맞춘 사회학의 간극을 제거한다. 이러한 관점에 의하면, 편견은 집단 간 지위 및 역할 차이를 유지시키는 기제인 셈이다.

한편, 편견은 여타의 태도들과 마찬가지로 인지적·정의적·행동적 차원의 복합물이다(Ehrlich, 1973, p. 4). 인지적 차원은 개인의 신념 체계, 지식 기반, 사고 체계를 언급한다. 이 차원은 어떤 집단에 대하여 부정적인 고정관념을 믿는 개인에게서 발견될 수 있다. 정의적 차원은 어떤 집단의 사람들에 대한 태도나 감정을 언급한다. 예를 들어, 정의적 차원은 지하철에서 흑인이 옆자리에 앉게 되었을 때 불쾌감을 드러내는 개인에게서 발견된다. 이것은 외집단에 대한 부정적 평가를 드러내는 것으로서 편견의 핵심적인 특징을 가장 잘 드러내 준다(Stephan, 1999, p. 24). 행동적 차원은 가장 가시적인 것으로서, 개인이 실제로 행하는 것을 언급한다. 일례로 투표 행위와 같은 분명하고 고의적인 행동뿐만 아니라 목소리의 음색이나 얼굴 표정과 같은 미묘한 행동을 포함한다.

그렇다면 편견은 구체적으로 어떻게 표현되는가? 일찍이 올포트(1954, pp. 14-15)는 인간이 편견에 따라 행동하는 다섯 단계 혹은 수준을 제시하였다. 먼저 가장 온화한 형태의 편견이라고 할 수 있는 편파적 발언(antilocution)은 같은 부류의 개인들 사이에서 그리고 우연히 만난 다른 사람에게 행하는 편견적인 언사이다. 이것은 작은 서클에 국한된 적대감의 통제된 표현이다. 예를 들어, 백인은 자기가 살고 있는 거주 지역에 유색 인종들이 지나치게 많이 유입되는 것에 대한 우려를 표현할 수 있다. 집값이 떨어진다든지 혹은 아이들이 공격적인 또래들에게 노출된다는 것에 대한 두려움을 표현할 수 있다.

회피(avoidance)는 특정 집단 사람을 피하기 위해 의식적인 노력을 기울이는 것이다. 이를테면 직장에 출근할 때 A 정거장에 내려 한 블록을 걸어가야 할 경우, B 정거장에 내려 여섯 블록을 걸어감으로써 다수의 특정 집단 사람들을 회피하는 것이다. 이때의 불편함은 자기 주도적인 것이고, 회피되는 집단에 대한 개별적인 해로움을 가하지는 않는다.

차별(discrimination)은 특정 집단 성원의 출입이나 바람직한 활동에 대한 참여를 거부·배제함으로써 보다 적극적인 조치를 취하는 것이다. 과거 미국에서의 차별은 교육, 고용, 사회적 특권, 여가 기회에서의 분리(segregation)를 만들어 내었다.

신체적 공격(physical attack)은 재산의 파괴나 실제적인 대결 상태를 의미한다. 끝으로 근절(extermination)은 나치 유대인 대학살에서 볼 수 있는 바와 같이 체계적·계획적으로 특정 인종·민족을 제거하는 것이다.

이러한 편견의 표현 수준을 유태인 대학살과 관련하여 예시하면 다음과 같다. 유태인에 대한 히틀러 개인의 편파적 발언은 독일인으로 하여금 유태인을 이웃이나 친구로 삼는 것을 회피하도록 만들었다. 이러한 현상은 뉴른베르크(Nürnberg) 차별법의 제정 및 시행을 용이하게 만들었으며, 이에 따라 독일인들이 유태인 집회 장소에 불을 지르거나 거리에서 유태인을 이유 없이 공격하는 것을 자연스럽게 만들었다. 그리고 결국엔 근절의 일종인 아우슈비츠에서의 유태인 대량 학살로 끝이 났다.

2. 편견에 관한 연구의 변천 과정

역사적으로 볼 때 편견과 차별에 대한 사회과학적 연구가 시작된 것은 비교적 최근의 일이다. 편견과 차별은 20세기의 고유한 개념이라고 할 수 있을 정도로, 사회과학에서 편견과 차별에 대한 체계적인 연구가 시작된 것은 1920년대부터이다. 그 이전에 편견은 전형적인 하나의 사회적 문제 혹은 사회과학적 구인으로 여겨지지 않았다. 1920년대 이전에 집단 간의 부정적인 태도는 집단 차이에 대한 자연스럽고 필연적인 반응으로 간주되었다. 사회과학적 개념으로서의 편견이 발견된 이후, 편견을 연구하는 방식은 시기별로 큰 변화를 보여주었다.

도비디오(Dovidio, 2001, p. 830)에 의하면, 편견에 관한 사회심리학의 연구들은 상이한 가정과 패러다임을 표방하면서 세 차례의 물결을 통해 발전해 왔다. 첫 번째의 물결은 1920년대부터 1950년대까지의 연구로서 이 시기의 연구자들은 편견을 일종의 정신 병리로 생각하였다. 즉, 편견은 합리적 처리 과정에서의 단순한 분열이 아니라 정상적 사고로부터 벗어난 위험한 착란으로 간주되었다. 따라서 1950년대까지 편견은 사회적 문제 혹은 일종의 사회적 암으로 여겨졌었다. 이 시기의 연구들은 편견이라는 하나의 문제를 측정하고 기술하는 것 및 어떤 변화를 모니터하는 것 나아가 문제의 근원을 이해하는 것에 초점을 맞추었다. 마치 암이 세균에 감염된 세포에서부터 시작하듯이 편견의 문제가 어떤 질병을 가진 개인들에게 국한된 것이라면, 일부에게 국한된 편견을 억제하는 가운데 전체로서의 사회의 건강을 유지하는 방안을 모색한다면 편견은 제거되거나 치유될 수 있다는 믿음이 지배적이었다(Dovidio, Hewstone, Glick & Esses, 2010, p. 16). 이에 연구자들은 권위주의적 인성 척도와 같은 인성 및 태도 검사를 통해 편견을 가진 사람들을 발견하는 데 치중하였다.

두 번째의 물결은 첫 번째 물결과는 정반대의 가정에서 출발하였다. 편견은 병적인 과정에 근거한 것이 아니라 오히려 정상적인 과정에 근거해 있다는 가정에서 출발하였다. 이에 연구자들의 관심은 지배적 규범으로의 사회화와 같은 정상적인 과정들이 편견을 지원하고 전수하는 방식을 밝히는 데 집중되었다. 비정상적인 일부 사람들을 표적으로 삼는 중재 및 개입 전략을 채택했었던 첫 번째의 물결과는 달리, 이 시기의 연구자들은 전반적인 사회 규범을 변화시키는 것이 편견을 감소시키는 데 더욱 효과적이라고 생각하였다(Dovidio, 2001, p. 831).

1970년대 후반부터는 타즈펠과 터너(Tajsfel & Turner)에 의한 사회 정체성 관점과 해밀톤(Hamilton)에 의한 사회 범주화 이론이 각광을 받기 시작하였다(Dovidio, Hewstone, Glick & Esses, 2010, p. 16). 사회 정체성 관점은 편견의 발생에 있어서 개인적 정체성 및 사회적 정체성의 역할을 강조하였다. 이 관점은 자의적인 기준에 근거하여 임의의 집단에 사람들을 할당하는 것만으로도 내집단 편애적인 편견을 유발할 수 있음을 보여주었다. 사회 범주화 이론은 편견, 고정관념, 차별이 사람들이 일상생활에서 직면하는 수많은 정보의 양과 복잡성을 단순화하여 저장하는 정상적인 인지적 처리 과정의 결과임을 보여주었다. 이러한 두 이론적 정향들은 편견이 정상적인 인지적 처리 과정과 집단생활을 반영하는 것이기에, 편견은 누구나 가질 수 있는 것임을 밝혀주었다(Dovidio, 2001, p. 832).

이에 연구자들은 좋은 의도를 갖고 있는 사람들 사이에서의 편견 그리고 자기 보고적인 태도와 실제 행동 간의 불일치를 보이는 사람들에게서의 편견을 조사하는 데 역점을 두었다. 즉, 연구자들은 '누가 진실로 편견이 없는 사람인가?'라는 질문에 대한 답을 찾고자 하였다. 이 시기에 등장한 인종적 양면 가치감(racial ambivalence), 상징적 인종차별주의(symbolic racism), 현대적 인종차별주의(modern racism), 혐오적 인종차별주의(aversive racism) 이론 등은 사회 발전에 따라 변화된 사회 규범이 과거와 같은 노골적 형태의 인종차별주의를 겉으로 드러내지 못하도록 만들었다는 데 공감하였다. 또한, 이 이론들은 부정적인 고정관념에 지속적으로 노출되는 것은 쉽사리 겉으로 드러나지 않는 암묵적인 편견적 태도를 조장한다는 데 의견을 같이 하였다(Dovidio, Hewstone, Glick & Esses, 2010, p. 16).

1990년대 중반에 시작되어 현재에 이르고 있는 세 번째의 물결은 편견의 다차원적 측면을 강조하는 가운데 초기의 이론가들이 가정은 하였지만 실제로 측정을 하지는 못했었던 과정을 연구하기 위해 새로운 기술들을 활용하기 시작했다. 이를테면 신경과학을 활용한 연구들은

6장. 편견 이론에 근거한 반편견 교수 전략

명시적 혹은 암묵적 편견을 가진 사람과 편견을 전혀 갖고 있지 않은 사람을 구별하는 것을 가능하게 해 주었다. 편견을 연구함에 있어서 새로운 기술의 도입은 편견을 보다 종합적, 다차원적, 학제적으로 연구하는 것을 가능하게 해 주었다. 최근의 연구 동향에서 볼 수 있는 또 다른 특징은 개인 간 및 집단 간 맥락을 더욱 분명하게 고려한다는 점이다. 이전의 연구들이 주로 편견을 지각하는 사람의 태도에 초점을 맞추어 그러한 태도가 그 사람의 편견적인 평가·결정·행동에 미치는 영향을 밝히고자 했다면, 세 번째 물결 시대의 연구들은 편견의 표적이 되는 사람들이 반응하고 적응하는 방식 및 편견의 지각자와 표적 간의 상호작용 속에서 편견이 어떻게 드러나는지를 고려하고 있다(Dovidio, 2001, p. 833). 이에 따라 편견의 표적이 되는 사람들은 더 이상 편견의 수동적인 피해자가 아니다. 최근의 연구들은 소수 집단들이 주류 집단의 사회적 편견과 암묵적 고정관념을 어느 정도 내면화하고 있으며, 그것이 활성화될 경우 해로운 결과를 초래할 수 있음을 보여준다(Dovidio, Hewstone, Glick & Esses, 2010, p. 17).

한편, 더킷(Duckitt, 2010, p. 31)은 지금까지 편견에 대한 지배적 이론 및 사회 정책의 역사적 변천 과정을 시기 별로 분석하여 〈표 1〉과 같이 제시하였다.

사회 · 역사적 맥락과 이슈	편견 개념 및 지배적인 이론적 접근	편견과 차별 감소를 위한 지배적인 사회 정책 지향
1920년대 까지: 미개인에 대한 백인 지배 및 식민 통치	미개인들의 결손에 대한 자연적 반응으로서의 편견: 인종 이론	지배, 차별, 분리는 자연스럽고 정당한 사회 정책이다.
1920년대: 백인 지배의 정당성에 대한 도전	비합리적이고 부당한 것으로서의 편견: 편견의 측정 및 기술	사회과학이 편견의 오류와 부당성을 명료화함으로써 편견이 사라질 것이다.
1930-1940년대: 백인에 의한 인종차별주의의 편재성 및 집요함	무의식적 방어로서의 편견: 정신분석 이론과 좌절 이론	소수 집단과 식민지 사람들을 동화시킴으로써 점차적으로 승인한다.
1950년대: 나치의 인종 이데올로기와 유태인 대학살	반(反)민주주의적 이데올로기와 권위주의적 인성에 근거한 것으로서의 편견	민주주의와 자유주의 가치들이 불관용과 편견을 불식시킬 것이다.
1960년대: 미국 남부에서 제도화된 인종차별주의의 문제	사회 문화적 설명: 인종차별주의는 차별적 사회 구조의 사회 규범에 근거한다.	통합과 반차별주의 법률이 인종차별주의와 편견을 제거할 것이다.
1970년대: 미국 북부에서 비공식적 인종차별주의와 차별의 문제	집단 간 불평등을 유지하려는 지배 집단의 이해관계 표현으로서의 편견	흑인 우대 정책과 소수 집단의 권한 강화를 통해 집단 간 불평등을 감소시킨다.
1980-1990년대: 고정관념, 편견, 차별의 완고한 존속	보편적 인지 과정의 표현으로서의 편견: 사회 범주화와 사회 정체성 이론	소수 집단에게 자존감, 긍정적 정체성을 부여하고 관용을 조장하는 다문화 정책
2000년 이후: 복합적이고 종종 비합리적인 격렬한 집단 간 적대 행위가 만연하는 세계의 도래	복합적, 정의적, 동기적으로 추동된 것으로서의 편견	다양한 편견 유형과 상황적 역학에 유연하게 적용할 수 있는 전략을 가진 더욱 광대한 이론

그에 의하면, 1970년대부터 2000년까지의 연구들이 주로 편견의 인지적 속성을 강조한 반면에, 2000년 이후 편견 연구의 지배적인 패러다임은 편견이 본질상 정의적 속성을 갖고 있다고 가정한다. 이를테면 집단 간 감정 이론, 고정관념 내용 모델, 사회 기능적 접근과 같은 최신 이론들은 편견을 정의적인 것으로 파악한다. 이 시기에 수행된 많은 연구들은 외집단에 대한 정의적 반응들이 고정관념에 비해 전반적인 외집단 평가나 차별을 예측하는 데 더욱 효과적임을 보여주었다. 또한, 일군의 연구들은 친밀한 우정과 같은 긍정적 정서를 포함한 접촉이 특히 편견 감소에 효과적임을 보여주었다. 복합적인 동시에 일차적으로 정의적인 것으로서의 편견에 대한 새로운 강조점은 편견이 동기적인 기반을 갖고 있다는 것을 명백하게 보여준다. 이에 따라 위협, 경쟁, 불평등을 특징으로 하는 집단 간 관계에 초점을 맞춘 이론들은 편견을 동기적인 정의적 반응(motivated affective response)으로 간주한다(Duckitt, 2010, p. 39).

이렇듯 편견이 범주화라는 기본적인 인지적 과정에 의해 거의 자동적으로 나오게 되는 것으로 설명했었던 이전의 연구들과는 달리, 최근의 연구들은 편견이 단순히 인지적 용어로 표현될 수 없는 복합적이고 다차원적인 구성물인 동시에 본질상 정의적 속성을 갖고 있다는 점을 분명하게 보여준다. 즉, 오늘날 편견은 특정한 사회적 조건 및 집단 간 조건에 의해 활성화되는 근본적인 인간 동기로 여겨진다. 편견에 대한 최근의 새로운 관점은 범주화와 동일시와 같은 사회 인지적 혹은 인지 동기적 과정의 역할을 여전히 중시하고는 있으나, 그것들은 근본적으로 편견 형성에 있어서 이차적인 역할을 수행한다고 보고 있다. 인지는 편견 형성의 필요조건은 될 수 있으나 충분조건은 되지 못한다는 점이다.

그리고 이러한 입장은 최근 신경과학의 연구 성과들에 의해 명백하게 입증되고 있다(Amodio & Lieberman, 2009, pp. 360-361).

3. 집단 간 편견 형성에 관한 이론 분석

집단 간 편견이 발생하는 근본적인 원인은 무엇인가? 앞서 살펴본 바와 같이 편견 형성의 근본 원인을 밝히고자 했던 시도들은 사회·역사적 맥락과 이슈에 따라서 그 강조점을 달리 해 왔다. 동시에 편견 형성의 원인을 연구하는 학자들은 편견을 발생시키고 유지시키는 요인들을 유형화하려는 시도를 전개하였다. 이를테면 어바우드(Aboud, 1988, p. 18)는 편견 형성 이론을 사회 반영 이론, 내적 상태 이론, 사회 인지적 발달 이론으로 구별한 바 있다. 더킷(Duckitt, 1992, p. 251)은 편견의 원인에 대한 네 수준 모델을 제시하였다. 유전자 및 진화적 성향(수준 1), 사회적·조직적 그리고 집단 간 접촉 형태 및 집단 간 관계를 위한 규범-지배집단의 권력을 유지하려는 법, 규제, 분리 혹은 불평등한 접근 규범(수준 2), 집단 내에서 그리고 개인 간 상호작용 안에서 작동하는 사회적 영향력 기제-매스미디어, 교육제도, 직장의 구조와 기능(수준 3), 편견을 가진 태도와 행동에 연루될 가능성에 있어서의 개인 차 그리고 특수한 집단 간 태도의 승인에서의 개인 차(수준 4). 마이어스(Myers, 2005, p. 349)는 편견 형성의 근본 원인을 사회적 근원, 동기적 근원, 인지적 근원으로 구분한 바 있다. 그는 편견 형성의 사회적 근원에 해당하는 이론으로 현실적 갈등 이론과 사회화 이론을, 동기적 근원에 해당하는 이론으로 좌절-공격 이론과 사회 정체성 이론을,

그리고 인지적 근원과 관계된 이론으로 범주화 이론, 착각적 상관 이론, 귀인 이론을 제시하였다. 하스람과 도비디오(Haslam & Dovidio, 2010, p. 655)는 편견 형성의 요인을 인성 및 개인 차 이론, 집단 갈등 이론, 사회적 범주화 이론, 사회 정체성 이론으로 유형화하였다. 레비와 휴즈(Levy & Hughes, 2010, p. 26)는 편견의 기원에 관한 이론을 심리 역동적 접근, 사회 학습 접근, 인지적 접근, 사회 인지적 발달 접근, 진화론적 접근으로 유형화하였다. 이에 여기서는 집단 간 편견 형성의 근본 원인에 대한 사회심리학의 대표 이론들을 분석하고, 그러한 이론들이 시사하고 있는 반편견 교수 전략들이 무엇인지를 탐색하고자 한다.

가. 권위주의적 인성 이론

독일에서 나치의 집권 및 이후의 유태인 대학살에 충격을 받은 심리학자들은 어떤 유형의 사람들이 대량학살을 초래하는 모종의 편견과 고정관념을 갖고 있는지를 알아내려는 시도를 하였다. 당시의 심리학자들은 프로이트(Freud)의 심리 역동 이론에서 그에 대한 답을 찾으려 시도했다. 그러한 접근법은 다음의 두 가지 사항에 주목하였다(Dovidio et al., 2010, p. 12). 첫째, 본능적인 성 충동과 공격 충동에 대한 사회적 제약으로 말미암아 필연적으로 생긴 좌절감과 죄책감 때문에 정신 에너지의 축적은 집단 간 편견과 적대감을 촉진하는 동력으로 작용한다. 둘째, 편견의 개인적 표현은 갇혀져 있었던 에너지를 방출하고 평형 상태를 회복하는 카타르시스 기능을 수행함에 있어서 중요한 역할을 한다.

심리 역동 이론에서 가장 영향력 있는 연구는 아도르노와 그 동료들(Adorno et al., 1950)에 의한 권위주의적 인성(authoritarian personality) 이론이며, 이 이론은 편견을 특정한 인성 유형과 연결하려는 시도를 담고 있다(Brown, 1995, p. 19). 그들은 유태인 대학살을 나치 정권 내에 권위주의적 인성이 만연한 결과로 파악하였다. 그들은 편견을 가진 사람들이 독특한 인지적 특성을 갖고 있음을 발견했다. 편견을 가진 사람들은 모호성, 엄격성, 구체성(낮은 추상적 추론)을 용인하거나 참아내지 못하며, 과잉 일반화 경향을 보여준다는 것이다. 그들은 사회적 세계를 흑백 논리로 보려하며, 그들 자신이나 자기가 속해 있는 집단들보다 열등하다고 지각되는 사람들에 대해 강렬하면서도 경멸적인 반대를 표현한다(Dovodio et al., 2010, p. 12에서 재인용).

아도르노와 그 동료들은 권위주의적 인성의 기원이 개인의 아동 시절 경험, 특히 징벌적인 부모와의 위계적 관계에서 유래한다고 주장하였다. 위계적, 권위주의적, 착취적인 부모와 자녀 간의 관계는 권위주의적 인성의 발달을 초래한다(Aboud, 1988, p. 20). 지배 욕구를 가진 부모, 아이를 지배하고 거칠게 위협하는 부모, 위협을 통해 인습적 행동에 대한 복종을 요구하는 부모는 권위주의적 인성 특성의 발달을 조장한다. 권위주의적 인성은 강력한 이드(Id)의 충동에 대처할 수 없는 취약한 에고(Ego)를 통제하는 엄격한 초자아(Superego)를 갖고 있는 것으로 여겨진다. 이에 따른 정신 내부적 갈등은 개인적 불안을 야기하게 되어 외부적으로 부과된 인습적 규범과 그러한 규범을 부과한 권위 있는 사람에 집착하도록 만든다. 아동은 부모에 대한 적개심과 공격적인 감정을 억압해야 하는 고통을 경험한다. 인습주의와 권위에 대한 복종을 강제로 조장하는 환경에서 성장한 아동은 자신의 공격 충동을 방출하기 위해 에고의 방어기제에 주로 의존한다. 이를테면 아동들은 그들의 분노를 그들이 의존하고 있는 강력한 부모보다는 오히려 사회적 일탈자들에게 투사한다(Brown, 1995, p. 19). 아동이 그의 분노를 사회적 일탈자에게 투사하는 주된 이유는 권위 있는 사람들이 그런 사람들을 목표로 한 공격을 승인하기 때문이다. 그러한 사회적 일탈자의 범주에는 인종적·종족적 소수자들도 포함된다. 따라서 사회적 일탈자에게 분노를 투사하는 것이 어떤 집단에 대한 편견을 야기한다고 여겨진다.

이 이론은 편견 수준에 있어서 개인차를 부분적으로 설명해 주는 강점을 갖고 있다(Aboud, 1988, p. 21). 초기의 심리 역동 이론은 편견을 드러내는 아동에게 치료가 가장 적절한 조처임을 제안했다. 그러나 그러한 치료 기법은 오늘날에는 흔하지 않다. 그 이유는 부분적으로 편견에 대한 심리 역동적 접근이 이론적으로 논파 불가능한 형식을 취하고 있고, 방법론적으로 성인들에게 그들의 과거를 주관적으로 인터뷰하는 방식에 의존하고 있다는 비판을 받고 있기 때문이다(Levy & Hughes, 2010, p. 26). 편견 감소와 관련하여 이 이론은 인지적 융통성을 장려하고 타인에 대한 고정관념적 표현을 거부하는 인류평등주의적 양육 방식의 중요성을 강조한다. 그러므로, 부모가 아동의 공격성과 적대감을 있는 그대로 인정하고 그것을 수정되고 통제된 방식으로 공개적으로 표현할 수 있도록 도와주는 양육 방식을 택할 경우 아동의 편견 감소에 도움을 줄 수 있다.

나. 집단 갈등 이론

역기능적인 인성을 반영하는 것으로 편견을 묘사했었던 초기 이론들은 많은 영향력을 가지고 있었지만, 사회적 편견을 비정상적인 일종의 사회적 병리 상태로 보았기 때문에 일반인의 정서에는 잘 맞지 않았다. 따라서 사회적 편견이 사회 병리적 인성 특성을 지닌 소수 집단의 사람들에게만 국한된 것이 아니라, 집단 차원의 현상을 대변할 수도 있다고 가정한 이후의 연구자들은 집단 간의 기능적 관계에 주목하기 시작했다.

기능적 관계에 근거한 이론들은 경쟁 및 그에 따라 지각된 위협을 집단 간 편견과 갈등의 근본 요인으로 상정하였다. 현실적 집단 갈등 이론(realistic group conflict theory)은 자원을 둘러싼 집단 간 경쟁을 지각하는 것이 자원에 대한 타 집단의 접근을 제한하려는 시도를 낳는다는 사실에 주목했다(Myers, 2005, p. 349). 쉐리프와 그 동료들(Sherif et al., 1961)은 오클라호마의 도적 동굴(Robbers Cave) 주립 공원에 인접한 청소년 캠프에서의 집단 간 갈등을 조사하였다(Dovidio et al., 2010, p. 13에서 재인용). 이를 통해 그들은 집단 간의 기능적 관계가 집단 간 태도에 큰 영향을 미친다고 주장했다. 집단들이 경쟁적으로 상호 의존적일 때, 한 집단의 성공은 다른 집단의 실패에 따르게 된다. 그러한 집단 간의 제로섬(zero sum) 경쟁 관계는 타 집단 성원들에 대한 부정적인 태도와 고정관념을 촉발시킨다. 이와는 달리 공동 목적을 달성하기 위해 서로를 필요로 하는 협동적 상호 의존 관계는 집단 간 편견을 감소시켜 준다.

하지만 유형의 자원을 향한 경쟁보다는 상징적·심리적 요인들이 집단 간 편견 형성의 더 중요한 요인이라는 연구들이 등장하면서 이 이론의 중요성은 크게 감소하였다. 이 이론은 타 집단이 내집단의 목표 달성을 방해하는 상황에서 현실적 갈등이 발생한다고 파악한다. 이 이론은 두 집단이 동일한 목표를 갖고 있고, 그 목표는 두 집단이 협력해야만 하는 상황이 제공된다면 집단 간의 조화로운 관계가 실현될 수 있다는 사실을 시사해 준다. 즉, 집단 간 관계에서 상위의 목표와 집단 간의 상호 의존성, 비(非)제로섬 게임(non zero sum game)적인 목표 관계를 강조할 경우 집단 간 편견을 감소시킬 수 있다(Hogg, 2003, p. 482).

다. 사회 범주화 이론

이 이론은 사회적 범주화 과정이 사회적 편견의 발생 및 존속의 근본 원인이라고 가정한다. 일찍이 립맨(Lippmann, 1922, p. 26)은 인간은 자신을 둘러싸고 있는 환경의 복잡함을 제대로 다룰 수 없기 때문에 그러한 복잡함 속에서 제대로 기능하기 위해 환경을 '단순한 모델로 재구성'한다고 말한 바 있다. 올포트는 세계를 단순화하는 립맨의 논의를 진전시켜서 인지적 관점이라는 용어를 사용하였다. 나아가 그는 대상을 범주화하는 것은 인간이 효율적으로 기능함에 있어서 필수적인 동시에 적응적인 것이라고 주장하였다. '왜 인간은 그토록 쉽사리 민족 편견에 쉽게 빠지게 되는 것일까?' 올포트에 의하면, 그 이유는 인간 정신의 보편적이고 자연스러운 두 가지 요소들, 즉 그릇된 일반화와 적대감 때문이라고 한다(Allport, 1954, p. 17). 그는 잘못된 일반화와 관련하여 편견은 사람들의 범주화 성향, 즉 개인보다는 집단 소속감에 근거하여 타인에게 반응하려는 경향성에 달려 있다는 사실을 인정했다. 그에 의하면 인간 정신은 범주의 도움을 받아 사고해야만 한다. 일단 형성된 범주들은 정상적인 선판단(prejudgment)의 근거가 된다. 우리는 이러한 과정을 피할 수가 없으며, 질서 있는 삶은 범주에 크게 의존한다

(Allport, 1954, p. 20). 그는 또한 범주화의 과정이 갖고 있는 다섯 가지 특징을 다음과 같이 제시하였다(Allport, 1954, pp. 20-23). 첫째, 범주화 과정은 우리의 일상적인 판단을 안내해주기 위한 커다란 부류와 덩어리를 형성한다. 둘째, 범주화는 그것이 할 수 있는 한 그 덩어리들을 동화한다. 셋째, 범주는 관련된 대상을 우리가 재빠르게 확인할 수 있게 해 준다. 넷째, 범주는 그것이 포함하는 모든 것들을 동일한 관념적·감정적 풍미로 포화시킨다. 끝으로, 범주는 다소간 합리적일 수 있다.

타즈펠(Tajfel, 1969, p. 79) 역시 사회적 범주화가 집단 간 편견에 미치는 영향을 명료하게 밝혀내었다. 올포트와 마찬가지로 그는 편견과 고정관념이 비합리적이고 병리적이라는 생각을 거부하였다. 그는 인간에게 있어서 사회적 편견은 집단 소속감의 중요성 및 그러한 집단에게 영향을 주는 사회적 세계 특히 타 집단의 특성을 이해하기 위한 시도를 담고 있다고 생각했다. 이러한 분석은 1970년대와 1980년대 동안에 편견과 고정관념에 대한 사회 심리학의 연구 분야를 안내해 준 일종의 인지적 혁명과 같은 것이었다. 타즈펠의 분석은 편견을 일반적인 사회적 인지의 한 부분으로 파악하도록 만들었다.

이후로 많은 연구들은 사회적 범주화가 사회적 지각·정서·인지·행동에 미치는 영향들을 포괄적으로 조사하였다. 지각의 측면에서 볼 때, 편견을 지각하는 사람(perceivers)이 사람이나 대상을 집단으로 범주화할 때 그들은 동일한 범주에 속하는 사람들 간의 차이점을 그럴 듯하게 얼버무리면서 동일 집단의 성원들을 한결 같은 것으로 간주하는 반면에, 집단 간의 차이점들을 과장하는 경향이 있다. 감정의 측면에서 볼 때, 사람들은 외집단 성원들보다는 내집단 성원들에게 그중에서도 특히 내집단의 전형에 해당하는 사람들에게 더욱 긍정적인 정서를 경험한다. 인지의 측면에서 볼 때, 사람들은 외집단 성원들보다는 내집단 성원들에 대해 더욱 상세한 정보를 보유한다. 사람들은 내집단 성원들이 자아와 유사한 반면에 외집단 성원들은 자아와 유사하지 않은 것으로 기억하고, 외집단에 대한 긍정적인 정보는 잘 기억하지 못한다. 행동 결과의 측면에서 볼 때, 사람들은 외집단 성원들보다 내집단 성원들을 더 잘 도와주고, 외집단보다는 내집단으로 확인된 집단을 위해 더욱 열심히 일한다. 개인적 정체성보다는 내집단과 외집단의 사회적 범주화가 현저할 경우, 사람들은 개인으로서의 타인들에게 반응할 때에 비해 외집단 성원들을 향해 더욱 탐욕스럽고 신뢰성이 없는 방향으로 행동한다(Dovidio et al., 2010, p. 14).

이 이론에 의하면 편견 형성의 근본 원인은 인간의 자연스러운 범주화 경향에 있는 것이므로, 우리는 범주화 과정에 대한 의도적인 개입을 통해 편견을 감소시킬 수 있다. 이에 와일더(Wilder, 1986, p. 316)는 사회적 범주화에 의한 집단 간 편견을 감소시키기 위해서는 외집단 성원들의 개별화, 집단 간 경계의 축소, 사회 정체성 추구에 있어서 내집단에 대한 의존 감소가 필요하다고 주장하였다. 외집단 성원을 개별화하는 탈범주화(decategorization), 공통의 내집단 정체성 형성을 목표로 하는 재범주화(recategorization), 집단 간의 긍정적 상호 의존성과 평가에 초점을 맞춘 상호 분화(mutual differentiation) 등도 사회적 범주화에 의한 편견을 감소시키는 데 유용한 방법으로 알려져 있다(Brewer & Gaertner, 2001, p. 457). 스테펀(Stephan, 1999, pp. 17-23)은 범주화에 의한 고정관념을 변화시키는 방안으로서 긍정적 특성과의 연결을 강화하거나 창조하는 것, 부정적 특성과의 연결을 약화시키는 것, 하위 집단화 및 대안적 범주를 활성화하는 것, 편파적 명칭을 변경하는 것, 집단 간 상호작용에서 긍정적 분위기를 조성하는 것을 제안하였다.

라. 집단 간 접촉 이론

이 이론에 의하면, 편견은 부분적으로 상이한 집단 성원들 사이에서 긍정적·개별적인 접촉의 결여로 말미암아 생기는 것이므로, 외집단과의 상호작용이 외집단에 대한 긍정적 개념의 발달을 촉진할 수 있다. 올포트에 의해 처음 제기된 집단 간 접촉 이론에 의하면, 단순히 집단 간 접촉의 기회를 제공하는 것만으로는 집단 간 관계를 개선할 수 없다. 올포트는 집단 간 접촉의 긍정적 효과는 접촉 상황 안에서의 동등한 집단 지위, 공동 목표, 집단 간 협동, 권위·법 혹은 관습의 지원이라는 네 가지 핵심적인 조건들이 갖추어져 있을 때 가능하다고 보았다 (Allport, 1954, p. 281).

집단 간 접촉에 대한 올포트의 통찰력은 이후 여타의 사회과학자들이 적정한 접촉 상황 조건을 조장하는 데 사용할 수 있는 기법들을 고안하고 검증하도록 만들었다. 접촉 가설에 대한 초기 설명들은 편견에 영향을 주는 접촉 상황 안에서의 요인들의 효과에 주로 초점을 맞추고 있었다. 연구자들이 상황적 요인들에 초점을 맞춘 이유는 실제적인 집단 간 만남에서 통제 가능한 변인들에 주로 관심을 두었기 때문이다. 따라서 초기 연구자들은 집단 간 관계를 증진하는 상황적 요인에서 나올 수 있는 변화에 관심을 두었을 뿐, 편견을 야기하는 구조적 요인에 대해서는 큰 관심을 두지 않았다(Stephan, 1999, p. 41).

하지만 1980년대 초반부터 학자들의 관심은 집단 간 접촉이 어떻게 편견을 감소시키는지를 밝히는 데 집중되었다. 연구자들은 집단 간 접촉이 편견 감소에 미치는 효과를 설명하기 위해 인지적 과정과 정의적 과정을 언급하였다. 인지적 과정에서 볼 때, 비록 타 집단에 대한 지식의 증가가 편견 감소에 있어서 제한된 영향력을 갖는다고 할지라도, 접촉은 사람들이 타인들을 사회적으로 범주화하는 방식을 변화시키고, 그러한 범주들 간의 관계를 지각하는 것이 집단 간 태도를 개선하는 데 있어서 중추적인 역할을 수행한다. 정의적인 측면에서 볼 때, 집단 간 불안과 위협의 감소 및 타 집단 성원에 대한 공감의 증가가 집단 간 관계를 개선하는 데 크게 기여한다.

접촉이 작동하는 방식을 탐구하는 것에 덧붙여 1990년대의 접촉 연구는 접촉이 최상의 결과를 수반하는 시점을 밝혀내는 것으로 확대되었다. 연구자들은 접촉 동안에 사회적 범주화가 현저한 경우, 접촉 효과가 개별적인 외집단 성원들로부터 전체로서의 외집단으로 가장 잘 일반화된다는 것을 밝혀내었다. 덧붙여 접촉 효과는 외면상 차이가 있는 참가자들 사이에서 공통의 내집단 정체성을 지각할 수 있도록 접촉이 이루어질 때 가장 효과적이라는 것이 밝혀졌다(Dovidio, Eller & Hewstone, 2011, p. 149).

집단 간 접촉 이론은 편견 감소에 도움을 주는 좋은 접촉(good contacts)의 상황적 조건들을 잘 제시해 준다. 딕슨(Dixon)과 그 동료들은 선행 연구 결과들을 검토하여, 좋은 접촉을 위한 조건들을 다음과 같이 요약한 바 있다(Dixon, Durrheim & Tredoux, 2005, p. 699). 접촉은 정기적이고 빈번해야 한다. 접촉은 내집단과 외집단 성원의 비율에 있어서 균형을 유지해야 한다. 접촉은 참된 만남의 잠재력을 갖고 있어야 한다. 접촉은 여러 사회적 무대 및 상황에서 일어나야 한다. 접촉은 경쟁이 없는 것이어야 한다. 접촉은 관련된 참가자들에게 중요한 것으로 평가되어야만 한다. 접촉은 지위의 평등을 공유한 개인들 간에서 일어나야 한다. 접촉은 고정관념의 대상이 되고 있는 타 집단 성원들과의 상호작용을 포함해야 한다. 접촉은 상위 목적의 실현을 위한 협동을 중심으로 조직되어야 한다. 접촉은 규범적·제도적 지원을 받아야 한다. 접촉은 불안감 혹은 여타의 부정적 감정으로부터 자유로운 것이어야 한다. 접촉은 개별화된 것이어야 하고, 참된 우정 형성을 포함해야 한다. 접촉은 타 집단의 전형적인 혹은 대표적인 인물들과 이루어지는 것이어야 한다.

또한 이러한 조건에 부합하는 방식으로 교실 환경의 특징을 바꿀 경우 편견 감소의 효과가 있다는 사실도 밝혀졌다. 애론슨과 곤잘레스(Aronson & Gonzalez, 1988, p. 301)는 직소우 교실(Jigsaw classroom) 기법을 도입했는데, 이것은 학생들이 학습하기 위해 서로 협력하고, 학습 내용의 요소들을 서로 가르쳐주는 것을 특징으로 한다. 이 기법은 교실의 경쟁적 측면들을 협동적 측면으로 대체시켜 줌과 동시에 집단 간 편견 감소의 효과가 있는 것으로 밝혀졌다.

마. 사회 정체성 관점

흔히 사회 정체성 이론과 자기 범주화 이론을 합쳐서 사회 정체성 관점(social identity perspective)이라고 한다. 사회 정체성 관점은 집단 과정에 있어서 사회적 범주화의 역할과 사회 정체성의 역할을 강조한다 (Hogg & Reid, 2006, p. 9). 하지만, 엄밀히 말해 두 이론은 구별될 수 있고, 강조점이 서로 다르다는 사실에 유념할 필요가 있다. 터너와 레이놀즈(Turner & Reynolds, 2001, pp. 134-135)는 사회 정체성 이론(social identity theory)과 자기 범주화 이론(self-categorization theory)을 구별할 필요가 있다고 주장한다.

사회 정체성 이론은 계층화된 사회에서 집단 간 관계와 사회 변화에 관한 포괄적인 이론을 제공한다. "집단 속의 사람들은 왜 서로를 차별하는가?" 그리고 "왜 그들은 자민족중심주의적인가?"라는 질문을 중시하며, 이에 대한 사회 정체성 이론의 답변은 이런 것이다. 사람들은 다른 집단과 비교하여 자기 집단만의 독특한 긍정적 속성을 설정하게끔 만드는 '긍정적인 사회 정체성을 향한 욕구'를 가지고 있다는 것이다.

자기 범주화 이론에서는 개인적 정체성과 사회적 정체성 간의 구분이 매우 중요한 의미를 갖는다. 자기 범주화 이론은 사회 정체성 이론처럼 자민족중심주의나 차별에 대해 관심을 갖는 것이 아니라 심리적인 집단 소속감에 관심을 갖는다. "심리 집단이란 무엇인가?" "사람들은(집단 성원으로서의 사람들) 어떻게 해서 심리적으로 집단적인 행동을 할 수 있는가?" 자기 범주화 이론은 사람들이 어떻게 해서 심리적으로 하나의 집단을 형성하고, 그러한 집단 과정의 심리 기초가 무엇인가를 설명하고자 한다. 자기 범주화 이론은 개인적 정체성과 사회적 정체성을 명확하게 구분한다. 사람들이 하나의 개별 인간으로서 자아를 정의하는 것으로부터 사회적 정체성의 관점에서 자아를 정의하는 것으로 이동할 때, 집단행동이 가능해지고 출현하게 되는 것이다. 이렇듯 개인적 정체성과 사회적 정체성은 구별될 수 있으며, 집단행동은 사람들이 개인적 정체성보다는 사회적 정체성의 관점에서 자신들을 정의할 때 생기는 현상이다.

사회 정체성 관점에서의 사회적 편견은 특정한 집단 간 관계 체제 안에서 자신이 속한 집단의 위상에 대한 상황 특수적인 반응이다. 사회 정체성 관점에 의하면, 개인들은 긍정적인 사회적 정체성을 성취하고자 하며, 그것은 부분적으로 내집단과 외집단의 긍정적 비교를 통해서 성취된다. 이 모델은 동기적 요소와 인지적 요소를 포함한다. 동기적 측면에서 사람들은 긍정적인 자존감을 열망하는 것으로 가정된다. 그들은 관련된 외집단을 손상시키고 내집단을 더욱 긍정적인 것으로 만듦으로써 그러한 자존감을 획득한다. 인지적 요소는 지각이 집단 소속감에 의해서 추동되는 과정을 포함한다. 그러므로 상이한 집단에 대한 단순한 동일시가 내집단 편애주의를 산출하는 데 충분한 것이 된다. 사회 정체성 관점은 집단을 구별하는 능력이 편견을 형성하는 데 충분조건임을 보여준다.

사회 정체성 관점은 다음의 두 가지 전제에 근거한다(Brewer & Gaertner, 2001, p. 456). 첫째, 개인들은 연속적 변인들을 분리된 부류로 변환하는 범주적 구분에 근거하여 사회 세계에 대한 이해를 조직화한다. 그러한 범주화는 범주 안에서의 지각된 차이들을 극소화하고, 범주 간의 차이를 강조하는 효과가 있다. 둘째, 개인들 자신이 어떤 사회적 범주의 성원이거나 혹은 아니기에, 사회적 범주화는 은연중에 내집단-외집단(우리-그들) 구분을 만든다. 사회적 범주화의 자기 관련성 때문에 내집단-외집단 구분화는 정의적·감정적 중요성을 가진 겹쳐진 (superimposed) 범주이다.

이러한 두 가지 전제는 특정한 내집단-외집단 범주화가 현저하게 만들어지는 어떤 사회적 상황을 개념화하는 이론 틀을 제공한다. 사회 정체성 이론은 기본적인 집단 간 도식이 다음과 같은 특성을 가진 다고 본다. 첫째, 범주 경계 안에서의 동화 및 범주 간의 대조이다. 내집단의 모든 성원들은 외집단 성원들에 비해 자아와 더욱 유사한 것으로 지각된다(집단 간 강조 원리, intergroup accentuation principle). 둘째, 긍정적 정서(신뢰, 선호)가 내집단 성원 동료들에게는 선택적으로 일반화되지만, 외집단 성원에게는 그렇지 않다(내집단 편애주의 원리, ingroup favortism principle). 셋째, 집단 간의 사회적 비교는 내집단과 외집단의 부정적 상호의존성을 지각하는 것과 연합되어 있다(사회적 경쟁 원리, social competition principle).

사회 정체성 관점은 정체성 획득과 외집단 적대감의 발달에 있어서 개인차의 역할을 간과한다는 비판을 받고 있다(Huddy, 2004, p. 954). 그럼에도 불구하고, 사회 정체성 관점은 집단 간 편견의 형성에 있어서 인지 과정과 동기 과정 및 맥락의 중요성을 고려한 포괄적인 이론이라는 평가를 받고 있다. 앞서 살펴보았던 사회 범주화 이론에서와 유사하게, 사회 정체성 관점은 편견 형성의 근원을 집단 범주화에 두고 있으므로, 범주화에 대한 조정 및 개입을 통해 편견을 감소시킬 수 있음을 잘 보여준다. 즉, 재범주화, 탈범주화, 교차 범주화를 통해 새로운 사회적 정체성을 갖게 하는 것이 편견 감소에 효과적임을 잘 보여준다.

바. 진화론적 관점

진화론적 관점에 따르면 편견과 차별은 거의 피할 수 없으며 변화시키기도 어렵다. 피시바인(Fishbein, 2002, pp. 80-81)에 의하면, 편견의 뿌리는 수렵·채집 부족 시기로부터 생긴 것이며, 인간의 진화 시기에서 계속 성공을 거두었기 때문에 오늘날에도 보편적으로 존속하는 것이다. 진화 메커니즘은 세 가지 명제로 이루어져 있다. 첫 번째 메커니즘은 서로에 대한 큰 선호를 보여주는 동족(同族) 성원의 역사에 근거한다. 그들은 서로를 돕고 보호한다. 이것은 다음 세대에게 전수되는 그들 유전자의 비율을 극대화한다. 피시바인은 인간은 유전적으로 그들 자신과 가장 유사한 개인들을 향한 선호주의를 보여주도록 정향되어 있다고 본다. 두 번째 메커니즘은 젊은 세대에게 정보를 전수하기 위해 권위 있는 인물에 의존하는 것이다. 이 과정은 아동에게 권위 있는 인물이 말한 것을 의심할 바 없이 수용하도록 권면한다. 거기에는 외집단 성원들에 대한 정보도 포함되어 있다. 세 번째 메커니즘은 인간은 그들의 아이, 여자, 자원을 외부자로부터 보호하기 위해 적대감을 발달시켜 왔다는 것이다. 이러한 편견의 발달은 3~4세 무렵에 발달하는 집단 정체성과 밀접하게 연결되어 있다.

이와 구별되는 또 다른 진화적 관점은 사회 집단에 대한 아동의 사고가 인간에 대한 생득적 이론들에 따라 조직화된다고 한다. 생득적 이론은 사회 집단에 관한 정보를 수집하고 해석하도록 안내한다(Hirschfeld, 1995, 2001; Levy & Hughes, 2010, p. 37에서 재인용). 이러한 생득적 이론은 아동들이 중요한 집단 정보에 주의를 기울이고, 중요하지 않은 정보를 무시하게 만든다. 이 관점에 따르면, 인종의 개념은 사회 집단을 구별하는 아동의 기존 인지 구조와 아주 쉽게 공진하는 것이기에, 인종은 인간을 위한 하나의 강력한 조직화

6장. 편견 이론에 근거한 반편견 교수 전략

요인이다.

집단 간 편견에 대한 진화적 이론에 대한 관심에도 불구하고 이러한 접근들은 많은 비난을 받고 있다. 왜냐하면 이 이론은 편견이 자연적인 것이고, 묵인되어야 한다는 것을 암시하고 있기 때문이다. 진화 이론이 다른 이론들과 중첩되는 공통점도 존재한다(Levy & Hughes, 2010, p. 38). 이를테면, 자신과의 유사성에 따른 범주화를 선호하는 경향은 인지적 구두쇠라고 가정하는 인지 이론과 유사하다. 제한된 자원과 사회력으로부터 편견이 발생한다는 것은 사회문화적 반영 이론과 유사하다. 권위 있는 인물로부터 정보를 수용하는 것에 대한 강조는 사회 학습 이론을 보완해 준다. 이렇듯 진화론적 이론은 인간에게 있어서 범주화 기능의 역사를 잘 설명해 준다.

4. 반편견 교수 전략의 구성

지금까지 살펴본 바와 같이, 편견 형성의 근원에 대한 다양한 이론들은 우리가 편견의 근본 원인을 이해함에 있어서 상호보완적인 역할을 수행한다. 또한 각 이론은 자체 내에 편견 감소를 위한 교수 전략을 명시적·암묵적으로 담고 있다. 여기서 반편견 교수 전략이란 편견 감소라는 목표를 성공적으로 달성하기 위해서 어떤 학습 내용을 어떤 교수 방법으로 교육할 것인가를 종합적으로 계획하는 과정을 의미한다. 이에 여기서는 편견 이론에 근거한 반편견 교수 전략을 인지적, 동기적, 행동적 교수 전략으로 구별하여 제시하고자 한다. 교사는 이러한 교수 전략들을 개별적 혹은 분리된 방식으로 활용하기보다는 통합적이고 상호보완적인 방식으로 활용할 필요가 있다.

가. 인지적 교수 전략

인지적 교수 전략은 외집단에 대한 정확한 인지적 정보의 제공이나 범주화 과정의 변화를 통해 편견을 감소시키는 전략을 의미한다. 사회 범주화 이론과 사회 정체성 관점이 시사하는 바와 같이, 인간은 사회적 범주화를 통해 집단 내 유사성과 집단 간 차이점을 지나치게 과장하는 경향이 있다. 내집단과 외집단 간의 지각된 차이점은 내집단으로 하여금 외집단에 대한 부정적 사고와 신념을 갖도록 만든다. 이에 인지적 차원에서의 반편견 교수 전략은 다음과 같이 구성되어야 한다.

첫째, 외집단에 대한 정확한 인지적 정보를 제공해야 한다. 외집단에 대한 무지는 편견을 낳는다. 외집단에 대한 그릇된 정보는 외집단에 대한 부정적 고정관념을 형성하여 편견을 갖게 만들기 때문에, 학생들이 갖고 있는 고정관념과 불일치하는 정확한 정보의 제공은 외집단에 대한 편견을 일부분 감소시킬 수 있다. 정확한 정보는 학생들이 외집단에 대해 갖고 있는 고정관념의 부당성을 입증시키는 효과를 갖는다. 교사는 학생들에게 외집단에 대한 정확한 인지적 정보를 제공함과 동시에 학생들로 하여금 고정관념은 과잉 단순화된 견해 혹은 무비판적 판단이라는 것을 이해할 수 있게 해 주어야 한다(Grant & Sleeter, 2007, p. 67). 여기서 정확한 인지적 정보의 제공은 다양한 인종, 민족, 장애, 성, 사회 계층, 동성애자와 같은 사람들에 대해 정확한 정보를 제공한다는 것을 의미한다. 동시에 그것은 수업 자료가 공공연한 고정관념이나 선입견을 포함하고 있지 않도록 조심해야 한다는 것을 의미한다. 정확한 인지적 정보는 학생들이 이미 가지고 있을지도 모르는 고정관념과 오개념을 대체할 수 있다. 하지만 외집단에 대해 단순히 정확한 정보를 제공하는 것만으로는 편견 감소의 효과를 기대할 수 없으므로, 다른 전략들과 함께 통합적으로 활용되어야 한다(Perderson et al., 2011, p. 55).

둘째, 긍정적인 맥락에서 집단 간의 유사성을 강조해야 한다. 교사가 집단 간의 차이점보다는 집단 간의 유사성을 강조할 때, 학생들은 타 집단에 대해 보다 긍정적인 태도를 갖게 된다. 따라서 내집단과 외집단 간의 유사성을 강조하는 것이 중요하다. 그런데 집단 간의 유사성이 어떤 맥락에서 제공되는지가 중요하다. 왜냐하면 집단 간의 유사성은 긍정적일수도 있고 혹은 부정적일수도 있기 때문이다. 일반적으로 부정적 관점이나 시각에서 정보를 제공하는 것은 관찰자에게 부정적인 인지적 도식을 유발한다. 외집단에 대한 부정적인 정보를 접한 집단은 외집단에 대해 긍정적인 정보를 접한 집단에 비해 소수 집단에 대해 부정적인 태도를 보여준다고 한다(Vrij, Akehurst & Smith, 2003, pp. 284-285). 그러므로 교사는 집단 간의 유사성을 긍정적인 맥락에서 제시해 주어야 한다.

셋째, 문화적 다양성에 대한 진정한 이해(authentic understanding)를 제고시켜야 한다. 그러나 교사는 문화 간 이해를 촉진하기 위한 교육 활동을 전개할 때 그것이 관광자 교육과정으로 변질되지 않도록 특히 유의해야 한다(Deman-Sparks, 1989, p. 7). 관광자 교육과정(tourist curriculum)이란 음식, 전통의상, 민간 설화, 가사 용품과 같은 다른 나라의 문화적 산물에 관심을 두는 것이다. 관광자 교육과정은 문화 사이의 이국적 차이점을 강조하면서 다른 사람의 실제 생활 속 일상적인 문제와 경험을 다루는 대신에, 축제의 표면적인 면과 오락의 유형만을 다루기 때문이다. 교사는 학생들이 지금 여기서 보고 듣고 경험하고 있는 다양한 차이점에 관한 교수 활동을 전개하되, 차이점을 이국적인 것으로 다루기보다는 공동체 속에서 정상적인 것으로 다룸으로써 학생들이 문화적 다양성에 대한 진정한 이해에 도달할 수 있게 해야 한다.

넷째, 학생들의 범주화 과정을 변화시키기 위한 다양한 방법을 활용해야 한다(Paluck & Green, 2009, p. 346). 집단 간 접촉 이론과 사회 범주화 이론, 사회 정체성 관점은 공히 범주화 과정을 변화시키는 시도가 편견 감소에 있어서 효과적임을 잘 보여준다. 탈범주화는 집단 간 상호작용에서 범주 구분의 현저성을 감소시키고, 외집단 성원들을 개별 인간으로서 서로 알게끔 하는 것이 중요함을 보여준다. 집단 성원의 개인적 특징에 주의를 기울이는 것은 범주에 근거한 고정관념의 부당성을 증명할 기회를 제공하고, 외집단을 동질 단위로 지각하는 경향성을 줄여준다. 다양한 외집단 성원들과의 반복된 개별화된 접촉은 외집단 성원에 관한 정보 원천으로서의 사회적 범주에 근거한 고정관념의 가치와 유의미성을 파괴함으로써 편견 감소에 기여할 수 있다(Brewer & Gaertner, 2001, pp. 457-458).

탈범주화가 외집단 성원들을 개별화하는 전략이라면, 재범주화는 공통된 상위의 내집단 정체성으로 외집단을 통합하는 것이다. 이것은 집단 간 관계를 개선함에 있어서 동화주의 철학에 기반을 둔 것으로서, 내집단-외집단 범주 구분의 현저성을 감소시키는 것이 편견 감소의 열쇠가 된다는 가정에 근거한다. 재범주화는 범주화를 감소시키거나 제거하도록 설계된 것이 아니라, 집단 간 편견과 갈등을 감소시키는 방식으로 높은 수준의 범주 포함성에서 집단 범주화의 정의를 재구조화하는 것이다(Brewer & Gaertner, 2001, pp. 459-460). 예를 들어, 남성과 여성은 보다 상위 범주인 인간으로 재범주화될 수 있다. 이것은 두 집단 간의 상이한 집단 정체감의 표현을 더 포함적인 하나로 변형시키는 전략이다.

한편 상호 분화는 집단 상호 간의 상호의존성 맥락에서 사회 범주 구분을 유지하는 것으로서, 집단 간 관계에 대한 다원주의 철학에 근거한다. 상호 분화 모델은 집단 간 접촉 상황의 기본적인 범주 구조를 바꾸려 하지 않는다. 대신에 집단 간 정서를 부정적인 것에서 긍정적인 상호의존성과 평가로 바꾸려 한다. 이를 위해서는 각 집단이 공동 목표를 달성하기 위해 독특하지만 상보적인 역할을 취해야 한다. 이런 식으로 두 집단은 협동적 틀 안에서 긍정적인 독특성을 유지할 수 있다. 잡지 제작 작업에서 한 팀은 그림과 편집을, 한 팀은 기사를 작성하도록 하는 실험을 전개한 결과, 집단 간에 독특한 역할을 제공하지 않았을 때보다도 집단 간 태도에 있어서 더 긍정적 결과를 보여주었다고 한다(Brewer & Gaertner, 2001, pp. 461-462). 이 방법은 긍정적 접촉 경험의 일반화는 접촉 상황이 개인 간 상호작용보다는 집단 간 상황으로 정의될 때 더 크게 나타난다는 것을 잘 보여준다.

나. 동기적 교수 전략

반편견 교수 전략으로서의 동기적 접근은 집단 간 관계 개선에 도움을 줄 수 있는 가치나 태도, 집단 정체성을 형성하게 하는 데에 초점을 맞춘다. 편견은 근본적으로 동기적 기반을 갖고 있으므로, 반편견 교수 전략에서 동기적 접근은 매우 중요한 의미를 갖는다. 이를 위해 교사는 다음과 같은 활동을 전개할 필요가 있다.

첫째, 인종·민족에 관한 편견을 줄이기 위해서 교사는 학교생활의 모든 측면을 통해 인류평등주의, 정의, 배려, 존중, 책임 등과 같은 보편적 가치의 중요성을 강조해야 한다. 보편적 가치는 인종·민족·종교에 상관없이 모든 사람들이 공유하고 있는 공통의 인간다움을 나타낸다. 보편적 가치는 편견, 고정관념, 차별과 정반대의 선상에 놓여 있는 것으로, 외집단에 대한 부당한 처우나 인종 간 부정의를 약화시켜 주는 역할을 수행한다(Stephan, 1999, p. 94).

둘째, 외집단에 대한 두려움과 위협감을 감소시켜 주어야 한다. 외집단에 대한 두려움과 위협감은 편견을 발생시키는 주요 기제이다. 집단 간 위협 이론(intergroup threat theory)에서 위협은 두 가지 유형, 즉 현실적 위협과 상징적 위협으로 구분된다. 동시에 각각의 위협은 전체로서의 내집단에 대한 위협과 개별 성원들에 대한 위협으로 다시 세분화된다. 현실적 집단 위협은 한 집단의 권력, 자원, 일반 복리에 대한 위협을 의미한다. 상징적 집단 위협은 한 집단의 종교, 가치, 신념 체계, 이데올로기, 철학, 도덕, 세계관에 대한 위협을 의미한다. 현실적인 개인적 위협은 고통, 고문, 죽음, 경제적 손실, 가치 있는 자원의 박탈, 건강 혹은 개인적 안전에 대한 위협 등과 같이 개별적인 집단 성원들에 대한 실재적인 신체적·물질적 해로움을 의미한다. 끝으로 상징적인 개인적 위협은 체면이나 명예의 상실 및 개인의 자아 정체성이나 자존감의 훼손을 의미한다(Stephan, Ybarra & Morrison, 2009, p. 44).

외집단으로부터의 현실적 위협으로 말미암아 생기는 편견을 감소시키기 위한 가장 좋은 방법은 현실적 갈등의 기반을 감소시키는 것이다. 이것은 외집단과 권력을 더욱 동등하게 공유하는 것, 특정한 영역의 책임이나 권위를 외집단에게 승인하는 것, 경쟁하는 집단들에게 가용한 자원의 파이를 확대시켜 주는 것을 포함한다. 이러한 유형의 해결책은 집단 간 타협에 관한 연구에서 검증된 바 있다. 이러한 방법들은 통합적 협상(integrated bargaining) 혹은 상호작용적 문제해결(interactive problem solving)이라고 불리어진다. 그러나 이 접근법에 대한 주요 장애물은 하위집단에 대한 권력을 유지하려는 지배집단의 일상적인 강력한 동기와 갈등을 일으킨다는 점이다(Oskamp, 2000, p. 6).

외집단으로부터의 상징적 위협에 근거한 공포는 위협의 상징적 분야를 상쇄시켜주는 역할모델과의 접촉이나 역할모델의 제시를 통해 제거될 수 있다. 이를테면, 흑인과 백인 모두에게 존중을 받고 있는 마이클 조던은 백인들이 흑인에 대해 갖는 고정관념과 상징적 공포를 상쇄시켜 준다. 특정한 외집단에 대한 만연된 공포나 고정관념의 허구성을 예증해주는 모범적 개인 사례들을 성공적으로 제시한다면, 집단 간 편견 감소에 기여할 수 있다. 그러나 이것이 어려운 이유는 소수 집단 성원 중 1–2명의 예외 인물을 제시하는 것은 그 집단의 전형이 아닌 하위 유형화(subtyping)로 처리하게 함으로써 편견 감소에 있어서 큰 영향을 주지 못할 수도 있기 때문이다(Oskamp, 2000, p. 7).

하지만 최근의 간접 접촉 이론들은 사회 집단 간 관계 증진을 위한 수단으로서 간접적인 집단 간 전략의 효과를 잘 입증해 준다. 간접적인 집단 간 접촉은 확대된(extended) 접촉, 대리적(vicarious) 접촉, 상상된

(imagined) 접촉, 의사사회적(parasocial) 접촉을 포함한다(추병완, 2011, p. 148). 확대된 접촉 이론은 외집단 성원들과 긍정적인 관계를 맺고 있는 역할 모델을 관찰·시청하거나 접촉하는 것이 편견 감소에 도움이 된다는 것을 잘 입증하여 준다. 교사는 수업을 통해 반편견 내용을 담은 그림, 삽화, 포스터, 문학작품, 신문기사 등을 적극적으로 활용하여 학생들에게 대리적 접촉의 기회를 풍부하게 제공해 주어야 한다. 또한 상상된 접촉은 자기 지각에 영향을 줄 수 있으므로, 외집단과의 긍정적인 상호작용을 상상해 보게 하고, 그 행동을 제3자적 관점에서 귀인하게 할 때 외집단에 대한 편견 감소 및 집단 간 관계 증진에 기여할 수 있다. 교사는 긍정적인 집단 간 관계를 다루고 있는 TV 드라마, 다큐멘터리, 애니메이션, 영화 등을 수업 시간에 활용함으로써 학생들의 의사사회 접촉을 확대할 수 있다.

셋째, 학생들이 집단 간 관계를 위협하지 않는 건강한 인종·민족·성·종교 정체성을 가질 수 있도록 도와주어야 한다. 연구 결과에 의하면 확고한 내집단 정체성을 갖고 있는 학생일수록 외집단을 차별하거나 외집단에 대한 편견과 고정관념을 공공연하게 드러내는 일이 적다고 한다(Stephan, 1999, p. 95). 교사는 학생들로 하여금 자신들의 집단 소속감에 대한 자기 존중감을 가질 수 있도록 도와주어야 한다. 이것은 학생들이 속해 있는 내집단들이 그 집단 자체를 소중하게 여기며, 타 인종·민족이나 여타의 집단들을 대우함에 있어서 공평하고, 신뢰할 수 있으며, 중립적이라는 사실을 보여주는 것을 통해서 부분적으로 실현될 수 있다. 하지만, 이러한 긍정적인 내집단 정체성의 형성이 집단 간 관계를 거부할 수 있는 위험성도 존재하므로 교사는 매우 주의를 기울여야 한다. 교사는 인간의 동일한 욕구와 문제를 해결하는 데에는 수많은 타당한 방식이 존재할 수 있으며, 바로 거기서 문화적 차이가 발생할 수 있다는 사실을 학생들이 체감할 수 있게 해 주어야 한다. 동시에 긍정적인 내집단 정체성의 형성이 타 집단과의 비교나 타 집단의 무시를 통해 형성되지 않도록 해야 한다. 즉, 교사는 학생들이 외집단과의 긍정적인 비교를 통해 자신들의 자존감을 형성할 필요성을 감소시킴으로써 외집단을 경멸하는 경향성을 약화시켜야 편견 감소의 효과를 기대할 수 있다.

외집단을 무시하거나 얕잡아보는 경향성이 수반하는 주요한 문제는 외집단 성원들이 종종 부정적 비교를 받는 쪽에 일방적으로 놓이게 된다는 점이다. 이를 해결하기 위해 교사는 외집단 성원들이 내집단 성원들과 비교하여 동등하거나 우위에 설 수 있는 상이한 차원들에 학생들이 주의를 기울일 수 있게 해 주어야 한다. 일례로 교실에서 학생들이 베트남 출신의 학생을 무시하거나 얕잡아보는 경우, 교사는 이러한 문제를 해결하기 위해 베트남이 비록 경제적으로는 우리보다 수준이 낮은 것은 사실이지만, 우리나라에 비해 오염되지 않은 자연 환경을 그대로 유지하고 있으며, 외세의 지배에 굴하지 않고 민족의 자존심을 지켜온 대표적인 국가라는 사실을 부각시켜 주는 것이 필요하다.

넷째, 교사는 학생들이 양심의 가책(compunction)을 경험하게 해 주어야 한다(Stephan, 1999, p. 27). 이것은 어린 시절의 사회화를 통해 획득한 외집단에 대한 부정적 고정관념이 자동적으로 활성화되어 편견이 없는 사람으로서의 자아 이미지를 손상시킬 때 학생들이 경험하는 죄책감을 일컫는다. 이것은 편견을 스스로 억제하려는 건전한 자기 조절 과정의 일환이다. 따라서 교사는 학생들에게 외집단에 대한 편견적인 혹은 차별적인 행위로 여겨질 수 있는 행위들을 지속적으로 상기시켜 줄 필요가 있다. 이러한 활동은 학생들로 하여금 자신의 태도와 행동을 성찰하게 만들어 부정적인 집단 간 행위를 억압하는 자기 조절 기제가 원활하게 작동하게 해 줌으로써 편견 감소에 기여할 수 있다. 이를테면 유엔인종차별철폐위원회로부터 우리나라가 인종차별을 철폐하라는 시정 요구를 받았다는 정보의 제공을 통해 교사는 학생들의 개인적 및 집단적인 양심의 가책을 경험하게 할 수 있다. 연구 결과에 의하면, 특정 집단에 대해 집단적 죄책감을 느끼는 사람일수록 편견을 적게 가진 것으로 나타났다고 한다(Pederson et al., 2011, p. 56). 또한, 교사는 학생들의 가치에 있어서의 모순이나 위반 사례들을 학생들의 실제 태도나 가치관과 관련하여 실례를 들어 보여줌으로써 학생들의 자아개념과 죄책감을 자극할 수도 있다. 이 점에서 가치 자기 직면(value self-confrontation) 방법은 편견 감소에 큰 도움을 줄 수 있다(Oskamp, 2000, p. 8).

다. 행동적 교수 전략

반편견 교수 전략으로서의 행동적 접근은 집단 간 관계 개선 및 편견 감소를 위해 실질적인 노력을 경주하려는 능력·의지·습관을 갖게 하는 데 초점을 맞춘다. 편견의 감소는 궁극적으로 행동을 통해 표현되고 실천되어야 하므로, 교사는 행동적 차원의 반편견 교수 전략을 적극적으로 활용해야 한다. 오스캠프(Oskamp, 2000, p. 8)는 편견 감소를 위한 행동적 차원의 교수 전략으로서 특정한 조건 하에서의 집단 간 접촉, 협동학습 기법, 편견의 표적으로서의 구조화된 경험(예: 역할 놀이, 시뮬레이션)을 강조한 바 있다. 이에 행동적 차원의 반편견 교수 전략을 제시하면 다음과 같다.

첫째, 협동학습을 적극적으로 활용해야 한다. 교사는 학교생활을 통해 학생들에게 다양한 집단 간 접촉의 기회를 제공해 주어야 한다. 앞서 살펴본 바와 같이, 편견 감소를 위한 가장 유망한 상호작용적 접근법은 접촉 가설이다. 접촉 가설은 집단 간 접촉이 개선된 관계를 낳을 수 있는 조건들을 구체화해 준다. 학교에서 집단 간 관계를 개선할 수 있는 가장 확산된 접근법이 바로 협동학습이다(Johnson & Johnson, 2000, p. 242). 이 방법은 편견 감소와 부정적인 집단 간 고정관념 감소에 효과가 있는 것으로 밝혀졌다(Paluck & Green, 2009, p. 352). 협동학습은 접촉 가설의 기본 아이디어를 가장 잘 실현시킨 교수 방법이다. 협동학습은 경쟁과 협동을 균형적으로 활용하고 있고, 협동을 위한 제도적·규범적 지원 체제를 갖추고 있으며, 협동을 위한 상위 목적을 갖고 있고, 동등한 지위를 지닌 이질적인 성원들로 구성된다는 점에서 접촉 가설의 기본 아이디어를 충실하게 반영하고 있다.

둘째, 다문화 봉사학습의 기회를 제공해야 한다. 최근 미국에서 학생들의 외집단에 대한 편견과 고정관념을 감소시켜 주는 방안의 일환으로서 부각되고 있는 것이 다문화 봉사학습(multicultural service learning)이다(Boyle-Baise, 2002, p. 319). 다문화 봉사학습은 학생들의 다문화 역량을 제고하여 줌으로써 편견 감소에 매우 효과적이다. 교사는 학생들이 지역사회의 다문화 가정을 위한 봉사단체의 일원으로 가입하여 활동하는 것, 역이나 터미널에서 외국인을 위한 탑승 안내를 하게 하는 것, 다문화 가정 학생을 위한 학습 도우미로 활동하는 것 등과 같이 외국인이나 소수집단 성원들을 직접 접촉하면서 다문화 체험을 할 수 있는 기회를 제공할 수 있다. 이러한 다문화 봉사학습은 학생들의 고정 관념과 개인적인 편견을 줄이기 위한 직접적·구체적인 접촉 기회를 제공한다. 학생들은 학교 테두리에서 벗어나 실제적인 삶을 경험함으로써, 편견 감소 및 자기 효능감(self-efficacy) 제고의 효과를 얻을 수 있다.

셋째, 관점채택과 공감을 위한 다양한 훈련 기회를 제공해 주어야 한다. 외집단 성원의 관점을 채택하는 것은 외집단에 대한 태도를 개선시켜 주고, 외집단의 특정 성원들을 향한 편견과 차별 행위를 감소시켜 준다. 이와 유사하게 외집단에 대한 공감 활동 역시 외집단에 대한 편견을 감소시켜 준다(Shih et al., 2009, 566). 교사는 수업을 통해 학생들에게 소수 집단의 입장에서 사고하고 느껴보도록 요구할 수 있다. 예를 들어, 한국인 아버지와 외국인 어머니 사이에서 정체성의 혼란을 겪고 있는 다문화 가정 학생, 아는 사람도 없고 언어도 다른 나라에 시집을 와서 외로움과 어려움을 겪고 있는 국제결혼 이주 여성, 힘들게 일하여 번 돈의 대부분을 고국의 가족에게 송금하고 적은 금액으로 힘들게 생활하는 외국인 근로자 등의 입장을 채택하여 그들의 삶을 공감해 보도록 하는 활동을 역할놀이나 시뮬레이션을 통해 전개할 수 있다. 이러한 계획된 개별화된 차별 경험은 소수 집단들이 매일 경험하는 편견과 차별을 다수 집단들이 직접 경험하게 해 볼 수 있는 상호작용적이고 체험적인 방법이다(Oskamp, 2000, p. 7). 이러한 경험은 소수 집단을 공감하고 소수 집단의 문제에 대한 이해를 제고함으로써, 외집단에 편견 감소에 기여한다.

넷째, 집단 간 접촉을 위한 다양한 사회적 능력을 키워 주어야 한다 (Stephan, 1999, pp. 96-97). 외집단의 구성원들과 긍정적인 상호작용을 하지 않는 사람들에게 사회적 기능을 가르치는 것은 집단 상호 간의 관계와 긍정적인 태도를 촉진시킬 수 있다. 대부분의 학생들은 외집단과의 접촉 경험이 풍부하지 않기 때문에 외집단에 대한 무지와 막연한 두려움을 갖는 경우가 많다. 그러므로 교사는 외집단에게 적대감을 갖거나 무관심을 보이는 학생들을 위해 사회적 기능을 가르칠 필요가 있다. 이를 위해 교사는 학교생활을 통해 다양한 문화 간 훈련 기법들을 활용할 필요가 있다. 즉, 교사는 학생들에게 자기 공개 독려하기, 경청하기, 반응하기, 메시지를 확실하게 전달하기, 언어적·비언어적 감정 표현하기, 다른 사람을 건설적으로 대하기, 건설적 갈등 해결 기능, 충동 및 분노 조절 기능 등과 같은 기본적인 사회적 기능을 가르칠 필요가 있다. 나아가 교사는 학생들이 편견에 직면하여 자신과 타인을 옹호할 수 있는 능력 그리고 편견과 차별과 같은 사회적 부정의 현상에 능동적으로 반응할 수 있는 학생들의 능력을 길러주어야 한다. 교사는 장차 학생들이 계몽된 정치 참여 의식을 갖고 정의로운 사회 건설에 능동적으로 참여할 수 있도록 해 주어야 하기 때문이다.

김상학(2004), "소수자 집단에 대한 태도와 사회적 거리감", 『사회연구』, 7, 169-206.

오성배(2007), "국제결혼 가정 자녀의 교육 실태와 대안 모색", 『인간연구』. 12, 1-15.

유승무 · 이태정(2006), "한국인의 사회적 인정 척도와 외국인에 대한 이중적 태도", 『담론 201』, 9(2), 275-311.

추병완(2011), "아동의 편견 해소를 위한 교수 전략 개발: 간접 접촉 이론을 기반으로", 『초등도덕교육』, 36, 143-170.

Aboud, F. (1988), *Children & prejudice*, New York: Basil Blackwell.

Allport, G. W. (1954), *The nature of prejudice*, Reading: Addison-Weslry.

Amodio, D. M. & Lieberman, M. D. (2009), "Pictures in our head: Contributions of fMRI to the study of prejudice and stereotyping", In T. D. Nelson (Ed), *Handbook of prejudice, stereotyping, and discrimination* (pp. 347-365), New York: Psychology Press.

Aronson, E. & Gonzalez, A. (1988), "Desegregation, jigsaw and the Mexican American experience", In P. A. Katz & D. A. Taylor (Eds.). *Eliminating racism: Profiles in controversy* (pp. 301-314), New York: Plenum.

Banks, J. A. (2001), *Cultural diversity and education*, Boston: Allyn and Bacon.

Boyle-Baise, M. (2002), "Saying more: qualitative research issues for multicultural service learning", *Qualitative Studies in Education*, 15(3), 317-331.

Brewer, M. B. & Gaertner, S. L. (2001), "Toward reduction of prejudice: Intergroup contact and social categorization", In R. Brown & S. L. Gaertner (Eds.), *Blackwell handbook of social Psychology: Intergroup processes* (pp. 451-472). Malden: Blackwell Publishers.

Brown, R. (1995), *Prejudice: Its social Psychology*, Cambridge: Blackwell.

Cameron, L. (2005), *Reducing prejudice in children-extended report*, Canterbury: University of Kent.

Derman-Sparks, L. & the A.B.C. Task Force (1989), *Anti-bias curriculum: Tools for empowering young children*. Washington, D. C.: National Association for the Education of Young Children.

Dixon, J., Durrheim, K., & Tredoux, C. G. (2005), "Beyond the optimal contact strategy: A reality check for the contact hypothesis", *American Psychologist*, 60, 697-711.

Dovidio, J. F. (2001), "On the nature of contemporary prejudice: The third wave", *Journal of Social Issues*, 57(4), 829-849.

Dovidio, J. F., Hewstone, M., Glick, P. & Esses, V. M. (2010), "Prejudice, stereotyping and discrimination: Theoretical and empirical overview", In J. F. Dovidio, M. Hewstone, P. Glock & V. M. Esses (Eds.). *The SAGE handbook of prejudice, stereotyping and discrimination* (pp. 3-28), Los Angeles: SAGE.

Duckitt, J. (1992), *The social Psychology of prejudice*, New York: Praeger.

Duckitt, J. (2010), "Historical review", In J. F. Dovidio, M. Hestone, P. Glock & V. M. Esses (Eds.). *The SAGE handbook of prejudice, stereotyping and discrimination* (pp. 29-44), Los Angeles: SAGE.

Ehrlich, H. J. (1973), *The social Psychology of prejudice*, New York: Wiley.

Fishbein, H. D. (2002), *Peer prejudice and discrimination: The origins of prejudice*, Mahwah: Lawrence Erlbaum Associates, Publishers.

Grant, C. A. & Sleeter, C. E. (2007), *Turning on learning: Five approaches for multicultural teaching plans for race, class, gender and disability,* 4th ed., Danvers, MA: John Wiley & Sons, Inc.

Grim, P., Selinger, E., Braynen, W., Rosenberger, R., Au, R., Louie, N. & Connolly, J. (2005), "Modeling prejudice reduction: Spatialized Game Theory and the Contact Hypothesis", *Public Affairs Quarterly*, 19(2), 95-125.

Hamilton, D. L. & Troiler, T. K. (1986), "Stereotypes and stereotyping: An overview of the cognitive approach", In J. F. Dovidio & S. L. Gaertner (Eds.), *Prejudice, discrimination, and racism* (pp. 127-158), Orlando: Academic Press.

Haslam, S. A. & Dovidio, J. F. (2010), "Prejudice", In J. M. Levine & M. A. Hogg (Eds.), *Encyclopedia of group processes and intergroup relations* (pp. 655-660), Thousan Oaks: Sage.

Hogg, M. A. (2003), "Intergroup relations", In J. Delamater (Ed.). *Handbook of social Psychology* (pp. 479-501), New York: Kluwer Academic/Plenum Publishers.

Hogg, M. A. & Reid, S. A. (2006), "Social identity, self- categorization, and the communication of group norms", *Communication Theory*, 16, 7-30.

Huddy, L. (2004), "Contrasting theoretical approaches to intergroup relations", *Political Psychology*, 25(6), 947-967.

Johnson, D. W. & Johnsom, R. T. (2000), "The three Cs of reducing prejudice and discrimination", In S. Oskamp (Ed.). *Reducing prejudice and discrimination*

6장. 편견 이론에 근거한 반편견 교수 전략

(pp. 211-237). Mahwah: Lawrence Erlbaum Associates, Publishers.

Levy, S. R. & Hughes, J. M. (2010), "Development of racial and ethnic prejudice among children", In T. D. Nelson (Ed). *Handbook of prejudice, stereotyping, and discrimination* (pp. 23-42), New York: Psychology Press.

Lippmann, W. (1922), *Public opinion*, New York: Harcourt Brace.

Myers, D. G. (2005), *Social Psychology*, 8th ed., Boston: McGraw Hill.

Operario, D. & Fiske, S. T. (2001), "Stereotype: Context, processes, and context", In R. Brown & S. L. Gaertner (Eds.). *Blackwell handbook of social Psychology: Intergroup processes* (pp. 22-44). Malden: Blackwell Publishers.

Oskamp, S. (2000), "Multiple paths to reducing prejudice and discrimination" In S. Oskamp (Ed.), *Reducing prejudice and discrimination* (pp. 1-19), Mahwah: Lawrence Erlbaum Associates, Publishers.

Paluck, E. L. & Green, D. P. (2009), "Prejudice reduction: What works? A review and assessment of research and practice", *Annual Review of Psychology*, 60, 339-367.

Pederson, A., Walker, I., Paradies, Y. & Guerin, B. (2011), "How to cook rice: A review of ingredients for teaching anti-prejudice", *Australian Psychologist*. 46, 55-63.

Ponterotto, J. G. & Pederson, P. B. (1993), *Preventing prejudice: A guide for counselors and educators*, Newbury Park: SAGE Publications.

Shih, M., Wang, E., Bucher, A. T., & Stotzer, R. (2009), "Perspective taking: Reducing prejudice towards general outgroups and specific individuals", *Group Processes & Intergroup Relations*, 12(5), 565-577.

Stephan, W. (1999), *Reducing prejudice and stereotyping in schools*, New York: Teachers College Press.

Stephan, W. G. (2006), "Bridging the researcher-practitioner divide in intergroup relations", *Journal of Social Issues*, 62(3), 2006, pp. 597-605.

Stephan, W. G., Ybarra, O. & Morrison, K. R. (2010), "Intergroup threat theory", In T. D. Nelson (Ed). *Handbook of prejudice, stereotyping, and discrimination* (pp. 43-60), New York: Psychology Press.

Tajfel, H. (1969), "Cognitive aspects of prejudice", *Journal of Social Issues*. 25(4), 79-97.

Turner, J. C. & Reynolds, K. J. (2001), "The social identity perspective in intergroup relations: Theories, themes, and controversies", In R. Brown & S. L. Gaertner (Eds.). *Blackwell handbook of social Psychology: Intergroup processes* (pp. 133-152), Malden: Blackwell Publishers.

Vrij, A., Akehurst, L. & Smith, B. (2003), "Reducing ethnic prejudice: An evaluation of seven recommended principles for incorporation in public campaign", *Journal of Community & Applied Social Psychology*, 13, 284-299.

Wilder, D. A. (1986), "Social categorization: Implications for creation and reduction of intergroup bias", In L. Berkowitz (Ed.). *Advances in experimental social Psychology* (pp. 291-355), New York: Academic Press.

7장

북한이탈주민에 대한 고정관념 해소를 위한 교수 전략

최근 우리 사회가 다문화 사회로 변모함에 따라서 우리 사회의 새로운 이주자들에 대한 관심이 급증하고 있다. 정부기관 및 사회단체는 다문화 사회에 대비하기 위한 각종 정책의 제안 및 실천에 앞장서고 있고, 학계는 다문화교육의 연구 및 실천에 진력하고 있다. 사회 전반에 걸쳐 다문화 정책과 다문화교육이라는 이름하에 새로운 이주자들을 한국 사회에 통합하기 위한 다양한 지원과 교육이 활발하게 진행되고 있는 것이다.

그러나 이러한 사회적 흐름에 있어서 대부분의 관심은 국제결혼 이주 여성에 집중하고 있으며, 북한이탈주민 및 외국인 노동자에 대한 사회적 지원과 관심은 매우 소홀한 편이다. 북한이탈주민 또한 우리 사회의 다문화 현상을 초래한 주요한 인적 요인임에도 불구하고, 정작 다문화 정책과 지원의 영역에서는 소홀하게 취급되고 있는 것이다.

북한이탈주민은 외국 이주자들처럼 남한의 새로운 환경에 적응해야 하는 이질적 존재이면서도, 우리와 혈연·언어·지역적 동질성을 갖고 있는 매우 특수한 집단이다. 우리 정부는 해외에 체류하고 있는 북한이탈주민이 한국행을 희망하는 경우 인도주의와 동포애 차원에서 전원 수용한다는 원칙에 따라, 국내 법령과 UN 난민 협약 등 국제법에 부합되게 이들을 보호하고 국내로 수용해 왔다. 국내에 입국한 북한이탈주민은 1990년대 초반에는 매년 10명 내외에 불과했으나 2002년부터는 매년 1천 명을 초과하였고, 급기야 2010년 11월 11일 2만 명을 넘어 섰다(문화일보, 2010년 11월 15일자). 2022년 6월 현재 국내 거주 북한이탈주민은 약 34,000명에 이른다. 그러나 대부분의 북한이탈주민은 남한 사회에 적응함에 있어서 상당한 어려움을 겪고 있다. 국내에 정착한 북한이탈주민 가구 절반 이상의 월 평균 수입이 100만 원도 안 되는 실정이다. 북한이탈주민들은 남한 사회 정착 과정의 어려움으로 '경제적 곤란'(39.1%), '문화적 이질감'(14.3%), '취업 곤란'(13.6%), '주변의 무시와 편견'(11.3%)을 꼽는다(국민일보, 2011년 2월 16일자).

이렇듯 북한이탈주민의 남한 사회 적응을 어렵게 만드는 주요 요인들 가운데 하나는 남한 주민의 냉대와 편견이다. 북한이탈주민들은 자신들에 대해 남한 주민들이 관심 없는 태도를 보인다고 생각하며, 남한 주민의 냉대와 편견 때문에 남한 사회에의 적응이 어렵다고 말한다. 또한 남한 주민들의 냉대와 편견은 자신들이 경제적으로 매우 어려운 북한에서 왔으며, 사고방식이 다르고 말씨가 다르다는 이유 때문이라고 생각하고 있다(조정아, 2006, p. iv).

7장. 북한이탈주민에 대한 고정관념 해소를 위한 교수 전략

이러한 현상은 다문화 사회에 부합하는 우리 국민들의 다문화 역량 부족에서 기인한다고 볼 수 있다. 스위스 국제경영개발원(IMD)이 발표한 '세계 경쟁력 보고서'에 따르면, 한국의 외국 문화에 대한 개방도는 현저하게 낮은 수준이다. 외국 문화에 대한 개방도 항목은 2008년에 55개 대상국 중 최하위, 2009년에 57개 대상국 중 56위를 기록하였다. 이민 문호도에 대한 이민법 항목에서도 2008년 55개 대상국 중 54위였으며, 2009년에는 57개 대상국 중 최하위였다(현대경제연구원, 2009, p. 70). 또, 한국선진화재단의 자료에 따르면, 다문화 공생 사회와 세계 문화 표준 창출을 위한 문화적 측면의 선진화 정도 역시 낮은 것으로 나타났다. 외국문화 개방도, 이민자 비중, 유학생 수 등을 평가한 문화적 측면의 선진화 정도에서 한국은 OECD, 비OECD 40개국 중 25위에 그쳤다(현대경제연구원, 2009, p. 8).

북한이탈주민은 우리와 같은 민족이면서도 오랜 기간 상이한 이념과 정치 체제 속에서 살아왔기 때문에 그들과 우리 사이에는 문화적 이질감이 존재하는 것이 당연하다. 다문화 사회는 서로 간의 문화적 차이를 인정하고 존중하면서 공존과 공영을 추구하는 사회임에도 불구하고, 우리는 아직도 북한에 대한 전통적인 고정관념에 근거하여 북한이탈주민들을 대하다 보니 많은 편견과 차별 행위가 계속되고 있다.

이러한 현상은 학교교육을 통해 체계적인 통일교육을 받으며 성장하고 있는 우리 학생들의 경우에도 마찬가지다. 2010년 한국청소년정책연구원이 한국, 중국, 일본의 청소년들을 대상으로 조사한 결과에 따르면, '다문화 청소년을 친구로 맞이할 수 있다.'는 문항과 '다문화 청소년이 동등한 사회구성원으로 살아갈 권리가 있다.'는 문항에 대한 응답이 중국, 일본, 한국 순으로 나타나, 우리나라 청소년의 다문화 수용도가 상대적으로 낮은 경향을 보여주었다(공감코리아 보도자료, 2011년 3월 11일자). 2010년 통일교육협의회에서 실시한 조사 결과에 의하면, 북한이탈주민을 동네 이웃과 친구로서 수용할 수 있다는 응답은 50%를 약간 넘지만, 결혼 대상자로서 수용할 수 있다는 응답은 불과 14.7%로 이전의 조사 결과보다 훨씬 낮게 나타났다(이미경, 2010, p. 21). 또한, 2011년 한국청소년정책연구원의 발표에 의하면, 우리나라 청소년은 다양한 이웃과 조화롭게 살아가는 '사회적 상호작용 역량'이 세계 최하위 수준이다. 국제교육협의회(IEA)가 세계의 중학교 2학년 학생 14만 600여 명을 설문 조사한 '국제 시민의식 교육연구' 자료에 의하면, 우리나라는 36개 조사 대상 국가 중 35위인 것으로 밝혀졌다(연합뉴스, 2011년 3월 27일자).

나와 다른 사람들과 더불어 사는 능력의 결여 현상이 지속될 경우, 우리 사회가 통일의 과정 및 통일 이후 사회문화적인 통합에 있어서 상당한 어려움에 직면할 것이 분명하다. 특히 남북한 간의 '공동의 기억'을 공유하고 있지 못한 아동 및 청소년들의 북한에 대한 그릇된 고정 관념은 북한 주민에 대한 편견과 차별 행위로 이어져 심각한 사회 갈등을 유발할 수도 있다. 통일 과정 및 통일 국가 형성에 있어서 남북한 주민의 심리적 통합을 위해 가장 중요한 것은 상대적으로 체제 우위에 있는 남한 주민들이 일상생활과 집단 간 관계에서 북한 주민들을 수용적·개방적 태도를 가지고 대하는 것이다(김국현, 2003, p. 233).

이를 위해서는 학교 통일교육 현장에서 북한이탈주민에 대한 객관적인 지식과 정보를 제공하여, 우리의 아동 및 청소년들이 그릇된 고정관념에 근거하여 북한이탈주민을 이해·판단하지 않도록 해 주어야 한다. 그럼에도 불구하고, 북한이탈주민에 대한 고정관념을 해소하기 위한 교수 전략에 대한 연구는 통일교육 현장에서 매우 소홀하였다. 고정관념은 편견의 인지적 원천이 된다는 사실 그리고 편견의 행동적 차원이 바로 차별이라는 사실을 고려할 때, 북한 주민에 대한 그릇된 고정관념을 해소하기 위한 교수 전략을 모색하는 것은 북한이탈주민에 대한 편견과 차별 행위를 예방하기 위한 가장 일차적이면서도 현실적인 교육적 대안이다. 이에 여기서는 학교 통일교육 현장에서 북한이탈주민에 대한 고정관념을 해소하기 위한 구체적인 교수 전략을 제안하고자 한다. 이를 위해 고정관념의 개념과 북한 및 북한 주민에 대한 고정관념의 실태에 대해 살펴보고, 고정관념의 형성 과정을 설명하는 네트워크 모델의 이론적 유용성 및 시사점을 검토하며, 이를 근거로 하여 학교 통일교육 현장에서 북한이탈주민에 대한 고정관념 해소를 위한 교수 전략을 제안하고자 한다.

1. 고정관념에 대한 이해

가. 고정관념의 개념 및 특징

고정관념은 1922년 미국의 저널리스트 월터 맆맨(Walter Lippmann)이 다양한 집단에 대한 '우리 머릿속의 그림'을 지칭하기 위해 처음으로 사용한 용어다(Leyens, Yzerbyt & Schadron, 1994, p. 1). 고정관념은 특정 집단의 개인적 속성들에 대한 신념을 의미한다(Grant & G. Ladson-Billings, 1997, p. 249). 이렇듯 고정관념이란 어떤 사회 집단에 대해 우리가 형성한 신념을 말한다. 즉, 우리는 젠더, 인종, 민족, 출생 지역, 그리고 여러 직업 집단에 대한 고정관념을 가지고 있는데, 이 고정관념은 각 사회 집단의 모든 구성원들이 어떤 특질이나 특징을 갖고 있다고 우리가 믿는 것을 의미한다.

고정관념은 특정 집단 내 구성원들의 개인적 차이를 인정하지 않는 가운데, 그 집단 전체 성원들을 기술하기 위해 사용하는 과장되고 부정확한 일반화에 근거를 둔다. 운동선수는 머리가 나쁘고, 유태인은 인색하며, 흑인은 폭력적이고, 뚱뚱한 사람은 게으르며, 금발은 멍청하다는 것 등은 우리가 생활 속에서 흔히 접하는 고정관념의 대표적 사례다. 고정관념은 사람이 자신이 처한 상황을 이해할 수 있는 범주화 과정에서 자연스럽게 발생하는 현상이다. 이에 대해 트리안디스(Triandis, 1971, pp. 102-103)는 다음과 같이 말한 바 있다.

> 우리가 고정관념을 만드는 것은 주어진 모든 정보를 동원할 지적 능력이 없기 때문이다. 게다가 우리는 문제를 단순화하고 가능한 한 쉽게 해결하려고 한다. "멕시코 사람들은 게으르다."와 같이, '많이 사용하는 공식'에 근거하여 백인 고용주는 멕시코 출신 지원자를 고려의 대상에서 제외함으로써 정신적 수고를 줄인다. 만약 백인 고용주가 모든 지원자들을 검토하고 그들의 행위를 일으키는 원인을 이해하려면 더 힘들 수밖에 없다. 더욱이 범주화는 빠른 인식에 도움을 준다. 어떤 사람이 "저기 음주 운전자가 있어요! 조심하세요!"라고 말한다면, 우리는 즉각적으로 방어 운전을 하게 된다. '음주 운전자'라는 의미가 다른 운전자에 대해 갖는 여러 가지 행위들을 포함하고 있기 때문에 우리는 재빠르게 대처하게 된다. 범주가 포함하는 외연이 넓어질수록 부정확해진다. 문제를 단순화 시키는 것이 우리에게 더 많은 도움을 줄수록 우리가 세

상을 잘못 인식할 가능성은 그만큼 더 커진다.

이렇듯 고정관념은 특정한 사회 집단에 대해 우리가 부여한 특성으로 구성된다. 고정관념은 우리가 비사회적 범주들에 대해 만들어내는 일반화와 매우 유사하다. 우리가 조류나 맹수류에 대해 만들어내는 특정한 일반화와 마찬가지로, 고정관념은 외과의사, 간호사, 웨이터, 회계사, 편집증환자, 절망한 사람, 사기꾼, 수줍음이 많은 사람 등과의 상호작용을 안내하는 데 사용되는 기대 사항을 우리에게 제공한다. 우리는 의사에 대한 나름대로의 고정관념을 지니고 있기에, 의사를 만날 때 어떻게 행동해야 하는지를 나름대로 기대할 수 있는 것이다.

그러나 고정관념과 일반화는 분명 차이가 있다. 고정관념은 특정한 집단의 특성을 과도하게 단순화하거나 과장하는 지식, 즉 사실을 일정 부분 왜곡하는 지식이다. 이에 비해 일반화는 사실과 개념에 바탕을 둔 지식이다. 학문적 연구의 결과로 밝혀진 사실과 개념들로부터 도출된 일반화는 예외적 상황을 염두에 두고 마련된 것이다. 따라서 고정관념은 우리가 극복하거나 해소시켜야 할 성격의 것이지만, 일반화는 특정 집단에 대한 정보의 일차자료로 활용될 수 있다(Marshall, 2002, p. 5).

그렇다면, 사람들은 왜 고정관념을 잘 버리지 못할까? 사람들이 고정관념을 잘 버리지 못하는 이유는 사실상 고정관념이 여러 가지 기능을 수행하고 있기 때문이다. 고정관념은 사람들이 긍정적인 자아 이미지를 유지하는 데 도움을 주고, 그들의 사회적 지위와 세계관을 정당화시켜 준다. 나아가 고정관념은 세상의 복잡함을 감소시켜 주고, 사회적 상호작용을 위한 지침을 제공해 준다(Stephan, 1999, p. 2).

고정관념의 토대는 바로 범주화이다. 우리는 사회적 범주화를 만들 때, 특정한 사람들을 그 범주 안에서 유사하게 만들거나 다른 사람들과 구별되게 만드는 특성들에 초점을 맞춘다. 그러므로 집단 명칭을 이용하여 사람들을 범주화할 때, 우리는 그 범주 안에서의 사람들의 유사성 및 그 사람들이 다른 사람들과 구별되는 방식을 강조하게 된다. 사람들을 북한이탈주민, 장애인, 동성애자, 히스패닉 등으로 명명하는 것은 그들을 다른 사람들로부터 구별하게 만드는 그들 고유의 정체성 측면들을 강조하는 것이다. 반면에 집단 안에서 개별 성원들 간의 차이점을 강조하지는 않는다. 예를 들어, 백인 학생은 흑인 학생들이 실제보다 더 백인과 차이가 있으며, 흑인 학생들 간에는 실제보다 더 유사성이 많다고 생각할 것이다.

하지만 고정관념이 때로는 아주 해로운 영향을 수반하기 때문에 집단 간 관계에서 매우 중요하다. 사회 집단에 대한 고정관념은 종종 부정적이거나 과장되어 있고 부정확한 경우가 많다. 부정적인 고정관념은 우리로 하여금 외집단 성원으로부터 부정적인 행위를 기대하도록 만든다. 과잉 일반화된 고정관념은 우리로 하여금 대부분의 외집단 성원들이 유사한 방식으로 행동한다고 기대하도록 만들어버리기에, 우리가 외집단 성원들을 개별적으로 취급하지 못하게끔 만든다. 부정확한 고정관념은 우리가 잘못 이해하고 있는 사람들에게 커다란 해로움을 유발할 수 있으며, 오해와 갈등을 낳을 수도 있다. 한편 부정적 내용의 고정관념은 편견의 인지적 원천이 된다. 즉 여성에 대해 부정적 고정관념을 가진 사람은 여성에 대해 편견을 갖고 있기에 여성을 차별하기 쉽다.

집단 간 관계에 있어서 고정관념은 심지어 우리가 잘 알지 못하는 타인에 대한 우리의 판단과 행동에 영향을 미치기 때문에 더욱 중요하다. 고정관념은 우리의 일상적인 언어가 되어 행동에 영향을 미치고 그러한 행동은 다시 고정관념을 유발하는 자기 충족 예언을 만들어낸다. 고정관념은 우리의 사회적 상호작용에 해로움을 주는 일종의 인지적 괴물인 셈이다(Stangor, 2009, p. 9). 하지만, 고정관념이 사람들의 머릿속에 구조화되고 재현되는 방식이 고정관념의 변화 자체를 어렵게 만들기 때문에 사람들은 쉽게 고정관념을 버리지 못한다.

나. 북한 및 북한 주민에 대한 고정관념의 실태

연령 특성상 학생들은 사회 세계의 복잡함을 처리하기 위한 지름길로서 고정관념에 의존할 가능성이 매우 높다. 매스미디어, 가족 성원, 친구, 학교 체제, 사회의 정치 체제와 법 체제 등은 그들 주위의 사회 집단에 적용될 수 있는 고정관념을 제공해 준다(Ponterotto & Pederson, 1993, p. 31). 우리의 청소년들이 북한이탈주민에 대해 어떠한 고정관념을 갖고 있는지에 대한 선행연구들은 극히 제한되어 있다. 이에 여기서는 북한 및 북한 주민에 대해 우리나라 사람들이 갖고 있는 고정관념의 내용을 연구한 선행연구들의 결과를 분석하는 데 초점을 맞추고자 한다.

이수정(1999, p. 68)은 설문조사를 통하여 북한인에 대한 고정관념과 거리감, 그리고 개인의 인지적 스타일이 북한인들에 대한 차별적인 의사결정에 어떤 영향을 미칠 것인지를 탐색하였다. 연구 결과에 의하면, 여성 응답자들은 남성 응답자들에 비하여 북한 출신 사람들과 혼인할 의사가 훨씬 적다고 대답하였으며, 그 이유는 북한 사람들에 대한 거리감과 고정관념 때문인 것으로 나타났다.

전우영·조은경(2000, p. 167)은 대학생들이 북한 사람들에 대해 갖고 있는 고정관념을 분석하였다. 연구 결과에 의하면, 대학생들이 북한 사람들에 대해 갖고 있는 고정관념은 '우울한, 참을성 있는, 순진한, 부지런한, 성실한, 공격적인, 비관적인, 엄격한, 진지한, 착한' 등의 순으로 나타났다. 반면에 국가로서의 북한에 대한 고정관념은 '공격적인, 지배적인, 까다로운, 엄격한, 야심적인, 차가운, 단호한, 괴팍한, 이기적인, 실리적인' 등의 순으로 나타났다. 대학생들은 국가로서의 북한에 대한 판단 시에 김일성, 김정일 등과 같은 북한의 지배층과 그들의 공격적이고 남성적인 모습에 대해 생각하는 것으로 나타났으며, 그 결과 북한과 북한 남성을 공격적이고 지배적인 특성을 공유하고 있는 집단으로 파악하였다. 반면, 북한 여성에 대해서는 탈북자, 북한 주민, 전통적인 여성, 경제적 궁핍 등과 같은 북한의 피지배층과 그들의 생활상에 기초해서 평가한 것으로 나타났다.

길은배(2001, pp. 60-61)는 중고등 학생들을 대상으로 한 설문조사를 통해 우리나라 청소년들이 북한 청소년들에 대해 갖고 있는 고정관념을 분석하였다. 연구 결과에 의하면, 우리나라 청소년들은 북한 주민이나 청소년들을 같은 민족으로 생각하지만, 그들에 대해 심리적 거리감을 갖고 있는 것으로 나타났다. 우리나라 청소년들의 북한 청소년에 이미지는 부정적 고정관념을 그대로 반영하고 있는 것으로 나타났다. 북한 청소년들은 남한 청소년에 비해 집단주의적이고, 엄격하고, 타율적이고, 몰

개성적이고, 폐쇄적이라는 인식이 지배적이었다. 반면에 북한 청소년에 대한 긍정적 고정관념은 성실하고 근면하다는 것으로 나타났다.

김혜숙(2003, p. 121)은 우리나라 사람들이 소수 집단(지역 집단, 성 집단, 신체장애인, 북한이탈주민)에 대해 갖고 있는 고정관념의 내용을 유능성과 따뜻함의 차원에서 분석하였다. 연구 결과에 의하면, 우리나라 사람들은 이혼녀, 탈북자 등 지위가 낮은 집단들에 대해서는 상대적으로 덜 따뜻하고 덜 유능하다고 지각하고 있는 것으로 나타났다. 우리나라 사람들은 영세민, 신체장애인, 외국인 노동자 등과 같이 지위가 낮고 경쟁적이지 않은 소수 집단 사람들에 대해서는 유능하지는 않지만 따뜻하다고 지각하고 연민을 느끼는 보호적 고정관념을 보여주었으나, 북한이탈주민에 대해서는 그런 감정을 갖지 않는 것으로 나타났다.

이정우(2007, p. 166)는 사회과 예비교사들이 다양한 인종·민족 집단에 대해 갖고 있는 고정관념을 분석하였다. 연구 결과에 의하면, 대학생들은 북한 사람에 대한 긍정적 평가로서 매력적이고 부지런하다는 인상을 갖고 있는 반면에, '무섭거나, 불쌍하고, 답답한 존재'와 같은 부정적 고정관념을 더 많이 갖고 있는 것으로 나타났다.

김혜숙(2007, p. 100)은 우리나라 사람들이 가지고 있는 가치가 소수 집단에 대한 편견에 미치는 영향을 조사하였다. 연구 결과에 의하면, 우리나라 사람들은 보편주의적 가치에 대한 신봉이 낮은 수준이며, 그 결과 외국인 노동자, 장애인, 북한이탈주민 등 우리 사회의 약자 집단에 대해 영호남 사람들에 비해 덜 호의적인 태도를 가진 것으로 나타났다. 그 중에서도 특히 외국인 노동자와 북한이탈주민에 대한 태도가 가장 부정적인 것으로 나타났다.

윤옥경(2009, pp. 827-828)은 중학생을 대상으로 북한에 대한 지식이 북한이탈주민에 대한 고정관념 및 사회적 친밀감에 미치는 영향을 조사하였다. 연구 결과에 의하면, 북한에 대한 지식이 적은 학생일수록 북한 주민에 대한 고정관념을 많이 가지고 있고, 사회적 친밀감의 표현도 낮은 것으로 나타났다.

양계민(2009, p. 71)은 북한이탈주민을 포함한 국내 소수 집단에 대한 청소년들의 태도에 영향을 미치는 요인들을 조사하였다. 그 결과 우리나라 아동 및 청소년들은 국내의 소수 문화적·인종적 집단들이 한국 사회에 피해를 주거나 제한된 자원을 빼앗아갈 것 이라는 인식이 소수 집단에 대한 인식에 가장 큰 영향을 주는 것으로 나타났다.

이렇듯 북한 및 북한 주민들에 대해 우리가 갖고 있는 고정관념은 긍정적 측면보다는 부정적 측면이 더 많음을 알 수 있다. 북한에 대한 객관적 지식의 양, 보편적 가치에 대한 인식이 작을수록 북한에 대한 부정적 고정관념이 크게 나타나며, 북한이탈주민이 한국 사회에 피해를 준다는 인식이 북한에 대한 고정관념을 심화시키는 것으로 나타났다. 북한 및 북한 주민에 대한 부정적 고정관념이 클수록, 북한 주민에 대한 편견과 차별 행위가 증가하고, 그에 따라 통일에 대한 거리감은 커질 수밖에 없다. 이러한 사실에 유념하여, 앞으로의 통일교육에서는 북한 및 북한 내 하위 집단에 대한 부정적인 고정관념을 감소시키고, 통일에 대한 거리감을 완화시켜 줄 수 있어야 한다.

2. 고정관념에 대한 네트워크 모델

우리가 북한이탈주민에 대한 학생들의 고정관념을 바꾸고자 한다면, 우리는 먼저 고정관념이 어떻게 작동하는지를 이해해야 한다. 고정관념에 대한 네트워크 모델은 사람들이 정보를 조직화하고 처리하는 방식에 대한 이해를 돕기 위해 만들어진 것이다. 네트워크 모델은 상이한 집단(북한이탈주민, 외국인 노동자, 흑인 등)에 대한 고정관념과 관련된 정보가 우리의 머릿속에 어떻게 저장되고 있는지에 대한 통찰력을 제공해준다. 즉, 네트워크 모델이 지닌 장점 가운데 하나는 고정관념을 줄이고자 할 경우, 우리가 무엇을 해야 하는지를 분명하게 알려준다는 점이다.

가. 네트워크 모델의 구성 요소

네트워크 모델은 노드(nodes)라고 불리는 분리된 정보의 조각들이 네트워크를 형성하기 위해 서로 연결되어 있다고 가정한다. 따라서 고정관념은 각기 다른 정보 유형의 전체 배열들을 사회 집단과 연결시켜 주는 정보 노드들이 연합된 하나의 네트워크이다(Stephan, 1999, p. 3). 이러한 네트워크들은 우리가 사회 세계를 경험하는 방식을 구조화하는 통로를 머릿속에 만들어준다. 우리가 이러한 통로를 많이 사용할수록 점점 더 고착화되어 그것을 변경하는 것이 더욱 힘들어진다.

고정관념 네트워크는 흔히 노드라고 불리는 다섯 가지 기본 정보 유형들로 구성된다. 다섯 가지 유형은 규정적 특성(defining features), 집단 명명(group labels), 독자적 특성(characteristic features), 행위(behaviors), 실례(exemplars: 집단의 개별 성원)이다.

사회적 범주에 대한 규정적 특성은 집단 소속감을 규정하는 데 사용되는 기준들(예: 신체적 외모)로 이루어진다. 고정관념에 있어서 규정적 특성은 우리가 사람들을 특정한 집단 성원으로서 범주화할 때 사용하는 기준이다. 개인이 사회적 범주화를 위한 결정을 내릴 때 사용하는 특성이 무엇이든지 간에, 그것들은 개인의 규정적 특성이다.

규정적 특성은 우리가 특정 집단을 명명하는 집단 명명과 밀접하게 연관되어 있다. 우리가 특정한 사람을 특정 집단의 성원으로 정의할 때, 우리는 그에게 적절한 이름을 붙인다.

독자적 특성은 범주를 규정하지는 않지만, 집단 명명과 연합되어 있다. 고정관념의 가장 중요한 독자적 특성은 그 범주와 연합된 특징들로 구성된다. 사회적 범주에 대한 규정적 특성과 독자적 특성은 질적으로 상이한 것이다. 한 개인이 어떤 범주의 성원으로 식별되려면 최소한 규정적 특성의 일부분을 지니고 있어야만 한다. 그러나 한 개인이 어떤 범주의 독자적 특성들 가운데 어느 것도 지니고 있지 않는다 해도, 그 사람은 여전히 그 범주의 성원일 수 있다. 예를 들어, 어머니가 유태인이기에 유태인으로 범주화된 한 개인이 유태인들에 대한 고정관념과 연합된 특성들을 전혀 지니고 있지 않다고 해도, 그 사람은 여전히 유태인으로 간주된다.

집단 명명과 독자적 특성 간의 연결이 의미하는 바는 이런 것이다. 학생들이 자기네가 싫어하는 집단 성원인 다른 학생들을 언급하기 위해 인종적 통칭을 사용할 때, 그들은 다른 학생들을 범주화할 뿐만 아니라 동시에 일군의 부정적인 인성 특성들을 그 학생들의 탓으로 돌린다.

한편, 고정관념에 적합한 행위들은 주로 독자적 특성과 연결되어 있다. 일반적으로 우리는 어떤 범주의 사람들이 그 범주와 연합된 특징과 일관된 방식으로 행동할 것이라고 기대한다. 일례로, 우리는 외견상 공격적일 것이라고 여겨지는 사람들이 공격적인 방식으로 행동할 것이라고 기대한다.

실례는 한 개인이 직·간접적으로 만나게 되는 사회적 범주의 개별 성원들로 구성된다. 일본인의 종족 범주에 있어서 실례는 한 개인이 알고 있거나, 어딘가에서 읽어보거나 들은 적이 있거나 혹은 미디어에서 보았던 특정한 일본인으로 구성된다. 범주 실례는 집단에 대한 고정관념을 형성하거나 판단을 내리는 데 사용될 수 있기 때문에 고정관념에 있어서 매우 중요하다.

지금까지 연구 결과에 의하면, 우리가 속해 있는 내집단에 대한 정보들은 실례로서 처리되는 반면에, 우리가 속하지 않은 외집단에 대한 정보들은 독자적 특징으로 처리되고 있다고 한다(Ostrom, Carpenter, Sedikides, & Li, 1993, p. 30). 즉, 우리는 내집단 성원들을 개별화하여 보는 경향이 반면에, 외집단 성원들은 그들 전체가 갖고 있는 특징이나 특성에 근거하여 파악하려 한다. 이렇듯 내집단 성원과 외집단 성원에 대한 상이한 정보처리는 외집단에 대한 고정관념 형성을 촉진함과 더불어 외집단에 대한 고정관념을 변경하는 것을 어렵게 만드는 중요한 요인이다.

나. 네트워크 모델에서의 정보처리

고정관념 속의 한 노드가 활성화될 때, 그 활성화는 그 노드와 연결되어 있는 모든 다른 노드로 확산된다. 네트워크를 통한 활성화의 흐름은 거의 완전한 자동화에 가깝다(Stephan, 1999, p. 5). 즉, 고정관념은 대상 집단에 대해 우리가 이미 가지고 있는 일반적이고 추상적인 지식으로서 자동적인 처리 과정을 일으켜 의식적 통제 밖에 있으면서 우리에게 영향을 미친다(김혜숙, 1999, p. 9).

고정관념 네트워크에서의 정보처리는 규정적 특성에 대한 노드의 활성화로부터 시작한다. 규정적 특성에 대한 수많은 정보들(피부색, 의복, 언어 사용)은 수많은 대면적인 사회적 상호작용에서 즉각적으로 활용 가능하므로, 그것이 자동적으로 집단 노드로 확산되어, 우리는 특정인을 특정 집단의 성원으로서 범주화하는 것이다. 예를 들어, 남성에 대한 집단 노드가 활성화되면 남성복, 턱수염이 난 얼굴, 남성에 적합한 비언어적 행동이나 육중한 몸과 같은 규정적 특성들이 활성화된다.

그 다음의 활성화는 집단 노드로부터 고정관념과 관련된 특성으로 확산된다. 따라서 남성에 대한 집단 노드는 어떤 남자가 있을 경우 그 남자가 남성에 대한 전통적인 고정관념에 포함된 공격성, 냉정함, 감정적 표현의 결여라는 특징을 지니고 있다는 것을 활성화한다. 활성화는 연합된 행위로도 확산될 수 있다. 그러므로 우리는 그 사람이 감정적 표현을 억제하는 행위를 하거나 혹은 게임을 할 경우 경쟁적 행위를 할 것이라고 기대한다.

고정관념과 연관된 특성이 활성화될 때, 이러한 활성화는 고정관념화 되어 있는 집단 성원을 그 특징 차원에서 더욱 극단적으로 평가하도록 만든다. 일례로, '공격적'이라는 특성이 결과적으로 그 특성에 대해 남성을 더욱 극단적으로 평가하도록 만든 반면에, 여성에 대한 평가에는 전혀 영향을 주지 않았다는 것이 한 연구 결과에서 밝혀졌다

7장. 북한이탈주민에 대한 고정관념 해소를 위한 교수 전략

(Banaji, Hardin, & Rothman, 1993, p. 278). 이러한 경향성은 일단 고정관념이 활성화될 경우, 사람들은 그 집단에 소속된 개인에 대해 고정관념과 일치하는 더욱 극단적인 평가를 내리게 된다는 것을 의미한다.

고정관념을 활성화하는 것은 고정관념을 확인하는 일련의 관련 사건들을 유발시킨다. 이러한 기대-확인 연쇄(expentancy-confirmation sequence)는 세 단계로 이루어진다. 즉 고정관념을 확인하는 정보 수집으로부터 시작하여, 정보를 확인하거나 거부하는 편파적 처리로 나아가며, 고정관념에 기반을 둔 기대가 완성되는 행동으로 끝나게 된다. 이 세 단계는 통상적인 연쇄를 기술하는 것이지만, 셋 중 어느 하나가 다른 두 가지를 수반하지 않는 가운데 발생할 수 있다(Stephan, 1999, p. 7).

첫 번째 단계는 타 집단 성원들이 소유하고 있는 특성들에 관한 정보를 학습하는 것으로 이루어진다. 사람들은 타인들이 소유하고 있는 특성에 대해 학습하려고 할 때, 두 가지 정보처리 전략 가운데 하나에 의존한다. 사람들은 타인이 가지고 있는 특성을 결정하는 데 가장 적합한 정보를 탐색하거나, 그들의 선입견을 확인시켜 주는 정보를 탐색한다. 정보를 편향되지 않게 탐색하려는 경향은 타인의 특성에 대한 건전한 판단을 내리게 하지만, 자신의 선입견을 확인시켜 주는 증거(기대-확인 증거)를 탐색하려는 경향은 타인의 특성에 대한 편향된 신념, 즉 고정관념을 지지하는 신념을 갖게 한다. 사람들이 가장 가용한 정보를 찾지 않고, 기대-확인 증거를 찾으려는 이유 가운데 하나는 확인 증거가 보다 용이하게 처리되기 때문이다. 이렇듯 사람들은 자신이 갖고 있는 고정관념을 정당화시켜 주는 정보를 찾으려고 하는 반면에, 자신이 갖고 있는 고정관념의 정당성을 반증하는 정보를 찾는 데에는 매우 소극적이다(Johnston, 1996, p. 823).

두 번째 단계는 기대가 타인에 대한 우리의 지각에 미치는 영향으로 구성된다. 고정관념이 활성화될 때 사람들은 기대-반증 정보에 비해 기대-확인 증거에 더 많은 주의를 기울인다. 한 연구에서는 아동의 학업 성취에 대한 비디오를 보여주기 전에 그 아동이 상류층의 사회경제적 배경을 가지고 있다고 말했을 때, 실험에 참여한 대학생들은 아동의 학업 성취 수준이 평균 이상이라고 평가했다. 반면에 그 아동이 하류층의 사회경제적 배경을 가지고 있다고 말하고 비디오를 보여주었을 때에는 그 아동의 학업 성취 수준이 평균 이하라고 평가하였다(Stephan, 1999, p. 7). 실험에 참여한 대학생들은 그들이 갖고 있는 고정관념이 기대하도록 유도하는 것을 보았던 것이다. 이렇듯 사람들은 자신들의 기대를 확인시켜주는 증거에 더 많은 주의를 기울일 뿐만 아니라, 기대-반증 증거보다는 기대-확인 정보를 더 잘 기억하는 경향이 있다.

기대-확인 연쇄의 세 번째 단계는 기대와 행동 간의 관련성을 다룬다. 기대는 종종 자기 충족 예언(self-fulfilling prophecy) 효과를 이끌어낸다. 이것은 대상에 대한 지각자의 고정관념이 대상으로 하여금 실제로 고정관념이 실현되도록 행동하게 하고, 또한 대상의 자기 개념을 그에 맞추어 변화되도록 하는 효과를 의미한다. 예를 들면, 한 조직 내에서 그 구성원들이 여자는 수동적이고 남자에 비해 능력이 떨어진다는 고정관념을 가진다면 이러한 조직 구성원들의 기대가 그 조직 내의 여자들로 하여금(처음에는 그렇지 않았다고 할지라도) 실제로 수동적이고 무능력하게 행동하도록 만들고, 그 결과 그 구성원들의 고정관념은 재확인되고 강화되며 또한 여자들은 수동성과 무능력함을 자기 개념으로 받

7장. 북한이탈주민에 대한 고정관념 해소를 위한 교수 전략

아들이게 되는 것이다(김혜숙, 1999, p. 13).

한편, 소수 집단은 실제보다 더 빈번하게 부정적 행위와 관계되어 있다고 기억하게끔 만드는 기억의 편파가 존재한다. 상이한 집단 성원들이 접촉할 때 소수 집단 성원들이 고정관념과 관계된 부정적 행위를 하게 된다면, 다수 집단은 과장된 부정적 인상을 토로한다. 부정적으로 기대된 행동의 빈도를 과대평가하는 경향성은 사람들이 기분이 안 좋은 상태에 있을 때 더욱 커진다(Stephan, 1999, p. 17). 이렇듯 우리는 혐오 집단에 대한 긍정적 정보보다는 부정적 정보를 더 많이 기억하도록 만드는 편파에 취약하다. 그래서 우리가 기분이 안 좋을 때에는 타인에 대한 부정적 정보에 초점을 맞추게 된다.

3. 통일교육에서 고정관념 해소를 위한 교수 전략

북한이탈주민에 대한 고정관념 실태 분석과 고정관념 네트워크의 이해는 고정관념 해소를 위한 교수 전략 개발에 상당한 시사점을 제공한다. 북한이탈주민에 대한 고정관념의 실태 분석은 현재 우리의 아동 및 청소년들이 북한이탈주민에 대해 갖고 있는 부정적 고정관념의 내용이 무엇이고, 어떤 이유 때문에 그러한 고정관념을 갖고 있는지 그리고 어떤 교육 방법이 현실적으로 효과가 있었는지를 탐색하는 데 큰 도움을 준다. 그리고 고정관념에 대한 네트워크 모델은 고정관념을 감소시키기 위해서는 무엇을, 어떻게 해야 할지에 대한 구체적인 교육학적 정보를 제공해 준다. 이를 근거로 하여, 학교 통일교육에서 북한이탈주민에 대한 고정관념 해소를 위한 교수 전략을 탐색하면 다음과 같다.

가. 객관적 지식 및 정보의 제공

북한이탈주민에 대한 부정적 고정관념을 감소시키기 위해서는 무엇보다도 북한 및 북한이탈주민에 대한 객관적 지식 및 정보를 제공해 주어야 한다. 앞서 북한이탈주민에 대한 고정관념의 실태 분석에서 드러난 바와 같이, 북한에 대한 정보 및 지식이 부족한 학생일수록 북한 및 북한이탈주민에 대한 부정적 고정관념 및 사회적 거리감의 수준이 매우 높기 때문이다(이정우, 2007, p. 176). 북한 및 북한이탈주민에 대한 정확한 지식 및 정보의 제공은 학생들이 북한이탈주민에 대해 갖고 있는 부정적 고정관념이나 오개념을 대체시켜 줄 수 있다.

상당수의 학생들은 북한 주민들이 모두 노동당원이라는 잘못된 생각을 갖고 있다. 어떤 학생들은 북한이탈주민은 북한에서 죄를 지어 더이상 살 수 없기 때문에 도망친 사람들이라는 생각을 갖고 있기도 하다. 통일교육에서는 학생들이 북한 및 북한이탈주민에 대한 그릇된 지식과 정보의 희생양이 되지 않도록 객관적이고 정확한 지식과 정보를 제공해 주어야 한다. 또한 대다수의 학생들은 북한이탈주민이 한국 사회에 피해를 줄 것이라는 생각을 갖고 있다. 그러므로 통일교육에서는 북한이탈주민이 우리에게 피해를 주는 것이 아니라 앞으로 한국 사회를 더욱 발전시킬 수 있는 창조적·생성적인 인적 요소가 될 수 있음을 강조해야 한다. 동시에 세계화 시대에 있어서 국가 간의 인적 교류는 피할 수 없는 조류임을 인식시키고, 북한이탈주민 역시 이러한 세계사적인 인구 이동의 한 측면으로 볼 수 있도록 유도해야 한다.

나. 긍정적 특성과의 연결 강화

집단과 특성 간의 연결은 고정관념의 기본 요소이기 때문에, 북한이탈주민에 대한 부정적 고정관념의 해소에 있어서 우리가 일차적으로 관심을 가져야 할 부분이다. 우리는 집단 노드와 긍정적 특성 간의 연결을 강화함으로써 부정적인 고정관념을 줄일 수 있다. 집단 노드와 긍정적인 특성이 연결되면, 북한이탈주민을 떠올릴 때마다 긍정적인 고정관념이 자동적으로 활성화될 수 있기에, 부정적 고정관념을 감소시키는 데 있어서 매우 효과적이다. 달리 말해, 이 방법은 내집단이 제대로 인식하지 못하고 있는 외집단에 대한 새로운 긍정적인 고정관념을 만들어 이전의 부정적인 고정관념을 변화시키는 방법이다. 나은영(1997, p. 129)은 긍정적 역고정관념(예: 여자가 이삿짐을 나르는 것)의 활성화가 고정관념 불일치 인물(예: 주장적 여자)에 대한 인상을 보다 긍정적으로 만들었음을 보여주었다.

통일교육에서 북한이탈주민에 대한 고정적 부정관념을 해소하고자 할 경우 두 가지 방식이 가능하다. 하나는 학생들이 현재 제대로 인식하지 못하고 있는 북한이탈주민에 대한 긍정적 정보를 제시하는 것이고, 다른 하나는 북한이탈주민들과의 직접적인 경험을 통해 새로운 긍정적 특성들이 기존의 고정관념에 덧붙여지도록 하는 것이다. 대부분의 학생들은 북한 주민들과의 접촉 기회가 없으므로, 북한 정권과 북한이탈주민을 동일시하는 경향이 많다. 그러므로 교사는 북한 정권과 북한 주민을 분리시켜 학생들이 생각할 수 있도록 해 주어야 하며, 학생들이 접하지 못한 북한이탈주민들의 긍정적 특성들을 학생들에게 있는 그대로 제시해 주어야 한다. 또한 학생들은 특정한 북한이탈주민의 부정적 행동을 북한이탈주민 전체에 확대하여 과잉 일반화를 하는 경향이 많다. 따라서 통일교육에서 교사는 이러한 사실들에 주목하는 가운데, 북한이탈주민들은 부모 공경에 있어서 남한보다 더 지극한 정성을 보이고 있다는 점, 가족 간의 유대가 매우 강하다는 점, 생활력이 강하고 책임감이 강하다는 점, 단결력이 강하다는 점 등과 같은 긍정적 특성들을 알기 쉬운 사례를 통해 학생들이 자주 접할 수 있게 해 주어야 한다. 북한이탈주민의 긍정적 특성을 강조할 경우에는 그것을 긍정적 맥락 속에서 제시하는 것이 중요하며, 또한 한국 사회와의 유사성을 강조하는 맥락 속에서 이루어지는 것이 바람직하다. 부정적 고정관념을 감소시키기 위해서는 집단 간의 유사성을 긍정적 맥락에서 제시하는 것이 매우 중요하기 때문이다(Stephan, 1999, p. 87).

다른 하나는 북한이탈주민들과의 직접적인 접촉의 기회를 갖도록 하는 것이다. 물론 현행 학교교육 체제에서 이 방법은 다소 어려울 수 있다. 그러나 북한이탈주민을 초빙한 특강이나 간담회 등을 통해 학생들이 북한이탈주민을 가까이서 접할 수 있는 기회를 만들어줌으로써, 학생들이 이전에 전혀 알지 못했던 북한이탈주민의 긍정적인 특성들을 학습할 수 있게 해 줄 수 있다. 이러한 방법은 어려서부터 북한 사람들을 정서적으로 두려움이나 불안감 없이 친밀하게 여기도록 하는 데 큰 도움을 줄 수 있다(양계민·정진경, 2005, p. 112).

다. 부정적 특성과의 연결 약화

집단 노드와 부정적 특성 간의 연결을 약화시키는 과정이 집단 노드와 긍정적 특성 간의 연결을 강화시키는 것보다도 더 복잡하다. 집단 노드와 부정적 특성 간의 연결을 약화시키기 위해서는 네트워크 모델의 1단계에서 기대-확인 증거를 추구하려는 경향성을 극복해야만 한다(Stephan, 1999, p. 17). 기대와 관련된 정보를 의식적이고 신중하게 처리하는 것은 확인 증거 탐색에서의 편파를 극복할 수 있게 해 준다.

따라서 통일교육에서는 학생들이 북한이탈주민에 대해 기대한 것(예: 게으르고 공격적인 사람들)과 반대되는 특성들을 의식적으로 고려하게끔 학생들을 독려하는 것 또는 학생들로 하여금 그들의 기대를 반증하는 증거를 탐색하게 하는 활동을 전개하는 것이 효과적이다. 즉, 교사는 학생들로 하여금 의도적으로 자신들의 고정관념을 반증할 수 있는 정보나 증거들을 찾아보도록 할 수 있다. 이를테면 교사는 집단 탐구 모델을 활용하여 학생들로 하여금 북한이탈주민에 대한 부정적 고정관념을 반증하는 증거들을 탐색해 보게 할 수 있다.

반증 행동이 고정관념을 분명하게 반증하고, 여러 맥락에서 빈번하게 행해질 경우에는 고정관념이 약화될 수 있다. 이에 근거하여 교사는 남한 사회에 잘 적응하여 살고 있으며, 대한민국의 발전을 위해 크게 기여하고 있는 북한이탈주민들의 다양한 사례들을 학생들에게 소개해 줌으로써, 북한이탈주민에 대한 부정적 고정관념 감소에 기여할 수 있다.

라. 상위 범주의 활성화

위계 상 낮은 범주를 상위의 범주로 대체하는 것이 고정관념의 영향을 감소시키는 보다 효과적인 방법이 될 수도 있다(김혜숙, 1999, p.

23), 상위 집단 범주를 환기시키면, 외집단 성원들이 보다 포괄적인 내집단 성원이 된다. 양계민의 연구에 의하면, 한민족 정체성이 높은 학생일수록 북한이탈주민을 비롯한 소수 집단에 대해 긍정적인 인식과 태도를 갖고 있다고 한다(양계민, 2009, p. 72). 통일교육에서 상위 집단을 활성화하기 위해 우리는 민족, 국가, 지구촌이라는 보다 상위의 범주를 활용할 수 있다. 통일교육에서 교사는 민족, 국가, 지구촌과 같은 보다 상위 개념의 범주를 사용하여, 학생들이 북한이탈주민을 내집단의 일원으로 인식하게 만드는 활동을 의도적으로 전개해야 한다. 이를테면, 우리 사회의 다문화를 촉진시킨 인적 구성원 가운데 우리와 같은 민족에 속하는 집단은 누구이며, 우리는 그들과 어떻게 지내야 하는가?, 통일 국가의 구성원으로서 우리 국민들이 지녀야 할 자세는 무엇인가? 지구촌의 한 구성 요인으로서 대한민국 국민들이 지녀야 할 자세는 무엇인가? 등의 질문을 제기하여 학생들이 보다 상위의 범주에서 북한이탈주민들을 내집단의 일원으로서 의식적으로 볼 수 있게 만들어 주어야 한다.

마. 편파적 명칭의 수정

어떤 특성들이 내집단에 적용될 때에는 긍정적으로 명명되지만, 외집단에 적용될 때에는 부정적으로 명명되는 것이 다반사이다. 광신적, 교활한, 뻔뻔한 등과 같은 외집단의 특성들이 내집단에 적용될 때는 독실한, 영리한, 단호한 등과 같은 특성으로 변모한다. 외집단에게 명명된 고정관념 특성에도 긍정적인 명명이 종종 존재하므로, 이를 부각시켜 주는 것이 필요하다. 집단 차이에 대한 명명을 변경하는 것은 집단 간 관계를 개선하기 위한 문화 간 민감제 기법(intercultural sensitizer technique)의 중요한 한 목적이다(Cusiner & Landis, 1996, p. 186). 이 기법은 통상적으로 두 집단 간에 상이하게 지각되는 행위들에 대해 외집단 성원으로 하여금 내집단 성원들이 하는 방식으로 설명하도록 가르치기 위해 고안된 것이다. 일반적으로 우리나라 학생들은 내집단에 대한 동조 현상이 강하기에 외집단인 북한이탈주민의 주관적 문화에 대한 이해가 매우 부족하다. 교사는 학생들로 하여금 외집단 성원들의 행위를 그 외집단의 주관적 문화의 관점에서 설명해 보게 하는 활동을 전개하여 부정적 고정관념을 감소시킬 수 있다(Cusiner, 1989, p. 125).

현재 학교 통일교육의 방법으로 권장되고 있는 문화이해지(cultural assimilator)는 문화 간 민감제 기법의 전형적 사례라고 할 수 있다. 문화이해지는 서로 다른 문화권에서 온 사람들이 그 문화의 차이 때문에 상대방을 이해하기 어려워 갈등이 발생할 수 있는 상황을 수십 개 정도 선정해 놓고, 각각의 상황마다 상대방 행동의 이유를 다각도에서 생각하게 하며 그 행동의 이유를 문화적 배경 속에서 이해하게 함으로써 상대방에 대한 이해를 깊게 해 주는 것이다(정진경, 2000, pp. 367-368). 즉, 북한이탈주민의 주관적 문화를 이해하게 하는 데 매우 효과적이다. 이렇듯 북한이탈주민에 대한 부정적 고정관념 해소를 위해서는 북한이탈주민을 소재로 한 문화이해지를 개발하여 적극적으로 활용할 필요가 있다.

바. 공감적 내러티브의 활용

고정관념을 줄이기 위해서는 불일치 정보를 제시하는 것과 같은 인지적 접근과 더불어 외집단에 대한 공감을 일으켜 고정관념을 감소시키는 방안도 필요하다. 그러므로 통일교육에서는 학생들에게 다양한 관점 채택(perspective taking)과 공감(empathy)의 기회를 제공해 주어야 한다. 억압이나 차별을 받고 있는 외집단의 관점을 채택하여 공감을 유발하는 활동은 공감의 대상이 되는 집단을 향한 긍정적 태도를 증진하고 그 집단에 대한 부정적 고정관념과 편견을 줄이는 데 효과적이다(Stephan, 1999, p. 90). 설득 메시지를 통한 감정이입을 일으켜 지역감정에 대한 태도를 변화시키고자 시도했었던 유주란·김혜숙(1998, p. 34)의 연구에 의하면, 감정이입을 일으키는 메시지가 효과적으로 태도를 변화시킬 수 있다고 한다. 특히 이러한 감정이입적 메시지가 내집단 설득자에 의해 전달될 때 가장 효과적이었다고 한다. 또한 최근 간접 접촉(indirect contact) 이론의 효과에 대한 연구에 의하면, 공감적 내러티브는 대리적 접촉 및 의사사회(pseudo-social) 접촉의 기회를 갖게 함으로써 외집단에 대한 긍정적 투사 및 재범주화, 모델링, 외집단에 대한 불안 감소, 내집단 및 외집단 규범에 대한 이해 및 평가, 자기 효능감 기대 제고, 자아의 포함력 확대 등과 같은 매개 메커니즘을 통해 집단 간 고정관념 및 편견 감소에 기여하고, 향후의 접촉을 위한 기대 및 자기 효능감을 제고시켜 주는 장점이 있다고 한다(Dovidio, Eller, & Hewstone, 2011, p. 147).

그러므로 통일교육에서 교사는 북한이탈주민의 북한에서의 비참한 생활 모습과 인권의 유린, 탈북 과정에서의 힘든 여정, 문화 차이에 따른 남한 생활에서의 부적응, 남한 주민의 무시와 차별에 의한 감정적 상처 등을 다루고 있는 수기, 문학 작품, 동영상 자료들을 학생들에게 제시하고, 그에 대한 심층적인 토의를 전개하여 학생들의 고정관념을 감소시켜 주는 활동을 전개해 나가야 한다. 이러한 교수·학습 활동에서 가장 중요한 것은 학생들이 풍부한 관점 채택과 공감의 기회를 갖는 것이다. 관점 채택과 공감은 학생들이 자기중심성(egocentrism)에서 벗어나 탈중심화(de-centering)가 가능하도록 해 줌으로써 부정적인 고정관념을 감소시키는 데 도움을 준다.

『공감코리아 보도자료』, 2011년 3월 11일.

『국민일보』, 2011년 2월 16일.

길은배 외 2인(2001),『남북한 평화공존을 위한 청소년의 사회문화적 동질성 증진 방안 연구』, 서울: 한국교육개발원.

김혜숙 외 5인(2003), "다수 집단과 소수 집단에 대한 고정관념의 내용: 유능함과 따뜻함의 차원에서의 분석",『한국심리학회지: 사회 및 성격』, 17(3), 121-143.

김혜숙(2007), "우리나라 사람들이 가지는 가치가 소수 집단에 대한 편견적 태도에 미치는 영향",『한국심리학회지: 사회 및 성격』, 21(4), 91-104.

김혜숙(1999), "집단범주에 대한 고정관념, 감정과 편견",『한국심리학회지: 사회 및 성격』, 13(1), 1-33.

나은영(1997), "역고정관념의 암묵적 활성화와 인상 형성: 남녀 고정관념을 중심으로",『한국심리학회지: 사회 및 성격』, 11(2), 129-145.

『문화일보』, 2010년 11월 15일.

양계민(2009), "국내 소수집단에 대한 청소년들의 태도에 영향을 미치는 요인",『한국심리학회지: 사회 및 성격』, 23(2), 59-79.

양계민 · 정진경(2005), "북한이탈주민과의 접촉이 남한 사람들의 신뢰와 수용에 미치는 영향",『한국심리학회지: 사회문제』, 11(특집호), 97-115.

『연합뉴스』, 2011년 3월 27일.

유주란 · 김혜숙(1998), "지역감정에 대한 태도에 영향을 미치는 설득메시지의

효과: 집단 범주와 메시지 유형의 효과", 『한국심리학회 학술발표회 논문집』, 19-36.

윤옥경(2009), "중학생의 북한에 대한 지식과 새터민에 대한 고정관념의 관계에 대한 연구", 『한국지역지리학회지』, 15(6), 820-833.

이수정(1999), "북한인에 대한 남녀의 편견 연구", 『한국심리학회지: 여성』, 4(1), 68-79.

이정우(2007), "다양한 인종·민족 집단에 대한 예비교사의 고정관념: 사회과 예비교사 교육에의 함의", 『시민교육연구』, 39(1), 153-178.

전우영·조은경(2000), "북한에 대한 고정관념과 통일에 대한 거리감", 『한국심리학회지: 사회 및 성격』, 14(1), 167-184.

정진경(2000), "남북한간 문화이해지", 조한혜정·이우영 엮음, 『탈분단 시대를 열며』, 서울: 삼인.

조정아 외 2인(2006), 『새터민의 문화 갈등과 문화적 통합 방안』, 서울: 통일연구원.

현대경제연구원(2009), "국내 다문화현상의 특징과 시사점", 『경제주평』, 통권 373호, 서울: 현대경제연구원.

Banaji, M. R., Hardin, C., & Rothman, A. J. (1993), "Implicit stereotyping in personal judgment", *Journal of Personality and Social Psychology*, 65, 272-281.

Cushner, K. (1989), "Assessing the impact of a culture-general assimilator in intercultural training", *International Journal of Intercultural Relations*, 13, 125-146.

Dovidio, J. F., Eller, A., & Hewstone, M. (2011), "Improving intergroup relations through direct, extended and other forms of indirect contact", *Group Processes & Intergroup Relations*, 14(2), 147-160.

Grant, C. A. & Ladson-Billings, G. (1997), *Dictionary of Multicultural education*, Phoenix: The ORYX Press.

Johnston, L. (1996), "Resisting change: Information seeking and stereotype change, European", *Journal of Social Psychology*, 26, 799-825.

Kusiner, K. & Landis, D. (1996), "The intercultural sensitizer", In D. Landis & R. S. Bhagat (Eds.), *Handbook of intercultural training* (pp. 185–202), Thousand Oaks: Sage.

Leyens, J. P., Yzerbyt, V., & Schadron, G. (1994), *Stereotypes and social cognition*, Thousand Oaks: SAGE.

Marshall, P. L. (2002), *Cultural diversity in our schools*, Belmont: Wadsworth Publishing Company.

Ostrom, T. M., Carpenter, S. L., Sedikides, C., & Li. F. (1993), "Differential processing of ingroup and outgroup information", *Journal of Personality and Social Psychology*, 64, 21-34.

Ponterotto, J. G. & Pederson, P. B. (1993), *Preventing prejudice: A guide for counselors and educators*, Newbury Park: SAGE Publications.

Stangor, C. (2009), "The study of stereotyping, prejudice, and discrimination with social psychology", In T. D. Nelson (ed.), *Handbook of prejudice, stereotyping, and discrimination* (pp. 3–27), London: Psychology Press.

Stephan, W (1999), *Reducing prejudice and stereotyping in schools*, New York: Teachers College Press.

Triandis, H. C. (1971), *Attitude and attitude change*, New York: John Wiley.

8장

접촉 가설과
반편견
교육

한국 사회가 다문화 사회로 변모함에 따라서 사회 통합에 대한 관심이 날로 커지고 있다. 문화적 다양성을 존중하는 가운데 다수자와 소수자가 평화적으로 공존하기 위한 사회적 해법을 찾으려는 다양한 노력이 사회 각 분야에서 전개되고 있는 것이다. 하지만 오랜 기간 단일민족과 순혈주의 이념에 근거하여 살아왔었던 우리 국민들에게 있어서 이방인을 우리와 같은 국민으로 수용하는 일이 그리 쉽지만은 않아 보인다. 아직도 일부 국민들은 외국인에 대한 편견과 고정관념에 근거하여 행동하는 경향을 보이고 있고, 심지어는 그들에 대한 공개적인 차별 행위를 저지르고 있기 때문이다.

현재 우리가 택하고 있는 동화주의 일변도의 사회 통합 정책은 외국인으로 하여금 무조건 우리 문화를 학습하여 우리와 동일한 한국인이 될 것을 강요하고 있기에, 그들의 문화적 권리와 정체성을 침해한다. 다문화 이해에 초점을 맞춘 현재의 다문화교육은 외국 문화에 대한 피상적인 이해에 그침으로써(조영달, 2010, p. 178), 반편견교육 전문가들이 우려했었던 여행자 교육과정(tourist curriculum)의 틀을 벗어나지 못하는 실정이다(Derman-Sparks, 1989, p. 7). 여행자 교육과정은 문화 사이의 이국적 차이점을 강조하면서 다른 사람들의 실제 생활 속 일상적인 문제와 경험을 다루는 대신에, 축제의 표면적인 면과 오락의 유형을 다루기 때문에 반편견교육의 방안으로서 효과적이지 못한 것으로 판명된 바 있다. 송선영(2010, p. 99)이 지적한 바와 같이, 지금 우리의 교육 제도는 우리 사회의 다수자들이 소수자 집단에 대해 갖는 편견들에 대해 실질적인 관심을 기울이지 않고 있어, 다수자와 소수자 간의 정체성 대립을 극대화시키고 있다.

　도덕과는 개인의 가치관 확립과 우리 사회의 공통적인 도덕적 가치 기반의 공고화를 그 중심 과제로 삼는 교과다. 다문화 사회에서 도덕과 교육은 다양한 문화적 배경의 학생들이 자신의 문화 공동체와 국가, 지역, 나아가 세계공동체의 시민으로서 살아갈 수 있는 도덕적 지식·태도·가치·기능을 갖추도록 해야 한다(추병완, 2011, p. 100). 문화적 다양성을 사회와 개인을 위한 창의적·생성적 자원으로 인식하는 가운데, 다양한 인종·문화의 집단의 성원들과 관계를 맺으며 상호작용하고 평등을 추구하기 위하여 지식·태도·가치·기능을 발달시키는 것은 문화다원적인 우리 사회에서 책임 있는 시민으로 살아가기 위해 반드시 필요한 도덕성이기 때문이다. 그리고 그러한 도덕성을 발달시키기 위한 효과적인 방법을 모색하는 것이야말로 지금 도덕 교과교육학 전문가들에게 부여된 시대적 소명이다.

사회심리학자들은 적절하게 구조화된 집단 간 접촉은 집단 간 긴장을 완화하고, 편견 감소를 촉진하며, 집단 간 관계를 증진시킨다는 풍부한 증거들을 제공해 주었다. 접촉 가설은 집단 간 편견을 감소시키기 위해 가장 포괄적으로 연구되어 온 대표적인 이론적 틀 가운데 하나다(Dovidio, Eller & Hewstone, 2011, p. 148). 그러기에 접촉 가설은 사회심리학 역사상 가장 오래되고 성공적인 개념 가운데 하나로 꼽히고 있다(Brown, 2000, p. 236). 접촉 가설은 개인의 고정관념과 편견을 감소시키기 위한 그리고 집단 간 관계 개선을 위한 구체적인 교수 전략과 방법을 구상하는 이론적 토대 역할을 수행해 왔다(Pettigrew, 1998, p. 66). 이를테면 지금 우리가 도덕과 수업 방법으로서 권장하고 있는 협동학습은 접촉 가설에 근거하여 개발된 것이다. 그럼에도 불구하고, 접촉 가설 자체에 대한 국내의 연구는 매우 미진하다. 이에 여기서는 접촉 가설의 개념과 발전 과정을 살펴보고, 접촉 가설이 도덕 교과의 반편견 교수 방법에 시사하는 바가 무엇인지를 명료하게 밝히고자 한다.

1. 접촉 가설에 대한 이해

가. 고전적 접촉 가설 및 그 효과

2차 대전 이후에 미국의 사회과학자들은 집단 간 접촉에 관한 이론화 작업을 시작했다. 전쟁이 끝난 이후에 그들은 빈곤, 범죄, 편견과 같은 국내적 병리 현상들을 다루는 데 치중하였다(Stephan, 1999, p.

40). 편견을 감소시키기 위해 사회과학자들이 제안한 해결책 가운데 하나가 바로 접촉 가설이다. 특히 올포트(Allport)는 편견을 감소시키기 위한 집단 간 접촉의 상황적 조건들을 구체화하였기 때문에 가장 큰 주목을 받았다. 올포트는 편견 감소에 도움이 되는 접촉 상황을 다음과 같이 제시하였다.

> 개인의 성격 구조 속에 깊이 뿌리박혀 있지 않는 한, 편견은 공동의 목표를 지향하는 지배집단과 소수집단 간의 평등한 지위에 기초한 접촉을 통해서 감소될 수 있다. 만약 이 접촉이 기관이나 제도의 승인을 받는다면 효과가 더욱 커진다. …… 또한 그 접촉이 두 집단 구성원들 간의 공통적인 인간적인 본성과 공통된 관심에 대한 인식을 유도하는 방향으로 진행된다면 그 효과가 더욱 향상된다(Allport, 1979, p. 281).

이렇듯 올포트는 집단 간 접촉의 긍정적 효과는 접촉 상황 안에서의 동등한 집단 지위, 공동 목표, 집단 간 협동, 권위·법 혹은 관습의 지원이라는 네 가지 핵심적인 조건들이 갖추어져 있을 때 가능하다고 보았다. 집단 간 접촉에 대한 올포트의 통찰력은 이후 여타의 사회과학자들이 적정한 접촉 상황 조건을 조장하는 데 사용할 수 있는 기법들을 고안하고 검증하도록 만들었다. 접촉 가설에 대한 초기 설명들은 편견에 영향을 주는 접촉 상황 안에서의 요인들의 효과에 주로 초점을 맞추고 있었다. 연구자들이 상황적 요인들에 초점을 맞춘 이유는 실제적인 집단 간 만남에서 통제 가능한 변인들에 주로 관심을 두었기 때문이다. 따라서 초기 연구자들은 집단 간 관계를 증진하는 상황적 요인에서 나올 수 있는 변화에 관심을 두었을 뿐, 편견을 야기하는 구조적 요인에 대해서는 큰 관심을 두지 않았다.

접촉 가설에 대한 초기 이론가들은 집단 간 접촉이 긍정적 변화를 초래할 수 있는 네 가지 조건들을 다음과 같이 공식화하였다(Seaman, Beightol, Shirilla & Crawford, 2009, p. 211). 첫째, 상이한 집단으로부터의 참가자들은 그 상황 안에서 그들이 동등한 지위에 있다는 것을 지각해야만 한다. 둘째, 그들은 공동 목적을 위해 상호의존적으로 일해야만 한다. 셋째, 그들은 연합할 수 있는 기회를 가져야 하고 가능하다면 친구가 되어야만 한다. 넷째, 그들은 권위자로부터의 규범적인 지지를 경험해야만 한다. 초기 연구들은 이 네 가지 조건이 충족되었을 때, 집단 간 접촉이 편견 감소에 효과가 있는지를 알아보는 데 집중되었다.

하지만 1980년대 초반부터 학자들의 관심은 집단 간 접촉이 어떻게 편견을 감소시키는지를 밝히는 데 집중되었다. 연구자들은 집단 간 접촉이 편견 감소에 미치는 효과를 설명하기 위해 인지적 과정과 정의적 과정을 언급하였다. 인지적 과정에서 볼 때, 비록 타 집단에 대한 지식의 증가가 편견 감소에 있어서 제한된 영향력을 갖는다고 할지라도, 접촉은 사람들이 타인들을 사회적으로 범주화하는 방식을 변화시키고, 그러한 범주들 간의 관계를 지각하는 것이 집단 간 태도를 개선하는 데 있어서 중추적인 역할을 수행한다. 정의적인 측면에서 볼 때, 집단 간 불안과 위협의 감소 및 타 집단 성원에 대한 공감의 증가가 집단 간 관계를 개선하는 데 크게 기여한다.

접촉이 작동하는 방식을 탐구하는 것에 덧붙여 1990년대의 접촉 연구는 접촉이 최상의 결과를 수반하는 시점을 밝혀내는 것으로 확대되었다. 연구자들은 접촉 동안에 사회적 범주화가 현저한 경우, 접촉 효과가 개별적인 외집단 성원들로부터 전체로서의 외집단으로 가장 잘 일반화된다는 것을 밝혀내었다. 덧붙여 접촉 효과는 외면상 차이가 있는 참가자들 사이에서 공통의 내집단 정체성을 지각할 수 있도록 접촉이 이루어질 때 가장 효과적이라는 것이 밝혀졌다(Dovidio, Eller & Hewstone, 2011, p. 149).

접촉 가설에 대한 초기 연구 결과들을 살펴보면, 편견 감소에 도움을 주는 '좋은 접촉'(good contacts)의 상황적 조건들을 밝혀내는 데 집중되어 있음을 알 수 있다. 딕슨(Dixon)과 그 동료들은 선행 연구 결과들을 검토하여, 좋은 접촉을 위한 조건들을 다음과 같이 요약한 바 있다(Dixon, Durrheim & Tredoux, 2005, p. 699). 접촉은 정기적이고 빈번해야 한다. 접촉은 내집단과 외집단 성원의 비율에 있어서 균형을 유지해야 한다. 접촉은 참된 만남의 잠재력을 갖고 있어야 한다. 접촉은 여러 사회적 무대 및 상황에서 일어나야 한다. 접촉은 경쟁이 없는 것이어야 한다. 접촉은 관련된 참가자들에게 중요한 것으로 평가되어야만 한다. 접촉은 지위의 평등을 공유한 개인들 간에서 일어나야 한다. 접촉은 고정관념의 대상이 되고 있는 타 집단 성원들과의 상호작용을 포함해야 한다. 접촉은 상위 목적의 실현을 위한 협동을 중심으로 조직되어야 한다. 접촉은 규범적·제도적 지원을 받아야 한다. 접촉은 불안감 혹은 여타의 부정적 감정으로부터 자유로운 것이어야 한다. 접촉은 개인화된 것이어야 하고, 참된 우정 형성을 포함해야 한다. 접촉은 타 집단의 전형적인 혹은 대표적인 인물들과 이루어지는 것이어야 한다.

나. 현대적 접촉 가설 및 그 효과

21세기에 들어와 집단 간 접촉 연구에 있어서 중요한 진전은 사회 집단 간 관계 증진을 위한 수단으로서 간접적인 집단 간 전략의 효과를 입증한 것이다. 간접적인 집단 간 접촉은 확대된(extended) 접촉, 대리적(vicarious) 접촉, 의사사회적(parasocial) 접촉, 상상된(imagined) 접촉을 포함한다.

확대된 접촉 가설은 어느 내집단 성원이 특정한 외집단 성원과 친밀하고 긍정적인 관계를 맺고 있다는 단순한 지식이 집단 간 편견을 감소시킬 수 있다는 것이다(Wright, Aron, McLaughlin-Volpe & Ropp, 1997, p. 74). 확대된 접촉 가설은 긍정적인 내집단 전형, 긍정적인 외집단 전형, 타인을 자아에 포함하는 것이라는 세 가지 설명 논리에 근거한다. 내집단 성원은 관찰자에게 타 집단 성원들과의 관계를 위한 일종의 준거 정보를 제공하고, 타 집단에 대한 불안과 무지를 감소시켜 주는 역할을 한다. 내집단과 친밀한 관계를 맺고 있는 외집단 성원은 외집단에 대한 부정적 고정관념을 수정하기 위한 근거를 제공한다. 그리고 '나의 친구의 친구는 내 친구이다.'는 논리가 작동하여 타인을 자아 속에 포함하게 된다(Wright, Aron, McLaughlin-Volpe & Ropp, 1997, pp. 74-75).

대리적 접촉 가설은 확대된 접촉의 아이디어를 사회 학습 이론의 일반 원리와 결합한 것이다. 이것은 자신이 동일시하고 있는 특정인의 행동을 관찰하는 것은 자신의 개인적 지식을 지각·확장하는 방식 및 행동 방식에 영향을 줄 수 있다는 사실에서 출발한다. 대리적 접촉 가설은 외집단 성원들과 긍정적인 관계를 유지하고 있는 역할 모델의 행동을 관찰하는 것이 집단 간 관계 증진에 도움이 된다고 본다. 집단 간 접촉을 성공적으로 수행하고 있는 내집단 역할 모델을 관찰하는 것은 밴두라(Bandura, 1989, p. 21)가 언급한 대리적 학습을 가능하게 하여, 집단 간 접촉의 가능성 및 방법을 학습할 수 있게 해 준다. 대리적 접촉은 기존의 경향을 억제·탈억제 하거나 새로운 지식 획득을 도와준다. 대리적 접촉은 집단 간 관계 개선에 필요한 사회적 행동을 획득하고, 긍정적인 자기 효능감 기대(self-efficacy expectancy)를 갖도록 해 준다(Mazziotta, Mummemdey & Wright, 2011, pp. 257-258). 이렇듯 내집단 성원과 외집단 성원 간의 긍정적 상호작용을 보는 것 혹은 관찰하는 것 그 자체가 대리적인 집단 간 접촉을 만들어내어 긍정적인 집단 간 태도를 유발시킨다.

의사사회적 접촉 가설은 미디어에 의해 매개된 의사사회적 상호작용(parasocial interaction)을 통해 실제 대면 접촉과 유사한 긍정적 효과를 얻을 수 있다는 신념에 근거해 있다(Schiappa, Gregg & Hewes, 2005, p. 95). 사람들은 매스미디어에 의해 매개된 삶을 실제 삶과 동등한 것이라고 믿는 경향이 있기에, 의사사회적 접촉은 집단 간 관계 개선에 기여할 수 있다. 다수 집단 성원들이 소수 집단 성원들과의 개인 간 접촉 기회가 제한되어 있을 경우, 의사사회적 접촉 경험은 소수 집단에 대한 다수 집단의 편견을 감소시키는 데 매우 효과적이다. 텔레비전, 라디오, 영화, 인터넷과 같은 매스미디어는 내집단 성원들이 여타의 사회 집단을 향한 인상 형성에 영향을 주는 주요한 정보원이다. 일례로, 긍정적인 집단 간 접촉을 담고 있는 텔레비전 프로그램을 시청하는 것은 편견을 감소시키는 데 도움을 준다. 반대로 TV 프로그램에서 백인 주인공이 흑인을 향해 부정적인 비언어적 편견을 표현하는 것을 시청한 백인들의 흑인에 대한 편견은 증가한다.

확대된 접촉 가설은 외집단과 상호작용하는 내집단 성원에 대한 지식을 획득하는 것을 강조하고 있으며, 대리적 접촉 가설은 외집단 성원과 상호작용하는 내집단 성원들을 관찰하는 것을 강조한다. 한편, 상상된 접촉 가설은 자아를 직접적으로 포함하고 있는 간접적인 접촉 방식이다. 그것은 외집단 범주에 속하는 성원들과의 사회적 상호작용에 대한 정신적 시뮬레이션(mental simulation)이다. 상상된 접촉은 실제적인 접촉이 일어나지 않는다는 점에서 간접적이지만, 자아와 외집단 간에서 일어나는 상호작용을 포함한다. 이런 의미에서 상상된 접촉은 확대된 접촉에 비해 실제적 접촉과 더욱 유사하다(Crisp & Turner, 2009, p. 234). 상상된 접촉 가설의 기본 아이디어는 이런 것이다. 긍정적인 접촉 경험을 정신적으로 시뮬레이션해 보는 것은 외집단 성원들과의 성공적인 상호작용과 연합된 개념들을 활성화시킨다. 그것은 외집단 성원들과의 향후 접촉 전망에 대해 편안하고 덜 우려하는 감정을 포함한다. 그리고 이렇듯 감소된 불안감은 외집단에 대한 부정적 태도를 감소시킨다(Crisp & Turner, 2009, p. 234). 또한 상상된 접촉은 외집단에 대한 투사를 포함하고 있기에, 개인의 역할채택과 공감 능력을 향상시켜 줌으로써 편견 감소에 효과적이다. 상상된 접촉의 긍정적 효과는 다양한 외집단을 포함하는 실험 연구들을 통해 입증되고 있다. 상상된 접촉이 노인과 동성애자에 대한 편견을 감소시키고, 다른 민족·종족 집단의 속성에 대한 긍정적 지각을 유도한다는 연구 결과들이 존재한다(Dovidio, Eller & Hewstone, 2011, p. 155).

이렇듯 지금까지의 연구 결과에 의하면, 간접적 접촉은 네 가지 행동 유형을 포함한다. 내집단 성원이 외집단 성원과 친구라는 사실을 학습하는 것(확대된 접촉), 외집단 성원과 상호작용하는 내집단 성원을 관찰하는 것(대리적 접촉), 가상의 미디어 묘사에 나타난 내집단과 외집단 성원의 상호작용을 접하는 것(의사사회적 접촉), 자신을 긍정적인 집단 간 상호작용에 참여하고 있다고 상상하는 것(상상된 접촉)은 외집단에 대한 편견을 감소시켜 집단 간 관계 개선을 증진할 수 있다.

지난 50년 간 집단 가설의 효과를 입증하는 풍부한 연구 결과에도 불구하고, 접촉 가설에 대한 비판적 입장도 존재한다. 접촉 가설은 인종 갈등과 불평등의 심층 원인을 제대로 진술하지 못하고 있기에, 인종차별 문제를 해결하는 데 실질적으로 큰 기여를 하지 못한다는 비판이 있다. 달리 말해, 접촉 가설은 변혁적인 반인종차별주의 전략이 아니라는 것이다(Erasmus, 2010, p. 387). 인종차별 문제를 해결하기 위해서는 현상유지에 직접적으로 도전하는 집단적 행동의 증진이 요구됨에도 불구하고, 접촉 가설은 주로 개인적 편견의 해소에만 국한되고 있다는 것이다. 또한, 접촉 가설에 대한 기존의 연구 방법에 대한 비판도 있다. 현실과는 너무 차이가 있는 이상적 조건 하에서의 접촉에 대한 연구가 지배적이라는 점, 집단 간 관계 개선이라는 결과를 얻기 위해 배타적으로 개인의 편견 변화만을 활용하는 이론적 개인주의의 한계를 가진다는 점 등이 언급된다(Dixon, Durrheim & Tredoux, 2005, p. 697). 즉, 연구자들이 접촉의 힘에 대해 지나치게 유토피아적인 입장을 취하고 있다는 점, 개인 수준에서의 편견 감소가 폭넓은 사회적 변화로 이어질 가능성이 약하다는 점 등이 주된 비판 내용이다(Crisp & Turner, 2009, p. 232).

그럼에도 불구하고, 접촉 가설은 여전히 집단 간 관계 개선을 위한 프로그램 개발을 위한 가장 타당하고 현실적인 이론적 근거로서 작용하고 있다. 적정한 집단 간 접촉은 외집단에 대한 지식을 고양시켜 주고, 행동 수정을 가능하게 해 주며, 집단 간 접촉에 대한 불안감을 해소하고 접촉을 통한 우정을 형성하며, 내집단의 규범과 관습이 사회적 세계를 관리하는 유일한 방식이 아님을 자각할 수 있게 해 준다. 또한 최근의 간접적 접촉에 관한 연구들은 확대된 접촉, 대리적 접촉, 의사 사회적 접촉, 상상된 접촉을 통해서도 집단 간 관계 개선의 효과가 있음을 보여준다.

2. 접촉 가설의 시사점

지금까지 접촉 가설의 개념 및 연구 결과에 대해 살펴보았다. 접촉 가설에 의하면 접촉은 외집단에 대한 지식을 고양시켜 주고, 외집단 접촉에 대한 불안감을 감소시키며, 공감과 역할채택 능력을 제고하여 줌으로써 편견 감소에 기여한다(Pettigrew & Linda R. Tropp, 2008, p. 922). 여기서는 접촉 가설이 도덕 교과에서의 반편견 교수 방법에 주는 시사점을 중심으로 논의하고자 한다. 접촉 가설은 주로 직접적 혹은 간접적 접촉에 의한 개인적 편견 감소를 통해 집단 간 관계 개선을 증진하는 데 목적을 두고 있으므로, 여기서는 도덕 교과에서 개인적 편견 감소에 도움을 주는 교수 방법을 접촉 가설에 근거하여 어떻게 구안·적용할 것인가에 초점을 맞출 것이다.

가. 협동학습의 활용

협동학습은 접촉 가설의 기본 아이디어를 가장 잘 실현시킨 교수 방법이다. 협동학습은 경쟁과 협동을 균형적으로 활용하고 있고, 협동을 위한 제도적·규범적 지원 체제를 갖추고 있으며, 협동을 위한 상위 목적을 갖고 있고, 동등한 지위를 지닌 이질적인 성원들로 구성된다는 점에서 접촉 가설의 기본 아이디어를 충실하게 반영하고 있다.

협동학습의 효과에 대한 연구들은 협동적인 노력들이 경쟁적 혹은 개별적 노력들보다 긍정적인 인종 간 관계를 더욱 증진시키고, 집단 간 경쟁이 인종 간 관계의 빈도를 감소시키는 반면 집단 간 협동은 수업 내에서 그것을 증가시킨다는 것을 보여준다. 그리고 소수인종 학생들이 다수인종 학생들보다 더 낮은 수준으로 성취할 경우라도 긍정적인 인종 간 관계들은 협동적인 노력 안에서 형성되며, 다수인종 학생들과 소수인종 학생들 사이의 지적인 갈등은 협동적인 집단 내에서 인종 간 호감을 증가시킨다는 것을 확인시켜 준다. 또한 협동적인 집단들 내에서 형성된 인종 간 관계는 자유 시간, 학교, 학교 밖 상황에 널리 일반화될 수 있다는 것을 보여준다(Johnson & Johnson, 2001).

그러므로, 교사는 도덕 교과 수업에서 정기적이고 빈번한 협동학습의 활용을 통해 학생들의 편견을 해소하려는 노력을 기울여야 한다. 다음은 협동학습을 활용한 도덕 교과 수업의 한 예를 제시한 것이다.

<학습 주제>   나의 인생은 어떻게 되었을까?

1. 교사는 네 명의 학생들을 한 모둠으로 만들고, 각 모둠을 다시 두 명씩 짝을 지어 두 팀으로 만든다. 이 때 한 팀은 주류 집단의 입장을 그리고 다른 한 팀은 소수 집단의 입장을 취하게 한다.
2. 주류 집단의 입장을 취하게 된 학생들은 한국 사회에서 가장 많은 편견과 차별의 대상이 되는 소수 집단(예: 필리핀, 베트남, 캄보디아 등)의 입장을 취하게 한다. 소수 집단의 입장을 취하게 된 학생들은 지배 집단인 한국인이 되어 보게 하는 역할놀이를 실행한다. 이 때 각 모둠에서 각 팀은 자신의 짝꿍과 함께 협력하면서 다음의 과제를 완성하도록 한다.
   a. 여러분이 선택한 집단의 구성원으로 한국 사회에서 태어났다고 상상해 본다. 그 경우 여러분의 어린 시절, 청년기, 젊은 성인의 삶이 어떠할지에 대해 한 쪽 분량의 에세이를 작성한다.
   b. 자기가 속한 모둠의 다른 팀에게 여러분이 쓴 글을 교대로 읽어준다.
   c. 각 모둠에서는 각 팀의 발표 내용을 주의 깊게 듣는다.
   d. 이제 각 모둠의 네 명이 모두 협력하여 여러분이 선택한 집단 구성원의 삶이 잘 드러나도록 에세이를 수정하여 작성한다.
3. 네 명이 이 경험을 통해 무엇을 배웠는지 다섯 가지 결론을 작성하여 제출한다.

나. 문화 동화물의 활용

대부분의 학생들은 풍부한 상호 문화적(intercultural) 경험을 갖고 있지 않다. 또한 모든 학생들이 교실에서 우리 사회의 소수 인종·종족 집단의 학생들과 상호작용을 할 수 있는 기회를 갖고 있는 것도 아니다. 이런 교실 상황에서 학생들에게 외집단 문화와의 접촉 기회를 제공하는 데 도움을 주는 것이 바로 문화 동화물(cultural assimilator)이다. 연구자들은 문화 동화물이 목표 문화(target culture)에 대한 지식의 증가, 타인들과 효과적으로 일하며 그 경험을 즐기는 감정의 증가, 과제 수행 능력의 증가, 타국에서의 삶에 효율적으로 적응하는 능력의 제고, 고정관념에 근거하여 타인을 보려는 의지의 감소, 목표 문화의 성원들이 행하는 귀인(attribution)과 유사한 귀인을 만들어내려는 경향성 증가에 효과적이라는 사실을 밝혀냈다(Cushner, 1987, p. 223).

정진경은 문화 동화물을 문화이해지로 명명하면서, 통일교육에서의 활용 방안을 국내에 최초로 소개한 바 있다(정진경, 1998, p. 168). 그는 문화이해지의 제작 과정을 다음과 같이 제시하였다. 첫째, 타 문화와의 만남을 예상하고 그때 일어날 수 있는 다양한 갈등 상황을 약 100개 정도 선정한다. 둘째, 갈등 상황 하나하나를 이야기 형식으로 묘사한다. 셋째, 이해할 수 없는 상대방의 행동 이유가 무엇인가를 맞혀 보는 서너 개의 보기를 선택지 형식으로 만든다. 넷째, 정답을 선택하고, 각 보기가 왜 맞거나 맞지 않는지를 문화적 배경과 함께 설명해 주는 해설을 작성한다. 다섯째, 작성된 문화이해지를 타당화 과정을 거쳐 미비한 부분을 수정·보완하여 책자로 제작한다(정진경, 1998, p. 170).

일반적으로 문화 동화물은 문화적 차이에 초점을 맞춘 중요한 사건을 소재로 한다. 문화 동화물은 보통 한 페이지 분량으로 이루어지며 상황을 담은 이야기와 오해가 생기게 된 원인에 대한 그럴듯한 설명을 담고 있는 네 개의 선택지로 구성된다. 학생들은 주어진 정보를 주의 깊게 읽은 후에, 오해의 원인이 된 가장 그럴듯한 이유를 선택하며, 이때 모둠을 이루어 서로 논의하여 결정할 수도 있다. 혹은 학급 토의를 전개한 후에 모든 학생들이 합의한 결과에 근거하여 선택할 수도 있다. 학생들의 선택이 끝난 후에 교사는 배경 설명이 담긴 해설지를 읽어주면서, 상세한 설명을 해 주어야 한다.

다음은 필리핀 문화에 대한 이해를 촉진하기 위해 교사가 도덕 교과 수업에서 활용할 수 있는 문화 동화물을 예시한 것이다.

상황

미국에 살고 있는 필리핀 출신의 페드로는 회사원이다. 그는 지금 팀 프로젝트의 일원으로서 활동하고 있다. 그가 속한 팀의 팀원들은 모두가 미국인이고 여자도 몇 명 있었다. 페드로는 팀원들이 자기에게 부여된 분량의 일을 잘 하지 않는다는 것을 알게 되었다. 팀원들 가운데 일부는 자기가 하지 않은 일에 대해서도 공적을 취하고 있었다. 이러한 현상은 페드로를 무척이나 당황스럽게 하였다. 왜냐하면 그는 미국인들은 확고한 근로윤리를 갖고 있다고 들어왔기 때문이다. 지금 페드로는 집단 역기능으로 인한 가슴앓이를 하고 있다. 그러나 그는 자기가 겪고 있는 곤란을 직장 상사나 동료들에게 말하지 못하고 있다. 페드로는 팀원들의 행동이 왜 문제가 된다고 생각하고 있는가?

① 필리핀에서는 피고용자가 팀워크에 대해 곤란을 느끼는 것이 전형적이다.

② 일반적으로 미국인들은 명령을 좋아하지 않으며, 윤리적 행동에 대한 높은 기준도 가지고 있지 않다.

③ 필리핀 사람들은 집단 조직에서 일하는 것을 좋아하며 그들의 동료들에 대해 높은 충성심을 갖고 있다.

④ 미국 여성들과 함께 일하는 것이 필리핀 남성을 곤란하게 만든다.

해설

① 오답: 필리핀 사람들은 집단주의를 매우 중시하기 때문에 집단 및 팀워크를 편안하게 느낀다.

② 오답: 미국인들은 경쟁적이지만 공식적 혹은 비공식적인 규칙을 준수하는 경향이 있고, 법적·윤리적 질서를 지향한다. 페드로가 본 것은 페드로가 속한 팀 그 자체의 문제이거나 혹은 사람들 간의 개인차로 인한 것일 수 있다.

③ 정답: 필리핀 사람들은 전형적으로 집단 환경에서 일하는 것에 편안함을 느낀다. 모든 집단 성원들이 집단의 성공을 위해 일할 것이라는 높은 기대와 자긍심을 가지고 있다. 페드로는 팀원들이 집단의 성공을 위한 이상을 공유하지 않고 있기 때문에 당황하고 놀란 것이다.

④ 오답: 필리핀 남성들은 일반적으로 여성을 존중한다. 미국 여성들이 필리핀 여성들에 비해 단호할 수 있으나, 필리핀 남성을 위협하지는 않는다.

다. 대리 경험의 확대

직접 경험은 우리 스스로의 경험 속에서 얻는 것이고, 대리 경험은 다른 사람에게 어떤 일이 일어났는지 고민해 봄으로써 얻을 수 있는 것이다. 비록 우리가 북극에 직접 가서 개썰매를 타보지 못했을지라도, 북극 탐험에 관한 영화를 보거나 책을 읽는다면 그 경험이 어떠할 것인지에 대해 많은 것을 배울 수 있다. 대리 경험은 현실의 상징을 활용함으로써 접촉을 촉진한다. 앞서 살펴보았던 최근의 접촉 가설 이론들은 대리 경험을 통해서도 타 집단 성원들의 관점을 배울 수 있다는 것을 잘 보여준다. 도덕 교과 수업에서 교사는 역할놀이, 사회극, 문학 작품, 영화 등을 활용하여 학생들에게 다양한 간접 접촉의 기회를 제공할 수 있다.

한국어 및 한국 문화에 익숙하지 않은 상태에서 시부모를 모시고 사는 가운데 하루 종일 힘든 농사일을 하는 결혼 이주 여성의 역할을 연기해 보게 하는 것, 교실에서 시각장애인 체험을 해 보게 하는 것, 긍정적인 집단 간 관계를 담고 있는 영상물을 시청하게 하는 것, 국내 거주 외국인의 어려움을 촌극으로 표현해 보게 하는 것, 학생들로 하여금 외국인과의 첫 만남이 아주 긍정적이고 유쾌한 것임을 상상해 보게 하는 것, 긍정적인 집단 간 관계를 소재로 한 문학 작품을 읽게 하는 것 등은 도덕 수업에서 교사가 활용할 수 있는 대표적인 간접적 접촉 방법이다.

한편 교사가 도덕 수업에서 긍정적 집단 간 관계를 다룬 영상물이나 문학 작품을 활용한 모델링 효과를 촉진하고자 할 경우에는 다음과 같은 점에 유념해야 한다(Vrij, Akehurst & Smith, 2003, pp. 284-299). 첫째, 집단 간의 유사성을 긍정적 맥락에서 제시하는 내용을 활용해야 한다. 집단 간의 차이점보다는 집단 간의 유사성이 강조될 때, 타 집단에 대해 보다 긍정적인 태도를 갖는다. 따라서 지배 집단과 소수 집단 간의 유사성을 강조하는 것이 중요하다. 그런데 영상물이나 문학 작품에 제시된 집단 간의 유사성이 긍정적일수도 있고 혹은 부정적일수도 있다. 부정적 관점이나 시각에서 정보를 제공하는 것은 관찰자에게 부정적인 인지적 도식을 유발한다. 소수 집단에 대한 부정적인 정보를 접한 집단은 소수 집단에 대해 긍정적인 정보를 접한 집단에 비해 소수 집단에 대해 부정적인 태도를 보여준다. 따라서 교사는 집단 간의 긍정적인 유사성을 긍정적인 맥락에서 제시하는 것이 중요하다.

둘째, 사람들은 외집단 성원의 긍정적인 행위를 그들 집단으로부터 예외적인 경우(운이 좋거나, 특권적 지위에 있거나, 아주 동기가 강한 것으로 간주함)로 고려함으로써 그것을 외부의 탓으로 귀인하려는 경향이 있다. 그러므로 소수 집단 성원의 긍정적 행위에 대한 내적 귀인을 유도하기 위해서는 다수의 전형적인 소수집단 성원들을 긍정적인 맥락에서 제시해야 한다.

셋째, 신뢰할 만한 출처와 명시적 메시지를 담은 내용을 활용해야 한다. 학생들의 태도 변화를 유도하기 위해서는 아주 믿을 만한 출처를 가진 영상물이나 문학 작품을 활용해야 한다. 그리고 영상물이나 문학 작품의 선정에 있어서 교사는 암묵적인 메시지가 오해의 소지를 유발할 수 있다는 점에 유념하여, 분명하고 명시적인 메시지를 제공하는 내용을 선택해야 한다.

라. 다문화 봉사학습 기회 제공

도덕과 수업을 내실 있게 운영하기 위해서는 봉사활동과의 연계가 필요하다(교육인적자원부, 2007, p. 30). 봉사학습(service learning)은 직접 접촉 경험의 대표적인 형식이다. 봉사학습은 학생들이 학교에서 배운 교과 지식들을 실생활에 적용하는 과정을 통하여 자신 및 지역 사회에 의미 있는 변화를 가져오게 하는 학습 활동을 의미한다(추병완, 2004, p. 544). 봉사학습은 학생들이 다양성의 문제를 탐색함에 있어서 감정적 만족 영역을 확대하는 데 큰 도움을 준다. 봉사학습의 핵심 교의는 서비스 제공자와 수혜자 모두에게 동등한 이로움을 가져다주고, 봉사와 학습이 균등하게 균형을 잡고 있다는 것이다(Boyle-Baise, 2002, p. 10).

교사는 도덕 교과 수업에서 학생들의 외집단에 대한 편견과 고정관념을 감소시켜 주는 방안의 일환으로서 봉사학습을 활용할 수 있다. 교사는 학생들이 지역사회의 다문화 가정을 위한 봉사단체의 일원으로 가입하여 활동하는 것, 역이나 터미널에서 외국인을 위한 탑승 안내를 하게 하는 것, 다문화 가정 학생을 위한 학습 도우미로 활동하는 것 등과 같이 외국인이나 소수집단 성원들을 직접 접촉하면서 다문화 체험을 할 수 있는 기회를 제공할 수 있다. 이러한 봉사학습은 학생들의 고정관념과 개인적인 편견을 줄이기 위한 직접적·구체적인 접촉 기회를 제공한다. 학생들은 학교 테두리에서 벗어나 실제적인 삶을 경험함으로써, 편견 감소 및 자기 효능감(self-efficacy) 제고의 효과를 얻을 수 있다.

마. 접촉을 위한 사회적 기능 훈련 실시

외집단의 구성원들과 긍정적인 상호작용을 하지 않는 사람들에게 사회적 기능을 가르치는 것은 집단 상호 간의 관계와 긍정적인 태도를 촉진시킬 수 있다. 대부분의 학생들은 외집단과의 접촉 경험이 풍부하지 않기 때문에 외집단에 대한 무지와 막연한 두려움을 갖는 경우가 많다. 그러므로 교사는 도덕 수업에서 외집단에게 적대감을 갖거나 무관심을 보이는 대부분의 주류 학생들을 위해 사회적 기능을 가르칠 필요가 있다. 이를 위해 교사는 도덕 수업에서 다양한 문화 간 훈련 기법들을 활용할 필요가 있다. 즉, 교사는 도덕 교과 수업을 통해 학생들에게 자기 공개 독려하기, 경청하기, 반응하기, 메시지를 확실하게 전달하기, 언어적·비언어적 감정 표현하기, 다른 사람을 건설적으로 대하기 등과 같은 기본적인 사회적 기능을 가르칠 필요가 있다. 나아가 공감 기능, 갈등 해결 기능, 충동 조절 기능, 분노 조절 기능 등과 같은 고차적인 사회적 기능들을 가르칠 필요가 있다.

도덕과 수업에서 교사가 손쉽게 활용할 수 있는 문화 간 훈련 기법 가운데 하나는 바로 모호한 그림을 이용한 지각 훈련(perception training)이다. 이것은 우리의 지각이 얼마나 편향되고, 믿지 못할 것인지를 학생들에게 느끼게 해 주는 재미있는 활동이다(Hoopes & Pusch, 1984, p. 115). 교사는 이를 통해 학생들이 지각 및 감정에서의 차이에 대해 느껴보게 함으로써, 고정관념이나 편견은 우리가 보고자 하는 것만을 보려고 하기 때문에 생길 수 있다는 것을 학생들이 이해하도록 도와주어야 한다. 〈그림 1〉과 〈그림 2〉는 지각 훈련에서 활용될 수 있는 사례들을 예시한 것이다.

<그림 1> 토끼 & 오리 형상

<그림 2> 기둥 & 사람 형상

교육인적자원부, 『도덕과 교육과정』(서울: 교육인적자원부, 2007).

송선영, "한국 다문화 사회의 도덕적 공황 상태에 대한 연구", 『윤리연구』, 제 77호(서울: 한국윤리학회, 2010).

정진경, "남북한 간 문화이해지의 제작", 『통일연구』, 제2권 제2호(서울: 통일 연구원, 1998).

조영달 외 4인, "학교 다문화교육의 실태 분석", 『시민교육연구』, 제41권 제2호 (서울: 한국 사회과교육학회, 2010), 151-184.

추병완, 『도덕교육의 이해』(서울; 백의, 2004).

추병완, "다문화교육의 관점에서 도덕과 교육과정의 개정 방향", 『윤리연구』, 제80호(서울: 한국윤리학회, 2011), 79-104.

Allport, G. W (1979), *The nature of prejudice*, 25th anniversary ed., Reading: Addison-Wesley.

Bandura, A. (1989), "Social cognitive theory", In R. Vasta (Ed.), *Annals of child development*. Vol. 6. Six theories of child development, Greenwich: JAI Press.

Boyle-Baise, M. (2002), *Multicultural service learning*, New York: Teachers College Press.

Brown, R. (2000), *Prejudice: Its social Psychology*, Oxford: Blackwell.

Crisp, R. J., & Turner, R. N. (2009), "Can imagined inter¬actions produce positive perceptions? Reducing prejudice through simulated social contact",

American Psychologist, 64(4), 231–240.

Cushner, K. H. (1987), "Teaching cross-cultural Psychology: Providing the missing link", *Teaching of Psychology*, 14(4), 220-223.

Derman-Sparks, L. (1987), *Anti-bias curriculum: Tools for empowering young children*, Washington, DC: National Association for the Education of Young Children.

Dixon, J., Durrheim, K., & Tredoux, C. G. (2005), "Beyond the optimal contact strategy: A reality check for the contact hypothesis", *American Psychologist*, 60, 697-711.

Dovidio, J. F., Eller, A., & Hewstone, M. (2011), "Improving intergroup relations through direct, extended and other forms of indirect contact", *Group Processes & Intergroup Relations*, 14, 147-160.

Erasmus, Z. (2010), "Contact Theory: Too Timid for Race and Racism", *Journal of Social Issues*, 66(2), 387-400.

Fiedler, F. E., Mitchell, T. & Triandis, H. C. (1971), "The culture assimilator: An approach to cross-cultural training", *Journal of Applied Psychology*, 55(2), 95-102.

Hoopes, D. S. & Pusch, M. D. (1984), "Teaching strategies: The methods and techniques of cross-cultural training", In Margaret D. Pusch, *Multicultural education: A cross-cultural training approach*, Yarmouth: Intercultural Press.

Johnson, D W. & Johnson, R. T. (2001), *Multicultural education and human relations*, Boston: Allyn and Bacon.

Mazziotta, A., Mummendey, A. & Wright, C. S. (2011), "Vicarious intergroup contact effects: Applying social-cognitive theory to intergroup contact research", *Group Processes & Intergroup Relations*, 14, 255-274.

O'Grady, C. (2000), "Integrating service learning and multicultural education: An overview", In Carolyn R. O'Grady (Ed.), *Integrating service learning and multicultural education in colleges and universities*, Mahwah: Lawrence Erlbaum Associates, Publishers.

Pettigrew, T. F. (1999), "Intergroup contact theory", *Annual Review of Psychology*, 49, 65-85.

Pettgrew, T. F. & Tropp, T. F. (2008), "How does intergroup contact reduce prejudice? Meta-analytic tests of three mediators", *European Journal of Social Psychology*, 38, 922-934.

Schiappa, E., Gregg, P., & Hewes, D. (2005), "The Parasocial Contact Hypothesis", *Communication Monographs*, 72, 92-115.

Seaman, J., Beightol, J., Shirilla, P., & Crawford, B. (2009), "Contact theory as a framework for experiential activities as diversity education: An exploratory study", *Journal of Experiential Education*, 32(3), 207-225.

Stephan, W. (1999), *Reducing prejudice and stereotyping in schools*, New York: Teachers College Press, 1999.

Vrij, A., Akehurst, L., & Smith, B. (2003), "Reducing ethnic prejudice: An evaluation of seven recommended principles for incorporation in public campaigns", *Journal of Community* & *Applied Social Psychology*, 13, 284–299.

Wright, S. C., Aron, A., McLaughlin-Volpe, T., & Ropp, S. A. (1997), "The extended contact effect: Knowledge of cross-group friendships and prejudice", *Journal of Personality and Social Psychology*, 73, 73–90.

9장

간접 접촉 이론과 반편견 교육

우리 사회는 문화적 다양성을 중시하는 다문화사회로 변모하는 중이다. 경제적·정치적·사회적 문제의 복잡성과 상호의존성이 획기적으로 증가함에 따라 우리 사회에서도 문화 집단 간의 유사점과 차이점이 다양하게 표출되고 있다. 이에 따라 순혈주의와 단일 민족문화 논리는 더 이상 우리 사회 구성원들을 통합하고, 문화 집단 간 관계 정립을 위한 실행 가능한 용어로서의 힘을 갖출 수 없게 되었다.

다문화사회로의 변모는 우리가 지금까지 견지해 왔었던 학교교육에 대한 비전, 철학, 실천에 있어서 근본적인 변화를 요구한다. 그것은 새로운 사회에 적절하게 부합하는 인간적 갱신(human renewal)을 향한 기본적 요구라고 할 수 있다. 인간적 갱신을 향한 첫 걸음은 바로 우리 안에 존재하는 많은 다양한 문화들을 인정하고 존중하는 것이다. 동시에 그것은 다양한 문화들이 존재할 권리를 인정하는 것, 모든 문화의 고유성과 가치를 용인하는 것 그리고 그 다양한 문화들이 사회 구성원들의 인간적 잠재력 실현 및 사회 발전에 창조적으로 기여한다는 사실을 수용하는 것을 포함한다.

따라서 다문화사회에서 학교교육의 목적은 다양성을 존중하고 소중하게 여기는 것, 다른 문화적 유형에 대한 이해를 제고하는 것, 모든 문화의 개인들을 존중하는 것, 사람들 간에 그리고 다양한 문화 집단의 경험 간에 긍정적이고 생산적인 상호작용을 발전시키는 것 등을 포함해야 한다. 이러한 학교교육의 목적은 바로 다문화교육을 통해 효율적으로 실현될 수 있다. 다문화교육은 다양성, 인권, 공평, 사회정의 등과 같은 도덕적 가치들과 대안적인 삶의 선택 가능성을 중시하는 인본주의적 개념이다(The ASCD Multicultural Education Commission, 1977, p. 3).

다문화교육은 모든 학생들을 위한 교육인 동시에 학교교육의 모든 측면을 통해서 실현되어야 할 기본교육이다(Nieto, 1999, p. xviii; Vang, 2010, p. 19). 초등 도덕과는 인류 보편의 도덕적 가치·덕목을 본질적인 교육 내용으로 하고 있는 유일한 교과이기에, 그 어느 교과보다도 다문화 시민성 및 다문화 역량 계발에 있어서 선도적·주도적인 역할을 수행할 수 있다. 초등 도덕과에서 다루고 있는 정의, 배려, 사랑, 민주적 대화, 준법, 생명존중(교육인적자원부, 2007, p. 3) 등의 주요 가치·덕목은 다문화사회의 구성원들이 서로의 다양성을 인정하는 가운데 공존적·평화적인 삶을 영위하도록 하는 데 있어서 필수적인 것이다. 또한, 이러한 가치·덕목들은 편견 및 차별 행위 감소에 기여함으로써 다문화사회에서의 집단 간 상호작용 및 관계 증진에 크게 기여할 수 있다.

하지만 최근 연구 결과에 의하면, 우리나라 초등학생들의 외집단에 대한 편견 현상이 매우 심각하다고 한다. 초등학생들은 피부색과 국가의 경제력에 근거하여 외집단에 대한 사회적 거리감을 명시적으로 표현하고 있으며(노경란·방희정, 2009, p. 72), 대부분의 다문화가정 학생들은 피부색이 다르다는 이유로 학교에서 낮게 평가됨과 동시에 집단 따돌림을 당하고 있는 실정이다(심우엽, 2010, p. 54). 이러한 현실을 고려할 때, 다문화사회에서 초등 도덕과교육은 집단 간 편견 감소에 실질적으로 기여할 수 있어야 한다. 그럼에도 불구하고, 상당수의 초등 교사들은 편견 감소를 위한 교수 방법에 대한 정보 및 지식의 부재로 인해, 도덕과 수업을 통한 편견 감소 활동에 크게 기여하지 못하고 있다.

사회심리학자들은 오랜 기간 연구를 통해 적절하게 구조화된 집단 간 접촉은 집단 간 긴장을 완화하고, 편견 감소를 증진하며, 집단 간 관계를 개선하는 데 기여한다는 사실을 밝혀내었다. 접촉 가설(contact hypothesis) 혹은 집단 간 접촉 이론(intergroup contact theory)으로 알려진 이 이론은 집단 간의 직접적 접촉을 위한 적정 조건들이 충족되었을 때, 집단 간 편견 감소의 효과가 있음을 입증해 주었다(Dovidio, Eller, & Hewstone, 2011, p. 148).

적정 조건 하에서의 직접적인 집단 간 접촉이 집단 간 관계 개선에 도움이 되는 것은 사실이지만, 그것을 학교 현장에서 실제적인 교육 프로그램으로 만들어 운영하는 것은 사실상 매우 어렵다. 접촉 이론에 대한 초기 비판에서 언급된 바와 같이, 일반적으로 외집단에 대한 심한 편견을 갖고 있는 사람들은 외집단과의 접촉이나 상호작용 그 자체를 근본적으로 회피하는 경향이 강하기 때문이다(Tredoux & Finchilescu, 2007, p. 669). 또한 직접적 접촉을 가로막고 있는 현실적 장애가 곳곳에 존재하고 있기 때문이다. 이를테면, 남북한 주민들 간의 편견 감소를 위해 학생들 간의 직접 접촉이 효과적임을 우리가 익히 알고는 있지만, 실제적인 남북 교류가 불가능한 현 정치적 상황에서 그러한 접촉 프로그램을 실천한다는 것은 매우 어렵다. 집단 간 직접 접촉의 현실적 대안으로 이질적인 인종·종족 집단 성원들로 구성된 협동학습을 제안할 수도 있으나, 다문화 가정 출신 학생이나 외국인 학생들이 전혀 없는 교실의 일반 학생들은 그러한 직접 접촉의 기회와 혜택에 원천적으로 접할 수 없는 구조적 한계가 존재한다.

이러한 문제 해결을 위해 등장한 것이 바로 간접 접촉 이론이다. 20세기 말부터 사회심리학자들은 집단 간 편견 감소 및 관계 개선에 도움을 줄 수 있는 다양한 형태의 간접 접촉 방안을 연구해 왔다. 이에 이 논문에서는 간접 접촉의 방식 및 효과에 관한 최근 연구 동향을 살펴보고, 이에 근거한 초등 도덕과에서의 반편견 교수 전략을 탐색·개발하고자 한다. 이 논문에서는 간접 접촉의 효과를 설명하는 메커니즘에 대한 상세한 문헌 분석 결과에 근거하여, 초등 도덕과 수업에서 반편견 교수 활동을 실천하기 위한 구체적인 교수 전략을 제안하는 데 초점을 맞출 것이다.

1. 간접 접촉 이론의 이해

사회심리학자들은 상이한 집단 성원들 간의 직접적 접촉을 집단 간 관계 개선을 위한 최상의 전략 가운데 하나라고 생각해 왔다. 올포트 (Allport)가 접촉 가설을 공식화한 이후로 50년 이상 동안 사회심리학자들은 직접 접촉을 위한 적정 조건을 찾아내고, 직접 접촉과 집단 간 관계를 매개하는 심리적 과정들을 이해하고자 노력해 왔다(Brown & Hewstone, 2005, p. 255).

1954년에 출판된 『편견의 본질』(Nature of Prejudice)에서 올포트가 최초로 언급한 것으로 알려진 접촉 가설(contact hypothesis)은 사실상 이미 1930년대 중반의 문헌에 언급된 바 있었다. 집단 간 접촉이 편견을 감소시킬 수 있다는 주장은 이미 1936년에 출판된 호로위츠(Horowitz)의 저술 속에 담겨 있었다. 1947년에 사회학자인 윌리엄스(Williams)는 집단 간 관계를 개선하기 위한 기법에 관한 일군의 검증 가능한 가설들을 제시한 바 있다. 그는 기능적으로 동등한 개인들 간의 사적인 연합 및 모두에게 가치 있는 것이라고 여겨지는 것에 대한 공동 작업에 근거한 집단 간 협력은 집단 간의 적대감을 줄일 수 있다고 생각했다(Dovidio, Eller, & Hewstone, 2011, p. 149).

접촉 가설에 대한 올포트의 입장은 이러한 선행 연구들에 기반을 두고 시작된 것이다. 그는 집단 간의 접촉이 자동적으로 집단 간 관계를 개선하는 것은 아니지만, 집단 간 접촉 상황을 위한 특정한 조건들이 충족된다면 집단 간 편견이 현저하게 줄어들 수 있다고 생각하였다. 그러한 조건은 바로 접촉 상황에서의 동등한 지위, 집단 간 협동, 공동의 목표, 권위·법·관습의 지원이다(Allport, 1954/1979, p. 281). 즉, 올포트는 집단 간 접촉의 긍정적 효과는 접촉 상황 안에서의 동등한 집단 지위, 공동 목표, 집단 간 협동, 권위·법·관습의 지원이라는 네 가지 핵심적인 조건들이 갖추어져 있을 때 가능하다고 보았다.

이후에 사회심리학자들은 연구를 통해 두 가지 조건들을 첨가하였다. 성원들 간의 개인적 안면을 위한 기회 그리고 그것에 기반을 둔 집단 간 우정 형성이 집단 간 접촉을 위한 적정 조건으로 추가되었다 (Pettigrew, 1998, p. 65). 동시에 사회심리학자들은 그러한 핵심 조건들이 충족되었을 때 집단 간 편견 감소의 효과가 있음을 보여주기 위한 다양한 연구들을 실행하였다.

그러나 20세기 말부터 집단 간 접촉 연구에 있어서 중요한 진전이 일어난다. 즉, 사회 집단 간 관계 증진을 위한 수단으로서 간접적인 집단 간 전략의 효과를 입증한 것이다. 간접적인 집단 간 접촉은 확대된 (extended) 접촉, 대리적(vicarious) 접촉, 상상된(imagined) 접촉, 의사사회적 (parasocial) 접촉을 포함한다.

가. 확대된 접촉 이론

확대된 접촉 이론은 1997년에 라이트(Wright et al., 1997, p. 74) 와 그 동료들에 의해 처음으로 제안되었다. 그들은 내집단 성원이 외집단 성원과 친밀하고 긍정적인 관계를 맺고 있다는 단순한 지식이 집단 간 편견을 감소시킬 수 있다고 주장하였다. 그들은 내집단 성원이 외집단 친구를 사귄다는 사실을 알고 있는 사람들은 외집단에 대해 덜 부정적인 태도를 보이며, 동시에 그러한 정보를 내집단 성원들에게 제공하는 것은 더욱 긍정적인 집단 간 태도를 형성시킬 수 있다고 주장하였다.

이러한 효과가 발생하는 이유는 무엇일까? 라이트와 그 동료들은 확대된 접촉이 편견 감소에 영향을 미치는 세 가지 메커니즘을 다음과 같이 상세하게 설명한다.

첫째는 긍정적인 내집단 실례(positive ingroup exemplar) 효과인데, 이것은 다시 내집단 규범, 불안 감소, 무지 감소의 세 요소로 세분된다(Wright et al., 1997, p. 75). 확대된 접촉은 내집단 성원으로 하여금 집단 간 상호작용에 대한 내집단 규범들에 대해 진지하게 생각해 보도록 만드는 효과가 있다. 외집단과의 상호작용을 위한 규범이 확고하게 설정되어 있지 않거나 모호할 때 혹은 변화 상태에 있을 때, 외집단 성원과 친밀한 우정을 나누는 내집단 성원은 긍정적인 집단 간 태도와 관용적인 내집단 규범을 예증해주는 일종의 준거 정보원으로서 작용한다. 외집단과의 상호작용을 위한 규범이 확고한 경우라 할지라도, 그러한 규범을 위반하는 개인은 "모두가 이런 식으로 행동하기 때문이다."는 단순한 규범에 의존하고 있는 다수의 무지를 효과적으로 자극하는 효과가 있다. 집단 간 우정이 제재를 받지 않거나 혹은 내집단 성원에게 긍정적인 결과를 가져다준다면, 외집단 성원과 우정 관계를 맺고 있는 내집단 모델은 제재에 대한 두려움을 감소시켜 준다.

한편, 내집단 성원의 행동과 명백한 태도를 관찰하는 것은 집단 간 상호작용의 가능성에 대한 관찰자의 불안을 감소시킨다. 집단 간 상호작용을 예상하는 것만으로도 불안이 유발될 수 있으며, 불안은 외집단을 향한 부정적인 태도와 연합되어 있다(Stephan, 1999, p. 31). 하지만 내집단 친구가 보여준 외집단 성원과의 편안한 상호작용은 관찰자로 하여금 외집단에 대해 보다 긍정적인 인상을 유발하고, 외집단과의 실제적인 상호작용에 대한 공포와 부정적 기대를 감소시켜 준다.

끝으로, 외집단 친구를 갖고 있는 내집단 성원은 관찰자와의 직접적인 소통을 통하여 외집단에 대한 정보를 제공하여 줄 수 있다. 외집단의 주관적인 문화에 대한 무지는 외집단과의 상호작용에 대한 두려움뿐만이 아니라 외집단에 대한 그릇된 지각·판단·귀인을 유발할 수 있다. 따라서 내집단 성원과의 소통을 통한 외집단에 대한 정보의 획득은 집단 간 접촉에 대한 두려움과 외집단에 대한 편견 감소에 도움을 준다.

둘째, 긍정적인 외집단 실례(positive outgroup exemplar) 효과이다(Wright et al., 1997, p. 75). 내집단 성원과 상호작용하고 있는 외집단 성원의 우호적인 행동을 관찰하는 것은 외집단에 대한 부정적 고정관념을 수정할 수 있는 토대를 제공한다. 이러한 효과는 집단 소속감이 현저하고, 외집단이 상대적으로 동질적이라고 여겨질 때 더욱 커지는 경향이 있다. 즉, 내집단 실례 효과와 외집단 실례 효과가 발생하려면 집단 소속감이 현저해야 한다. 내집단 성원이 자아와 교환 가능한 주체로 여겨져야 하고, 외집단 성원이 전체로서의 외집단을 반영하는 것으로 여겨져야 한다.

셋째, 자아 속에 타자를 포함하는(including other in the self) 효과이다(Wright et al., 1997, pp. 75-76). 내집단 성원과 외집단 성원과의 우정을 관찰함에 있어서 내집단 성원은 자아의 일부이고, 외집단 성원은 내집단 성원의 일부이기에, 나의 일부가 되는 것이다. '나의 친구의 친구는 내 친구이다.'는 논리가 확대되어 '내가 속한 집단의 친구의 집단은 내 친구이다.'는 논리가 성립하는 것이다. 이렇게 되면, 자아가 외집단 성원들을 자아의 일부로 포함시킴으로써 외집단에 대한 부정적인 태도가 감소한다.

확대된 접촉 이론은 집단 간 접촉의 효과를 설명하는 독특한 요소를 제시했다는 점에서 큰 의의가 있다. 즉, 자신의 자아 속에 타인을 포함함으로써 자아개념의 포함력을 확장할 수 있다는 것이다. '내가 속한 집단의 친구의 집단은 내 친구이다.'라는 연합에 의해 생성된 새로운 지식은 내집단을 향한 외집단 규범뿐만 아니라 외집단을 향한 내집단 규범에 대한 지각을 변화시킬 수 있다. 이렇듯 내집단 성원이 외집단 성원의 친구를 갖고 있다는 사실을 알게 되는 것은 내집단 규범을 더욱 포함적인 것으로 지각하여 외집단을 수용하게 만들 수 있다.

나. 대리적 접촉 이론

대리적 접촉 이론은 밴두라(Bandura)의 사회 인지 이론을 집단 간 접촉 연구에 통합하여 적용한 것이다. 이 이론은 간접 접촉의 효과에 대한 연구를 성공적인 집단 간 상호작용의 관찰로 확대한 것으로서, 집단 간 접촉을 위한 사람들의 의도를 증가시키는 것이 집단 간 편견 감소 및 관계 개선에 있어서 중요함을 잘 보여준다(Mazziottal, Mummendey, Wright, 2011, p. 255).

밴두라는 개인에 대한 환경의 효과와 관련된 행동주의적인 일방향적 설명 구조, 즉 자극-반응 설명 구조를 거부하였다. 대신에 그의 관점은 '개인적 요인'과 '환경적 요인' 그리고 '행동'이 서로 결합하여 작동하는 과정을 의미하는 '상호적 결정론'(reciprocal determinism)을 나타낸다(Bandura, 1989, p. 1). 예를 들어, 공격적인 아이들은 다른 아이들이 자신들에 대하여 적대적으로 행동할 것이라고 기대하며, 이것은 공격적인 아이들로 하여금 공격적으로 행동하도록 만든다. 따라서 그들은 자신들의 행동을 통해서 적대적인 환경을 만들어낸다. 이와는 달리 우호적인 반응 양식을 지니고 있는 아이들은 우호적인 사회적 상황을 만들어낸다.

밴두라의 사회 인지 이론은 적절한 타인을 관찰하는 것을 통하여 사람들이 태도·가치·정서적 성향·새로운 행동 양식을 획득하는 방식을 잘 설명해 준 바 있다. 그에 의하면, 대리적 학습을 위한 능력은 인간이 지닌 독특한 특성 가운데 하나이다. 그는 직접 경험으로부터 연유하는 모든 학습 현상들은 타인의 행동 및 그것이 그에게 가져다주는 결과를 관찰하는 것에 의해 대리적으로 발생할 수 있다고 주장하였다(Bandura, 1989, p. 21).

대리적 접촉 이론을 주장하는 학자들은 사회 인지 이론의 적용으로부터 발생하는 간접적 접촉 효과의 구체적 매개물을 지칭하기 위해 밴두라가 제시한 대리적 학습 개념을 대리적 접촉 개념으로 새롭게 명명하였다. 집단 간 접촉을 효율적으로 수행하고 있는 내집단 성원들을 관찰하는 것은 하나의 대리적 학습 사건으로 개념화될 수 있다. 따라서 내집단 역할 모델은 집단 간 접촉이 가능하다는 사실과 더불어 그것이 어떻게 가능한지를 관찰자에게 상세하게 보여줄 수 있다는 것이다(Mazziottal, Mummendey, Wright, 2011, p. 257).

대리적 접촉의 중요성을 강조하는 학자들은 집단 간 관계에서 대리적 접촉의 효과를 설명하는 메커니즘으로서 행동적 지식의 습득 및 자기 효능감 기대(self-efficacy expectancy)를 제시한다(Mazziottal, Mummendey, Wright, 2011, pp. 257-259).

사회 인지 이론에 근거한 연구들은 유능한 모델을 관찰하는 것이 대인관계적 관계를 증진하는 잠재력을 지닌 사회적 행동을 습득하게 한다는 것을 보여준 바 있다. 이에 근거하여 대리적 접촉 이론을 주장하는 학자들은 주의집중, 파지, 운동재생, 강화 및 동기화 과정이라는 관찰학습의 네 가지 조건이 충족되어질 경우, 외집단 성원과 성공적인 상호작용을 하고 있는 내집단 성원을 관찰하는 것이 이전에는 관찰자의 행동 목록에 포함되어 있지 않았던 새로운 집단 간 행동을 습득하게 만든다고 설명한다. 또한, 유능한 내집단 성원으로부터의 대리적 학습은 관찰자로 하여금 그 행동들을 외집단 성원과의 상호작용에 적용하게 만든다.

한편, 대리적 관찰을 통해 학습한 행동들이 자신의 구체적인 행동 대안이 되기 위해서는 자기 효능감 기대가 반드시 필요하다. 즉, 관찰된 행동을 능숙하게 수행할 수 있는 자신의 능력에 대한 주관적 판단이 필수적이다. 자기 효능감 기대는 사람들이 선택하는 행동에 영향을 미친다. 즉, 자기 효능감 기대는 얼마나 많은 노력과 에너지를 그 행동에 쏟을 수 있는지, 도전이나 실패에 직면하여 얼마나 오랜 기간 그 행동을 지속할 수 있는지, 그리고 그들의 생각이 바람직한 결과에 도달하는 것을 방해하거나 혹은 촉진하는 데 영향을 준다. 성공적인 집단 간 상호작용을 관찰하는 것은 집단 간 태도와 직접 접촉을 위한 의지에 영향을 주는 자기 효능감 기대를 높여주는 효과가 있다.

이렇듯 대리적 접촉 이론은 외집단 성원과 성공적인 상호작용을 하고 있는 내집단 성원을 관찰하는 것은 집단 간 접촉을 위한 새로운 행동 목록을 습득하게 하고, 자기 효능감 기대를 고양시켜 줌으로써 집단 간 관계에 대한 불안감, 불확실성, 심리적 위협의 감소를 초래하여 긍정적인 외집단 태도와 직접적인 집단 간 상호작용에 대한 개방성을 제고할 수 있다.

다. 상상된 접촉 이론

확대된 접촉 가설은 외집단과 상호작용하는 내집단 성원에 대한 지식을 획득하는 것을 강조하고 있으며, 대리적 접촉 가설은 외집단 성원과 상호작용하는 내집단 성원들을 관찰하는 것을 강조한다.

이와는 달리, 상상된 접촉 가설은 자아를 직접적으로 포함하고 있는 간접적인 접촉 방식이다. 그것은 외집단 범주에 속하는 성원들과의 사회적 상호작용에 대한 일종의 정신적 시뮬레이션(mental simulation)이다(Turner, Crisp, & Lambert, 2007, p. 428). 상상된 접촉은 실제적인 접촉이 일어나지 않는다는 점에서 간접적이지만, 자아와 외집단 간에서 일어나는 상호작용을 포함한다. 이런 의미에서 상상된 접촉은 확대된 접촉에 비해 실제적 접촉과 더욱 유사하다(Crisp & Turner, 2009, p. 234).

상상된 접촉 이론은 특정한 사회적 맥락을 단순히 상상하는 것이 그 맥락 자체를 경험하는 것과 유사한 인지적·행동적 효과를 갖는다는 선행 연구 결과에 근거한다. 이를테면 가르시아와 그 동료들은(Garcia et al., 2002, p. 843) 사람들이 혼잡한 방에 있다고 단순히 상상하는 것이 전형적인 방관자 효과의 경우와 마찬가지로, 타인을 돕는 행동을 감소시킨다는 연구 결과를 발표한 바 있다. 이러한 효과가 발생한 이유는 사람들이 집단 간 접촉을 상상할 때, 실제적인 집단 간 접촉과 연루된 과정과 동일한 의식적 과정을 겪었기 때문이다. 상상된 접촉 이론에 의하면, 외집단 성원과의 긍정적인 사회적 상호작용을 정신적으로 상상해보는 것은 실제적 접촉과 아주 유사하게 집단 간 불안을 감소시켜줌으로써 외집단에 대한 평가를 개선하는 데 도움을 준다(Husnu &

Crisp, 2010, p. 944).

상상된 접촉이 집단 간 관계에 미치는 효과를 설명하는 메커니즘은 외집단에 대한 긍정적 투사, 불안 감소, 고정관념 위협 감소이다 (Crisp & Turner, 2009, pp. 234-235). 긍정적 관점에서의 상상된 접촉은 외집단의 긍정적 특성에 대한 투사를 증가시켜 준다. 상상된 접촉과 외집단 태도와의 긍정적 관계는 집단 간 불안의 감소에 의해 매개된다. 끝으로 상상된 접촉은 수행에 대한 부정적인 자기 고정관념화(self-stereotyping)를 감소시켜 준다.

한편, 상상된 접촉의 효과가 극대화되기 위해서는 참가자들이 접촉 경험의 정신적 시뮬레이션에 능동적으로 참여해야만 하고, 상상된 접촉이 긍정적인 것이어야만 한다. 이렇듯 외집단과의 긍정적인 접촉을 상상하는 것은 자아로 하여금 외집단 접촉에 대한 긍정적인 태도 지향을 귀인하게 만들어 향후 접촉 의도에 긍정적인 영향을 준다(Crisp & Hsunu, 2011, p. 277).

특히 외집단과의 긍정적 상호작용을 상상함에 있어서 그런 행동에 대한 내적 귀인에 있어 당사자 입장을 취하는 것보다는 제3자적 입장을 취했을 경우가 집단 간 태도 형성에 있어서 더욱 효과적이다. 일반적으로 행위자는 자신의 행동에 대해 상황적 귀인을 하는 반면에, 관찰자는 성향적 귀인을 한다. 상상된 접촉 상황에서 제3자적 입장을 취하는 것은 자신의 상상된 행동에 대해 상황적 귀인보다는 성향적 귀인을 선호하도록 만든다. 왜냐하면 제3자적 입장은 자아를 더욱 현저한 판단 근거로 만들어주기 때문이다. 그러므로 상상된 접촉에서 제3자적 관점은 상상된 긍정적인 접촉을 자신의 성향 경향성으로 귀인하기 때문에 향후 접촉 의도를 강화시켜 준다(Crisp & Hsunu, 2011, p. 277).

상상된 접촉은 실제적인 접촉이 일어나지 않는다는 점에서 간접적이지만, 상호작용이 자아와 외집단 간에 이루어진다는 점에서 실제적 접촉과 유사하다. 실제 접촉과 마찬가지로 상상된 접촉이 자기 지각에 영향을 줄 수 있으므로, 외집단과의 긍정적인 상호작용을 상상해보게 하고, 그 행동을 제3자적 관점에서 귀인하게 할 때 외집단에 대한 편견 감소 및 집단 간 관계 증진에 기여할 수 있다.

라. 의사사회 접촉 이론

의사사회 접촉 이론의 개념적 근거는 의사사회 상호작용(parasocial interaction)에서 유래한다. 본래 의사사회 상호작용이라는 용어는 1956년 호톤(Horton)과 월(Wohl)의 논문에서 처음으로 사용되기 시작했다. 그들은 라디오, TV, 영화와 같은 새로운 매스미디어가 갖고 있는 가장 놀랄 만한 특징 가운데 하나는 시청자나 청취자로 하여금 배우와 대면(face to face) 관계를 맺고 있다는 환상을 갖게 만드는 것이라고 주장하였다(Horton & Wohl, 1956, p. 215). 그들은 커뮤니케이션 미디어가 시청자나 청취자에게 주인공과의 친밀하면서도 대면적인 연합을 제공한다는 것을 표현하기 위해 의사사회 상호작용이라는 용어를 만들었다.

인간의 두뇌는 직접 경험을 처리하는 방식과 유사하게 미디어 경험을 처리하기 때문에, 사람들은 전형적으로 TV 속의 주인공들에게 실제 사람인 양 반응한다. 그러기에 우리는 TV 드라마에서 악역을 맡은 배우가 실제로 악한 사람인 양 반응하게 된다. 사람들의 인지적·행동적 반응에 관한 한, 미디어는 실제 삶과 동등한 것이다. 미디어 방정식

(media equation)의 핵심 교의가 말해 주듯이, 새로운 미디어에 대한 사람들의 개별적 상호작용은 마치 실생활의 상호작용처럼 근본적으로 사회적이며 자연스런 것이다(Reeves & Nass, 1996, p. 5).

미디어 풍요의 시대에서 사람들은 직접적인 대인 관계적 접촉보다는 오히려 의사사회적으로 더 많은 사람들을 만날 수 있다(Schiappa, Gregg, & Hewes, 2005, p. 95). 예를 들어, 미국의 오바마 대통령과 실제적인 접촉을 한 사람은 한정되어 있지만, 전 세계의 거의 모든 사람들이 그를 알고 있다. 이러한 실제 인물과의 의사사회적 접촉에 덧붙여, 사람들은 드라마나 영화 속의 허구 인물들과의 의사사회적 접촉을 한다. 인간은 드라마 속의 가상 인물과 우리가 실세계에서 알고 있는 사람들을 구분할 수 있는 능력을 분명히 갖고 있음에도 불구하고, TV나 영화를 보는 대부분의 시간 동안에 그러한 구분을 하려는 노력을 하지 않는다.

사람들이 실생활에서 타인에 대한 긍정적 혹은 부정적 태도를 갖는 것과 마찬가지로, TV나 영화를 보는 사람들은 미디어 속의 주인공들에 대한 긍정적 혹은 부정적 태도를 형성한다. 달리 말해, 개인 간의 상호작용이 여러 가지 형태의 개인 간 반응과 관계를 만들어내는 것과 마찬가지로, 의사사회적 상호작용은 여러 가지 유형의 의사사회적 반응과 관계를 만들어낸다.

의사사회적 상호작용을 연구한 학자들은 장기간에 걸쳐 행해지는 개인 간 접촉과 의사사회적 접촉 모두 타인에 대한 불확실성의 감소 및 사회적 매력의 증가에 기여한다는 사실을 입증하였다. 이에 근거하여 의사사회 접촉 이론은 다수 집단 성원들이 소수 집단 성원들과의 개인 간 접촉을 위한 기회가 제한되어 있을 때, 의사사회적 접촉은 편견을 감소시키는 모종의 경험을 제공할 수 있다고 믿는다(Schiappa, Gregg, & Hewes, 2005, p. 97). 예를 들어, 동성애자와의 직접 접촉의 기회가 제한되어 있을 때, 동성애자들이 주인공으로 등장하는 TV프로그램을 자주 접한 사람들은 동성애자에 대한 부정적 편견을 줄일 수 있다.

이렇듯 의사사회 접촉 이론은 내집단과 외집단 간의 상호작용과 관계를 긍정적으로 묘사하는 미디어가 그것을 보는 내집단 성원들의 집단 간 지향을 긍정적으로 변화시킬 수 있다고 본다. 동시에 의사사회 접촉 이론은 내집단과 외집단의 상호작용과 관계를 부정적으로 묘사하는 미디어는 그것을 보는 내집단 성원들로 하여금 외집단에 대한 편견을 증가시킨다고 본다.

의사사회 접촉 이론에서 미디어 효과를 설명하는 메커니즘은 직접 접촉과 확대된 접촉의 효과를 설명하는 메커니즘과 상당히 유사하다(Dovidio, Eller, Hewstone, 2011, p. 154). 직접 접촉의 경우에서와 마찬가지로, 긍정적인 집단 간 관계를 담은 사진이나 영상을 접한 아이들은 타인을 사회적으로 범주화하는 방식을 변화시킬 수 있다. 즉, '우리'와 '그들'이라는 이분법적 논리로부터 '우리들'이라는 더욱 포괄적인 관점을 만들어낼 수 있다. 그리고 확대된 접촉의 경우와 마찬가지로, 내집단과 외집단의 규범 지각에 영향을 주고, 미래의 집단 간 접촉에 대한 긍정적인 기대를 촉진시켜 준다.

2. 간접 접촉 이론에 근거한 반편견 교수 전략

아동은 타인과 접촉함에 따라서 사람들에 대하여 학습하고, 삶에 대한 일반화를 만들어낸다. 아동은 성장하면서 정체감을 발달시키는 동시에 그를 둘러싼 환경으로부터 편견적 태도를 학습한다. 즉, 아동은 타인의 편견을 차용하여 삶의 경험의 부분으로서 편견을 발달시킨다. 그 결과 아동은 인종, 종족, 문화, 계층, 젠더, 언어, 장애 등 여타의 사회적 범주에 대한 편견을 갖게 된다.

팽은 아동이 편견을 학습하는 과정을 네 단계로 구분하였다(Pang, 2001, pp. 154-157). 1단계는 타인에 대한 호기심(curious of others)이다. 2세 무렵에 아동은 타인에게서 발견할 수 있는 자신과의 차이점에 대해 호기심을 갖는다. 아동은 타인의 피부색, 머리카락, 이름이 자신의 것과는 다르다는 것을 알아차린다. 그 차이가 반드시 부정적인 것은 아니다. 이 시기에 아동은 사람들의 독특한 특징을 식별하고, 그것을 인종·언어·젠더·신체적 능력 등과 같은 범주 속에 정돈하기 시작한다. 동시에 아동은 그들의 차이점이 사회적 범주를 갖고 있음을 깨닫는다.

2단계는 정서적 언어(emotional language)이다. 아동은 사람들이 타인을 기술하기 위해 사용하는 단어들이 강한 정서적 내포를 갖고 있음을 알아차린다. 그런 단어들은 때로는 타인에게 상처를 주기 위해 사용된다. 4세 무렵에 많은 아동들은, 차이들이 그것에 부속된 가치들을 갖고 있음을 알게 된다.

3단계는 타인의 거부(rejection of others)이다. 7~11세 무렵에 아동은 자신의 부모, 친구, 중요한 역할 모델이 좋아하지 않는 사람들을 거부하기 시작한다. 이 시기에서 아동은 한 집단속의 모든 사람들을 전적으로 거부한다. 자신과는 다른 인종의 아이와는 놀지 않으려 하거나, 자신이 속해 있는 집단의 아이들과만 놀려고 한다.

4단계는 영구적 편견(permanent prejudice)이다. 10대가 되면서 아동의 편견적 태도는 더욱 고착된다. 아동은 성적 지향·인종·계급·젠더와 같은 특징들을 다루는 문화적 범주들을 발전시킨다. 이 단계에서 아동은 대개 한 집단에서의 모든 사람들을 거부하지는 않는다. 즉 변별이 가능해진다. 따라서 십대들은 개인들에 대한 예외를 만들어내기도 한다(예: "난 편견이 없어. 나의 가장 친한 친구는 흑인이야.").

이렇듯 초등학생들은 대체로 뚜렷한 내집단 선호를 나타내는 가운데 외집단에 대한 전적인 거부를 하고 있음을 알 수 있다. 그리고 십대 초반에 편견이 영구적으로 고착화될 수 있으므로, 초등학교에서의 반편견교육 활동은 매우 중요한 의미를 갖는다. 그러므로 초등 도덕과 수업에서는 아동들이 외집단에 대한 편견과 고정관념에서 탈피하여 긍정적인 집단 간 상호작용 및 관계를 형성할 수 있는 능력과 가치·태도를 길러 주는 것이 매우 필요하다. 이에 여기서는 앞서 살펴본 간접 접촉 이론에 근거한 초등 도덕과 수업에서의 반편견 교수 전략을 제시하고자 한다.

가. 반편견 역할 모델의 수시 활용

간접 접촉 이론은 외집단 성원들과 긍정적인 관계를 맺고 있는 역할 모델을 관찰·시청하거나 접촉하는 것이 편견 감소에 도움이 된다는 것을 잘 입증하여 준다. 교사는 우리 안의 소수 집단 성원들인 외국인 노동자, 국제결혼 이주 여성, 외국인 유학생 등과 친밀한 우정 및 배려 관계를 형성하고 있는 다양한 역할 모델들을 발굴·선정하여 학생들에게 자주 제시할 필요가 있다. 이 과정에서 중요한 것은 외집단 성원들과 친밀한 관계를 맺고 있는 다양한 역할 모델들을 자주 제시하되, 그 역할 모델들이 학생들과 매우 친숙한 관계에 있어야 한다는 점이다.

동시에 교사는 도덕 수업 시간 및 일상생활을 통해 학생들에게 반편견 역할 모델로서의 자신의 역할을 다해야 한다. 교사는 확대된 접촉의 사례로 소수 집단과의 친밀한 관계 형성에 대한 자신의 경험이나 사례를 학생들에게 말해 준다거나 혹은 교내외에서 외국인 및 다문화 가정 학생들에 대한 친밀하고 배려적인 행동을 통해 학생들에게 관찰학습의 기회를 제공할 수 있다.

한편, 교사는 학생들 스스로 프로젝트를 통하여 반편견 역할 모델들을 조사해 보게 할 수도 있다. 학생들로 하여금 자신이 좋아하는 연예인이나 운동선수 가운데 외집단과 친밀한 관계를 맺고 있는 사례를 조사하여 포트폴리오로 구성해 보고, 수업 시간에 발표하거나 전시하도록 할 수 있다. 교사는 수업 시간에 소수 집단 성원과 친밀한 우정 관계를 맺고 있는 학생들로 하여금 자신의 경험을 다른 학생들에게 하나의 내러티브로 소개하도록 하는 활동을 전개할 수도 있다. 이러한 활동은 일반 학생들에게 확대된 접촉의 기회를 제공함과 동시에 이야기를 전달하는 학생에게는 저자로서의 경험을 갖게 하는 도덕교육적 효과를 발생시킨다.

나. 반편견 도서의 적극 활용

교사는 도덕 수업을 통해 반편견 내용을 담은 그림, 삽화, 포스터, 문학작품, 신문기사 등을 적극적으로 활용하여 학생들에게 대리적 접촉의 기회를 풍부하게 제공해 주어야 한다. 일반 학생들과 다문화 가정 출신 학생들이 한 교실에서 공동 목적을 향해 서로 협력하는 내용, 편견과 차별 없이 서로를 존중하며 배려적인 학습 공동체를 구축하는 내용 등을 담은 사진, 기사, 연구보고서 등을 활용하여 학생들과 비교적 친숙한 내집단 성원들의 긍정적인 집단 간 접촉 사례를 수시로 제공해 주는 것이 바람직하다.

교사는 학생들로 하여금 소수 집단과 긍정적 관계를 형성하고 있는 내집단 성원들을 다양한 관찰 경로를 통해 수시로 접촉할 수 있도록 해 주어야 한다. 특히 초등학생들은 외집단과의 접촉에 대한 두려움이 많으므로, 대리적 접촉 기회를 수시로 제공하여 체계적 둔감 효과를 얻을 수 있도록 해야 한다. 대리적 접촉이 효과적으로 이루어지기 위해서는 학생들이 주의 집중, 파지, 운동재생, 강화 및 동기화 과정이라는 관찰학습의 네 가지 요소를 충분하게 경험할 수 있어야 한다.

다. 관점채택과 공감을 위한 다양한 기회 제공

외집단 성원의 관점을 채택하는 것은 외집단에 대한 태도를 개선시켜 주고, 외집단의 특정 성원들을 향한 편견과 차별 행위를 감소시켜 준다. 이와 유사하게 외집단에 대한 공감 활동 역시 외집단에 대한 편견을 감소시켜 준다(Shih, 2009, p. 566). 교사는 도덕 수업을 통해 학생들에게 소수 집단의 입장에서 사고하고 느껴보도록 요구할 수 있다. 예를 들어, 한국인 아버지와 외국인 어머니 사이에서 정체성의 혼란을 겪고 있는 다문화 가정 학생, 아는 사람도 없고 언어도 다른 나라에 시집을 와서 외로움과 어려움을 겪고 있는 국제결혼 이주 여성, 힘들게 일하여 번 돈의 대부분을 고국의 가족에게 송금하고 적은 금액으로 힘들게 생활하는 외국인 근로자 등의 입장을 채택하여 그들의 삶을 공감해 보도록 하는 활동을 전개할 수 있다.

한편 교사는 우리 안의 집단 간 갈등을 소재로 한 역할놀이를 시연해 보게 할 수 있다. 역할놀이는 연기를 하는 학생들로 하여금 자신이 맡은 역할을 통해 풍부한 관점채택과 공감의 기회를 갖게 함과 동시에 역할 시연과정에서 인지적 부조화를 경험하게 할 수 있는 장점이 있다. 이를테면, 다문화 가정 학생에 대해 부정적인 태도를 가졌던 학생이 다문화 가정 학생의 역할을 시연하는 경우 그는 역할놀이를 하는 동안에 이전의 부정적인 태도와 감정 사이에서 모순을 경험한다. 따라서 역할놀이가 실감나게 이루어질 경우 그러한 인지적 부조화 경험은 다문화 가정 학생에 대한 태도의 변화를 이끌어낼 수 있다.

라. 상상된 접촉 기회의 수시 제공

정신적 상상은 실제 경험에서 발생하는 것과 유사한 감정적·동기적 반응을 유발시킨다. 신경심리학 연구들은 정신적 상상이 지각과 유사한 신경 체제를 공유하고 있고, 기억·정서·운동 통제를 위한 메커니즘과 유사한 신경 메커니즘을 사용하고 있음을 보여준다. 정신적 상상은 선택·연습·준비·행동 계획·목표 지향 행동에서 중요한 요소로서 기능한다(Crisp & Turner, 2009, p. 233). 교사는 상상력이 지닌 힘과 가능성을 집단 간 관계 개선을 위해 유용하게 활용할 수 있어야 한다. 교사는 초등학생의 편견 감소를 위해 상상된 집단 간 접촉의 기회를 수시로 제공할 필요가 있다. 이때 교사는 학생들이 외집단과의 긍정적 접촉을 상상함과 동시에 귀인 과정에 있어서 제 3자의 관점을 취할 수 있도록 지도해야 한다.

이를테면 교사는 흑인, 동남아시아인, 노인, 장애인 등 학생들이 부정적 고정관념과 편견을 가진 사람들과 매우 긍정적이고 유쾌한 상호작용과 관계를 맺고 있다고 상상해 보게 하는 활동을 전개할 수 있다. 교사는 학생들로 하여금 개별적으로 혹은 집단을 이루어 그들이 상상한 긍정적 접촉의 과정 및 결과를 간단한 보고서, 4컷 만화, 마인드맵, 협동화 등으로 다양하게 표현하게 한 후에 서로의 생각을 공유해 보는 활동을 전개할 수 있다.

이때 교사는 학생들로 하여금 막연하게 소수 집단이나 외집단과의 긍정적인 상호작용을 상상하게끔 방치하는 것이 아니라, 초등학생의 발달 상황을 고려하여 구체적인 상상의 조건과 맥락을 규정해 주는 것이 바람직하다. 이를테면 학생들에게 잘 알려져 있는 유명한 흑인 가수나 운동선수와의 인터뷰 장면이나 1박 2일 여행 등 구체적인 상황을 제시하여 학생들이 그 안에서 상상된 접촉의 기회를 풍부히 갖도록 하는 것이 바람직하다.

마. 미디어 활용 교육의 확대

의사사회 접촉 이론은 반편견 교수 활동에 있어서 미디어 활용 교육의 중요성을 강조하고 있다. 대부분의 일반 초등학생 경우처럼 다수 집단이 소수 집단 성원들을 접할 기회가 제한되어 있는 경우, 미디어를 통한 매개된 경험은 학생들이 소수 집단에 대한 편견을 감소시키는 데 있어서 매우 효과적이다.

의사사회 접촉 이론을 강조하는 학자들은 게이 주인공이 등장하는 TV 시트콤을 자주 접하는 것이 동성애자에 대한 부정적 편견을 감소시키는 데 효과적이었음을 잘 보여준 바 있다(Schippa & Hewes, 2006, p. 27). 집단 간 관계 개선에 대한 의사사회적 접촉 이론의 효과는 아직 성적 소수자에 대한 편견 감소에 국한되고 있으나, 미디어가 지닌 잠재력을 감안할 때 여타의 외집단에 대한 편견 감소에도 일반화될 수 있을 것이다.

그러므로 교사는 긍정적인 집단 간 관계를 다루고 있는 TV 드라마, 다큐멘터리, 애니메이션, 영화 등을 도덕 수업 시간에 활용함으로써 학생들의 의사사회 접촉을 확대해야 한다. 특히 도덕 수업 시간에 주요 가치·덕목의 사례를 잘 예증해 주는 미디어를 활용할 경우 교사는 가치·덕목의 심층 내면화를 촉진할 수 있는 효과를 거둘 수도 있으므로, 미디어 활용 교육의 확대에 보다 많은 관심을 기울여야 한다.

교사는 학생들의 주의 집중을 고려하여 10분 이내로 편성된 미디어를 활용하되, 학생들이 미디어를 통해 매개된 삶이 실제 삶이라는 인식을 가질 수 있도록 유도할 수 있는 미디어를 선정해야 한다. 또한 의사사회적 접촉의 편견 감소 효과는 주로 접촉 빈도에 좌우되고 있으니 만큼, 교사는 미디어를 통한 의사사회적 접촉 빈도를 제고하는 데 역점을 두어야 한다.

교육인적자원부(2007),『도덕과 교육과정』, 서울: 교육인적자원부.

노경란 · 방희정(2009), "다문화시대 한국 초등학생의 인종에 대한 명시적 및 암묵적 태도 발달과 태도 변화",『한국심리학회지: 사회문제』, 15(1), 49-79.

심우엽(2010), "초등학생의 다문화 아동에 대한 인식과 태도",『초등교육연구』, 23(4), 43-63.

Allport, G. W. (1954/1979), *The nature of prejudice*, Cambridge: Addison-Wesley.

Bandura, A. (1989), "Social cognitive theory", In R. Vasta (Ed.), *Annals of child development*. Vol. 6. Six theories of child development, Greenwich, CT: JAI Press, 1-60.

Brown, R., & Hewstone, M. (2005). "An integrative theory of intergroup contact", In M. P. Zanna (Ed.), *Advances in experimental social Psychology* (pp. 255-343), San Diego, CA: Elsevier Academic Press.

Crisp, R. J. & Turner, R. N. (2009), "Can imagined interactions produce positive perceptions?", *American Psychologist*, 64, 231-240.

Crisp, R. J. & Husnu, S. (2011), "Attributional processes underlying imagined contact effects", *Group Processes* & *Intergroup Relations*, 14(2), 275-287.

Dixon, J., Durrheim, K., & Tredoux, C. G. (2005), "Beyond the optimal contact strategy: A reality check for the contact hypothesis", *American Psychologist*, 60, 697-711.

Dovidio, J. F., Gaertner, S. L., & Kawakami, K. (2003), "Intergroup contact: The past, present, and the future", *Group Processes & Intergroup Relations*, 6, 5-21.

Dovidio, J. F., Eller, A., & Hewstone, M. (2011), "Improving intergroup relations through direct, extended and other forms of indirect contact", *Group Processes & Intergroup Relations*, 14(2), 147-160.

Garcia, S. M., Weaver, K., Moskowitz, G. B., & Darley, J. M. (2002), "Crowded minds: the implicit bystander effect". *Journal of Personality and Social Psychology*, 83, 843-853.

Horton, D. & Wohl, R. R.(1956), "Mass communications and para-social interactions", *Psychiatry*, 19, 215-229.

Husnu, S. & Crisp, R. J. (2010), "Elaboration enhances the imagined contact effect", *Journal of Experimental Social Psychology*, 46, 943-950.

Mazziottal, A., Mummendey, A., Wright, S. C. (2011), "Vicarious intergroup contact effects: Applying social-cognitive theory to intergroup contact research", *Group Processes & Intergroup Relations*, 14(2), 225-274.

Nieto, S. (1999), *The light in their eyes: Creating multicultural learning communities*, New York: Teachers College Press.

Pang, V. O. (2001), *Multicultural education: A caring-centered, reflective approach*, Boston: McGraw-Hill Companies, Inc.

Pettigrew, T. F. (1998), "Intergroup contact theory", *Annual Review of Psychology*, 49, 69-85.

Pettigrew, T. F. & Tropp, L. (2006), "A meta-analytic test of intergroup contact theory", *Journal of Personality and Social Psychology*, 90, 751-783.

Reeves, B. & Nass, C. (1996), *The media equation: How people treat computers, television, and new media like real people and place*. Cambridge, UK:

Cambridge University Press.

Schiappa, E., Gregg, P. B., & Hewes, D. E. (2005), "The parasocial contact hypothesis", *Communication Monographs*, 72(1), 92-115. Can one TV show make a difference? Will & Grace and the parasocial contact hypothesis.

Schiappa, E., Gregg, P. B., & Hewes, D. (2006) "Can One TV Show Make a Difference? Will & Grace and the Parasocial Contact Hypothesis", *Journal of Homosexuality*, 51(4), 15-37.

Shih, M., Wang, E., Bucher, A. T., & Stotzer, R. (2009), "Perspective Taking: Reducing Prejudice Towards General Outgroups and Specific Individuals", *Group Processes & Intergroup Relations*, 12(5), 565-577.

Stephan, W. (1999), *Reducing prejudice and stereotyping in schools*, New York: Teachers College Press.

The ASCD Multicultural Education Commission (1977), "Encouraging multicultural education" In Carl A. Grant (Ed.), *Multicultural education: Commitments, issues, and applications*, Washington, DC: ASCD, 1-5.

Tredoux, C. & Finchilescu, G. (2007), "The contact hypothesis and intergroup relations 50 years on: Introduction to the special issue", *South African Journal of Psychology*, 37(4), 667-678.

Turner, R. N., Crisp, R. J., & Lambert, E. (2007), "Imaging intergroup contact can improve intergroup attitudes", *Group Processes & Intergroup Relations*, 10, 427-441.

Vang, C. T. (2010), *An educational Psychology of methods in multicultural education*, New York: Peter Lang.

Wright, S. C., Aron, A., McLanghlin-Volpe, T., & Ropp, S. A. (1997), "The extended contact effect: Knowledge of cross-group friendships and prejudice", *Journal of Personality and Social Psychology*, 73, 73-90.

최근 우리 사회가 다문화 사회로 진입함에 따라서 국가의 모든 구성원들이 편견 없이 평화롭게 공존하기 위한 삶의 방식을 가르치는 데 초점을 맞추고 있는 반편견교육의 중요성이 날로 커지고 있다. 이에 따라 최근 우리나라에서는 다문화교육과 반편견교육의 실천을 통해 우리 사회의 소수자들에 대한 각종 편견을 감소시키려는 구체적인 노력을 전개하고 있다.

다문화교육의 근본 목적은 문화적 다양성을 존중하고 소중하게 여기는 것, 다른 문화적 유형에 대한 이해를 제고하는 것, 모든 문화의 개인들을 존중하는 것, 사람들 간에 그리고 다양한 문화 집단의 경험 간에 긍정적이고 생산적인 상호작용을 발전시키는 것을 포함한다. 다문화교육은 다양성, 인권, 모든 사람들을 위한 대안적인 삶의 선택이 지닌 힘과 장점에 근거한 인본주의적 개념이다. 그러므로 다문화교육은 우리 교육의 품격을 높이는 데 있어서 반드시 필요한 것이다.

그러나 다문화교육의 이론과 실천에 있어서 편견 감소와 관련된 대부분의 연구들은 사회적 주류 세력이 비주류 세력에 대한 편견을 감소시키는 방법에 집중하는 경향을 보인다. 이를테면, 대다수의 연구들은 일반 학생들이 외국인이나 다문화 가정 출신의 학생들에 대해 갖고 있는 편견을 어떻게 감소시킬 것인지의 문제에 초점을 맞추고 있다. 그 결과, 편견의 대상이 되고 있는 당사자, 즉 편견의 표적(target)들이 자신들을 향한 편견을 감소시킴에 있어서 어떤 역할을 수행하고 어떤 기여를 할 수 있는지에 대한 이론과 연구는 매우 부족한 상태다. 따라서 편견의 표적들이 자신들에 대한 편견을 감소시킴에 있어서 어떤 역할과 기능을 수행할 수 있는지에 대한 심층적인 연구가 필요하다(Swim & Stangor, 1998, p. 1).

반편견교육이 실질적인 효과를 거두기 위해서는 편견을 지닌 사람들의 편견을 감소시키는 노력과 더불어 편견의 표적들이 자신들을 향한 각종 편견에 어떻게 대응해 나갈 수 있는지를 알려줄 수 있어야 한다. 편견은 병리적인 현상이 아니라 정상적인 인간 경험의 일부분이기에 우리는 편견의 지각자가 될 수도 있고, 때에 따라서는 편견의 표적이 될 수도 있다. 따라서 반편견교육에서 표적이 수행할 수 있는 대응 전략이 무엇인지를 제시하는 것은 매우 중요한 것이다. 자신을 향한 편견에 맞서 싸우는 것은 다문화 사회의 구성원들이 지녀야 할 중요한 도덕적 실천 능력의 하나이기 때문이다. 또한, 편견 감소에 있어서 표적의 역할에 초점을 맞추는 것은 외국인 학생이나 다문화 가정 출신 학생들이 그들을 향한 편견에 어떻게 맞서 나가야 하는지를 알려 줌으로써 그들의 사회적 기능 발달에도 큰 도움을 준다.

대부분 학자가 편견을 감소시킴에 있어서 편견의 대상자인 표적의 잠재적 역할을 무시한 데에는 나름대로의 이유가 존재한다(Major, Quinton, McCoy & Schmader, 2000, p. 212). 첫째, 지배 집단의 관점보다는 표적의 관점에서 편견을 연구하는 것이 더 어렵기 때문이다. 연구자들이 편견의 표적들에게 접근하는 것이 지배 집단 성원들에 비해 훨씬 어렵다. 둘째, 편견의 표적이 편견 감소를 위해 할 수 있는 것이 무엇인지를 묻는 것은 편견의 피해자가 편견 감소를 위한 책임을 질 것을 기대하도록 만들어 정치적으로 옳지 못하다고 여겨지기 때문이다. 셋째, 대부분의 학자들은 피해자들이 그들에게 가해진 편견을 감소시키기 위해 마땅히 해야 할 것이 거의 없다고 믿었기 때문이다.

이에 이 장에서는 편견의 표적들이 그들에게 편견을 갖고 있는 사람들을 접하게 될 때 자신들에 대한 편견 감소를 위해 개별적으로 할 수 있는 일이 무엇인지를 이론적으로 모색하고자 한다. 이를 위해 이 장에서는 편견 형성에 관한 주요한 이론적 관점을 분석하고, 그것들이 표적의 입장에서 편견을 감소시키는 전략에 시사해 주는 바가 무엇인지를 탐색하고자 한다. 그리고 그러한 전략을 도덕과에서 구체적으로 적용할 수 있는 방안이 무엇인지를 제시하고자 한다. 이 장에서는 편견의 기원에 관한 이론 분석을 토대로 하여 편견이 개재된 상호작용 과정에서 표적이 자신을 향한 편견에 맞서 싸우기 위해 할 수 있는 것이 무엇인지를 이론적으로 탐색해내는 데 초점을 맞출 뿐, 어떤 특정한 유형의 전략을 옹호하거나 제시하지는 않을 것이다.

1. 편견의 개념과 형성 요인

가. 편견의 개념 정의

일반적으로 편견은 어떤 특정한 사회 집단 및 그 집단에 속한 개인을 향한 부정적·비우호적·혐오적인 태도라고 정의할 수 있다(Allport, 1954, p. 7; Ehrlich, 1973, p. 8; Fishbein, 2002, p. 3). 이렇듯 편견이란 우리가 어떤 집단의 구성원을 단순히 그가 그 집단에 속한다는 것을 토대로 그에 대해 흔히 부정적 태도를 보이는 것이다. 달리 말해, 한 개인이 어떤 사회 집단이나 사회 범주에 대하여 편견을 가지고 있으면, 그는 그 구성원을 단지 그가 그 집단에 속했다는 이유만으로 부정적으로 평가하는 경향이 있다. 그들의 개인적인 특질 또는 행동은 중요한 역할을 하지 못한다. 그들이 미움을 받는 것은 단지 그들이 어떤 구체적인 집단에 속하고 있기 때문이다.

편견은 어떤 집단에 대한 전반적인 평가를 반영하고 있는 태도를 의미하는 것이기에, 편견은 다른 태도들과 마찬가지로 인지적 요소(예: 표적 집단에 관한 신념), 정의적 요소(예: 혐오), 행동적 요소(예: 표적 집단에게 부정적으로 행동하려는 성향)를 포함하고 있다(추병완, 2012, p. 142). 올포트(Allport, 1954, p. 7)는 편견을 '그릇되고 완고한 일반화에 근거한 적대감'이라고 정의한 바 있다. 편견은 느껴질 수도 있고, 표현될 수도 있다. 편견은 전체로서의 집단에게 혹은 집단의 한 구성원인 개인에게 향할 수도 있다. 편견에 관한 올포트의 개념 정의 이후 대부분의 연구자들은 편견을 부정적 태도인 적대감으로서 정의하여 왔다. 그러므로 편견적인 태도는 대개 엄격성, 비합리성, 과잉 일반화, 부당성이라는 특징을 갖는다(Stephan, 1999, p. 24).

심리학자들은 편견이 다른 태도들과 마찬가지로 인간의 환경을 주관적으로 조직화하고, 그 환경 속에 있는 대상과 사람들에 우리를 적응시킨다고 가정하였다. 편견은 자존감을 고양시켜 주고 물질적 이득을 제공하는 것과 같은 심리적 기능을 담당한다. 심리학자들이 심리내적 과정으로서의 편견에 초점을 맞추어 온 반면에, 사회학자들은 집단에 근거한 편견의 기능을 강조하여 왔다. 사회학 이론들은 인종 관계와 같은 집단 간 관계에 있어서 대규모의 사회적·구조적 역학을 강조한다. 즉 사회학 이론들은 종종 개인적 영향을 배제하는 가운데 경제와 계급에 기반을 둔 용어로서 집단 관계의 역학을 고려한다. 편견에 대한 최근의 정의들은 편견의 역동적 본질에 집중함으로써 개인적 수준을 강조하는 심리학과 집단 수준에 초점을 맞춘 사회학의 간극을 제거한다(Dovidio et al., 2010, p. 6). 이러한 관점에 의하면, 편견은 집단 간 지위 및 역할 차이를 유지시키는 기제인 셈이다.

한편, 편견은 개인 수준의 심리적 치우침을 표현하는 것이기 때문에, 전통적으로 불리한 처지에 놓인 집단들도 기득권 집단과 그 성원들을 향한 편견을 가질 수도 있다. 소수 집단 성원들은 지배 집단의 긍정적 속성에 근거한 집단 지위에서의 차이를 정당화하는 문화적 이데올로기를 수용하면서도 다수 집단 성원들을 향한 편견을 갖고 있다는 것을 보여준 연구 결과들이 존재한다(추병완, 2012, pp. 19-20). 하지만 그러한 편견의 상당수는 다수 집단 성원들에게 차별을 당하는 것에 대한 일종의 반발로서 나온 것이다. 이런 맥락에서의 편견은 집단 간의 위계적 지위를 창출하고 유지하는 집단들과 그 성원들을 향한 개인 수준의 태도를 의미한다.

2. 편견 형성의 요인

우리 인간에게 있어서 편견을 발생시키는 근본적인 요인은 무엇일까? 일부 학자들은 편견을 진화적 산물로 파악한다. 그들에게 있어서 편견이란 친구와 적을 구분하게끔 해 주는 인류의 적응적 생존 전략 가운데 하나이다(Utsey, Ponterotto, & Porter, 2008, p. 340). 진화론적 관점에 따르면 편견과 차별은 거의 피할 수 없으며 변화시키기도 어렵다. 피시바인(Fishbein, 2002, pp. 80-81)에 의하면, 편견의 뿌리는 수렵·채집 부족 시기로부터 생긴 것이며, 인간의 진화 시기에서 계속 성공을 거두었기 때문에 오늘날에도 보편적으로 존속하는 것이다.

마이어스(Myers, 2005, p. 349)는 편견의 근원을 사회적 요인, 동기적 요인, 인지적 요인으로 구분하였다. 그는 편견의 사회적 요인으로 사회적 불평등, 사회화, 제도적 지원을 언급하였다. 그리고 편견의 동기적 요인으로 좌절과 공격(희생양 이론), 사회 정체성 이론을, 편견의 인지적 요인으로 고정관념, 독특성, 귀인을 제시한 바 있다.

한편, 하슬람과 도비디오(Haslam & Dovidio, 2010, p. 655)는 편견을 조장하고 존속시키는 근본 요인을 다음의 네 가지로 요약하여 제시한 바 있다. 사실 편견은 매우 복잡한 과정이고 여러 요인에 의해 결정되는 것이기 때문에 아래에 제시될 네 가지 근본 요인들을 서로 경쟁적인 것이 아니라, 상호보완적인 설명으로 보아야 할 것이다. 여기서는 이 네 가지 근본 요인들에 대해 상세하게 살펴보고자 한다.

가. 인성과 개인차 (personality and individual differences)

독일에서 나치의 집권 및 이후의 유태인 대학살에 충격을 받은 심리학자들은 어떤 유형의 사람들이 대량학살을 초래하는 모종의 편견과 고정관념을 갖고 있는지를 알아내려는 시도를 하였다. 당시의 심리학자들은 프로이트의 심리 역동 이론에서 그에 대한 답을 찾으려 시도했다. 그러한 접근법은 다음의 두 가지 사항에 주목하였다. 첫째, 본능적인 성 충동과 공격 충동에 대한 사회적 제약으로 말미암아 필연적으로 생긴 좌절감과 죄책감 때문에 정신 에너지의 축적은 집단 간 편견과 적대감을 촉진하는 동력으로 작용한다. 둘째, 편견의 개인적 표현은 갇혀져 있었던 에너지를 방출하고 평형 상태를 회복하는 카타르시스 기능을 수행함에 있어서 중요한 역할을 한다(Haslam & Dovidio, 2010, p. 656).

돌러드와 그 동료들(Dollard et al., 1939)은 '충동은 행동으로 방출되는 것을 모색한다.'는 프로이트의 근본 전제를 포함하고 있는 충동 감소 모델을 제시하였는데 이것은 흔히 좌절 공격 가설(frustration-aggression hypothesis)이라고 불리고 있다. 프로이트 이론과의 차이점은 공격을 타고난 본래적 충동으로 파악하지 않고, 목표 지향적 활동에 제약을 받는 상황에 대한 모종의 반응으로 파악한다는 점이다. 여기서 좌절이란 목표 달성이 방해되거나 통로가 막히게 되는 것으로서, 욕구 좌절은 공격적 행동의 선행 단서가 된다. 달리 말해, 좌절 공격 가설은 공격 행동이 욕구 좌절의 결과로서 발생한다고 보는 것이다. 공격 행동은 목적에 대한 욕구-장애-좌절-공격 단계로 이어지고, 그 공격이 성공했을 경우에는 카타르시스를 경험하게 된다. 돌러드와 그 동료들은 희생양(scapegoating) 이론에 대한 설명을 통해 좌절의 진정한 원천이 강력하거나 잠재적으로 위협적일 경우에는 공격이 종종 다른 무해한 표적에게로 향할 수 있다고 가정하였다. 미국의 경우 좌절의 원인이라 할 수 있는 경기 침체 시기에 남부 지역에서 흑인에 대한 백인들의 가혹 행위가 증가했다는 역사적 사실이 그러한 가설을 잘 입증시켜 준다(Myers, 2005, p. 357). 이를테면 1882년부터 1930년까지 미국 남부에서 목화 값이 떨어져서 백인들의 경제적 좌절감이 컸을 때, 백인들에 의한 흑인에 대한 공격이 아주 심했다.

정신분석학 전통에서 가장 영향력 있는 연구는 아도르노와 그 동료들(Adorno et al., 1950)에 의한 권위주의적 인성(authoritarian personality) 이론이다(Utsey, Ponterotto, & Porter, 2008, p. 340). 그들은 유태인 대학살을 나치 정권 내에 권위주의적 인성이 만연한 결과로 파악하였다. 그들은 편견을 가진 사람들이 독특한 인지적 특성을 갖고 있음을 발견했다. 편견을 가진 사람들은 모호성, 엄격성, 구체성(낮은 추상적 추론)을 용인하거나 참아내지 못하며, 과잉 일반화 경향을 보여준다는 것이다. 그들은 사회적 세계를 흑백 논리로 보려하며, 그들 자신이나 자신이 속해 있는 집단들보다 열등하다고 지각되는 사람 및 집단들에 대해 강렬하면서도 경멸적인 반대를 표현한다.

아도르노와 그 동료들은 권위주의적 인성의 기원이 개인의 아동 시절 경험, 특히 징벌적인 부모와의 위계적 관계에서 유래한다고 주장하였다(추병완, 2012, p. 31). 위계적, 권위주의적, 착취적인 부모와 자녀의 관계는 권위주의적 인성의 발달을 초래한다. 지배 욕구를 가진 부모, 아이를 지배하고 거칠게 위협하는 부모, 위협을 통해 인습적 행동에 대한 복종을 요구하는 부모는 권위주의적 인성 특성의 발달을 조장한다. 반대로 비권위주의적인 자유주의자들은 인지적 융통성을 장려하고 타인에 대한 고정관념적 표현을 거부하는 인류평등주의적 양육 방식의 결과이다. 권위주의적 인성은 강력한 이드의 충동에 대처할 수 없는 취약한 에고를 통제하는 엄격한 초자아를 갖고 있는 것으로 여겨진다. 이에 따른 정신 내부적 갈등은 개인적 불안을 야기하게 되어 외부적으로 부과된 인습적 규범과 그러한 규범을 부과한 권위 있는 사람에게 집착하도록 만든다. 아동은 부모에 대한 분노와 공격적인 감정을 억압해야 하는 고통을 경험한다. 인습주의와 권위에 대한 복종을 강제로 조장하는 환경에서 성장한 아동은 자신의 공격 충동을 방출하기 위해 에고의 방어기제에 의존한다. 이를테면 아동들은 그들의 분노를 그들이 의존하고 있는 강력한 부모보다는 오히려 사회적 일탈자들에게 투사한다. 아동이 그의 분노를 사회적 일탈자에게 투사하는 주된 이유는 권위 있는 사람들이 그런 사람들을 목표로 한 공격을 승인하기 때문이다. 그러한 사회적 일탈자의 범주에는 인종적·종족적 소수자들도 포함된다. 따라서 사회적 일탈자에게 분노를 투사하는 것이 어떤 집단에 대한 편견을 야기한다고 여겨진다(Levy, West, Ramire & Pachankis, 2004, p. 39).

한편, 사회적 편견에 대한 비교적 최근의 접근법인 사회 지배 이론은 심리 역동 이론을 피하는 가운데 개인차에 초점을 맞추고 있다. 사회 지배 이론은 자신이 속한 내집단이 외집단보다 지배적이거나 우월하다고 믿는 경향성, 즉 사회 지배 정향과 같은 개인적 요인을 중시한다(Pratto, Sidanius, Stallworth & Malle, 1994, p. 742). 즉, 이 이론은 집단 간 관계를 타인 지배를 위해 어떤 집단을 적절한 경쟁자로 파악하려는 사람들에게 있어서의 개인차에 초점을 맞추고 있다. "어떤 집단은 다른 집단에 비해 상당히 열등하다.", "경우에 따라서 타 집단들은 그들의 지위가 유지되어야만 한다." 등과 같은 항목들을 포함하고 있는 사회 지배 정향(social dominance orientation)에서 높은 점수를 보여주는 사람들은 외집단에 대한 높은 편견과 차별 의식을 보여준다. 사회 지배 정향이 높은 사람일수록 위계 유지적인 이데올로기와 정책을 더욱 선호한다. 따라서 사회 지배 정향은 집단 간 관계와 관련된 수많은 정책이나 이데올로기 가운데 개인이 어떤 것을 승인하고 거부할지를 예측하는 데 도움을 줄 수 있는 핵심적인 개인차 변인이다.

나. 집단 갈등(group conflict)

역기능적인 인성을 반영하는 것으로 편견을 묘사했던 초기 이론들은 많은 영향력을 가지고 있었지만, 사회적 편견을 비정상적인 일종의 사회적 병리 상태로 보기 때문에 일반인의 정서와는 잘 부합하지 않았다. 따라서 사회적 편견이 사회 병리적 인성 특성을 지닌 소수 집단의 사람들에게만 국한된 것이 아니라, 집단 차원의 현상을 대변할 수도 있다고 가정한 이후의 연구자들은 집단 간의 기능적 관계에 주목하기 시작했다.

기능적 관계에 근거한 이론들은 경쟁 및 그에 따라 지각된 위협을 집단 간 편견과 갈등의 근본 요인으로 상정하였다. 현실적 집단 갈등 이론(realistic group conflict theory)은 자원을 둘러싼 집단 간 경쟁을 지각하는 것이 자원에 대한 타 집단의 접근을 제한하려는 시도를 낳는다는 사실에 주목했다(Myers, 2005, p. 349). 쉐리프와 그 동료들(Sherif et al., 1961)은 오클라호마의 도적 동굴(Robbers Cave) 주립 공원에 인접한 청소년 캠프에서의 집단 간 갈등을 조사하였다. 이 연구에서 22명의 12세 소년들은 무작위로 두 집단에 할당되었다. 나중에 소년들은 자기 집단을 각기 독수리와 방울뱀 집단이라고 불렀다. 집단들이 줄다리기, 야구, 미니 풋볼 게임 등과 같은 경쟁 활동에 관여할 때 집단 간 편견과 갈등이 신속하게 생겨나기 시작했다. 집단 성원들은 서로에게 욕을 하거나 심지어 상대편의 오두막에 대한 약탈과 파괴를 일삼기도 했다. 연구자들은 두 집단이 힘을 합치지 않으면 성취할 수 없는 보다 상위의 목적을 제시하여 두 집단의 기능적 관계를 경쟁에서 협동으로 전환하였다. 그 결과, 상위의 목적을 달성하는 것은 집단 간의 조화로운 관계 형성 및 집단 간 편견의 감소에 기여하는 것으로 나타났다(Haslam & Dovidio, 2010, p. 657).

쉐리프와 그 동료들은 집단 간의 기능적 관계가 집단 간 태도에 큰 영향을 미친다고 주장했다. 집단들이 경쟁적으로 상호 의존적일 때, 한 집단의 성공은 다른 집단의 실패에 따르게 된다. 그러한 집단 간의 제로섬 경쟁 관계는 타 집단 성원들에 대한 부정적인 태도와 고정관념을 촉발시킨다. 이와는 달리 공동 목적을 달성하기 위해 서로를 필요로 하는 협동적 상호 의존 관계는 집단 간 편견을 감소시켜 준다.

다. 사회적 범주화(social categorization)

올포트(1954, p. 17) 역시 편견을 병리적인 것이 아니라 정상적인 것으로 간주하려는 입장을 보여주었다. '왜 인간은 종족 편견에 쉽게 빠지게 되는 것일까?' 올포트에 의하면, 그 이유는 인간 정신의 보편적이고 자연스러운 두 가지 요소들, 즉 잘못된 일반화와 적대감 때문이라고 한다. 그는 잘못된 일반화와 관련하여 편견은 사람들의 범주화 성향, 즉 개인보다는 집단 소속감에 근거하여 타인에게 반응하려는 경향성에 달려 있다는 사실을 인정했다. 그에 의하면 인간 정신은 범주의 도움을 받아 사고해야만 한다. 우리에게 일단 형성된 범주들은 정상적인 선판단(prejudgment)의 근거가 된다. 우리는 이러한 과정을 피할 수가 없으며, 질서 있는 삶은 범주에 크게 의존한다(Allport, 1954, p. 20).

타즈펠(Tajfel, 1969, p. 79)은 사회적 범주화가 집단 간 편견에 미치는 영향을 명료하게 밝혀내었다. 올포트와 마찬가지로 그는 편견과 고정관념이 비합리적이고 병리적이라는 생각을 거부하였다. 그는 인간에게 있어서 사회적 편견은 집단 소속감의 중요성 및 그러한 집단에게 영향을 주는 사회적 세계 특히 타 집단의 특성을 이해하기 위한 시도를 담고 있다고 생각했다. 이러한 분석은 1970년대와 1980년대 동안에 편견과 고정관념에 대한 사회 심리학의 연구 분야를 안내해 준 일종의 인지적 혁명과 같은 것이었다. 타즈펠의 분석은 편견을 일반적인 사회적 인지의 한 부분으로 파악하도록 만들었다.

이후로 많은 연구들은 사회적 범주화가 사회적 지각·정서·인지·행동에 미치는 영향들을 포괄적으로 조사하였다. 지각의 측면에서 볼 때, 지각하는 사람(perceivers)이 사람이나 대상을 집단으로 범주화할 때 그들은 동일한 범주에 속하는 사람들 간의 차이점을 그럴 듯하게 얼버무리면서 동일 집단의 성원들을 한결 같은 것으로 간주하는 반면에, 집단 간의 차이점들을 과장하는 경향이 있다. 감정의 측면에서 볼 때, 사람들은 외집단 성원들보다는 내집단 성원들에게 그 중에서도 특히 내집단의 전형에 해당하는 사람들에게 더욱 긍정적인 정서를 경험한다. 인지의 측면에서 볼 때, 사람들은 외집단 성원들보다는 내집단 성원들에 대해 더욱 상세한 정보를 보유한다. 사람들은 내집단 성원들이 자아와 유사한 반면에 외집단 성원들은 자아와 유사하지 않은 것으로 기억하고, 외집단에 대한 긍정적인 정보는 잘 기억하지 못한다. 행동 결과의 측면에서 볼 때, 사람들은 외집단 성원들보다 내집단 성원들을 더 잘 도와주고, 외집단보다는 내집단으로 확인된 집단을 위해 더욱 열심히 일한다. 개인적 정체성보다는 내집단과 외집단의 사회적 범주화가 현저할 경우 사람들은 개인으로서의 타인들에게 반응할 때에 비해 외집단 성원들을 향해 더욱 탐욕스럽고 신뢰성이 없는 방향으로 행동한다 (Dovidio et al., 2010, p. 14). 그러므로 집단 간의 기능적 관계가 차별이 드러나는 정도에 영향을 줄 수 있다고 할지라도, 사회적 범주화 과정 그 자체야말로 사회적 편견이 발생하여 존속되는 근거를 제공한다.

라. 사회 정체성(social identity)

사실 타즈펠의 아이디어는 고정관념과 편견에 대한 사회인지적 접근법의 발전에 기여했지만, 그의 개인적 연구는 다소 상이한 방향으로 전개되었다. 1970년대 초반에 그는 자연적인 의미와 기능적 관계의 역사가 전혀 없는 상태에서 실험실에서 만들어진 인위적인 집단들마저도 온화한 형태의 편견과 차별을 보여준다는 사실을 밝혀내었다. 이 실험은 그로 하여금 사회 정체성 이론(social identity theory)을 만들어내도록 고무시켜 주었다. 사회 정체성 이론에서의 사회적 편견은 특정한 집단 간 관계 체제 안에서 자신이 속한 집단의 위상에 대한 상황 특수적인 반응이다(Myers, 2005, p. 357).

　사회 정체성 이론은 사회적 정체성을 이끌어내는 맥락의 역할을 강조하고, 개인과 환경의 상호작용을 중시한다. 사람들은 자신들의 내집단을 타 집단과 구별되는 독특하고 긍정적인 것으로 파악하려는 동기를 갖고 있으며, 이것은 긍정적인 자긍심과 일관적인 자아 이미지를 유지하는 데 도움을 준다(추병완, 2012, p. 52). 이러한 사회 정체성 이론에 의하면, 개인들은 긍정적인 사회적 정체성을 성취하고자 하며, 그것은 부분적으로 내집단과 외집단의 긍정적 비교를 통해서 성취된다. 이 모델은 동기적 요소와 인지적 요소를 포함한다. 동기적 측면에서 사람들은 긍정적인 자존감을 열망하는 것으로 이론화된다. 그들은 관련된 외집단을 손상시키고 내집단을 더욱 긍정적인 것으로 지각함으로써 그러한 자존감을 획득한다. 인지적 요소는 지각이 집단 소속감에 의해서 추동되는 과정을 포함한다. 그러므로 상이한 집단에 대한 단순한 동일시가 내집단 우호주의를 산출하는 데 있어서 충분조건이 된다. 사회 정체성 이론은 집단을 구별하는 능력은 편견을 낳기에 충분한 것임을 예측해준다.

　사회 정체성 이론은 다음과 같은 두 가지의 기본 전제에 근거한다(Turner & Reynolds, 2001, p. 134). 첫째, 개인들은 연속적 변인들을 분리된 부류로 변환하는 범주적 구분에 근거하여 사회 세계에 대한 이해를 조직화한다. 그러한 범주화는 범주 안에서의 지각된 차이들을 극소화하고, 범주 간의 차이를 강조하는 효과가 있다. 둘째, 개인들 자신이 어떤 사회적 범주의 성원이거나 혹은 아니기에, 사회적 범주화는 은연중에 내집단-외집단(우리-그들) 구분을 만든다. 사회적 범주화의 자기 관련성 때문에 내집단-외집단 구분화는 정의적·감정적 중요성을 가진 겹쳐진(superimposed) 범주이다.

이러한 두 가지 전제는 특정한 내집단-외집단 범주화가 현저하게 만들어지는 어떤 사회적 상황을 개념화하는 이론 틀을 제공한다. 사회 정체성 이론은 기본적인 집단 간 도식이 다음과 같은 특성을 가진다고 본다(Turner & Reynolds, 2001, p. 134). 첫째, 범주 경계 안에서의 동화 및 범주 간의 대조이다. 내집단의 모든 성원들은 외집단 성원들에 비해 자아와 더욱 유사한 것으로 지각된다(집단 간 강조 원리, intergroup accentuation principle). 둘째, 긍정적 정서(신뢰, 선호)가 내집단 성원 동료들에게 선택적으로 일반화되지만, 외집단 성원에게는 그렇지 않다(내집단 편애주의 원리, ingroup favortism principle). 셋째, 집단 간의 사회적 비교는 내집단과 외집단의 부정적 상호의존성의 지각과 연합되어 있다(사회적 경쟁 원리, social competition principle).

3. 표적의 반편견 대응 전략

지금까지 살펴본 바와 같이, 편견 형성의 요인에 대한 다양한 이론들은 우리가 편견 형성의 근본 원인을 이해함에 있어서 상호보완적인 역할을 수행한다. 또한 각 이론은 자체 내에 편견 감소를 위한 방안을 명시적·암묵적으로 담고 있다. 여기서는 편견 형성과 관련된 이론들이 제시하고 있는 공통의 기본 원리들에 근거하여, 편견이 개재된 상호작용의 맥락 속에서 표적이 취할 수 있는 반편견 행동 전략이 무엇인지를 이론적으로 구명하고자 한다.

가. 고정관념의 제거 및 변경

주지하는 바와 같이, 편견은 부정적 고정관념의 결과이다. 고정관념은 사람들이 타인에 대한 정보를 처리하기 위해 사용하는 인지 도식(cognitive schemas)이다. 고정관념은 전형적인 집단 성원들의 특성에 대한 신념을 반영하고 있을 뿐만 아니라 사회적 역할 및 집단 성원들이 특정한 특성들을 공유하고 있는 정도 등과 같은 여타의 특성들에 대한 정보를 포함하고 있다. 사회과학에 고정관념이라는 용어를 처음 도입한 사람은 립맨(Walter Lippmann)이다. 그는 고정관념을 일컬어 우리가 인간 집단들에 대해 생각하는 방식을 단순화시켜 주는 '우리 머릿속의 그림'이라고 규정하였다. 그에 의하면, 사람들은 타인에 관한 의견을 내거나 표현할 때 단순한 그림과 이미지에 의존한다고 한다. 그 결과, 인간 집단에 대한 사람들의 고정관념은 실재를 모호하게 만든다. 즉, 고정관념은 편견이 가득한 선입견에 의해 우리의 실제 경험을 왜곡한다. 그가 말했듯이, 대부분의 경우에 있어서 우리는 먼저 보고 그것을 정의하는 것이 아니라, 먼저 정의하고 그것을 나중에 본다(Lippmann, 1922, p. 81).

고정관념에 대한 립맨의 고전적인 연구 이후로 사회심리학자들은 고정관념의 모든 측면에 대한 수많은 연구들을 수행하여 왔다. 고정관념에 관한 연구들을 종합할 때, 우리는 두 가지 사실을 확인할 수 있다. 첫째, 고정관념은 우리가 인식하고 있는 것보다도 훨씬 더 양면가치적인(ambivalent) 것이다. 고정관념은 사회 집단들에 대한 긍정적 속성과 부정적 속성을 모두 담고 있다. 따라서 고정관념의 힘과 위력은 그것이 발생하는 사회적 맥락에 의해 결정된다. 둘째, 고정관념은 인간의 인지 체계의 생득적 부산물이지만, 개인적 동기와 노력에 의해 통제가 가능한 것이다(Operatio & Fiske, 2001, p. 23).

편견 형성에 관한 대부분의 이론은 사회 집단에 대해 갖고 있는 부정적 고정관념이 편견과 차별의 토대를 형성한다고 주장한다. 이러한 이론들은 편견을 감소시키기 위해서는 고정관념의 변경이 필요함을 잘 시사해 준다. 따라서 편견 감소를 위해 표적이 채택할 수 있는 하나의 전략은 타인들이 자신들에 대해 갖고 있는 부정적 고정관념을 제거·파괴하는 것이다. 즉, 표적은 자신의 집단에 대한 부정적 고정관념을 편견의 가해자가 개별 성원들에게 적용하지 못하도록 시도할 수 있다. 그러나 고정관념의 수준에서 편견의 표현에 맞서는 것은 매우 힘든 과제이다. 왜냐하면 고정관념은 대개가 자동적으로 활성화되는 것이기 때문에, 사실상 편견 지각자의 통제 하에 있지 않다. 달리 말해 고정관념의 활성화는 편견 지각자의 의식적 인식이 없이도 그리고 인지적 자원을 투자하지 않고서도 발생할 수 있는 것이다. 고정관념은 또한 인지적 효율화 기능을 수행하며, 변화에 상당히 저항적이다. 결과적으로 타인의 고정관념을 파괴하여 편견을 감소시키는 것은 아주 힘든 과제인 셈이다.

따라서 편견을 지닌 사람으로 하여금 그의 부정적 고정관념을 자신에게 적용하는 것을 제지하는 것이 잠재적으로 더 유망한 방안이다. 브로이어(Brewer, 1996, p. 291)에 따르면, 고정관념을 개인에게 적용하는 것은 두 개의 필수적인 단계를 거친다. 첫 번째의 필수 사항은 고정관념이 지각자의 머릿속에 존재해야만 하는 것이고, 두 번째는 그 개인이 고정관념화된 범주 속에 들어 있어야만 한다. 따라서 고정관념 그 자체는 거의 변화될 수 없는 것이지만, 대상자는 자신이 고정관념화된 범주 속에 놓이는 것을 회피함으로써 편견을 감소시키려는 시도를 할 수 있다. 대상에 대한 범주화인 고정관념의 활성화 혹은 두 사람의 상호작용에서 대상에 대한 고정관념의 적용을 감소시킬 수 있는 세 가지의 대안이 존재한다. 그것은 바로 긍정적인 하위 유형의 활용, 교차 범주 소속감의 강조, 고정관념 틀과 자신의 적합성을 감소시키는 것이다 (Major, Quinton, McCoy & Schmader, 2000, pp. 218-219).

세 가지의 고정관념 기반 전략들 가운데 가장 적절성이 적은 것은 긍정적인 하위 유형의 활용이다. 부정적으로 고정관념화된 집단이라 할지라도 보다 긍정적인 하위 집단을 포함할 수 있다. 이를테면 흑인을 예로 들 경우, 백인들도 존경하는 유명한 흑인 운동선수나 흑인 음악가가 그러한 긍정적 하위 집단에 해당한다. 이러한 하위 집단들은 상위범주만큼 고정관념화 되어 있다. 하지만 이러한 긍정적인 하위 집단 고정관념을 활성화하는 것, 그리고 편견의 지각자로 하여금 자신을 그 하위 집단에 범주화하도록 고무하는 것에 의해, 편견의 표적은 상위 범주에 대한 부정적 고정관념의 결과인 편견과 차별을 어느 정도 감소시킬 수도 있다. 지각자와의 상호작용이 여전히 고정관념에 근거할 수 있으나, 그 결과는 표적에 대해 덜 부정적일 수 있다. 이러한 목적 달성을 위해 표적은 편견의 지각자로 하여금 자신을 통해 존중받거나 선호되는 하위 집단이 직접적으로 연상될 수 있게 해 주는 모종의 정체성 상징을 보여줄 수 있다. 긍정적인 하위 집단과 자신과의 유사성 혹은 긍정적인 하위 집단의 편이 됨으로써, 표적은 자신이 속한 범주와 결합된 많은 부정적인 속성과의 연합으로부터 어느 정도 거리를 둘 수 있다.

그러나 이 전략은 그 적용 및 실천에 있어서 다소 매력성이 떨어진다. 왜냐하면 편견의 지각자는 규칙에 대한 예외를 만들어 냄으로써, 하위범주 자체가 상위 범주 고정관념을 유지하는 데 기여할 수 있기 때문이다. 이를테면 편견의 지각자는 유명한 흑인 운동선수를 흑인 집단의 예외적 현상으로 간주할 수도 있기 때문이다. 따라서 표적이 이 전략을 효율적으로 활용하기 위해서는 지각자로 하여금 자신을 예외로서 다루도록 유도함으로써 모종의 긍정적 결과를 얻을 수 있다. 이 전략은 자신에 대한 편견을 감소시키기 위한 구체적 상호작용에서 개별 표적에게 유용할 수 있지만, 표적 집단을 향한 지각자의 고정관념이나 편견을 감소시키는 데에는 그리 효과적이지 못하다.

표적이 취할 수 있는 두 번째 전략은 교차 범주 소속감을 만들어내는 것이다. 이것은 두 가지 범주의 동시적 활성화를 포함한다. 이를테면 자신의 종족성과 자신의 직업의 동시적 활성화, 즉, 흑인과 변호사의 동시적 활성화이다. 이러한 범주들이 동등하게 현저한 것이라면, 지각자는 흑인이라는 한 범주에 대한 부정적 고정관념에 근거하여 표적에게 반응하지 않을 것이다. 교차 범주 소속감은 표현된 편견을 감소시키는 잠재력을 갖고 있음을 연구 결과들은 많이 보여준다. 하지만, 대안 범주들 가운데 어떤 유형들만이 편견 감소라는 바람직한 효과를 수반할 수도 있다. 따라서 표적은 지각자도 소속되어 있는 교차 범주를 현저하게 만드는 시도를 해야 한다. 이러한 방식을 통해 표적은 그 범주가 지각자에게 중요한 비중을 갖고 있고, 지각자에게 지배적이거나 높은 지위 범주라는 것을 보증해야 한다. 하지만 이 전략은 역시 특정한 지각자와의 특정한 상호작용에서 표적의 개인적 편견 경험을 감소시키지만, 표적 집단 자체를 향한 지각자의 편견을 근본적으로 제거하지는 못한다.

따라서 가장 이상적인 것은 표적이 범주화를 회피하는 것이다. 지각자로 하여금 그를 집단 성원보다는 하나의 개인 성원이나 정보로 처리하게끔 하는 것이다. 이 전략이 하위 유형화가 될 잠재성은 어느 정도 있음에도 불구하고, 그 근본적인 목적은 표적이 집단 성원보다는 한 개인으로서 대우받도록 하는 것이다. 그러나 범주화는 인간에게 있어서 하나의 기본적인 인지적 기능이기 때문에, 이것을 실현하는 것이 그리 쉽지만은 않다.

이렇듯 표적은 범주화 감소, 긍정적 하위 유형의 활용, 교차 범주 소속감을 강조하는 것을 통하여 지각자의 편견을 감소시키려는 시도를 할 수 있다. 이 전략들은 지각자의 편견을 근본적으로 파괴하지 못하지만, 개별 표적이 특정한 상황에서 바람직한 결과를 얻는 것을 가능하게 할 수는 있다.

나. 지각자의 자존감 제고

편견 형성에 관한 이론들이 제시하는 두 번째의 기본 원리는 편견이 자존심을 유지할 필요성에서 연유한다는 것이다. 더 폭넓게 말해, 편견은 자아개념의 충실성을 유지하게 위해 발생하는 것이다. 이러한 원리에 따르면 자존심 혹은 자아개념에 대한 위협은 외집단 성원을 방어적으로 폄하하는 것이다. 일례로 사회 정체성 이론과 공포 관리 이론은 외집단을 훼손하는 것이 내집단의 가치를 유지하는 데 도움을 준다고 한다. 즉, 사람들은 집단 동일시와 집단 고유의 자아가치를 통하여 내집단의 가치를 유지한다. 자기 확언 이론에 의하면, 자아에 대한 위협에 직면한 개인은 상이한 타인들을 폄하하는 것을 통해 핵심 가치를 확언함으로써 긍정적인 자기 평가를 회복할 수 있다고 한다. 통합된 위협 이론 역시 집단 간 상호작용에서 위협을 지각하는 것이 불안을 야기하고, 이것은 다시 고정관념과 편견을 증가시킨다고 본다(Major, Quinton, McCoy & Schmader, 2000, p. 220).

이러한 이론들은 지각자의 편견을 감소시키기 위해 표적이 취할 수 있는 두 가지 전략을 암시해준다. 지각자의 핵심 가치를 확언하는 것 그리고 지각자의 자존심을 제고하는 것이 바로 그것에 해당한다. 중요한 자아 가치에 관해 편견을 가진 지각자와의 논의를 전개하는 것, 혹은 지각자의 세계관에 대한 중요한 자아확언적 일치를 표현하는 것에 의해, 표적은 지각자가 주어진 상황에서 편견이나 차별을 하지 못하게 저지할 수 있다. 표적은 지각자를 칭찬함으로써 지각자의 자존심을 북돋워주는 시도를 할 수도 있다. 이것은 지각자가 자아가치를 유지하게 위해 표적을 폄하할 필요성을 없애준다. 간단히 말해, 편견에 대한 위협 기반 이론은 편견을 가진 지각자에게 자기확언의 기회를 제공함으로써 혹은 그의 자존심을 북돋워줌으로써 표적은 지각자와의 상호작용에서 편견을 경험할 가능성을 줄일 수 있다.

비록 이러한 전략들이 불유쾌하고 비위에 거슬린다고 할지라도 이런 전략은 권력을 획득하고 타인에게 영향을 주는 오래된 자기표현 전략으로 각광을 받았다. 이를 활용함으로써 표적은 상호작용을 통제하고, 적어도 단기간에 있어서 그가 필요로 하는 것을 얻을 수 있다.

다. 양면 가치감의 활용

편견의 기원에 관한 세 번째의 기본 원리는 편견이 양면 가치감과 갈등을 일으키는 신념 체계에서 비롯된다는 것이다. 이러한 관점과 관련된 이론들은 현대적 형태의 인종차별이나 인종 편견은 공히 외집단 성원에 대한 긍정적 감정과 부정적 감정 둘 모두를 보유하는 것을 특징으로 한다고 주장한다. 일례로 디바인(Devine, 1989, pp. 13-14; Devine, Plant & Blair, 2001, p. 203)의 편견에 관한 분열 모델은 외집단 성원을 만날 때 자동적으로 활성화되는 고정관념과, 고정관념의 내용을 지지하거나 혹은 거부하는 마음을 의도적으로 갖게 만드는 태도 혹은 평가를 구분한다. 그러므로 낮은 편견을 가진 사람들은 높은 편견을 가진 개인과 구분되는데, 부정적 고정관념의 내용 혹은 소유 때문이 아니라 고정관념 정보를 편파하기 위해 나오는 신념 때문에 구분되는 것이다.

양면가치감의 전형적인 사례는 바로 혐오적 인종차별주의 개념이다. 혐오적 인종차별주의는 백인의 인종적 태도는 그들의 가치와 감정 간의 모순에 의해 특성화된다고 가정한다(Devine, Plant & Blair, 2001, pp. 202-203). 백인의 인류평등주의적 가치는 그들이 내심 불인정하는 흑인에 대한 부정적 감정(불안, 불편, 경멸)과 갈등을 일으킨다. 혐오적 인종차별주의자는 그들 자신을 인종차별주의자라고 생각하지 않지만, 흑인의 존재나 출현에 대해 못마땅해 하고 불편해하며, 가능하다면 회피하려고 한다. 혐오적 인종차별주의자는 편견 없는 사람으로서의 자신의 이미지를 유지하기 위해 자신들의 행동에서 흑인에 대한 명백한 차별에 반대한다. 인종 간 접촉 상황이 매우 구조화되어 있거나 혹은 사회적 규범에 의해 명백하게 지배될 때(예: 인종·종족 대표로 구성된 학교운영위원회 회의), 혐오적 인종차별주의자들은 전형적으로 그들의 부정적 감정을 억누르고 인류평등주의적인 방식으로 행동한다. 혐오적 인종차별주의자의 편견 없는 자아 이미지가 위협을 받게 될 경우, 그들은 지나칠 정도로 긍정적인 방식으로 행동한다. 일례로 흑인 학생들이 자신을 인종차별주의자라고 생각하는 것을 두려워하는 백인 학생은 흑인 학생에 대해 지나칠 정도로 정중하게 행동한다든지 혹은 기꺼이 도움을 주는 행동을 하려고 한다. 반대로 갈등적 혹은 모호한 사회적 규범이 지배하는 비공식적 상황에서(예: 감시 감독이 전혀 없는 운동장), 혐오적 인종차별주의자는 차별적인 행동을 할 수도 있다. 이렇듯 혐오적 인종차별주의는 인류평등주의에 대한 신념과 결합되어 있는 소수민족 집단을 향해 깊이 뿌리박힌 부정적 태도로부터 기인하는 태도상의 양면 가치감이다.

이렇게 볼 때, 편견이 개재된 상호작용 맥락에서 표적이 활용할 수 있는 전략은 바로 지각자의 양면 가치감을 이용하는 것이다. 즉, 표적은 지각자로 하여금 그의 인류평등주의 신념을 상기하여 그러한 신념으로부터 표적에 대한 행동이 유발되게끔 만들 수 있다. 이러한 편견 감소 과정은 인지적 부조화 이론의 관점에서도 해석될 수 있다. 왜냐하면 그 의도는 인류평등주의와 인류애에 대한 깊은 신념과 편견적 태도 간의 모순을 편견의 지각자가 알게 하여 태도 변화를 일으키게끔 만드는 것이기 때문이다.

편견적인 행동은 때로는 자동적이기 때문에, 이런 유형의 편견이 지각자에게 의식적으로 인지되지 않을 수도 있다. 그러나 표적은 상호작용 맥락에서 지각자의 행동을 편견적인 것으로 판단하여, 지각자에게 그에 대한 평가를 요구하거나 소통할 수 있다. 또는 편견을 갖고 있지 않다고 여기는 지각자로 하여금 인지적 불일치를 경험하게 하여 주어진 상황에서 적어도 편견을 저지할 수는 있다. 그러므로 편견의 지각자로 하여금 미묘한 형태의 편견을 인식하게 하는 것은 그 발생을 줄일 수 있는 효과적인 전략이 될 수 있다.

이 전략은 낮은 수준의 편견을 가진 사람에게 제일 유용하다. 특히 교사와 같은 권위 있는 내집단 인물이 편견을 지닌 학생의 인지적 부조화를 지적해 줄 때, 편견 감소 효과가 생길 수 있다. 낮은 수준의 편견을 가진 사람들은 자신의 행동이 자신의 신념과 불일치한다는 것을 상기하게 되었을 때, 죄책감과 자기 비판을 경험하기 때문이다. 하지만 높은 수준의 편견을 가진 사람은 그러한 양심의 가책 감정을 경험하지 않는다.

라. 재범주화(recategorization)의 활용

편견 형성에 관한 네 번째의 기본 원리는 편견이란 타인을 자신 혹은 자신이 속한 집단과 다르게 지각한 결과로 생긴 것임을 함축한다. 자기 범주화 이론에 따르면, 사람들은 동일한 특성을 공유한 사람들을 동일한 집단 소속으로 간주함으로써, 내집단과 외집단의 경계를 정의한다. 사회 정체성 이론은 집단 간 갈등은 자신의 내집단을 우호적인 방식에서 외집단과 구분하려는 욕구에서 나온 것이라고 본다(Brewer & Gaertner, 2001, p. 459).

이러한 이론들은 사람들 간의 지각된 차이점이 지각된 유사성에 의해 극소화되거나 무색해질 경우에는 편견이 파괴되거나 저지될 수 있다는 것을 보여준다. 만약 편견의 표적이 지각자의 내집단 성원으로 인식된다면, 표적은 내집단 편애주의로부터 생기는 이득을 볼 수 있으며, 더 우호적인 방식으로 지각될 수 있다. 이렇듯 두 개의 독특한 집단이 하나의 커다란 집단으로 새롭게 범주화되는 과정을 일컬어 재범주화라고 한다. 그 커다란 집단은 두 개의 분리된 집단의 목적을 대신하는 상위의 목적을 가진다. 일례로 앞에서 언급했었던 쉐리프 등의 실험에서 두 집단이 장애를 극복하기 위해 서로의 힘과 노력을 결합해야 하는 상황에 직면했을 때 공통의 정체성을 바탕으로 더욱 긍정적인 집단 간 지각이 발생하였다.

재범주화의 이러한 장점과 이득을 고려할 때, 표적이 활용할 수 있는 편견 감소 대처 전략은 표적과 지각자가 공유하고 있는 상위의 공동 목적을 강조하는 것이다. 일례로 편견을 지닌 남자 경찰 파트너와의 관계에서 어려움을 겪고 있는 여성 경찰은 그들은 범죄와 싸우는 동일한 관심을 공유하고 있다는 사실을 남자 경찰에게 상기시켜 줌으로써 편견을 감소시킬 수 있다. 이러한 전략은 부정적 고정관념이 표적을 평가함에 있어서 사용되는 정도를 감소시키는 교차 범주를 만들어낼 수도 있다.

마. 지위와 권력의 획득

편견은 사회 안에서 자원과 지위의 불평등한 분배, 특히 그러한 불평등을 정당화하려는 욕구에서 비롯된다. 이러한 관점은 체제 정당화 이론과 사회 지배 이론에 잘 나타나 있다. 체제 정당화 이론에 의하면, 집단 고정관념은 불평등과 차별을 합리화하고 정당화하기 위해 개발된다. 이러한 고정관념들은 상위 지위에 있는 사람들뿐만 아니라 하위 지위에 있는 사람들에 의해서도 승인된다. 사회 지배 이론은 사회적 위계와 불평등이 필연적인 것이고, 억압과 편견은 집단 갈등을 방해하기 위한 사회적 시도의 결과라고 가정한다. 모든 사회 집단들은 사회적 위계를 수용하도록 만드는 신화(예: 능력주의, 공정 사회에 대한 신념)를 만들어낸다. 그러한 신화의 수용은 사회의 안정과 현상유지의 영속성에 기여한다(Major, Quinton, McCoy & Schmader, 2000, p. 225).

이러한 이론들에 의하면, 편견의 표적들은 그들을 향한 편견을 감소시키기 위해서 권력과 지위의 상승을 통해 자원을 재분배하는 것이 제일 중요하다. 지위 위계를 정당화하기 위한 편견 지각자의 욕구 때문에 그들은 권력과 자원을 성공적으로 획득한 표적들에 대해 우호적인 견해를 갖게 된다. 즉, 표적의 투입에 대한 편견 지각자의 인식은 표적이 획득한 결과를 설명하거나 정당화하기 위해 상향 조정될 것이다. 예를 들어, 상대적으로 높은 권력 지위에 있는 표적과 조우한 편견의 지각자는 지위 위계의 정당화 필요성 때문에 표적의 성취를 그의 장점에 귀인한다. 개별 표적에 의한 이러한 전략의 성공적 사용은 권력과 지위의 위치를 획득하는 것을 포함한다. 따라서 높은 지위에 오른 사람은 자신에 대한 타인의 편견을 감소시킬 수 있다. 이를테면 탁월한 운동 실력, 예술적 재능, 학업 성취 능력을 가진 표적은 자신을 향한 편견을 어느 정도 감소시킬 수 있다.

지금까지 편견 형성의 기본 원리에 대한 분석을 토대로 표적이 취할 수 있는 반편견 대응 전략을 이론적으로 구명하였다. 요약하면, 편견의 기원에 관한 상이한 이론들은 표적이 자신을 향한 편견에 맞서기 위한 상이한 전략들을 제공한다. 편견이 고정관념의 결과라고 보는 이론은 긍정적인 하위 유형이나 교차 범주 소속감 활성화의 가능성을 제공한다. 편견을 자아에 대한 위협이라고 보는 이론은 지각자를 칭찬하거나 확언하는 다소 불유쾌한 전략을 제공한다. 편견이 지각자의 양면 가치감 혹은 갈등에서 유래한다고 보는 이론은 지각자의 인류평등주의적 가치를 상기시켜 주는 것이 최상의 방안임을 알려준다. 지각된 차이가 편견의 원인이라고 보는 이론은 상징이나 공유된 목적을 통해 지각자와의 유사성을 강조하는 것이 중요하다고 본다. 끝으로 편견을 현상유지 정당화의 결과라고 보는 이론은 상대적인 권력과 지위의 획득이 중요하다고 본다.

4. 도덕과에서의 적용 방안

여기서는 편견 감소에서 표적이 취할 수 있는 대응 전략이 도덕과교육에 시사하는 바가 무엇인지를 구체적으로 살펴보고자 한다. 앞서 제시된 다섯 가지 방안들을 도덕과교육에 기계적으로 적용하는 것은 매우 어렵다. 이에 여기서는 앞서 제시된 방안들을 교사가 도덕과교육에서 손쉽게 활용하기 위한 구체적인 방안을 제안하고자 한다. 편견은 일종의 병리적인 현상이 아니라, 정상적인 인간 경험의 일부분이다. 그러므로, 교사는 학생들이 편견의 표적이 되었을 때 그러한 편견에 적극적으로 대응하는 방안이 무엇인지를 도덕과교육을 통해 가르치는 일이 매우 중요하다.

가. 보편적 가치에 대한 심층 이해

주지하는 바와 같이, 초등 도덕과는 보편적인 인간으로서 갖추어야 할 핵심 가치와 덕목의 함양을 강조한다. 인종·종족에 관한 편견을 비롯한 각종 편견을 감소시키기 위해 교사는 도덕과 수업을 통해 인류평등주의, 정의, 배려, 존중, 책임 등과 같은 보편적 가치의 의미와 중요성을 지속적으로 강조해야 한다. 보편적 가치는 인종·민족·종교·젠더 등에 상관없이 모든 사람들이 공유하고 있는 공통의 인간다움을 나타낸다. 보편적 가치는 편견, 고정관념, 차별과 정반대에 있는 것으로, 외집단에 대한 부당한 처우나 인종 간 부정의를 약화시켜 주는 역할을 수행한다. 이러한 보편적 가치의 인식은 학생들이 편견의 표적이 되었을 경우에, 보편적 가치를 언급함으로써 편견의 지각자로 하여금 자신의 편견 행위에 대한 양심의 가책을 불러일으키게 만드는 중요한 도덕적 자원이 된다.

나. 범주화 과정의 변화 유도

편견의 표적은 지각자의 범주화 과정을 변화시킴으로써 지각자의 편견을 어느 정도 감소시킬 수 있으므로, 초등 도덕과 수업을 통해 교사는 학생들의 범주화 과정을 변화시키기 위한 다양한 방법을 활용해야 한다(추병완, 2012, p. 166). 탈범주화는 집단 간 상호작용에서 범주 구분의 현저성을 감소시키고, 외집단 성원들을 개별 인간으로서 서로 알게끔 하는 것이 중요함을 보여준다. 집단 성원의 개인적 특징에 주의를 기울이는 것은 범주에 근거한 고정관념의 부당성을 증명할 기회를 제공하고, 외집단을 동질 단위로 지각하는 경향성을 줄여준다. 다양한 외집단 성원들과의 반복된 개별화된 접촉은 외집단 성원에 관한 정보 원천으로서의 사회적 범주에 근거한 고정관념의 가치와 유의미성을 파괴함으로써 편견 감소에 기여할 수 있다(Brewer & Gaertner, 2001, pp. 457-458). 탈범주화를 통해 표적은 편견의 지각자로 하여금 자신을 집단의 성원이 아닌 개별 인간으로 인식하게 만들 수 있다.

탈범주화가 외집단 성원들을 개별화하는 전략이라면, 재범주화는 공통된 상위의 내집단 정체성으로 외집단을 통합하는 것이다. 이것은 집단 간 관계를 개선함에 있어서 동화주의 철학에 기반을 둔 것으로서, 내집단-외집단 범주 구분의 현저성을 감소시키는 것이 편견 감소의 열쇠가 된다는 가정에 근거한다. 재범주화는 범주화를 감소시키거나 제거하도록 설계된 것이 아니라, 집단 간 편견과 갈등을 감소시키는 방식으로 높은 수준의 범주 포함성에서 집단 범주화의 정의를 재구조화하는 것이다(Brewer & Gaertner, 2001, pp. 459-460). 예를 들어, 남성과 여성은 보다 상위 범주인 인간으로 재범주화될 수 있다. 이것은 두 집단 간의 상이한 집단 정체감의 표현을 더 포함적인 하나의 공통된 정체성으로 변형시키는 전략이다.

한편, 상호 분화는 집단 상호 간의 상호의존성 맥락에서 사회 범주 구분을 유지하는 것으로서, 집단 간 관계에 대한 다원주의 철학에 근거한다. 상호 분화 모델은 집단 간 접촉 상황의 기본적인 범주 구조를 바꾸려 하지 않는다. 대신에 집단 간 정서를 부정적인 것에서 긍정적인 상호의존성과 평가로 바꾸려 한다. 이를 위해서는 각 집단이 공동 목표를 달성하기 위해 독특하지만 상보적인 역할을 취해야 한다. 이런 식으로 두 집단은 협동적 틀 안에서 긍정적인 독특성을 유지할 수 있다. 잡지 제작 작업에서 한 팀은 그림과 편집을, 한 팀은 기사를 작성하도록 하는 실험을 전개한 결과, 집단 간에 독특한 역할을 제공하지 않았을 때보다도 집단 간 태도에 있어서 더 긍정적 결과를 보여주었다고 한다(Brewer & Gaertner, 2001, pp. 461-462). 이 방법은 긍정적 접촉 경험의 일반화는 접촉 상황이 개인 간 상호작용보다는 집단 간 상황으로 정의될 때 더 크게 나타난다는 것을 잘 보여준다. 이를테면 협동학습의 유형 가운데 하나인 직소우(Jigsaw) 기법은 이러한 상호 분화를 가장 잘 활용하고 있는 대표적인 사례다. 그러므로 교사는 초등 도덕과 수업을 통해 탈범주화, 재범주화, 상호 분화의 전형적인 사례들을 학생들이 심층적으로 이해함과 동시에 교실 생활을 통해 구체적으로 체험해 볼 수 있는 다양한 학습 기회를 제공할 필요가 있다.

다. 협동학습의 활용

교사는 도덕과 수업을 통해 학생들에게 다양한 집단 간 접촉의 기회를 제공해 주어야 한다. 교실에서 집단 간 관계를 개선할 수 있는 가장 확산된 접근법이 바로 협동학습이다(Johnson & Johnson, 2000, p. 242). 이 방법은 편견 감소와 부정적인 집단 간 고정관념 감소에 효과가 있는 것으로 밝혀졌다(Paluck & Green, 2009, p. 352). 인종적으로 이질적인 집단 구성원들 사이에 동등한 지위를 부여하고 공동 목표 달성을 위한 빈번하고 지속적인 상호작용의 기회를 제공한 결과 인종적 편견이 줄어들고 학업 성적이 향상되었다는 연구 보고가 이를 잘 뒷받침해 준다. 협동학습과 집단 속에서의 관계들에 대한 연구 결과들을 종합하여 보면, 협동학습은 학생들의 인종적·문화적 편견을 감소시키고, 동료들 사이의 우정을 돈독하게 하는 데 탁월한 성과가 있다고 한다. 나아가 협동학습을 통하여 학생들은 서로를 아끼고 배려해 주는 미덕을 지니게 된다고 한다.

이렇듯 협동학습은 접촉 가설의 기본 아이디어를 가장 잘 실현시킨 교수 방법이다. 협동학습은 경쟁과 협동을 균형적으로 활용하고 있고, 협동을 위한 제도적·규범적 지원 체제를 갖추고 있으며, 협동을 위한 상위 목적을 갖고 있고, 동등한 지위를 지닌 이질적인 성원들로 구성된다는 점에서 접촉 가설의 기본 아이디어를 충실하게 반영하고 있다. 또한 협동학습을 통해 학생들은 탈범주화, 재범주화, 상호 분화와 같은 새로운 범주화 과정을 체험할 수 있고, 동일한 협동학습 집단에 소속된 학생들은 공통의 새로운 정체성을 가질 수 있으며, 협동학습 집단에서의 개인적 및 집단적인 성공을 통해 표적은 지위와 권력의 획득을 체험할 수도 있는 장점이 있다.

라. 긍정적 유사성의 강조

도덕과 수업에서 교사는 집단 간의 긍정적 유사성을 강조해야 한다. 사실 우리 사회에는 사회적 범주화를 통해 집단 내 유사성과 집단 간 차이점이 지나치게 과장되어 있다. 앞서 살펴보았듯이, 내집단과 외집단 간의 지각된 차이점이 내집단으로 하여금 외집단에 대한 부정적 사고와 신념을 갖도록 만든다. 연구 결과에 의하면, 다른 학교 학생들과 함께 활동하게 될 것이라는 말을 들었던 학생들은 그 학생들이 자신들과 유사하다고 믿도록 유도되었을 때, 그 말을 듣지 못했던 다른 학생들에 비해 외집단 학생들에 대해 더욱 긍정적인 태도를 보여 주었다고 한다. 그리고 외집단에 대한 부정적인 정보를 접한 집단은 외집단에 대해 긍정적인 정보를 접한 집단에 비해 소수 집단에 대해 부정적인 태도를 보여준다고 한다(추병완, 2012, p. 165).

이렇듯 사람들은 다른 인종·종족 집단 성원들이 그들과 유사하다고 지각할 때 다른 종족 집단 성원들을 긍정적으로 평가한다. 따라서 도덕과 수업 활동을 통해 교사가 집단 간의 차이점보다는 집단 간의 유사성을 긍정적인 맥락에서 강조할 때, 학생들은 타 집단에 대해 보다 긍정적인 태도를 갖게 된다. 집단 간의 긍정적인 유사성을 학습한 학생들은 그들이 편견의 표적이 되었을 때, 편견의 지각자로 하여금 긍정적인 유사성에 주목하게 함으로서 자신을 향한 편견 감소에 기여할 수 있다. 따라서 교사는 도덕과 수업을 통해 집단 간의 유사성을 긍정적인 맥락에서 제시해 주어야 한다.

5. 결론

편견은 인간의 정상적인 경험의 일부분이다. 우리는 누구나 편견의 지각자가 될 수도 있고, 편견의 표적이 될 수도 있다. 그럼에도 불구하고, 편견 감소와 관련한 대부분의 이론과 연구들은 편견을 지각하고 있는 사람의 편견을 감소시키는 방안을 모색하는 데에만 초점을 맞추었을 뿐, 정작 편견의 표적이 자신에 대한 편견에 맞서 싸울 수 있는 방안이 무엇인지를 제시해 주는 데에는 매우 소홀하였다. 이에 이 장에서는 편견 형성과 관련된 연구들이 공통적으로 제시하는 기본 원리로부터 편견이 개재된 상호작용에서 표적이 실제적으로 활용할 수 있는 대응 전략이 무엇인지를 밝히고, 그것을 초등 도덕과교육에 구체적으로 적용할 수 있는 방안을 제시하고자 하였다.

요약하면, 편견의 기원에 관한 상이한 이론들은 표적이 자신을 향한 편견에 맞서기 위한 상이한 전략들을 제공한다. 편견이 고정관념의 결과라고 보는 이론은 긍정적인 하위 유형이나 교차 범주 소속감 활성화의 가능성을 제공한다. 편견을 자아에 대한 위협이라고 보는 이론은 지각자를 칭찬하거나 확언하는 다소 불유쾌한 전략을 제공한다. 편견이 지각자의 양면 가치감 혹은 갈등에서 유래한다고 보는 이론은 지각자의 인류평등주의적 가치를 상기시켜 주는 것이 최상의 방안임을 알려준다. 지각된 차이가 편견의 원인이라고 보는 이론은 상징이나 공유된 목적을 통해 지각자와의 유사성을 강조하는 것이 중요하다고 본다. 끝으로 편견을 현상유지 정당화의 결과라고 보는 이론은 상대적인 권력과 지위의 획득이 중요하다고 본다.

도덕과에서 반편견교육은 편견과 차별의 사회문제를 도덕적으로 분석할 수 있는 능력, 그리고 그러한 차별과 사회적 모순을 극복하는 데 필요한 도덕적 실천 능력을 길러주는 것을 포함한다(김국현·추병완, 2008, p. 25). 그러한 실천 능력은 편견의 지각자로서 자신의 편견을 감소시키려는 도덕적 능력과 더불어 자신이 편견의 표적이 되었을 때 기꺼이 그러한 편견에 맞설 수 있는 도덕적 능력을 포함한다. 그러므로 교사는 초등 도덕과교육을 통해 보편적 가치에 대한 심층적 이해를 조장하고, 범주화 과정의 변화를 유도하며, 협동학습을 적극적으로 활용하고, 집단 간 유사성을 긍정적 맥락에서 강조함으로써 잠재적인 표적 대상으로서의 학생들의 반편견 대응 능력을 발달시켜 주어야 한다.

김국현 · 추병완(2008), "초등학교 도덕과 반편견 교육과정 개발", 『교육과정평가연구』, 11(1), 1-28.

추병완(2012), 『다문화사회에서의 반편견 교수 전략』, 서울: 하우.

Allport, G. W. (1954), *The nature of prejudice*, Cambridge: Addison-Wesley.

Brewer, M. B. (1996), "When contact is not enough: Social identity and intergroup cooperation", *International Journal of Intercultural Relations*, 20, 291-303.

Brewer, M. B. & Gaertner, S. L. (2001), "Toward reduction of prejudice: Intergroup contact and social categorization", In R. Brown & S. L. Gaertner (Eds.), *Blackwell handbook of social psychology: Intergroup processes* (pp. 451-472), Malden: Blackwell Publishers.

Devine, P. G. (1989), "Stereotypes and prejudice: Their automatic and controlled components", *Journal of Personality and Social Psychology*, 56, 5-18.

Devine, P. G., Plant, E. A. & Blair, I. V. (2001), "Classic and contemporary analyses of racial prejudice", In R. Brown & S. L. Gaertner (Eds.), *Blackwell handbook of social psychology: Intergroup processes* (pp. 198-217), Malden: Blackwell Publishers.

Dovidio, J. F. (2001), "On the nature of contemporary prejudice: The third wave", *Journal of Social Issues*, 57(4), 829-849.

Dovidio, J. F., Hewstone, M., Glick, P. & Esses, V. M. (2010), "Prejudice, stereotyping and discrimination: Theoretical and empirical overview", In J. F. Dovidio, M. Hewstone, P. Glick & V. M. Esses (Eds.), *The SAGE handbook of prejudice, stereotyping and discrimination* (pp. 3-28), Los Angeles: SAGE.

Ehrlich, H. J. (1973), *The social psychology of prejudice*, New York: Wiley.

Fishbein, H. D. (2002), *Peer prejudice and discrimination: The origins of prejudice*, Mahwah: Lawrence Erlbaum Associates, Publishers.

Johnson, D. W. & Johnsom, R. T. (2000), "The three Cs of reducing prejudice and discrimination", In S. Oskamp (Ed.), *Reducing prejudice and discrimination* (pp. 211-237), Mahwah: Lawrence Erlbaum Associates, Publishers.

Levy, S. R., West, T. L., Ramirez, L. F., & Pachankis, J. E. (2004), "Racial and ethnic prejudice among children", In Jean L. Chin & Joseph E. Trimble (Eds.), *The psychology of prejudice and discrimination*, Vol. 1, Racism in America (pp. 37-60), Westport: Praeger.

Lippmann, W. (1922), *Public opinion*, New York: Harcourt Brace.

Major, B., Quinton, W. J., McCoy, S. K. & Schmader, T. (2000), "Reducing prejudice: The target's perspective", In Stuart Oskamp (Ed.), *Reducing prejudice and discrimination* (pp. 211-237), Mahwah: Lawrence Erlbaum Associates, Publishers.

Myers, D. G. (2005), *Social psychology*, 8th ed., Boston: McGraw Hill.

Operario, D. & Goodwin, S. A. & Fiske, S. T. (1998), "Power is everywhere: Social control and personal control both operate as stereotype activation, interpretation, and response", In R. S. Wyer (Ed.), *Advances in social cognition* (pp. 163-176), Vol. 11, Hillsdale: Erlbaum.

Paluck, E. L. & Green, D. P. (2009), "Prejudice reduction: What works? A review and assessment of research and practice", *Annual Review of Psychology*, 60, 339-367.

Pratto, F., Sidanius, J., Stallworth, L. M., & Malle, B. F. (1994), "Social Dominance Orientation: A Personality Variable Predicting Social and Political Attitudes", *Journal of Personality and Social Psychology*, 67(4), 741-763.

Stephan, W. (1999), *Reducing prejudice and stereotyping in schools*, New York: Teachers College Press.

Swim, J. K. & Stangor, C. (1998), "Introduction", In Janet K. Swim & Charles Stangor (Eds.), *Prejudice: The target's perspective* (pp. 1-8), San Diego: Academic Press.

Tajfel, H. (1969), "Cognitive aspects of prejudice", *Journal of Social Issues*, 25(4), 79-97.

Turner, J. C. & Reynolds, K. J. (2001), "The social identity perspective in intergroup relations: Theories, themes, and controversies", In R. Brown & S. L. Gaertner (Eds.). *Blackwell handbook of social psychology: Intergroup processes* (pp. 133-152), Malden: Blackwell Publishers.

Utsey, S. O., Ponterotto, J. G. & Porter, J. S. (2008), "Prejudice and racism, Year 2008-Still going strong: Research on reducing prejudice with recommended methodological advances", *Journal of Counseling & Development*, 86, 339-347.

11장

인종차별 의식 해소를 위한 교육

　그간 한국 사회는 단일민족을 무한한 자랑거리로 내세우는 가운데 '우리'와 '그들'이라는 이분법적 혈통 인식을 철저하게 유지해 왔다. 백인에 대한 열등감과 타 인종·종족에 대한 우월감이라는 양면 가치(ambivalence)에 근거한 우리의 교묘한 차별 의식과 행위는 사회 전반에 구조적으로 깊이 뿌리를 내리고 있어, 공개적인 사회적 논쟁이나 비판의 대상이 쉽게 되지 못했다. 하지만 지난 2009년 인도의 후세인 교수가 버스에서 당한 인종차별 경험을 계기로 한국의 인종차별 관행을 공개적으로 비판하고 나섬으로써, 한국인의 인종차별 행위에 대한 비판적 성찰의 움직임이 가속화되었다.

　인종차별 문제는 학교교육에 있어서도 일종의 영(null) 교육과정으로 여겨져 왔기에, 교과 내용을 통해 상세하게 다루어지지 못했다. 최근 다문화교육의 도입에 따라 타 문화 이해 및 반편견교육의 중요성이 강조되고 있으나, 인종차별 문제를 직접적으로 다루고 있는 사례는 거의 없다(조영달 외 4인, 2010, p. 178). 아직 한국 사회가 인종적으로 다양한 사회가 아니기에, 그리고 인종차별 자체가 매우 미묘한 사회적 문제이기에, 대부분의 교육자들은 인종차별 문제를 공식적·직접적으로 다루는 것을 상당히 꺼려하고 있다. 대신에 타 문화에 대한 인지적 이해를 강조하거나 혹은 관용, 공감, 존중 등의 가치를 내면화하도록 하여 편견을 감소시키고 타 인종·종족들과 평화롭게 지내는 공존적 삶의 중요성을 간접적으로 강조하는 수준에 머물고 있다.

이것은 도덕교육의 영역에서도 거의 마찬가지다. 인종차별은 인간이 만들어 낸 가장 비도덕적이고 정의롭지 못한 사회적·제도적 관행임에도 불구하고, 도덕교육에서 인종차별은 커다란 관심의 대상이 되지 못했다. 국내외 구분할 것 없이 도덕교육에 관한 수많은 이론이나 문헌들은 인종과 관련된 교육적 이슈를 본격적으로 다루지 않았다. 인종차별의 문제로 가장 큰 시름을 앓고 있는 미국의 경우도 도덕교육 이론과 문헌에서 인종차별 문제는 관심의 대상이 되지 못했다(Blum, 1999, p. 126). 1980년대 중반 이후부터 시작되어 지금도 성행하고 있는 인격교육운동(character education movement)조차도 관용, 개인적 고집이나 편견의 회피, 인종 집단 간의 조화로운 관계 증진 등을 언급하고 있을 뿐, 도덕교육의 목적과 관련하여 인종차별의 문제를 직접적으로 다루고 있지는 않다.

인종차별주의는 어떤 도덕 이론에 의해서도 정당화될 수 없으며, 우리가 추구하는 민주적 이상과 헌법에도 위배되는 잘못된 관행이다. 그것은 차별을 하는 사람이나 당하는 사람 모두에게 피해를 준다. 인종차별주의는 차별을 당하는 사람이나 집단으로부터의 보복 행위를 유발하여 사회적 갈등을 유발하기 쉽다. 인종차별 행위는 차별을 당하는 사람이 인간으로서 갖고 있는 잠재력의 실현을 통해 사회에 최상의 기여를 하는 것 자체를 방해·억압한다. 이것은 결국 인종차별주의자로 하여금 차별을 당하는 사람이나 집단들의 사회적 기여로부터 얻을 수 있는 이득과 혜택을 전혀 받지 못하게 만듦으로써 그들 자신에게도 해로움을 가져다준다.

일찍이 니토(Nieto, 1999, p. xviii)는 다문화교육은 반인종차별교육인 동시에 학교교육의 모든 측면에 스며들어야 하는 기본교육임을 강조한 바 있다. 그는 다문화교육은 개인적·집단적·제도적 차원에서의 변혁(transformation)을 추구하는 교육이기에, 무엇보다도 학생들의 학습을 위한 학교 개혁을 필요로 하며, 학교 개혁의 일차적인 방향은 바로 반인종차별적·반편견적 관점을 채택하는 것이라고 주장하였다. 또한 그는 다문화교육이 반인종차별주의적 관점에 명확하게 초점을 맞추지 않은 채, 기존의 교육과정에 타 민족·종족의 흥미 있는 단편적 내용을 추가하거나 문화에 대한 학생들의 피상적인 이해에만 배타적으로 초점을 맞춘다면 오히려 엄격한 고정관념을 유지하는 결과를 초래할 것이라고 경고하였다(pp. 168-169).

인종·종족에 대한 편견과 차별이 없는 가운데 모든 학생들이 학교와 교실을 내 집처럼 편안하게 느끼며, 다문화 국가의 구성원으로서 보다 완전하고 더욱 좋은 삶을 영위하는 데 필요한 지식·기능·태도를 갖추게 하는 것은 교육자로서 우리에게 부여된 시대적 소명이다(Dilg,

1999, p. 9). 이에 근거해 볼 때, 다문화 사회에서 초등 도덕과교육에 부여된 중요한 과업 가운데 하나는 인종에 대한 편견과 차별을 줄여서 인종·종족 집단 간의 관계를 개선하고, '다수로부터의 하나'에 근거한 새로운 도덕 공동체를 구축하는 것이다.

인종 의식의 발달에 관한 선행 연구 결과들을 고려해 볼 때, 인종에 대한 편견과 차별 의식을 예방·해소하기 위한 교육은 초등교육을 통해 체계적·집중적으로 이루어질 필요가 있다(김국현·추병완, 2008, p. 6). 그럼에도 불구하고, 초등 도덕과교육에서의 반인종차별교육에 대한 연구는 매우 저조한 실정이며, 그마저도 유치원 아이들을 대상으로 한 반편견교육 방안을 무비판적으로 수용하고 있는 수준에 머물고 있다. 국내 유아교육 기관에서 행해지고 있는 반인종차별교육은 대개 미국에서 개발된 반편견교육과정(anti-bias curriculum)을 응용하여 적용하는 방식으로 전개되어 왔다(Derman-Sparks & the A.B.C. Task Force, 1989, pp. 11-19 참조). 국내 유아교육 현장에서 반편견교육에 대한 논의는 1990년대 중반부터 진행되기 시작하여 2000년 이후에는 반편견 동화의 활용, 사연 있는 인형의 활용, 반편견 이야기 나누기, 토의하기 등의 방법을 통해 전개되어 왔다.

최근의 연구들은 7세 이후에 아동의 인종 태도에 있어서 큰 변화가 있음을 보여준다. 7세 이전의 아이들은 매우 자민족중심주의적인 경향을 보인다. 그러나 7세 이후에 아이들은 내집단과 외집단 모두에 대해 분화된 관점을 갖기 시작하여 덜 편견적인 아이가 된다. 10세까지 아동은 인종 집단에 대해 더욱 균형 잡힌 관점을 보여준다. 그 관점은 내집단과 외집단의 부정적·긍정적 요소들을 모두 포함한다. 이러한 발견은 인종 편견이나 인종차별 의식을 변화시키는 데 있어서 중요한 시사점을 준다. 4~6세 아이의 인종적 태도나 선호를 변경하려는 시도와 7~10세 아이의 인종적 태도나 선호를 변화시키려는 시도는 분명히 달라야 한다는 점이다(Ponterotto & Pederson, 1999, pp. 29-30; Stephan, 1999, p. 34). 그러므로 유아교육 기관에서의 반인종차별 교수·학습 원리와 초등학교에서의 반인종차별 교수·학습 원리는 분명 달라야 한다.

이에 이 장의 목적은 초등 도덕과에서 반인종차별교육 실행을 위한 교수·학습 원리를 탐색하는 데 있다. 이를 위해 인종차별주의의 개념·유형·결과, 아동의 인종 의식 발달 경향, 반인종차별교육 방법에 대한 선행 연구 결과들을 검토하고, 이를 토대로 하여 초등 도덕과에서 반인종차별교육을 실시할 때 교사가 지향·적용해야 할 교수·학습 원리를 제안하고자 한다.

1. 인종차별주의에 관한 이해

가. 인종차별주의의 개념

인종에 대한 대중적 견해는 인종을 생물학적 분류 체계 속에서 개념화하는 것이었다. 그러기에 사람들은 인류를 생물학적으로 구분하여, 신체상의 유전학적인 제반 특징을 공유하는 집단을 일컬어 인종이라고 불렀다. 그러나 인종 개념에 대한 최근의 정의들은 생물학적 분류 체계로서의 인종 개념은 상당한 오류가 있음을 보여준다. 왜냐하면 동일 인종 안에서의 차이점이 인종 간에서의 차이점보다도 많은 경우를 쉽게 발견할 수 있기 때문이다. 오늘날 많은 학자들은 인종이란 생물학적 결과와는 무관하며, 오히려 사람들이 인종에 대해 믿고 있는 것이 상당한 사회적 결과를 수반한다고 주장한다. 즉 인종이라는 용어는 과학적 혹은 생물학적 개념으로서의 신뢰성은 없으나, 정치적·심리적 개념으로서 여전히 살아남아 있다는 것이다(Ponterotto & Pederson, 1993, p. 6). 그 결과, 오늘날 인종 개념은 인간 육체의 상이한 유형에 관한 사회정치적 갈등과 이해관계를 표현하고 상징화하는 개념으로 자리를 잡고 있다(Winant, 2000, p. 172).

차별(discrimination)은 인종·연령·젠더 등에 근거하여 상이한 범주의 사람이나 사물을 공정하지 못하게 혹은 편견을 갖고 대우하는 것을 의미한다. 즉, 차별은 특정 집단의 정치적·경제적·사회적 기회를 제한하는 행위를 의미한다(박수미 외 3인, 2004, p. 11). 차별은 다른 사람이나 집단에 대한 부정적 태도인 편견이 행동으로 구체화된 것이다. 일반적으로 편견은 어떤 사회적 집단의 성원들을 향한 부정적인 태도를 언급하며, 차별은 그러한 개인들을 향한 부정적 행동을 언급한다. 따라서 차별은 타인에 대한 부정적 평가라는 심리적 효과와 기회의 제한이라는 물질적 효과를 동시에 수반한다(Sleeter, 1996, p. 141).

한편 인종차별주의(racism)라는 용어는 1930년대부터 부분적으로 사용되기 시작하였으나 1968년 미국의 '시민 무질서에 관한 국가 자문위원회 보고서'(Report of the National Advisory Commission on Civil Disorders)에서 공식적으로 언급한 이후로 대중적인 용어가 되었다(Ponterotto & Pederson, 1993, p. 11). 이 보고서는 백인에 의한 인종차별주의가 미국 내의 많은 흑인들이 불이익을 당하는 곤경에 처하게 만든 주된 요인임을 분명하게 지적하였다.

인종차별주의란 인종적 편견과 자민족중심주의의 변형에서 기인하는 것으로서, 전체 문화의 의도적 혹은 비의도적 지원을 받고 있는 개인과 제도가 열등하다고 정의하고 있는 어떤 인종 집단에 대해 권력을 행사하는 것을 의미한다(Jones, 1981, p. 28). 존스는 인종차별주의를 편견의 특수한 한 형태로 정의하였다. 존스에 의하면, 편견은 특정인이 속해 있는 집단에 대해 갖고 있는 태도나 신념이 일반화되어 그 사람에 대해 갖고 있는 긍정적 혹은 부정적 태도, 판단, 감정을 의미한다(Jones, 1997, p. 10). 그에 의하면 인종차별주의는 편견에 다음의 세 가지 사항이 더 추가된 것이다. 첫째, 집단 특성의 근원을 생물학에 기반을 둔 것으로 가정하여, 인종을 생물학적 구성물로 여긴다. 둘째, 인종차별주의는 자기가 속한 인종의 우월성을 필연적으로 전제한다. 셋째, 인종차별주의는 한 인종 집단이 다른 인종 집단들에 대한 위계적 지배를 공식화하는 제도적·문화적 관행들을 합리화한다(Jones, 1997, p. 11).

리드리(Ridley, 1989, p. 60)에 의하면, 인종차별주의란 특정 집단의 성원들에 대한 특권을 영속화하는 가운데 여타의 사회적 집단에 대한 특권이나 기회에 대한 접근을 체계적으로 거부하는 경향이 있는 어떤 행동 혹은 행동 유형을 의미한다. 리드리는 인종차별주의에 대한 개념 정의에서 특히 '행동'과 '체계적'이라는 용어의 의미를 강조한다. 그가 말하는 행동은 관찰 가능하고 측정 가능한 인간의 행동을 의미한다. 그리고 체계적이라는 의미는 인종차별주의적 행동의 결과가 예측 가능하고, 반복적으로 발생한다는 것을 뜻한다. 그는 인종차별주의라는 개념은 다음의 다섯 가지 가정에 근거한 것이라고 주장한다(pp. 57-58). 첫째, 인종차별주의는 행동에 반영되어 있다. 둘째, 인종차별주의적 행동은 편견을 갖고 있는 사람만이 아니라 편견을 갖고 있지 않은 사람들에 의해서도 행해질 수 있다. 셋째, 인종차별주의는 어떤 단일한 인종 혹은 종족 집단만의 유일한 책임이 아니다. 넷째, 어떤 행동이 인종차별주의적 행동인지의 여부는 그 행위의 '원인'이 아닌 '결과'에 달려 있다. 다섯째, 권력은 인종차별주의를 영속화하는 데 절대적으로 필요한 힘이다.

한편, 도비디오와 그 동료들에 의하면(Dovidio, Gaertner, & Kawakami, 2010, p. 312), 인종차별주의는 특정 인종에 속한 것으로 지각된 일군의 사람들을 체계적으로 불리한 입장에 놓이도록 만드는 특권과 편견의 조직화된 체계이다. 그들은 인종차별주의를 정의하는 세 가지 개념적 요소들을 다음과 같이 설명한다. 첫째, 인종차별주의는 문화적으로 공유된 신념을 반영하고 있는데, 그 신념이란 집단은 그 구성원들에게 공통적으로 나타나는 독특한 인종 기반(race-based) 특성을 가지고 있다는 것이다. 둘째, 타 집단의 고유한 인종적 특성들을 자기들의 것보다 열등하다고 믿는다. 셋째, 인종차별주의는 부정적 태도와 신념을 포함하고 있을 뿐만 아니라, 타 집단을 불리한 입장에 놓이게 하는 절망적 결과를 가져오거나 혹은 자기 집단에게 고유한 이득을 제공하려는 사회적 권력을 포함하고 있다.

이렇듯 인종차별주의는 특정한 인종 집단을 해롭게 하거나 억압하는 행동과 정책을 의미한다. 인종차별주의는 개인의 인종적 편견과 인종차별로 인해 발생한 행동이 지속됨으로써 사회구조 내에서 체계적인 억압이 나타나는 것이다. 이런 점에서 볼 때, 인종차별주의는 인종 편견과 제도적 권력이 결합되어 나타나는 것이다(Derman-Sparks & Phillips, 1999, p. 10). 인종차별주의는 한 인종이 다른 인종보다 더 우월하다고 보는 신념과 태도, 열등하다고 지각된 인종 집단 사람들을 억압하는 사회적·제도적 힘과 권력, 광범위하게 확산된 자민족중심주의 혹은 문화적 우월주의 이데올로기를 반영하고 있는 매우 복합적인 개념이다. 그리고 모든 사람들이 인종적 편견을 가지고 차별을 할 수 있지만, 사실상 어떤 사회에서 인종차별주의자가 될 수 있는 사람들은 대부분 다수 집단 사람들이다. 소수 민족·종족 집단은 적극적인 인종 차별주의자가 될 수 있는 힘을 가지고 있지 못하기 때문이다.

나. 인종차별주의의 유형

인종차별주의는 시대적 흐름에 따라 그 모습이 변화되고 있다. 명백하면서도 공공연한 인종차별주의(overt racism)는 줄어들고 있으나, 새로운 형태의 인종차별주의가 창궐하고 있으며, 심지어 이전보다 더 심해진 모습을 보여주기도 한다. 그러므로 인종차별주의의 유형은 시대적 흐름에 따라 오래된 유형의 인종차별주의와 새로운 유형의 인종차별주의로 구분된다. 오래된 유형의 인종차별주의는 흔히 구시대적 인종차별주의 혹은 지배적인 인종차별주의라고 불린다. 이러한 형태의 인종차별주의는 인종에 대한 괴팍한 신념에 입각하여 행동하는 사람들 혹은 인종 혐오적인 발언을 공개적으로 일삼는 사람들에게서 많이 볼 수 있다.

인권 증진에 관한 법률의 제정과 더불어 오래된 유형의 인종차별주의는 많이 줄어들고 있으나, 서구에서는 새로운 유형의 인종차별주의가 만연하고 있으며 현대적 인종차별주의, 혐오적 인종차별주의, 상징적 인종차별주의, 새로운 인종차별주의 등 다양한 이름으로 불리고 있다. 현대적 인종차별주의는 문화적으로 다양한 신념체계보다는 지배문화의 신념과 가치를 더욱 중시하는 유럽 중심 철학(Eurocentric philosophy)에 그 근거를 두고 있다(Ponterotto & Pederson, 1999, p. 18). 현대적 인종차별주의자들은 차별은 더 이상 존재하지 않는 과거의 문제이며, 소수 집단들은 지금까지 자신들이 소중하게 여겨져 왔었던 가치들을 침해함과 동시에 현상을 변화시키기 위해 너무나도 터무니없는 요구를 한다는 신념을 갖고 있다. 이를테면 오늘날 상당수의 미국 백인들은 자신들이 전통적으로 중시해 왔던 근로 윤리를 근로 의욕이 없는 게으른 흑인들이 심각하게 위협하고 있다고 믿는다(Virtanen & Huddy, 1998, p. 313). 이러한 형태의 인종차별주의는 자신들이 인류평등주의적인 가치관을 가지고 있다고 믿고 있고, 과거 인종차별의 희생자들에 대한 동정심을 표현하며, 인종 평등 증진을 위한 정책을 지지하면서도 여전히 소수 집단에 대한 부정적 감정과 신념을 가진 상당수 백인들에게서 쉽게 볼 수 있다. 따라서 그들은 외집단과의 친밀한 접촉을 회피하는 경향을 보이는 가운데, 소수 집단 성원들이 자신들의 전통적인 개인주의적 가치들을 침해하고 있는 것에 대해 상당한 부정적 정서를 가지고 있다(Brown, 1995, p. 233).

한편, 인종차별주의는 차별이 이루어지는 수준에 의해서도 구분된다. 인종차별주의는 상호 관련된 세 가지 수준, 즉 개인·제도·문화의 수준에서 행해진다(Powell, 2000, p. 8). 인종차별의 세 형태들은 상호작용하며 서로를 강화한다(Derman-Sparks & Phillips, 1999, p.

10). 개인적 인종차별주의는 자신이 속한 인종이 다른 인종보다 우월하다는 믿음(인종 편견)과 소위 열등하다고 생각하는 인종의 사람들을 억압하는 행동(인종차별)이다. 개인적 인종차별주의는 살인, 상해, 소유물 파괴 등의 경우처럼 개인이 행하는 행동이다. 개인적 인종차별주의자는 자기와 다른 인종의 사람들은 모두 열등하다는 신념을 갖고 있다. 이러한 신념은 인종의 신체적 특성이 그들의 사회적 행동과 심리적·지적 특성을 결정한다는 가정에서 비롯된 것이다. 개인적 인종차별주의자의 신념은 겉으로 드러나지 않고 잠재된 인종적 편견으로 남아 있을 수도 있다. 하지만 소수 인종·종족 집단이 열등한 사회적 대우를 받는 것은 그들이 열등하기 때문이라고 믿고 있다.

제도적 인종차별주의는 한 사회 안에서 체계적으로 인종 간 불평등을 반영하고 만들어내는 법, 관습, 제도를 의미한다. 즉, 제도적 인종차별주의는 한 인종 집단이 다른 인종 집단보다 더 많은 경제적·사회적 이득을 유지하기 위한 사회 정책·법·규제 등을 의미한다(Powell, 2000, p. 8). 가해자를 식별할 수 있는 개인적 인종차별주의와는 달리, 제도적 인종차별주의는 오랫동안 자연스럽고 정상적인 것으로 여겨져 온 사회적 정책이나 관행 등에 깊숙하게 내재되어 있다. 어느 지역에서 매년 500 여명의 흑인 아기가 의식주 및 의료 시설이 없어 죽고 있다면, 그리고 그 지역의 수천 명이 가난과 차별 때문에 제대로 된 교육을 받지 못한 채 상처를 받고 있다면, 이것은 분명 제도적 인종차별주의의 결과인 것이다.

문화적 인종차별주의는 개인적 인종차별주의와 제도적 인종차별주의 양자 모두를 뒷받침해 주는 것으로서, 주류 문화의 산물(언어, 전통, 외모 등)이 다른 인종·종족 집단의 문화적 산물보다도 우월한 것이라는 사회적 신념과 관습을 의미한다(Helms, 1993, p. 49). 문화적 인종차별주의는 자신의 문화적 유산을 영속시키고 다른 인종·종족 집단 성원들에게 강요하는 동시에 소수 인종·종족 집단의 문화를 파괴하기 위해 주류 사회 성원들이 사용하는 미묘하고도 광범위한 힘을 지칭한다. 따라서 문화적 인종차별주의는 주류 사회의 우월주의를 뒷받침해 주는 일종의 추진력이다(Jones & Carter, 1996, p. 7). 문화적 인종차별주의는 개인으로 하여금 인종차별 행동을 하도록 사회화시키고, 제도적 인종차별주의를 유지시켜 주는 결정적인 역할을 한다(Derman-Sparks & Phillips, 1999, p. 10). 문화적 인종차별주의의 흔적은 시험, 교육 매체, 제공되는 수업 등 공식적인 교육과정에서 뿐만 아니라, 주류 사회를 대변하는 백인 교사가 소수 인종·종족 집단 학생에게 갖는 낮은 기대, 소수 인종·종족 집단에게 낯설고 우호적이지 못한 학교 환경과 같은 잠재적 교육과정에서도 찾을 수 있다.

다. 인종차별주의의 결과

특정 집단을 향한 인종차별주의가 어떤 결과를 가져오는지는 역사를 통해 쉽게 확인할 수 있다. 나치의 반유태인주의(anti-Semitism)의 결과 8백만 명의 유태인이 학살을 당했다. 미국 본토로 강제 이송되는 도중에 거의 8백만 명의 아프리카 노예들이 사망하거나 불구가 되었다(Ponterotto & Pederson, 1999, p. 19). 이처럼 우리는 인종차별주의의 결과에 대해 생각할 때, 인종차별적 행동의 대상 혹은 피해자에게 미치는 효과만을 생각하는 경향이 있다. 그러나 인종차별주의는 우리가 가해자이든 혹은 피해자이든 모두에게 영향을 준다.

데니스(Dennis, 1982)는 인종차별주의적 사회화가 백인 아동에게 미치는 영향을 타인에 대한 무지, 이중적 심리 의식과 도덕적 혼란, 집단 동조로 요약한 바 있다. 인종차별주의는 백인 아동으로 하여금 흑인에 대해 알 수 있는 기회를 박탈하여, 흑인들 사이에서의 다양성에 대한 무지를 증폭시킨다(p. 74). 백인 아동들은 자신들의 인본적 가치들이 인종적 사회화에 의해 도전을 받을 때 이중적 심리 의식을 갖게 된다. "만인을 사랑하라. 그러나 흑인은 아니다. 노인을 공경하라. 그러나 흑인 노인은 아니다." 등과 같이 인종적 계층화를 만들어내려는 부모의 열망은 백인 아동들을 혼란스럽게 만든다. 이에 따라 백인 아이들은 자유·평등에 대한 신념과 인종 간 불평등에 대한 신념 중 어느 하나를 택해야 하는 도덕 딜레마에 직면하게 된다(p. 78). 또한 백인 아동들은 아주 이른 나이에 가족과 내집단의 지배적인 사회적 규범에 동조하는 방법을 학습하게 된다. 결국 인종차별주의는 가해자인 백인 집단에게 부정적인 영향을 미친다. 왜냐하면, 인종차별주의가 비합리성을 유발하고, 지적 성장을 방해하며, 민주주의를 부정하는 결과를 초래하기 때문이다.

인종차별주의가 백인의 진정성을 훼손하여 자신과 세계에 대해 진실하지 못하게 만든다는 보고도 있다. 테리(Terry, 1981, p. 119)는 인종차별주의가 백인으로 하여금 그들이 말하는 가치와 일상 행동 간의 불일치를 유발하고, 관계 속에서의 권력을 왜곡하며, 조직을 제대로 이해하지도 못하고 효율적으로 운영하지도 못하게 만들며, 인적 자원을 제대로 활용할 줄 모르는 경영을 하도록 만든다고 주장한 바 있다. 한편,

카프(Karp, 1981, p. 89)는 인종차별주의는 백인으로 하여금 왜곡된 현실관을 갖게 하고, 죄책감과 수치심을 느끼게 만든다고 주장하였다.

인종차별주의가 이처럼 파괴적인 성격을 가지고 있음에도 불구하고, 오늘날까지 지속되는 이유는 무엇일까? 이것은 사실상 매우 복잡하기에 한 마디로 대답하기 어렵다. 하지만 분명한 것은 인종차별주의가 분명 가해자에게 이득을 가져다준다는 점, 그리고 사회에 만연된 자민족 중심주의가 인종차별주의를 유지시켜 주고 있다는 점이다. 즉, 인종차별주의는 현상 유지를 대변하는 것이고, 대부분 사람들은 변화를 두려워하기에 인종차별주의는 잔존하고 있는 것이다.

그렇다면 사람들이 인종차별적 행동으로부터 얻는 이익은 무엇인가? 사람들은 적어도 단기적으로 개인적 이득이 없다면, 편견과 차별을 일삼는 행위를 하지 않을 것이다(Simpson & Yinger, 1985, p. 156). 리드리(Ridley, 1989, p. 74)는 미국에서 흑인에 대한 인종차별을 통해 백인이 얻게 되는 단기적 이득을 사회적 특권, 경제적 지위, 정치적 권력, 심리적 감정 등의 측면에서 설명하고 있다. 이를테면, 지배 집단은 소수 인종·종족 집단 성원들을 낮은 임금을 주고 고용함으로써 경제적 이득을 취할 수 있다. 지배 집단의 남성은 소수 집단 여성과의 권력 관계에서 성적 이득도 얻을 수 있다. 다수 집단은 다른 인종보다 우월한 지배 집단이라는 사회적 위신을 가질 수 있으며, 현상 유지를 통해서 사회적 특권을 지속적으로 향유할 수도 있다. 따라서 급격한 변화는 이러한 기득권을 침해하거나 위협할 가능성이 있는 것으로 인식되기 때문에, 지배 집단은 인종차별주의적인 문화나 제도를 변화시키는 데에 관심을 두지 않는 것이다.

2. 아동의 인종 의식 발달

여기서는 인종 편견의 사회화에 영향을 미치는 변인들, 인종에 대한 태도 및 인종 정체성의 발달에 대해 살펴보고, 우리나라 아동들이 외국인에 대한 태도에서 보여주고 있는 문제점을 분석하고자 한다.

가. 인종 편견의 사회화

부정적인 인종 편견은 진공 속에서 발달하는 것이 아니다. 인종 편견 형성에 영향을 미치는 요인에는 여러 가지가 있다. 인종적 선호는 주로 사회화 경험과 밀접하게 관련되어 있기 때문이다. 부모, 미디어, 학교 체제, 직업 세계, 사회 제도 등은 아동의 인종에 대한 사회화에 큰 영향을 준다(Ponderotto & Pederson, 1999, pp. 31-34).

의심할 바 없이 아동의 태도 발달에 가장 큰 영향을 미치는 사람은 바로 부모이며, 이것은 인종 편견에 있어서도 결코 예외가 아니다. 어린 아이들은 안전, 위안, 승인 때문에 부모에게 의존한다. 아이들은 어떤 행동, 태도, 가치가 부모에게 승인을 받거나 거부되는지를 재빠르게 학습한다. 만약 부모가 백인 인종이 다른 인종보다 우월하다고 생각한다면, 아이들도 오래지 않아 유사한 인종 태도를 획득한다. 아동기에 부정적인 인종 편견의 발달을 촉진하는 부모의 행동에는 다음과 같은 것들이 있다: 가정에서 인종 문제를 거의 논의하지 않는 경우, 문화적으로 다양한 집단의 친구들이 정기적으로 가정을 방문하는 경우가 없는 경우, 아이들의 편견적 언사에 주의 깊게 반응하지 않는 경우, 아이들을 분리된 환경에 남아 있게 하는 것(예: 백인 학생들만 다니는 학교에 다니게 하는 것), 다양한 문화의 장점이나 긍정적 측면을 지적하지 않는 경우.

아이들은 특정 인종이 미디어에서 묘사되고 있는 바를 그대로 학습한다. 미디어에서의 문화적 묘사가 부정적인 인종 편견을 가져오는 경우는 다음과 같다: 소수 집단 성원들을 고정관념적 역할에서 묘사할 경우, 소수 집단 성원을 긍정적이거나 주도적인 역할로 묘사하지 않는 경우 혹은 소수 집단 성원을 가시적 위치(예: 뉴스 앵커)에 두지 않는 경우, 소수 집단 공동체의 긍정적 노력이나 활동은 무시한 채 그들에게서 나타나는 범죄나 긴장만을 강조하는 경우.

학교 체제와 문화도 부정적 인종 편견의 발달에 영향을 준다. 문화적으로 다양한 교직원의 부재, 문화적으로 다양한 학생의 부재, 오직 하나의 가치 체계만을 제공하는 학습 환경(개인 지향 대 집단 지향, 미래 지향 대 현재/과거 지향, 경쟁 대 협동), 유럽 관점과 지배 문화를 강조하는 교육과정, 교육과정의 일부로서 인종 관계나 성차별주의에 대한 훈련을 포함하지 않는 학교 문화 등은 부정적 인종 편견에 영향을 준다.

한편, 직업 세계도 아동의 인종적 편견에 영향을 준다. 고위직이나 관리직에 소수 집단 성원을 임명하지 않는 경우, 서구 중심 혹은 백인 중산층 중심 가치 체계만을 촉진하고 보상하는 경우, 직장에서의 미묘한 인종차별이나 성차별을 관용하는 경우 등은 아동의 부정적 인종 편견 형성을 촉진한다.

끝으로, 정치적 행위 및 법 체제 등과 같은 사회 제도 역시 아동의 부정적 인종 편견 형성에 영향을 준다. 이를테면 소수자와 여성을 위한 평등권 법조항을 통과시키지 않는 정치적 행동, 소수자 우대 정책에 미온적인 행위, 인종차별에 대한 미온적인 처벌 등은 아동의 부정적 인종 편견 형성에 영향을 준다.

나. 아동의 인종 편견 및 정체성 발달

기본적인 인종적 편견과 고정관념은 아동 초기에 나타나기 시작하여 생애 전반에 걸쳐 영향을 미친다(Henry & Sears, 2009, p. 571). 인종 의식 발달에 관한 연구 결과에 의하면, 아이들은 3~4세 무렵에 자신의 인종·종족 배경을 인식하기 시작한다(Aboud, 1987, p. 33). 이후로 대략 7-8세까지 아이들은 자기가 속한 집단과의 유사성을 지각하는 능력이 발달하여, 지각적 단서(언어, 인종 등)에 의해 상이한 집단들을 정확하게 범주화할 수 있으며, 인종이나 종족성은 변하지 않는다는 '일관성' 개념을 이해한다. 미국의 경우 대부분의 아이들은 9세 무렵에 이미 미국 사회에 만연하는 흑인과 백인에 대한 고정관념을 획득하는데(Stephan, 1999, p. 34), 인종에 대한 평가의 발달 양상은 아주 상이하다. 초등학교 입학 이전의 백인 아이들은 주로 백인 아이들을 강하게 선호한다. 반면에 이 시기의 흑인 아이들은 백인 아이들만큼은 아니지만 백인 아이들을 선호하다가, 초등학교에 입학하여 1~2년이 지난 후에 흑인 아이들을 선호하게 된다(Ponterotto & Pederson, 1999, p. 29).

인종 편견과 사회 인지 및 사회화 과정과의 관계에 대한 연구 결과에 의하면, 구체적 조작기의 아이들은 두 개의 상이한 관점을 조정하는 능력 및 상이한 인종 집단 성원들 간의 유사점을 지각하는 능력이 발달함에 따라, 전조작기의 아이들에 비해 인종적 편견이 줄어든다고 한다. 아이들은 연령의 증가에 따라 더욱 분화된 반편견 평가 능력을 갖게 되면서도 특정 집단에 대한 부정적 평가를 계속 유지할 수도 있는데, 이것은 주로 아동의 인종에 대한 사회화 경험과 밀접하게 연관되어 있다(Black-Gutman & Hickson, 1996, p. 449).

한편, 인종 간 관계 개선 및 편견 해소에 관심이 있는 심리학자들은 인종·종족 정체성의 발달 과정에 대한 포괄적인 연구를 수행하였다. 그들은 인종 간 관계 개선이나 편견 해소는 단지 몇 시간 혹은 2-3일의 문화 간 감수성 훈련을 통해 해결될 수 있는 것이 아니라고 본다. 그들은 인종에 대한 긍정적 평가와 인식은 자신이 속한 인종·종족에 대한 건전한 정체성에서부터 시작하여 평생에 걸친 발달 과정을 통해 이루어진다고 본다. 사람들은 다른 사람들을 존중하고 긍정적으로 평가하기 이전에 자신에 대해 긍정적으로 평가해야 하기 때문에 인종·종족 정체성의 발달은 매우 중요한 의미를 갖는다(Ponterotto & Pederson, 1999, p. 39).

미국의 크로스(Cross, 1991, p. 190)는 흑인 아동 및 청소년의 정체성 발달을 연구한 대표적 학자이다. 그는 흑인의 정체성 발달 과정을 만남 이전(pre-encounter), 만남(encounter), 몰입-탈출(immersion- emersion), 내면화(internalization), 내면화-헌신(internalization- commitment)의 다섯 단계로 기술하였다. 1단계인 만남 이전의 흑인은 주류 세계관을 수용하여 백인 주류 사회에 동화되고자 노력하며, 흑인에 대해 부정적 입장을 가질 수 있다. 2단계인 만남 단계는 기존의 종족적 자아상을 깨뜨리고 미국 사회에서 흑인의 처지를 달리 생각하게 만드는 충격적인 경험을 함으로써 시작된다. 이를테면 킹 목사의 암살 사건은 많은 흑인들에게 충격적인 경험이 될 수 있다. 3단계의 몰입과 탈출 단계에서 흑인은 사이비 흑인 정체성(pseudo-Black identity)을 갖게 된다. 왜냐하면 이 시기의 흑인 정체성은 흑인에 대한 긍정보다는 백인에 대한 증오와 부정에 바탕을 두고 있기 때문이다. 이 시기에 흑인은 흑인만의 세상에 살기를 바라며 백인을 저주한다. 4단계인 내면화 단계에 있는 흑인은 자신의 종족 정체성을 내면화하여 내적 안정감과 자신에 대한 만족감을 느낀다. 즉, 백인에 대한 적대감보다는 흑인 정체성에 대한 건강한 인식과 자부심을 갖게 된다. 5단계의 내면화—헌신 단계에 있는 흑인은 사회 변화를 위해 적극적으로 참여하며, 아직 이 단계에 이르지 못한 흑인에게 연민을 느낀다.

폰테로토와 페더슨(Ponterotto & Pederson, 1997, pp. 76-78)은 백인의 정체성 발달 단계에 대한 연구 결과들을 종합하여, 노출-접촉 이전(pre-exposure/pre-contact), 갈등(conflict), 소수자 옹호/반인종차별주의(pro-minority/anti-racism), 백인 문화로의 회귀(retreat into White culture), 재정의 및 통합(redefinition & integration)의 다섯 단계로 구분하였다. 1단계인 노출-접촉 이전 단계의 백인은 인종적 존재로서의 자신에 대한 인식이 전혀 없다. 그들은 유색 인종에 대한 사회적 착취를 인지하지 못하며, 인종적 긴장과 쟁점에 대해 전혀 아는 바가 없다. 2단계인 갈등 단계의 백인은 인종 관계에 대한 새로운 정보를 접하게 됨에 따라서 다수 규범을 따르는 것과 인본주의적·반인종차별주의적 가치를 추구하는 것 사이에서 갈등한다. 3단계의 백인은 인종차별주의에 저항하며 소수집단과 자신을 동일시한다. 백인 문화로 회귀한 4단계의 백인은 정서적·신체적 위험에 빠질 수 있는 상황을 회피함으로써 인종 갈등을 피한다.

유색 인종들을 피하기 위한 백인 탈출(White flight) 현상이 바로 이에 해당한다. 5단계인 재정의 및 통합 단계의 백인은 인종차별적 사회에서 백인의 위치를 자각하여, 사회 정의를 실현하기 위해 노력하며 모든 형태의 억압이 사라지기를 희구한다.

뱅크스는 기존의 연구와 이론에 근거하여 하나의 이상적 구성물(ideal-type constructs)로서의 종족 정체성 발달 단계를 유형화하였다(Banks, 1984, pp. 55-56). 그가 제시한 6단계 유형은 종족 심리적 속박(ethnic psychological captivity), 종족적 피막 형성(ethnic encapsulation), 종족 정체성 명료화(ethnic identity clarification), 이중 종족성(biethnicity), 다중 종족성 및 성찰적 민족주의(multiethnicity & reflective nationalism), 세계주의 및 세계화 역량(globalism & global competency)이다. 1단계의 사람은 자신이 속한 종족 집단에 대한 사회의 부정적 관념을 내면화하여 자존감이 낮고 자신의 종족 정체성을 부끄럽게 여기며, 주류 문화에 동화되고자 적극적인 노력을 펼친다. 2단계의 사람은 종족적 배타성과 자발적 분리주의에 대한 신념이 강하기에 자신이 속한 종족 공동체에만 참여하고, 자신이 속한 종족 집단이 타 종족 집단에 비해 우월하다고 믿는다. 3단계의 사람은 자신 및 자신의 종족 정체성에 대해 긍정적으로 인식하며, 그에 대한 자신의 태도를 명확히 할 수 있다. 이 단계의 사람은 종족적 자부심을 갖는 동시에 다른 종족 집단을 존중한다. 4단계의 사람은 자신이 속한 종족 문화는 물론 다른 종족 문화에 참여할 수 있는 심리 상태와 기능을 갖추고 있다. 이 단계의 사람은 두 문화에서 모두 효과적으로 기능하기를 바라기 때문에 이중 종족성을 가진다고 볼 수 있다. 5단계의 사람은 여러 종족의 사회문화적 환경에서 기능할 수 있고 여러 종족 문화의 가치, 상징과 제도를 이해·존중·공유할 수 있다. 6단계의 사람은 명확하고 성찰적이며 긍정적인 종족적·국가적·세계적 정체성을 가지고 있으며, 타 민족·종족 문화와 자기 민족·종족 문화에서 효과적으로 기능하는 데 필요한 지식·기능·태도·능력을 갖추고 있다.

인종·종족 정체성 발달에 관한 연구들을 종합하면 다음과 같다(Ponderotto & Park-Taylor, 2007, p. 285). 첫째, 인종·종족 정체성 발달은 탐색과 위기를 포함한다. 둘째, 인종차별을 경험하는 것은 인종·종족 정체성 탐색 활동을 촉발시킨다. 셋째, 자신의 인종·종족 집단의 정체성에 대한 긍정적 동일시는 심리와 학업 모두에서 적응력을 제고하며, 차별의 상황에서도 잘 대처할 수 있게 해 준다. 넷째, 대부분의 아동 및 청소년들은 인종·종족 정체성 발달 모델의 위계에 부합하는 발달 양상을 보여준다. 그러므로 다문화 사회에서 학교교육은 학생들이 각자 자기 나름의 고유한 인종·종족 정체성을 발달시킬 수 있도록 도와주어야 한다.

다. 우리나라 아동의 인종 편견 실태

최근 다문화교육의 성행에 따라 외국인에 대한 아동의 의식을 조사하는 연구들이 성행하고 있지만, 한국 초등학생의 인종 의식 발달에 관한 연구 성과는 여전히 매우 제한되어 있다. 노경란·방희정(2009, p. 72)은 한국 초등학생의 각 인종에 대한 호감도와 신뢰도를 비교한 결과 한국인, 백인, 동남아인, 흑인의 순으로 나타났다고 보고하였다. 한국 초등학생의 인종에 대한 태도 형성 및 발달 과정과 변화를 살펴본 결과, 초등학교 1학년(6세)은 명시적 및 암묵적 수준에서 뚜렷한 내집단 선호를 나타냈으며, 외집단에 대한 태도 간에는 뚜렷한 차이를 나타내지 않았다. 반면에 초등학교 4학년(10세)은 흑인에 대한 명시적 태도와 암묵적 태도 간에 괴리를 보여, 외국의 아동들과 유사한 양상을 나타냈다. 명시적 수준에서 학년이 증가함에 따라 내집단에 대한 선호적 태도가 감소하는 반면, 외집단인 백인에 대해 긍정적이고 선호적인 태도를 나타냈다. 아울러 흑인에 대한 선호도는 연령 증가와 함께 명시적 수준에서 증가하였다. 그러나 암묵적 수준에서는 학년이 높아짐에 따라 내집단에 대한 우호적 태도는 감소되지 않았으며, 흑인에 대해 더욱 비선호적인 편견적 태도를 나타냈다.

변정현(2010, pp. 478-479)은 한·일 초등학생의 다문화 인식에 대한 비교 연구를 실행한 바 있다. 그의 연구 결과에 의하면, 한국 학생들은 자국 문화 이해 및 자국 문화 만족도에 있어서 일본 학생들에 비해 높은 수준을 나타냈다. 그러나 문화 수용성 영역에 있어서 한국 학생들은 일본 학생들보다 낮은 수준을 보였다. 일본 학생들과는 달리 한국의 초등학생들은 새로운 문화에 대한 이질감을 크게 느끼는 것으로 나타났다. 특히 한국 학생들은 피부색이 다른 사람들은 한국인이 될 수 없다는 생각을 많이 갖고 있었다.

심우엽(2010, p. 54)은 초등학생의 다문화 아동에 대한 인식과 태도를 조사하였다. 그의 연구 결과에 의하면, 초등학생들은 다문화 친구를 낮게 평가하고 있으며 한국인이 아니라고 생각하고 있었다. 다문화 친구를 싫어하는 이유로는 잘 어울리지 않아서(52.8%), 외모가 달라서(24.2%), 엄마가 외국인이어서(8.5%), 단일 민족을 해치므로(29명, 7.08%)의 순으로 나타났다. 초등학생들은 외국인에 대한 선호도에 있어 백인과 국력·경제력을 중시하는 경향이 있으며, 특히 백인에 비해 베트남, 중국, 일본, 북한 사람을 낮게 평가하고 있다.

이렇듯 우리나라 초등학생들은 자민족중심주의적인 경향이 매우 강하며, 새로운 문화에 대한 이질감을 크게 느끼고 있고, 인종에 대한 호감 및 신뢰도가 상당히 다르다. 초등학생들은 강한 내집단 선호 경향, 외집단에 대해 백인 선호 경향, 연령 증가에 따라 흑인에 대해 명시적 태도와 암묵적 태도 간에 괴리를 나타내고 있다. 초등학생들은 외국인이나 다문화 가정 학생들에 대해 '친구 혹은 동네이웃으로서의 인정'에 대해서는 다소 개방적이고 긍정적인 태도를 보이고 있으나, '결혼으로 맺어지는 가족·친척으로서의 인정'에 대해서는 가장 보수적이고 부정적인 태도를 보이고 있다. 또한, 한국 국적을 가지고 있는 다문화 가정 학생들을 한국인이 아니라고 생각하는 등 매우 폐쇄적인 태도를 갖고 있다. 그러므로 국력·경제력·피부색에 상관없이 서로 다른 인종에 대한 개방적이고 긍정적인 태도를 갖게 하는 반인종차별교육이 강화될 필요가 있다.

3. 반인종차별 교수 원리

다문화 사회에서 초등 도덕과교육에 부여된 중요한 과업 가운데 하나는 인종에 편견과 차별을 줄여서 인종·종족 집단 간의 관계를 개선하고, '다수로부터의 하나'에 근거한 새로운 도덕 공동체를 구축하는 것이다(추병완, 2011, p. 82). 특히 도덕과에서의 반인종차별교육은 학생들로 하여금 단순히 인종 편견이나 차별 의식을 줄이도록 요구하는 것에 그쳐서는 안 된다(Blum, 199, p. 126). 도덕과에서의 반인종차별교육은 도덕 행위자로서 반편견적·반인종차별적 태도를 가짐과 동시에 타인이나 사회적 제도에 의해 저질러지고 있는 제반 인종차별 관행에 적극적으로 맞설 수 있는 사람을 길러내는 것을 목표로 해야 한다. 개인적 수준에서 제 아무리 순수한 도덕적 동기와 의지를 가지고 있다고 할지라도, 인종차별 문제에 대해 방관적 입장을 취한다면 그 사람은 진정한 도덕 행위자가 아니기 때문이다. 달리 말해, 인종차별 문제에 대한 방관자를 길러내는 것은 도덕교육의 이상과 목적에 명백하게 어긋나는 것이다.

이러한 맥락에서 '2007 개정 도덕과 교육과정'에서는 다문화 사회에서 문화적 다양성을 존중하고, 편견을 해소하기 위한 능력과 태도를 길러주기 위한 내용을 새롭게 신설하였다(교육인적자원부, 2007, p. 4). 그러나 편견 해소에 대한 내용이 도덕과 교육 내용에 포함되었다고 해서 학생들의 인종·종족에 대한 편견 및 차별 의식이 저절로 해소되는 것은 결코 아니다. 인종차별 해소를 위한 교사의 적극적인 교수·학습 활동이 전개되어야 함에도 불구하고, 대부분의 초등 교사들은 반인종차별교육을 위한 교수·학습 원리에 대해 전문적인 지식을 갖고 있지 않다.

이에 여기서는 초등 도덕과에서 반인종차별교육 실행을 위한 교수·학습 원리를 탐색하고자 한다. 일찍이 월포트(Wolpert, 1999, p. 13)는 반인종차별교육의 성공을 위해서는 개인으로서 그리고 다양한 문화 집단 성원으로서의 확고한 정체성을 갖게 하는 것, 다양한 배경으로부터의 사람들과 편안하고 공감적인 상호작용을 하게 하는 것, 편견과 부정의를 인식할 수 있는 능력을 계발하는 것, 개인 그리고 타인과 연대하여 편견과 부정의에 저항할 수 있는 능력을 계발하는 것이 중요하다고 지적하였다.

데이빗슨과 데이빗슨(Davidson & Davidson, 1994; Stephan, 1999, p. 66)은 초등학교에서 효과적인 반인종차별교육의 방법으로서 상이한 집단의 사회적 관행을 기술하는 것, 그러한 관행의 기저에 담긴 유사한 가치들을 강조하는 것, 가족사 혹은 가족 기원에 대한 지도를 작성해 보게 하는 것, 수업 시간에 다양한 집단 출신의 자원 인사를 초빙하는 것, 인종·종족을 소재로 한 역할놀이나 촌극을 활용하는 것을 제시하였다.

한편, 자라테(Zárate, 2009, p. 397)는 반인종차별교육을 위한 방법적 원리로서 개인적 반응과 집단적 반응을 구분하여 제시한 바 있다. 먼저 개인적 반응에 있어서 고정관념을 확인하거나 고정관념에 직면하게 만드는 방법이 중요하다. 그리고 집단적 반응에 있어서는 하나의 집단 정체성을 형성하기 위해 공동체로 행동하거나, 인종차별의 제도적 형태에 맞서 합법적으로 저항하게 하는 것이 중요하다. 따라서 그는 반인종차별교육은 고정관념 확인, 대결 접근, 편견 감소에 대한 집단 접근, 공통의 내집단 정체성 형성을 통해 가능하다고 주장하였다. 이를 토대로 초등 도덕과에서 반인종차별교육 실행을 위해 교사가 반드시 채택·활용해야 할 교수·학습 원리를 제시하면 다음과 같다.

가. 인종에 관한 정확한 인지적 정보 · 지식 제공하기

인종에 관한 편견 생성의 근본 원인 가운데 하나는 바로 무지이다.

초등 도덕과에서 반인종차별교육을 위해서는 무엇보다도 타 인종·종족에 관한 정확한 인지적 정보와 지식을 학생들에게 제공하는 것이 중요하다. 타 인종·종족에 관한 무지를 감소시키는 것이 인종 편견 및 차별 의식을 감소시키는 데 효과적이라는 연구 결과들이 이를 잘 뒷받침해 준다(Stephan, 1999, p. 59). 정확한 인지적 정보와 지식은 학생들이 이미 가지고 있을지도 모르는 고정관념과 오개념을 대체하는 데 효과적이다. 초등 도덕과 수업에서 정확한 인지적 정보와 지식을 제공하는 것은 다양한 인종·종족 배경을 가진 사람들에 대한 정확한 정보와 지식을 제공한다는 것을 의미한다. 또한 그것은 교사가 활용하는 교수·학습 자료가 인종·종족에 관한 인종에 대한 사회화에 영향을 미치는 변인들 고정관념이나 선입견을 포함하고 있지 않도록 유의해야 한다는 것을 의미한다.

특히 초등학생들은 피부색·경제력 등을 이유로 인종에 따라 상이한 호감도 및 신뢰도를 보여주고 있으므로, 도덕과 수업에서 교사는 모든 인간은 평등하고 인간으로서 존중받을 가치가 있는 소중한 존재라는 사실을 학생들이 인식할 수 있도록 해 주어야 한다. 그러므로 전통적으로 도덕과에서 강조해 왔었던 학습 내용인 인간 존중, 인권, 인류평등주의, 정의, 배려, 관용, 공감 등의 주요 가치·덕목과의 연계성을 강조하는 가운데 인종·종족에 대한 정확한 지식과 정보를 제공하는 것이 중요하다. 또한 인종 간의 차이점을 지나치게 강조하는 것보다는 인종 간의 긍정적 유사성에 관한 지식과 정보를 학생들에게 다양하게 제공해 주어야 한다. 이를테면 초등 도덕과에서 특정 가치·덕목에 관한 교수 활동을 전개할 경우, 교사는 그와 유사한 가치·덕목을 담고 있는 타 인종·종족의 문학 작품, 음악, 미술, 영화 등을 함께 소개함으로써 문화 간 공통점에 초점을 맞춘 수업을 전개할 수 있다. 특히 도덕과의 특성을 고려하여 인종 집단 간 가치·규범에서의 유사성을 강조하여 학생들이 보편적 가치를 지향할 수 있도록 해 주어야 한다.

교사는 학생들이 타 인종에 대해 갖고 있는 부정적 고정관념이나 선입견을 감소시킬 수 있도록, 고정관념을 반증시켜 주는 지식과 정보를 학생들이 자주 접할 수 있게 해 주어야 한다. 이를테면 학생들이 '흑인은 게으르고 지저분하다.'는 고정관념을 가지고 있을 경우, 교사는 흑인의 시간 개념에 대한 정보를 제공해 줄 수 있다. 흑인들에게 있어서 시간이란 낮과 밤 혹은 계절처럼 자연적으로 발생하는 사건과 밀접하게 연관되어 있다. 흑인들은 미래보다는 현재와 과거를 더욱 중시한다. 반면에 유럽계 백인들에게 있어서 시간이란 상품과 같은 것이기에 절약하거나 현명하게 사용하거나 혹은 낭비할 수 있는 것이다. 백인들은 현재 혹은 과거보다는 미래를 더욱 중시한다(Stephan, 1999, p. 85). 교사는 학생들에게 이러한 정보를 제공해 줌으로써 흑인은 게으르다는 막연한 고정관념을 타파하는 데 도움을 주어야 한다.

또한, 교사는 학생들에게 낯익은 깨끗하고 부지런한 흑인의 사례(예: 유명 운동선수, 가수, 배우, 학자 등)를 제시하여 학생들이 자신이 갖고 있는 고정관념을 타파할 수 있도록 도와주어야 한다. 특히 초등학생들은 내집단 중심 성향이 강하고, 외집단 성원들 간의 차이점을 제대로 인식하지 못하는 점을 고려하여, 외집단 성원들에 대한 개별화된 정보 처리가 가능할 수 있도록 해 주어야 한다(Stephan, 1999, p. 83). 여러 다양한 방식에서 각기 상이한 방식으로 행동하는 다양한 외집단 성원들에 대한 지식과 정보를 제공해 주어, 학생들이 외집단 성원들은 모두 동일한 특성을 공유하고 있다는 그릇된 범주화를 피할 수 있도록 해 주는 것이 중요하다. 나아가 교사는 도덕과 수업 시간에 TV나 신문, 인터넷 등을 통해 다양한 인종의 사람들을 긍정적으로 보여주는 이미지들에 학생들이 자주 접할 수 있게 해 주어야 한다. 학생들이 다양성을 포용하는 모습을 많이 접하면 접할수록 그 기준을 따를 가능성이 높아지기 때문이다.

나. 상위 범주 및 교차 범주를 활용하기

초등학생의 인종 편견 및 차별 의식을 감소시키기 위해 교사는 도덕과 수업에서 상위 범주(super-ordinate categories) 및 교차 범주(cross-cutting categories)를 자주 사용할 필요가 있다. 모든 학생들을 통합할 수 있는 상위 범주를 활용하는 것은 인종 간 관계 개선에 매우 효과적이다. 이를테면 초등학생들은 베트남, 중국, 캄보디아 등 동남아시아 국가들이 경제적으로 우리보다 못하다는 이유로 상당한 사회적 거리감을 느끼고 있다. 이를 해소하기 위해서는 '아시아' 혹은 '지구촌'이라는 보다 상위의 사회 범주를 활용하는 것이 효과적이다. 특히 초등 도덕과의 환경윤리와 평화교육 관련 내용은 지구 생태계의 위기 및 세계 평화에 초점을 맞춤으로써, 학생들이 상위 범주를 활용하도록 하는 데 매우 유용하다.

또한, 교사는 학생들로 하여금 모든 인간은 동시에 여러 사회적 범주의 성원이라는 사실 혹은 우리가 만든 사회적 범주가 타 인종 집단 성원들의 사회적 범주와 중첩된다는 사실을 강조할 필요가 있다. 이러한 교차 범주를 활용하는 것은 인종 간 편견 및 차별 의식을 감소시키는 데 매우 효과적이다. 이를테면 교사는 모든 인간은 특정한 인종 집단의 성원인 동시에 남성과 여성, 오른손잡이와 왼손잡이, 혈액형, 종교 등의 사회적 범주로도 구분될 수 있음을 강조함으로써, 학생들이 교차 범주를 인식할 수 있도록 해 줄 필요가 있다. 이를테면 다양한 인종·종족 집단 성원들로 구성된 교실에서, 교사는 '축구를 좋아하는 사람은?', '인터넷 게임을 좋아하는 사람은?', '동생이 있는 사람은?' 등의 의도적인 질문을 통해 학생들이 교차 범주를 체험하도록 할 수 있다.

다. 주관적 문화에 대한 이해를 제고하기

교사는 학생들이 실제적인 집단 간 차이에 대한 지식을 습득하여 그러한 차이를 인정하고 존중하도록 도와줄 필요가 있다. 이 때 교사는 문화적 차이가 국가의 통일성에 반드시 위협이 되는 것이 아님을 학생들이 분명하게 인식할 수 있게 해야 한다. 동시에 어떤 상이한 문화적 관행의 상대적 장점들에 대해 공감과 민감성을 갖고 개방적인 토의를 전개하여, 학생들로 하여금 전체로서의 다문화 사회에 해롭거나 공격적인 이례적 관행과 그렇지 않은 관행을 구별할 수 있도록 해 주어야 한다(Short, 1996, p. 75). 일반적으로 초등학생들은 내집단에 대한 동조 현상이 강하기에 외집단의 주관적 문화에 대한 이해가 매우 부족하다. 교사는 학생들로 하여금 외집단 성원들의 행위를 그 외집단의 주관적 문화의 관점에서 설명해 보게 하는 활동을 전개하여 인종 간 편견 및 차별 의식을 감소시킬 수 있다(Cushner, 1989, p. 125).

이를테면 초등 도덕과에서 '존중'의 가치에 대한 학습을 전개할 경우 교사는 집단 간 유사성의 측면에서 보편적 가치로서의 '존중'을 강조함과 더불어, 존중의 행위가 표현되는 방식은 서로 다를 수 있음을 학생들이 이해할 수 있게 해 주어야 한다. 일례로, 우리나라에서는 선생님으로부터 꾸지람을 들을 경우, 선생님에 대한 존중 및 반성의 표시로서 고개를 숙이고 듣는 행동이 미국인 선생님 입장에서는 오히려 선생님을 무시하는 행위로 여겨질 수 있음을 알게 할 필요가 있다. 미국인들에게 있어서 상대방에 대한 존중 행동은 그 사람의 눈을 쳐다보고 말하는 것이지만, 우리나라나 아메리칸 인디언에게 있어서 상대방에 대한 존중 행동은 그 사람의 눈을 똑바로 쳐다보지 않는 것이기 때문이다.

따라서 교사는 도덕 수업 시간에 가치·덕목이 보편적이지만, 그것이 표현되는 방식에 있어서는 차이가 있다는 것을 알게 할 필요가 있다. 교사는 학생들에게 외집단의 주관적 문화를 체험하되, 그것을 그 외집단 문화의 관점에서 설명해 볼 수 있도록 해 주어야 한다. 최근 통일교육에서 널리 활용되고 있는 '문화이해지'를 도덕과 수업 내용에 맞게 변형하여 활용하는 것은 인종 간 관계 개선에 크게 기여할 수 있다. 이러한 활동은 다른 것은 틀리거나 잘못된 것이 아니라는 인식을 갖게 하는 데 큰 도움을 줌과 동시에 내집단 특성은 긍정적으로 파악하고 외집단 특성은 부정적으로 파악하는 경향이 있는 초등학생들의 편견적 인식을 해소하는 데에도 효과적이기 때문이다.

라. 다양한 역할채택 및 공감 기회를 제공하기

아동의 도덕성 발달에 있어서 역할채택 및 공감의 기회를 제공하는 것은 매우 중요하다. 역할채택 및 공감은 인종 간 관계 개선에도 매우 효과적이다(Stephan, 1999, p. 90). 교사는 도덕과 수업을 통해 학생들이 역할채택 및 공감을 할 수 있는 다양한 기회를 부여해 주어야 한다. 초등학생들이 동남아시아 지역 출신 노동자들에 갖고 있는 편견과 차별 의식을 감소시키기 위해서는 학생들로 하여금 외국인 노동자의 삶을 소재로 한 역할극을 해 보게 할 수 있다. 이를테면 하루 4~5시간 정도 잠을 자는 시간을 제외하고는 하루 종일 공장에서 일하여 받은 월급 100만 원 가운데 80만 원을 본국의 가족에게 송금하고, 20만 원으로 한 달을 힘들게 버티는 외국인 노동자의 삶과 역할을 연기하면서, 초등학생들은 외국인 노동자에 대한 고정관념과 편견을 재평가하게 될 것이다.

교사는 도덕과 수업을 통해 학생들로 하여금 타 인종·종족 집단 성원들을 그들의 역사적 맥락에서 파악할 수 있도록 해 주어야 한다. 일례로 초등학생들은 흑인에 대해 매우 심각한 사회적 거리감을 느끼고 있다. 인종차별로 인해 지금까지 흑인이 겪었던 고통의 역사를 제시하고 그것을 공감해보게 하는 것은 흑인에 대한 태도 개선에 큰 도움을 준다. 타인의 고통을 마치 자기의 것인 양 지각해 보도록 하는 다양한 활동을 제공함으로써, 교사는 학생들이 타 인종·종족에 대한 공감과 역할채택 능력을 기를 수 있도록 도와주어야 한다.

마. 집단 과정을 활용하기

상이한 집단 성원들 간의 경쟁은 집단 간 관계에 파괴적인 영향을 미친다. 왜냐하면 경쟁이 종종 적대감과 부정적 사회적 범주화를 유발하기 때문이다(Stephan, 1999, p. 91). 집단 과정은 집단 활동 참가자들 사이에서 관계 형성 발달 및 발전에 초점을 맞춘 것이다. 즉 집단 과정(group process)은 집단을 통해 그리고 집단을 활용하여 구성원들을 교육하는 것을 의미한다. 가장 단순한 집단 과정은 2명 이상의 학생들을 공통된 관심사에 대해 논의하도록 모이게 하는 것이다. 이 때 집단은 어떤 행동의 유용성 여부를 설명하고, 어떤 행동을 계속하고 또 변화시켜야할지를 결정한다. 그러한 과정은 학생들이 집단 유지에 힘을 쏟게 만들어주고, 사회적 기능을 학습하는 것을 도와주며, 구성원들이 서로 긍정적인 피드백을 받을 수 있도록 해 준다. 이러한 활동이 효과적이게끔 하기 위한 열쇠는 바로 충분한 시간을 허락하는 것, 애매한 것보다는 구체적이게 하는 것, 학생들의 참여를 유지하는 것, 학생들에게 집단 과정이 진행되는 동안 사회적 기능을 사용하도록 상기시키는 것, 집단 과정의 목적이 분명하게 전달되도록 하는 것이다.

인종 간 관계 개선의 방법으로 가장 권장되는 집단 과정의 한 방법이 바로 이질 집단을 활용한 협동학습이다. 협동학습이 인종에 대한 고정관념과 사회적 소수자에 대한 사회적 거부를 줄이기 위한 성공적인 교수 전략이라는 점을 보여주는 연구 결과들은 매우 많다(Cohen & Lotann, 1997; Johnson & Johnson, 2002; Slavin, 1990). 협동학습에 관한 실험연구 결과들은 접촉 가설의 기본 조건들이 교실에서 충족되었을 때, 학생들은 전통적으로 구조화된 교실 상황에 있었을 때에 비해 자신의 인종 집단 밖의 친구들을 사귀는 경향이 훨씬 많아졌음을 보여준다(Stephan, 1999, p. 92). 도덕과 수업에서 타 인종 집단에 대한 자료 혹은 다문화적 자료들을 활용한 이질 집단 기반의 협동학습은 타 인종 집단 성원들의 역할을 취할 수 있는 능력을 키워주고, 공유된 가치에 대한 풍부한 정보를 학생들에게 제공해 줄 수 있다.

그런데 협동학습이 실패하는 원인은 모델 자체의 결함보다는 주로 교사의 기술적인 문제에서 비롯된다는 사실에 유념하여, 도덕과 수업에 임하는 교사들은 협동에 필요한 사회적 기능과 태도를 학생들에게 학습시키는 데에도 많은 관심과 노력을 기울여야 할 것이다. 나아가 학생들 간의 지위의 차이 같은 맥락적 쟁점에 대한 인식이 없는 채로 협동학습이 사용된다면, 오히려 교실에서의 고정관념과 불평등을 강화할 수 있다는 선행연구의 결과에 대해서도 교사들은 깊은 관심을 기울여야 할 것이다(Banks & Banks, 1995, p. 152). 동시에 교사와 학생 모두 높은 수준의 학업 성취에 대한 공감대를 형성하고, 서로 협동하고 존중하는 긍정적 학급 분위기를 조성해 나가야 한다.

인종차별주의는 인류가 만들어 낸 가장 비도덕적이고 정의롭지 못한 관행이다. 그것은 공동체를 훼손시키는 '녹'과 같은 존재이다. 그것은 질병처럼 전염성이 강하여 모든 사회에 치명적인 결과를 가져올 수 있다. 그러므로 다문화 사회에서 도덕과교육은 반인종차별교육을 통해 '다수로부터 하나'에 근거한 건강한 도덕 공동체 구현에 기여할 수 있어야 한다.

교육인적자원부(2007), 『도덕과 교육과정』, 서울: 교육인적자원부.

김국현 · 추병완(2008), "초등학교 도덕과 반편견 교육과정 개발", 『교육과정평 가연구』, 11(1), 1-28.

노경란 · 방희정(2009), "다문화시대 한국 초등학생의 인종에 대한 명시적 및 암 묵적 태도 발달과 태도 변화", 『한국심리학회지: 사회문제』, 15(1), 49-79.

박수미 외 3인(2004), 『차별에 대한 국민의식 및 수용성 연구』, 서울: 한국여성 개발원.

변정현(2010), "한 · 일 초등학생의 다문화 인식에 대한 비교 연구", 『초등교육 연구』, 23(4), 455-482.

심우엽(2010), "초등학생의 다문화 아동에 대한 인식과 태도", 『초등교육연구』, 23(4), 43-63.

조영달 외 4인(2010), "학교 다문화교육의 실태 분석", 『시민교육연구』, 41(2), 151-184.

추병완(2011), "다문화교육의 관점에서 도덕과 교육과정의 개정 방향", 『윤리연 구』, 80호, 79-104.

Aboud, F. E. (1987), "The development of ethnic self-identification and attitudes", In J. S. Phinney & M. J. Rotherman (Eds.). *Children's ethnic socialization: Pluralism and development* (pp. 32-55), Newbury Park: Sage.

Banks, J. A. (1984), *Teaching strategies for ethnic studies.* 3rd ed., Boston: Allyn & Bacon.

Banks, C. A. M. & Banks, J. A. (1995), "Equity pedagogy: An essential component of multicultural education", *Theory into Practice*, 34(3), 152-158.

Black-Gutman, D. & Hickson, F. (1996), "The relationship between racial attitudes and social-cognitive development in children: An Australian study", *Developmental Psychology*, 32(3), 448-456.

Blum, L. (1999), "Race, community and moral education: Kohlberg and Spielberg as moral educators", *Journal of Moral Education*, 28(2), 125-143.

Brown, R. (1995), *Prejudice: Its social Psychology*, Oxford: Blackwell.

Cohen, E. G. & Lotan, R. A. (Eds.). (1997), *Working for equity in heterogeneous classrooms*, New York: Teachers College Press.

Cushner, K. (1989), "Assessing the impact of a culture-general assimilator in intercultural training", *International Journal of Intercultural Relations*, 13, 125-146.

Deman-Sparks, L. & the A.B.C. Task Force (1989), *Anti-bias curriculum tools for empowering young children*, Washington, D.C.: National Association for the Education of Young Children.

Davidson, F. H. & Davidson, M. M. (1994), *Changing childhood prejudice: The caring work of the schools*, Westport: Greenwood Press.

Dennis, R. M. (1981), "Socialization and racism: The White experience", In B. P. Bowser & R. G. Hunt (Eds.). *Impacts of racism on White Americans* (pp. 71-85). Beverly Hills: Sage.

Derman-Sparks, L. & Phillips, C. B. (1997), *Teaching/learning anti-racism: A developmental approach*, New York: Teachers College Press.

Dilg, M. (1999), *Race and culture in the classroom: Teaching and learning through multicultural education*, New York: Teachers College Press.

Dovidio, J. F., Gaertner, S. L., & Kawakami, K. (2010), "Racism", In J. F. Dovodio, et als. (Eds.). *The SAGE Handbook of prejudice, stereotyping, and discrimination*, Thousand Oaks: SAGE Publications.

Fishbein, H. D. (2002), *Peer prejudice and discrimination: The origins of prejudice.* Mahwah: Lawrence Erlbaum Associates, Publishers.

Helms, J. E. (1993), *Black and White racial identity*, New York: Praeger.

Henry, P. J. & Sears, D. O. (2009), The Crystallization of Contemporary Racial Prejudice across the Lifespan. *Political Psychology*, 30(4),569-590.

Johnson, D. & Johnson, R. (2002), *Multicultural education and human relations: Valuing diversity*, Boston: Allyn & Bacon.

Jones, J. M. (1981), *Prejudice and racism*, New York: McGraw-Hill.

Jones, J. M. (1997), *Prejudice and racism* (2nd ed.), New York: McGraw-Hill.

Jones, J. M., & Carter, R. T. (1996), "Racism and white racial identity: Emerging realities", In B. P. Bowser & R. G. Hunt (Eds.), *Impacts of racism on white Americans* (2nd ed.), Thousand Oaks, CA: Sage.

Nieto, S. (1999), *The light in their eyes: Creating multicultural learning communities*, New York: Teachers College Press.

Ponterotto, J. G. & Pederson, P. B. (1993), *Preventing prejudice: A guide for counselors and educators*, Newbury: SAGE Publications.

Ponterotto, J. G. & Park-Taylor, J. (2007), "Racial and Ethnic Identity Theory, Measurement, and Research in Counseling Psychology: Present Status and Future Directions", *Journal of Counseling Psychology*, 54(3), 282-294.

Powell, R. (2000), "Overcoming cultural racism: The promise of multicultural education", *Multicultural Perspectives*, 2(3), 8-14.

Ridley, C. R. (1989), "Racism in counseling as an averse behavioral process", In P. B. Pederson, J. G. Draguns, W. J. Lonner, & J. E. Trimble (Eds.). *Counseling across cultures* (pp. 55-77), Honolulu: University of Hawaii Press.

Short, G. (1996), "Anti-racist Education, multiculturalism and the new racism",. *Educational Review*, 48(1), 65-77.

Simpson, G. E. & Yinger, J. M. (1985), *Racial and cultural minorities: An analysis of prejudice and discrimination*, New York: Plenum.

Slavin, R. E. (1990), *Cooperative learning: Theory, research, and practice*, Englewood Cliffs: Prentice Hall.

Sleeter, C. E. (1996), *Multicultural education as social activism*, Albany: SUNY Press.

Stephan, W. (1999), *Reducing prejudice and stereotyping in schools*, New York: Teachers College Press.

Terry, R. W. (1981), "The negative impact on White values", In B. P. Bowser & R. G. Hunt (Eds.). *Impacts of racism on White Americans*. Beverly Hills: Sage.

Virtanen, S. V. & Huddy, L. (1998), "Old-fashioned racism and new forms of racial prejudice", *The Journal of Politics*, 60(2), 311-332.

Winant, H. (2000). Race and race theory. *Annual Review of Sociology*, Vol. 26, 169-185.

Wolpert, E. (1999), *Start seeing diversity: The basic guide to an anti-bias classroom*, St. Paul: Redleaf Press.

Zárate, M. A. (2009), "Racism in the 21st century", In T. D. Nelson (ed.). *Handbook of prejudice, stereotyping, and discrimination*. London: Psychology Press.

12장

혐오적 인종차별주의

한국 사회가 다문화 사회로 변모함에 따라서 우리는 새로운 역설에 직면하고 있다. 우리가 새로운 사회 통합의 기제로서 '다양성 안의 통일성'을 실현하기 위해서는 인류평등주의적인 가치관을 지녀야 한다. 대부분의 한국인들은 자신이 그러한 인류평등주의적인 가치관을 갖고 있다고 생각하면서도, 실제로는 우리 안의 소수 인종·민족 집단에 대한 차별적인 행위를 서슴지 않는다. 평등과 정의의 원칙에 대한 신념이 개인적 혹은 사회적 수준에서 체계적인 편견과 차별 행위로 왜곡되어 나타남으로써 오히려 인종·민족 간의 불평등이 증폭되고 있다.

이러한 현상은 국가 차원의 정책에서도 그대로 드러난다. 우리 정부가 추진하고 있는 다문화 정책은 한국 국적을 취득한 결혼 이주 여성들에게만 국한되고 있으며, 이주 노동자들은 차별과 배제의 대상이 되고 있다. 우리 정부가 실제로 취하고 있는 다문화 정책을 보면 동화주의 정책과 큰 차이가 없으며, 이주 노동자에 대해서는 철저히 배제 정책을 취하면서, 국제결혼 이주 여성에 대해서는 적극적인 동화 정책을 펼치고 있다(최종렬 외 3인, 2008, p. 192).

전통적인 형태의 인종차별주의는 특정 인종이나 민족 집단에 대한 노골적이고 공격적인 증오를 드러낸다. 전통적인 인종차별주의자들은 인종과 민족 집단에 대한 자신들의 왜곡된 신념을 그대로 행동으로 옮기는 형태를 취하였다(Kovel, 1970, p. 54). 하지만 인종차별을 금지하는 제도적 장치가 마련되고, 사람들의 인식이 변모함에 따라서 과거와 같은 전통적인 형태의 인종차별주의는 많이 사라진 것이 사실이다. 그러나 인종차별주의가 완전히 사라진 것은 아니다. 오늘날 인종차별주의적 행동은 과거에 비해 더욱 미묘한 형태를 보여주는 가운데 세계 곳곳에서 여전히 자행되고 있으며, 그 중에 가장 대표적인 것이 바로 혐오적 인종차별주의(aversive racism)이다.

전통적 인종차별주의자들과는 달리 혐오적 인종차별주의자들은 과거 그들이 범한 부정의한 행동의 피해자들을 동정하고, 인종 간 평등 원리를 지지하며, 그들 스스로를 편견이 없는 사람이라고 간주하는 경향을 보인다. 동시에 그들은 타 인종·민족 집단에 대한 부정적인 태도와 신념을 여전히 드러낸다(Kovel, 1970, p. 54). 미국의 경우 혐오적 인종차별주의는 고학력층의 백인들 사이에 많이 퍼져 있는데, 혐오적 인종차별주의의 결과는 과거와 같은 공개적이고 노골적인 형태의 인종차별에 버금갈 정도로 심각하다. 이를테면 혐오적 인종차별주의자들은 사회적 소수 집단에 대한 경제적 지원에 대해 노골적인 반대 의사를 표현하는 경우가 많기 때문이다.

명백한 형태의 차별 행위가 부적절한 것으로 여겨지거나 금지되고 있는 곳일수록 혐오적 인종차별주의의 창궐 가능성이 매우 높으며, 우리나라의 경우도 결코 예외가 될 수 없다. 이를테면 우리의 경우 국민의식 수준의 향상에 따라서 외국인에 대해 과거와 같은 형태의 노골적인 차별 행위는 줄었지만, 그들과의 상호작용에 대해 불안함과 불편함을 느끼는 사람들은 여전히 많다. 초등학생들의 경우 다문화 가정 학생을 급우로 수용할 수 있다는 비율은 점차 늘고 있으나 가족으로 수용할 수 있다는 데에서는 여전히 매우 부정적이고 회의적인 반응을 보이고 있다는 사실에서도 우리는 혐오적 인종차별주의의 흔적을 쉽게 찾을 수 있다.

이 장에서는 새로운 인종차별주의의 한 유형으로서 혐오적 인종차별주의의 본질과 영향을 밝히고, 그러한 차별 행위를 예방하기 위한 도덕 교과에서의 반편견 교수·학습 방법을 제안하고자 한다.

1. 인종차별주의의 유형 및 기원

가. 인종차별주의의 개념과 기원

인종차별주의와 관련한 대부분 문헌은 인종차별주의가 다음의 두 가지 신념에 근거한 것이라고 본다. 하나는 인종 간에는 본래적인 차이를 나타내는 특성이 존재한다고 믿는 것이고, 다른 하나는 자기가 속한 인종이 타 인종에 비해 더 우월하다고 믿는 것이다(Kleinpenning & Hagendoorn, 1993, p. 22). 인종차별주의는 인종을 하나의 생물학적 실체로 수용하고, 자신이 속해 있는 인종 집단이 타 인종 집단에 비해 지적·심리적·신체적으로 우월하다는 신념을 유지하려는 행동을 의미한다(Casas, 2005, p. 502).

인종차별주의란 인종 편견과 자민족중심주의의 변형에서 기인하는 것으로서, 전체 문화의 의도적 혹은 비의도적 지원을 받는 개인과 제도가 열등하다고 정의하고 있는 어떤 다른 인종 집단에 대해 권력을 행사하는 것을 의미한다(Jones, 1981, p. 28). 인종차별주의는 특정한 인종 집단을 명확하게 열등한 집단으로 분류하여 그러한 집단에 대한 불평등한 대우를 선전하고 정당화하는 행위이다(Essed, 1990, p. 11). 그러므로 인종차별주의는 자신들과는 다른 인종 집단을 평가절하하고 불평등하게 대우하는 것을 의미한다.

존스(Jones, 1997, p. 10)는 인종차별주의를 편견의 특수한 한 형태로 정의하였다. 존스에게 있어서 편견은 특정인이 속해 있는 집단에 대해 갖고 있는 태도나 신념이 일반화되어 그 사람에 대해 갖고 있는 긍정적 혹은 부정적 태도, 판단, 감정을 의미한다. 그에 의하면 인종차별주의는 편견에 다음의 세 가지 사항이 더 추가된 것이다. 첫째, 집단 특성의 근원을 생물학에 기반을 둔 것으로 가정하여, 인종을 생물학적 구성물로 여긴다. 둘째, 인종차별주의는 자기가 속한 인종의 우월성을 필연적으로 전제한다. 셋째, 인종차별주의는 한 인종 집단이 다른 인종 집단들에 대한 위계적 지배를 공식화하는 제도적·문화적 관행들을 합리화한다(Jones, 1997, p. 11).

한편, 리드리(Ridley, 1989, p. 60)에 의하면, 인종차별주의란 특정 집단의 성원들에 대한 특권을 영속화하는 가운데 여타의 사회적 집단에 대한 특권이나 기회에 대한 접근을 체계적으로 거부하는 경향이 있는 어떤 행동 혹은 행동 유형을 의미한다. 리드리는 인종차별주의에 대한 개념 정의에서 특히 '행동'과 '체계적'이라는 용어의 의미를 강조한다. 그가 말하는 행동은 관찰 가능하고 측정 가능한 인간의 행동을 의미한다. 그리고 체계적이라는 의미는 인종차별주의적 행동의 결과가 예측 가능하고, 반복적으로 발생한다는 것을 뜻한다.

그는 인종차별주의라는 개념은 다음의 다섯 가지 가정에 근거한 것이라고 주장한다(Ridley, 1989, pp. 57-58). 첫째, 인종차별주의는 행동에 반영되어 있다. 둘째, 인종차별주의적 행동은 편견을 갖고 있는 사람만이 아니라 편견을 갖고 있지 않은 사람들에 의해서도 행해질 수 있다. 셋째, 인종차별주의는 어떤 단일한 인종 혹은 종족 집단만의 유일한 책임이 아니다. 넷째, 어떤 행동이 인종차별주의적 행동인지의 여부는 그 행위의 '원인'이 아닌 '결과'에 달려 있다. 다섯째, 권력은 인종차별주의를 영속화하는 데 있어서 절대적으로 필요한 힘이다.

이렇듯 인종차별주의는 한 인종이 다른 인종보다 더 우월하다고 보는 신념과 태도, 열등하다고 지각된 인종 집단 사람들을 억압하는 사회적·제도적 힘과 권력, 광범위하게 확산된 자민족중심주의 혹은 문화적 우월주의 이데올로기를 반영하고 있는 매우 복합적인 개념이다. 그리고 모든 사람들이 인종적 편견을 가지고 차별을 할 수 있지만, 사실상 어떤 사회에서 인종차별주의자가 될 수 있는 사람들은 대부분 다수 집단 사람들이다. 소수 민족·종족 집단은 적극적인 인종차별주의자가 될 수 있는 힘을 가지고 있지 못하기 때문이다(추병완, 2012, p. 269).

그렇다면 인종차별주의가 발생하는 이유는 무엇일까? 일군의 학자들은 인종 편견과 인종차별주의가 친구와 적을 구분하며 살았던 초기 인간들의 적응적인 생존 전략의 부산물이라고 주장한다. 그것은 인간의 두뇌가 경쟁 관계에 놓여있는 부족이나 종족의 위협 잠재력을 평가하기 위해 신체적 특성에 의존하게끔 프로그램화된 자연 도태의 과정을 통해 가능해진 것이다. 이러한 관점은 인종 편견이 자원 결핍 시기에 자원을 축적하려는 경향성으로부터 생겨난 것이라고 설명하는 자원 보유 규칙 이론(resource retention rule theory)에 잘 드러나 있다(Utsey, Ponterroto & Porter, 2008, p. 340). 자신의 마을 주민, 부족, 종족에게 배분하기 위해 식량을 축적하는 행위는 궁극적으로 외집단 성원으로 분류되는 사람들을 적대시하도록 만들었다. 동일한 부족이나 종족에 속하는 성원들은 피부색이나 얼굴 모양 등에 있어서 현상적으로 유사하다고 여겨졌기 때문에 그러한 인종적 요인들은 생존 방정식을 위한 축적의 세계로 들어가게 된 것이다.

선사 시대의 부족 사회에서 부족 집단 간의 대인 관계적 상호작용은 질병 전염이라는 관점에서 잠재적으로 위험한 것으로 간주되었다. 치명적인 질병에 전염될 수 있다는 잠재적 위협에 대한 적응적 반응은 여러 가지 신체적 특징에서 차이가 있는 외집단 성원들을 잠재적 위협으로 간주하게끔 만들었다. 이러한 관점에서 볼 때, 편견과 인종차별주의는 인간 경험의 사회적·문화적·생물학적·집합적 의식 속에 근거를 두고 있는 것이다.

이와 달리, 심리 역동적 관점에서 백인들 사이에서의 인종 적대감의 발달 및 존속을 연구하는 학자들의 견해도 존재한다. 그런 학자들이 취하고 있는 개념적 관점은 인종차별주의를 일종의 무의식적 방어기제로 파악하는 것이다. 그러한 개념적 관점은 많은 백인이 경험하는 불안을 이드(Id)와 슈퍼에고(Superego)에 기반을 둔 인종적 사고와 감정이 갈등을 일으켜서 생긴 것으로 환원시킨다. 정신분석학 이론에 의하면, 이드와 슈퍼에고 사이에 갈등이 생길 때 개인은 불안을 경험한다. 불안은 불유쾌한 심리 상태이기에 에고(Ego)는 이드와 슈퍼에고 간의 갈등에서 생기는 불안을 감소시키기 위하여 부정, 투사, 억압 등과 같은 방어기제를 활용한다. 이에 정신분석학적 관점을 취하는 상당수 학자는 인종 간 상호작용에서 통상적으로 생기는 무의식적이고 일반화된 불안은 타 인종 집단에 속하는 사람들에 대한 적대감을 갖게 하는 여러 가지 방어기제들을 사용하게끔 만든다고 주장한다. 인종 간 상호작용 상황에서 개인이 느끼는 기저의 불안이 클수록, 그 사람은 인종적 불관용을 드러낼 가능성이 훨씬 크다. 따라서 인종적 불안의 압력으로 위협을 받는 개인은 자신과는 인종적으로 상이한 사람들에게 여러 형태의 대인 관계적 적대감을 드러냄으로써 위안을 받는 경향이 있다. 인종적 적대감을 표현하는 것은 적대감의 방출을 유발하여 불안을 감소시키는 효과가 있다.

전통적 정신분석 이론을 확장한 것으로 널리 알려진 대상 관계 이론(object relations theory) 역시 백인들의 인종차별주의를 설명하는 데 매우 효과적이다(Utsey, Ponterroto & Porter, 2008, p. 340). 대상 관계 이론은 인성 발달을 본능적인 성 충동과 공격 충동보다는 인간관계의 기능으로 파악한다는 점에서 프로이트적인 관점과 상이하다. 대상 관계 이론에 의하면, 인간은 아동 초기에 타인이나 사물과 강렬하고 지속적인 애착 관계를 발달시키며 이것은 일생 동안 여러 가지 방식으로 지속된다고 한다. 이러한 애착은 인성 발달을 위한 토대를 형성한다.

어린 시기에 긍정적인 애착을 형성하는 것이 좌절되거나 차단된 사람들은 정신 건강이 위협에 처하거나 부정적인 영향을 받게 된다. 긍정적인 애착 관계를 형성하는 데 실패하는 것은 심리 발달과 복리감에 부정적인 영향을 미치는 심리적 트라우마(trauma)가 될 수 있다. 이러한 트라우마가 해소되지 못할 경우, 역기능적인 대인 관계적 태도와 행동을 초래하며 특히 파괴적인 인종적 상호작용을 수반한다. 달리 말해, 대상 관계 이론에서의 인종차별주의는 자신과는 인종적으로 상이한 사람들을 관용하는 데서의 어려움 그리고 그런 사람들을 통제하거나 지배하려는 시도에 저항하지 못하는 무능력함과 연합되어 있는 기저의 불안으로부터 유래하는 것이다. 그러므로 자신과는 상이한 외적 대상들을 통제하는 수단으로서 인종차별주의에 의지하는 사람들은 불관용과 타인을 지배하고 통제하려는 시도에서 생기는 높은 수준의 기층적 불안을 드러내준다.

사회 정체성 이론에 의하면, 개인들은 긍정적인 사회적 정체성을 성취하고자 하며, 그것은 부분적으로 내집단과 외집단의 긍정적 비교를 통해서 성취된다. 이 모델은 동기적 요소와 인지적 요소를 포함한다. 동기적 측면에서 사람들은 긍정적인 자존감을 열망하는 것으로 이론화된다. 그들은 관련된 외집단을 손상시킴으로써 내집단을 더욱 긍정적인 것으로 만듦으로써 그러한 자존감을 획득한다. 인지적 요소는 지각이 집단 소속감에 의해서 추동하는 과정을 포함한다. 그러므로 상이한 집단에 대한 단순한 동일시가 내집단 우호주의를 산출하는 데 충분한 것이 된다. 사회 정체성 이론은 집단을 구별하는 능력은 편견을 낳기에 충분한 것임을 예측해준다. 그 결과 사람의 범주화는 사회 인지에서 일차적인 이슈 가운데 하나가 된다. 사회 정체성 이론의 가정이 옳은 것이라면, 사실상 인종차별주의의 종식은 거의 불가능한 것이다(Jones, 1997, p. 394).

한편, 최근 신경과학의 눈부신 발전은 연구자들이 편견적 태도 및 행위와 관련된 두뇌의 활동을 연구하는 것을 가능하게 해 주었다. 신경과학의 연구 결과에 의하면, 상이한 인종의 사람과 조우하였을 때 우리의 '학습된 감정적 반응'과 연합되어 있는 신경 활동의 표현을 관할하는 두뇌의 기제는 바로 전두엽이라고 한다. 자기공명영상(fMRI) 기술은 인종 관련 자극의 제시에 반응하는 전두엽에서의 신경 활동을 탐색하는 것을 가능하게 해 주었다. 이러한 기술들은 인종 간 상호작용에 대한 비자발적 심리사회적 반응들을 평가하는 데 매우 유용하다.

연구자들은 흑인과의 상호작용 동안에 백인의 학습된 감정적 반응을 조사하기 위해 자기공명영상 기술을 활용하기 시작했다. 하트(Hart, 2000, p. 2351)는 흑인과의 인종 간 상호작용에 참여한 백인의 학습된 감정적 반응이 전두엽에 미치는 영향을 조사한 최초의 학자이다. 그는 외집단 성원들의 얼굴 사진을 실험집단에 속한 백인 참가자와 흑인 참가자들에게 보여주면서 그들의 전두엽에서의 신경 활동을 기록하였다. 모든 참가자들에게 내집단 성원 사진을 보여주었을 때에는 전두엽 활성화가 가장 적게 이루어지는 것으로 나타났다.

펠프스(Phelps, 2000, p. 734)는 현대적 인종차별주의 척도를 활용하여 하트의 연구를 확대하였다. 현대적 인종차별주의 척도에서 흑인에 대해 인종적 편견을 높게 보여주었던 백인 참가자들은 흑인 사진을 보았을 때 전두엽이 가장 크게 활성화되는 것으로 나타났다. 인종적 자극에 대한 전두엽의 활성화를 다룬 연구들이 인종적 편견을 통제하는 데 활용될 수 있다는 증거들이 있다. 오래된 인종차별주의에 비해 혐오적 인종차별주의가 더욱 미묘한 형태를 보인다는 사실을 고려해 볼 때, 자기공명영상기술과 같은 인종 편견에 대한 암묵적 검사는 개인의 민감성과 인식을 증가시키기 위한 기능을 수행하고, 사각 지점을 노출시켜 줄 수 있는 장점이 있다. 그러므로 교사나 카운슬러는 자기공명영상 자료들을 활용하여 내담자가 지닌 인종 편견의 무의식적 표현을 탐색하고, 내담자의 인종적 방어기제를 상세하게 조사할 수 있다.

나. 인종차별주의의 유형

인종차별주의는 시대적 흐름에 따라 그 모습이 변화되고 있다. 명백하면서도 공공연한 인종차별주의(overt racism)는 줄어들고 있으나, 새로운 혹은 현대적 형태의 인종차별주의가 창궐하고 있으며, 심지어 이전보다 더 심해진 모습을 보여주기도 한다. 그러므로 인종차별주의의 유형은 시대적 흐름에 따라 오래된 유형의 인종차별주의와 새로운 유형의 인종차별주의로 구분된다. 오래된 유형의 인종차별주의는 흔히 구시대적 인종차별주의 혹은 지배적인 인종차별주의라고 불린다. 이러한 형태의 인종차별주의는 인종에 대한 괴팍한 신념에 입각하여 행동하는 사람들 혹은 인종 혐오적인 발언을 공개적으로 일삼는 사람들에게서 많이 볼 수 있다. 달리 말해, 오래된 형태의 인종차별주의는 인종적 적대감과 백인의 인종적 우월성에 대한 신념을 공공연하게 드러내는 것을 의미한다(Utsey, Ponterotto & Porter, 2008, p. 85).

현대적 인종차별주의의 한 유형인 상징적 인종차별주의(symbolic racism)

는 프로테스탄트 근로윤리와 흑인에 대한 두려움과 연관된 문화적 가치에 토대를 둔다. 상징적 인종차별주의자들은 차별은 더 이상 존재하지 않는 과거의 문제이며, 소수 집단들은 지금까지 백인들이 소중하게 여겨져 왔었던 가치들을 침해함과 동시에 현상을 변화시키기 위해 너무나도 터무니없는 요구를 한다는 신념을 갖고 있다. 이를테면 오늘날 상당수의 미국 백인들은 자신들이 전통적으로 중시해 왔던 근로 윤리를 근로 의욕이 없는 게으른 흑인들 및 유색 인종들이 심각하게 위협하고 있다고 믿는다(Virtanen & Huddy, 1998, p. 313).

자유방임적 인종차별주의(Laissez-faire racism)는 변화하는 경제적·정치적 현실 속에서의 지속적인 인종적 억압을 정당화해 준다. 흑인 및 유색 인종의 열등함에 대한 신념에 토대를 둔 자유방임적 인종차별주의는 미묘한 형태의 인종차별주의로서, 미국 사회적 경제적·정치적 불평등 및 소수 계층의 주류 사회로의 진입에 대한 장벽을 정당화한다. 자유방임적 인종차별주의자들은 흑인 우대 정책의 경우처럼 인종에 근거한 평등을 추구하려는 그 어떤 시도에 대해서도 반대하는 입장을 보인다(Utsey, Ponterotto & Porter, 2008, p. 86).

혐오적 인종차별주의는 자신들이 인류평등주의적인 가치관을 가지고 있다고 믿고 있고, 과거 인종차별의 희생자들에 대한 동정심을 표현하며, 인종 평등 증진을 위한 정책을 지지하면서도 여전히 소수 집단에 대한 부정적 감정과 신념을 가진 상당수 백인들에게서 쉽게 찾아볼 수 있다. 따라서 그들은 외집단과의 친밀한 접촉을 회피하는 경향을 보이는 가운데, 소수 집단 성원들이 자신들의 전통적인 개인주의적 가치들을 침해하고 있는 것에 대해 상당한 부정적 정서를 가지고 있다

(Brown, 1995, p. 233).

끝으로 색맹 인종차별주의(color-blind racism)는 여러 가지 형태의 인종차별이 미국 사회에 존속하고 있으며 그것이 백인을 포함한 유색 인종에게 부정적인 영향을 미친다는 사실을 거부하거나 극소화하려고 한다. 색맹 인종차별주의는 소수 집단 성원들에 대해 부정적인 고정관념을 갖고 있으며, 소수 집단 성원들이 미국 사회에 커다란 도전이 되고 있다고 비난하면서 미국 사회의 불평등을 개선하려는 어떤 의미 있는 시도에 대해서도 저항하는 백인들에게서 많이 나타난다(Utsey, Ponterotto & Porter, 2008, p. 86).

이렇듯 상징적 인종차별주의, 자유방임적 인종차별주의, 혐오적 인종차별주의, 색맹 인종차별주의와 같은 현대적 유형의 인종차별주의는 오래된 형태의 인종차별주의에 비해 더욱 미묘한 형태를 보이고 있으며, 매우 정교하고 잠행적인 형태의 문화적 인종차별주의로 자리를 잡고 있다.

한편, 인종차별주의는 차별이 이루어지는 수준에 의해서도 구분된다. 인종차별주의는 상호 관련된 세 가지 수준, 즉 개인·제도·문화의 수준에서 행해진다(Powell, 2000, p. 8). 그런데 세 가지 형태의 인종차별주의는 상호작용하며 서로를 강화시켜주는 역할을 수행한다(Derman-Sparks & Phillips, 1999, p. 10). 개인적 인종차별주의는 자신이 속한 인종이 다른 인종보다 우월하다는 믿음(인종 편견)과 소위 열등하다고 생각하는 인종의 사람들을 억압하는 행동(인종차별)이다. 개인적 인종차별주의는 살인, 상해, 소유물 파괴 등의 경우처럼 개인이 행하는 행동이다.

제도적 인종차별주의는 한 사회 안에서 체계적으로 인종 간 불평등을 반영하고 만들어내는 법, 관습, 제도를 의미한다. 즉, 제도적 인종차별주의는 한 인종 집단이 다른 인종 집단보다 더 많은 경제적·사회적 이득을 유지하기 위한 사회 정책·법·규제 등을 의미한다(Powell, 2000, p. 8). 가해자를 식별할 수 있는 개인적 인종차별주의와는 달리, 제도적 인종차별주의는 오랫동안 자연스럽고 정상적인 것으로 여겨져 온 사회적 정책이나 관행 등에 깊숙하게 내재되어 있다.

문화적 인종차별주의는 개인적 인종차별주의와 제도적 인종차별주의 양자 모두를 뒷받침해 주는 것으로서, 주류 문화의 산물(언어, 전통, 외모 등)이 다른 인종·종족 집단의 문화적 산물보다도 우월한 것이라는 사회적 신념과 관습을 의미한다(Helms, 1993, p. 49). 문화적 인종차별주의는 자신의 문화적 유산을 영속시키고 다른 인종·종족 집단 성원들에게 강요하는 동시에 소수 인종·종족 집단의 문화를 파괴하기 위해 주류 사회 성원들이 사용하는 미묘하고도 광범위한 힘을 지칭한다. 따라서 문화적 인종차별주의는 주류 사회의 우월주의를 뒷받침해 주는 일종의 추진력이다(Jones & Carter, 1996, p. 7). 문화적 인종차별주의는 개인으로 하여금 인종차별 행동을 하도록 사회화시키고, 제도적 인종차별주의를 유지시켜 주는 결정적인 역할을 한다(Derman-Sparks & Phillips, 1999, p. 10).

2. 혐오적 인종차별주의의 본질과 영향

가. 혐오적 인종차별주의의 본질

오늘날 한국인들은 이전에 비해 교육 수준이 월등하게 높아졌고, 우리 사회의 급격한 다문화 현상에 직면하면서 인류평등주의적 가치들을 의식적으로 분명하게 지지하는 경향이 매우 높아졌다. 그럼에도 불구하고 정부의 다문화 정책에 대한 명백한 반대 행위나 특정한 외국인 집단에 대한 무의식적인 부정적 태도와 신념의 표현도 여전히 상존한다. 이러한 무의식적인 부정적 감정과 신념들은 지극히 정상적인 인지적·동기적·사회문화적 과정들의 결과로서 발달한다. 인지적 과정에서 볼 때 인간은 자기가 속한 집단을 다른 집단과 구분하기 위해 타인들을 범주화한다. 사람들을 내집단과 외집단으로 단순히 분류하는 것만으로도 편견을 갖기에 충분한 것이 된다. 이를테면 오랜 기간 단일민족이라는 환상 속에서 살아왔던 한국인들은 아주 자연스럽게 한국인과 그렇지 않은 사람들을 범주화하고, 이러한 범주화는 인종적 편견과 고정관념을 만들어내는 데 충분한 것이 된다.

동기적 과정에서 볼 때 사람들은 그들 자신 및 자신이 속해 있는 집단을 위한 권력·지위·통제 욕구를 갖고 있고, 그러한 기본적인 욕구는 편견을 악화시키고 종종 집단 간 갈등을 유발한다. 사회문화적 영향력의 측면을 고려할 때, 인간은 집단 위계를 강화시켜주고 집단 간 불평등을 정당화시켜 주는 문화적 고정관념들과 이데올로기들을 전혀 의심하지 않는 가운데 수용한다. 그런가하면 우리 사회의 문화적 가치와 전통들은 공평, 정의, 인종 간 평등을 향한 한국인의 강한 신념을 영속화시켜주는 기능도 수행한다. 이를테면 학교교육과 종교생활을 통해 대부분의 한국인들은 만인평등 및 인간존중의 가치에 대한 신념과 확신을 강화시키는 계기를 맞고 있다. 인류평등주의적 가치의 의식적 견지 그리고 타 인종·민족 집단에 대한 무의식적인 부정적 감정은 혐오적 인종차별주의자들의 태도를 더욱 복잡하게 만들고, 독특한 차별 행위의 유형들을 만들어낸다(Gaertner & Dovidio, 2005, p. 618).

혐오적 인종차별주의자들은 인종 문제나 인종 간 상황에서 몇 가지 특징적인 반응들을 보여준다. 전통적인 오래된 인종차별주의자들과는 달리 혐오적 인종차별주의자들은 모든 집단에 대한 공평하고 공정한 처우를 승인하지만 무의식적으로 흑인이나 유색 인종에 대한 불편한 감정을 지니고 있기에 그들과의 인종 간 상호작용을 회피하려는 시도를 한다. 인종 간 상호작용을 피할 수 없을 경우, 혐오적 인종차별주의자들은 불안함과 불편함을 경험하기 때문에 가능한 한 빨리 그러한 상호작용으로부터 벗어나고자 한다. 혐오적 인종차별주의자들이 경험하는 불안은 부분적으로 자신들이 편견을 가진 사람들이라는 사실이 외부에 알려지는 것 그리고 인종 간 상호작용에서 부적절하게 행동하고 있다는 평가를 받는 것에 대한 우려에서 비롯되는 것이기 때문에, 그들은 인종 간 상호작용에서 어떤 실수나 잘못을 범하는 것을 피하는 데에 일차적인 관심을 집중한다. 그럼에도 불구하고 그들의 부정적인 감정은 종종 미묘하고 간접적이며 합리화가 가능한 방식으로 표현된다(Gaertner & Dovidio, 2005, p. 619).

이렇게 볼 때, 혐오적 인종차별주의에서 혐오라는 단어는 두 가지 유형의 혐오를 반영한다. 혐오적 인종차별주의자들이 경험하는 불안함과 불편함 때문에 그들은 인종 간 상호작용을 혐오적인 것으로 여기고 가급적 그러한 상황을 회피하고자 한다. 동시에 혐오적 인종차별주의자들은 인종 간 상호작용에서 잘못을 범하거나 부적절하게 행동하는 것을 우선적으로 회피하려는 동기를 갖고 있다.

나. 혐오적 인종차별주의의 표현과 영향

혐오적 인종차별주의의 개념 틀은 사회적 소수 집단에 대한 차별 행위가 언제 일어날지의 여부를 예측하는 데 도움을 준다. 전통적인 형태의 인종차별주의자들이 직접적이고 명백한 형태의 차별 행위를 범하는 반면에, 혐오적 인종차별주의자들의 행위는 더욱 가변적이고 비일관적인 것처럼 보일 수 있다. 혐오적 인종차별주의자들은 어떤 경우에는 그들의 부정적 감정을 드러내어 차별 행위를 하고, 어떤 경우에는 자신들의 인류평등주의적 신념을 성찰하여 차별 행위를 하지 않는다 (Dovidio, 2001, p. 835).

혐오적 인종차별주의자들은 의식적으로 인류평등주의적인 가치들을 인식·승인하고 있으며 그들 스스로 편견이 없는 사람이 되는 것을 진심으로 열망하기 때문에, 차별을 용인하지 않는 강력한 사회적 규범이 존재하는 상황에서는 절대로 타인을 차별하지 않는다. 즉 규범적으로 적절한 반응이 명확하게 정의되어 있는 상황에 직면했을 경우에, 혐오적 인종차별주의자들은 사회적 소수 집단을 절대 차별하지 않는다. 그 경우 혐오적 인종차별주의자들은 인종차별적인 의도가 담긴 감정·신념·행동들을 근본적으로 회피하려는 강한 동기를 갖게 된다.

하지만 혐오적 인종차별주의자들은 종종 사회적 소수 집단에 대한 무의식적인 부정적인 감정을 갖고 있고, 그러한 감정들은 궁극적으로 미묘하고 간접적이며 합리화가 가능한 방식으로 표현된다. 즉, 적절한 행위를 위한 규범적인 구조가 취약하거나 사회적 판단을 위한 기준이 모호한 상황에서는 사회적 소수 집단을 향한 차별 행위가 발생하는 경향이 있다. 이 경우 혐오적 인종차별주의자들은 사회적 소수 집단을 향한 자신들의 부정적 반응을 인종보다는 여타의 요인들에 근거하여 정당화하거나 합리화하는 경향이 있다. 이러한 상황에서 혐오적 인종차별주의자들은 궁극적으로 사회적 소수 집단에게 피해를 주는 행위에 관여할 수도 있으나, 편견이 없는 사람으로서의 자신들의 이미지를 유지할 수 있게끔 하는 방식에서 주로 행해진다(Gaertner & Dovidio, 2005, p. 620).

혐오적 인종차별주의를 입증하는 증거들은 타인을 돕는 행동, 구직 신청, 흑인 우대 정책에 대한 반응, 건강 검진 정책, 아동 복지 정책 등을 주제로 한 실험연구들을 통해 많이 확보된 바 있다. 이러한 연구들은 평가나 행동에 대한 기대가 모호한 경우에 유색 인종에 대한 편견 노출이 더 심하게 나타난다는 사실을 잘 보여주었다(Aberson & Ettlin, 2004, pp. 26-27).

3. 혐오적 인종차별 감소를 위한 교육 방안

지금까지 혐오적 인종차별주의의 본질과 그 영향에 대해 살펴보았다. 여기서는 인종차별 의식을 감소시키기 위한 지금까지의 연구 성과들을 개관하고, 도덕과에서 혐오적 인종차별주의를 감소시키기 위한 교육 방안을 제시하고자 한다.

가. 반인종차별교육의 연구 성과

반(反)인종차별주의(anti-racism)는 인종차별주의에 맞서 그것을 근절하거나 개선하려는 사고와 행동 양태를 의미한다(Bonnett, 2000, p. 4). 반인종차별주의는 인종차별주의가 도덕적으로 그릇된 것이라는 신념에 근거하고 있는 것으로서 모든 인종과 민족 집단의 평등을 실현하려는 이데올로기와 실천을 의미한다(Vigliante, 2007, p. 105). 인종차별주의에 대한 개념 정의가 편견, 권력, 이데올로기, 고정관념, 지배, 불균형, 불평등한 처우를 포함하고 있는 것과 마찬가지로, 반인종차별주의는 개념상 인종차별주의와의 투쟁을 의미한다. 하지만 일부 학자들은 반인종차별주의의 개념을 확대하여 반인종차별주의를 모든 사람들이 조화와 상호 존중 속에서 함께 살 수 있는 모종의 사회에 대한 긍정적 프로젝트를 구축하는 것으로 파악하기도 한다. 이렇게 볼 때, 반인종차별주의는 인종·민족 집단들 사이에서 기회의 평등을 증진하려는 시도이며, 반인종차별적 실천의 핵심 목적은 공평(equity)의 실현이다. 직접적인 반인종차별주의는 평등한 기회를 가져올 수 있는 평등한 처우를 증진하는 것이고, 간접적 반인종차별주의는 평등한 기회를 가져올 수 있는 불평등한 처우를 증진하려는 시도라고 볼 수 있다(Berman & Paradies, 2010, p. 228).

반인종차별교육은 모든 형태의 인종차별주의를 해소하기 위한 교육적 차원에서의 접근법을 의미한다. 반인종차별교육은 학교가 개인적 수준에서의 인종차별주의뿐만 아니라 제도적 차원에서의 인종차별주의와 맞서 싸우는 데 있어서 중요한 역할을 수행해야 한다는 사실에 그 근거를 둔다(Vigliante, 2007, p. 107). 반인종차별주의 교육 이론은 편견이 부분적으로 집단 간 이해의 부족, 즉 불평등의 역사와 근원에 대한 인식과 이해가 부족한 데서 비롯된 것이라고 본다. 반인종차별교육의 구체적 실천 방법과 관련된 연구들은 그리 많지 않다. 월포트(Wolpert, 1999, p. 13)는 반인종차별교육의 성공을 위해서는 개인으로서 그리고 다양한 문화 집단 성원으로서의 확고한 정체성을 갖게 하는 것, 다양한 배경으로부터의 사람들과 편안하고 공감적인 상호작용을 하게 하는 것, 편견과 부정의를 인식할 수 있는 능력을 계발하는 것, 개인 그리고 타인과 연대하여 편견과 부정의에 저항할 수 있는 능력을 계발하는 것이 중요하다고 지적하였다.

한편, 데이빗슨과 데이빗슨(Davidson & Davidson, 1994; Stephan, 1999, p. 66)은 효과적인 반인종차별교육의 방법으로서 상이한 집단의 사회적 관행을 기술하는 것, 그러한 관행의 기저에 담긴 유사한 가치들을 강조하는 것, 가족사 혹은 가족 기원에 대한 지도를 작성해 보게 하는 것, 수업 시간에 다양한 집단 출신의 자원 인사를 초빙하는 것, 인종·종족을 소재로 한 역할놀이나 촌극을 활용하는 것을 제시하였다. 지금까지의 연구 결과들을 종합해보면, 인종차별주의를 감소시키기 위해서는 인종에 대한 그릇된 신념을 제거하는 것, 간문화적 접촉을 확대하는 것, 공감을 증진시키는 것, 반인종차별주의를 교육과정에 도입하는 것 등이 대표적인 실천 방안으로 거론된다(Berman & Paradies, 2010, p. 223).

이러한 방안의 구체적 효과에 대해 살펴보면 다음과 같다. 편견 감소 및 차별 해소와 관련된 가장 영향력 있는 연구 결과는 특정한 조건 하에서 다양한 타인들과의 접촉은 편견을 감소시키고 집단 간 조화를 증진시킨다는 사실이다. 일찍이 윌리엄스(Williams, 1947)는 두 집단이 유사한 과업과 지위를 공유하고 있고, 의미 있는 개인 간 상호작용을 증진시켜 주는 개인적 활동에 참여할 때, 집단 간 접촉이 편견을 감소시킬 수 있다고 주장하였다(Pettigrew & Tropp, 2006). 윌리엄스의 이정표적인 연구는 이후에 올포트(Allport, 1954)가 인종 편견 및 차별 행위를 감소시키기 위한 조건들을 연구하는 데 많은 영향을 주었다. 올포트는 편견 감소에 도움을 주는 적정 조건들을 제안하였다. 그러한 조건들은 상이한 집단 성원들 사이에 동등한 지위를 부여하는 것, 공통의 집단 목적을 발견하는 것, 공유된 목적을 달성하기 위해 두 집단 성원들 사이에서 협동해야 할 필요성을 강조하는 것, 권위 있는 위치에 있는 사람이 명백한 지지 및 제재를 하는 것을 포함한다. 이러한 올포트의 접촉 가설은 이후 많은 학자들에 의해 그 효과가 검증된 바 있다. 특히 협동학습은 접촉 가설의 적정 조건들을 잘 충족시키는 가운데 인종차별 의식을 감소시키는 데 효과가 있는 것으로 밝혀졌다.

한편, 연구자들은 편견의 표적이 되어보는 감정적 경험에 아동을 직접 참여시키는 활동이 아동의 인종적 태도와 행동에 미치는 영향을 조사하였다. 편견에 대한 일차적이고 직접적인 경험은 타인의 고통을 완화하도록 동기화시켜 준다. 아동은 타인의 고통이 마치 자신의 고통인 것처럼 느끼게 되어 인종적 외집단에 대한 편견을 감소시키게 된다(추병완, 2012, p. 40).

엘리엇(Elliot)은 1960년대 후반에 교실에서 활용 가능한 반인종차별 공감 훈련을 실행하였다. 전형적으로 백인이 거주하는 시골 지역의 교사였던 엘리엇은 킹 목사의 암살 사건에 대한 반응으로서, 8세 아동들에게 만약 그들이 차별의 표적이 될 경우 느낌이 어떨지에 대하여 가르쳤다. 엘리엇은 학생들을 구별하는 특징으로서 눈 색깔을 선택하여, 학생들에게 어느 날은 파란색 눈을 가진 학생들이 우월하고, 그 다음 날은 갈색 눈을 가진 아이들이 우월하다고 말하였다. 엘리엇은 하루 종일 우월 집단에게 특별한 대우를 해 주는 수업을 전개하면서, 집단의 우월한 지위와 열등한 지위의 증거로서 집단 성원들의 성공과 실패를 분명하게 지적하였다. 따라서 학생들은 하루 동안 눈 색깔이라는 자의적 특성에 근거하여 차별을 피부로 직접 접하는 체험을 하였다. 하지만 이러한 파란색 눈과 갈색 눈 시뮬레이션의 효과에 대한 실제적인 경험 연구는 미미하다(추병완, 2012, p. 41).

와이너와 라이트(Weiner & Wright, 1973; 추병완, 2012, p. 41)는 8세 백인 아동들을 대상으로 파란색 눈과 갈색 눈 시뮬레이션을 약간 변형하여 실험을 전개하였다. 이 실험에서 교사는 아이들에게 녹색 집단과 황색 집단으로 구분하고, 각기 팔에 녹색과 황색의 완장을 차도록 하였다. 엘리엇처럼 교사는 하루 동안 각 집단에 차별을 하도록 학생들을 고무시켰다. 통제집단에 비해 실험에 참여한 학생들은 흑인 아동과 소풍을 같이 가겠다는 의지가 더욱 강한 것으로 밝혀졌다. 이러한 결과는 반인종차별주의 역할놀이가 집단 간 태도에 미치는 효과에 대한 고무적인 지지 근거를 제공한다.

휴즈와 그 동료들은 역사적 인종차별주의에 대한 학습이 백인 아동과 흑인 아동의 인종 태도에 미치는 효과를 조사하였다(Hughes,

Bigler & Levy, 2007). 이 연구에서 실험집단은 미국의 유명한 흑인 지도자들에 대한 수업을 받았고, 그 수업에는 그들이 경험한 인종차별의 사례들이 포함되어 있었다. 통제집단 학생들은 그 지도자들에 대한 동일한 전기문적인 정보를 제공받았으나, 거기에는 인종차별의 사례에 대한 언급이 전혀 없었다. 실험집단의 백인 아동들은 흑인에 대한 낮은 편견을 보여주었던 반면에 통제집단에서는 흑인에 대한 부정적 평가가 현저하게 많았다. 또한 실험에 참가한 흑인 학생과 백인 학생들 모두 인종 간의 공평 문제를 더욱 중시하게 되었다. 이 연구는 아동들에게 인종차별의 해악에 대해 수업을 통해 직접 가르치는 활동의 긍정적 결과를 보여주는 가장 대표적인 사례이다. 하지만, 이 연구에서 아동은 반인종차별주의 메시지의 수동적인 수혜자로 머물고 말았다는 한계가 있다.

나. 혐오적 인종차별 감소를 위한 교수 방안

다문화 사회에서 도덕과교육에 부여된 중요한 과업 가운데 하나는 인종·민족에 대한 편견과 차별을 줄여서 인종·민족 집단 간의 관계를 개선하고, '다수로부터의 하나'에 근거한 새로운 도덕 공동체를 구축하는 것이다. 특히 도덕과에서의 반인종차별교육은 학생들로 하여금 단순히 인종 편견이나 차별 의식을 줄이도록 요구하는 것에 그쳐서는 안 된다(Blum, 199, p. 126). 도덕과에서의 반인종차별교육은 도덕 행위자로서 반편견적·반인종차별적 태도를 가짐과 동시에 타인이나 사회적 제도에 의해 저질러지고 있는 제반 인종차별 관행에 적극적으로 맞설 수 있는 사람을 길러내는 것을 목표로 해야 한다. 개인적 수준에서 제

아무리 순수한 도덕적 동기와 의지를 가지고 있다고 할지라도, 인종차별 문제에 대해 방관적 입장을 취한다면 그 사람은 진정한 도덕 행위자가 아니기 때문이다. 달리 말해, 인종차별 문제에 대한 방관자를 길러 내는 것은 도덕교육의 이상과 목적에 명백하게 어긋나는 것이다. 이러한 맥락에서 혐오적 인종차별주의를 감소시키기 위해 도덕과교육에서 활용해야 할 방안들을 제시하면 다음과 같다.

첫째, 교사는 학생들이 인류평등주의적 가치들을 진정으로 내면화하여 실천할 수 있도록 해 주어야 한다. 인류평등주의를 강조하는 교육 프로그램은 인종에 대한 편견 및 차별 의식의 감소에 매우 효과적이기 때문이다(Rabinowitz et al., 2005, p. 541). 혐오적 인종차별주의자들은 의식적으로 인류평등주의적인 가치들을 인식·승인하고 있으며 그들 스스로 편견이 없는 사람이 되는 것을 진심으로 열망하기 때문에, 차별을 용인하지 않는 강력한 사회적 규범이 존재하는 상황에서는 절대로 타인을 차별하지 않는다. 하지만, 인종 간 상호작용을 피할 수 없을 경우, 혐오적 인종차별주의자들은 불안함과 불편함을 경험하기 때문에 가능한 한 빨리 그러한 상호작용으로부터 벗어나고자 한다. 그러므로 도덕과 교육을 통해 교사는 학생들이 인간 존엄성, 평등, 배려, 다양성 존중 등과 같은 인류평등주의적 가치들의 의미를 진정으로 이해하고 습관화하여, 적절한 행동의 지침이 부재하는 상황에서도 인류평등주의적 가치들을 자율적으로 실천할 수 있도록 해 주어야 한다.

둘째, 교사는 학생들이 인종 개념에 대한 오해나 부정적 고정관념을 갖지 않도록 해 주어야 한다. 혐오적 인종차별주의자들은 종종 사회적 소수 집단에 대한 무의식적인 부정적인 감정을 갖고 있고, 그러한 감정들은 궁극적으로 미묘하고 간접적이며 합리화가 가능한 방식으로 표현된다. 따라서 교사는 먼저 인종은 생물학적 개념이 아니라, 타 인종에 대한 지배와 억압을 정당화해 주는 정치사회적 구성물에 불과하다는 사실을 학생들이 분명하게 인식할 수 있도록 도와주어야 한다. 교사는 학생들이 타 인종에 대해 갖고 있는 부정적 고정관념이나 선입견을 감소시킬 수 있도록, 고정관념이나 선입견을 반증시켜 주는 지식과 정보를 학생들이 자주 접할 수 있게 해 주어야 한다. 나아가 교사는 도덕과 수업 시간에 TV나 신문, 인터넷 등을 통해 다양한 인종의 사람들을 긍정적으로 보여주는 이미지들에 학생들이 자주 접할 수 있게 해 주어야 한다. 학생들이 다양성을 포용하는 모습을 많이 접하면 접할수록 그 기준을 따를 가능성이 매우 높아지기 때문이다.

셋째, 교사는 공감 훈련이나 역할놀이 등을 통하여 학생들이 인종 차별의 표적이 직접 되어보게 하는 다양한 체험 활동을 전개해야 한다. 혐오적 인종차별주의자들은 적절한 행위를 위한 규범적인 구조가 취약하거나 사회적 판단을 위한 기준이 모호한 상황에서는 사회적 소수 집단을 향한 차별 행위를 저지르는 경향이 있다. 그러므로 교사는 적절한 행위를 위한 지침이 모호한 상황에서 차별의 피해자가 되어보게 하는 체험 활동을 도입할 필요가 있다. 일반적으로 외집단 성원의 관점을 채택하는 것은 외집단에 대한 태도를 개선시켜 주고, 외집단의 특정 성원들을 향한 편견과 차별 행위를 감소시켜 준다. 이와 유사하게 외집단에 대한 공감 활동 역시 외집단에 대한 편견을 감소시켜 준다(Shih, 2009, p. 566).

교사는 도덕과 수업을 통해 학생들에게 소수 집단의 입장에서 사고하고 느껴보도록 요구할 수 있다. 예를 들어, 한국인 아버지와 외국인 어머니 사이에서 정체성의 혼란을 겪고 있는 다문화 가정 학생, 다문화 가정 출신이라는 이유로 놀이에서 배척을 당하는 학생, 아는 사람도 없고 언어도 다른 나라에 시집을 와서 외로움과 어려움을 겪고 있는 국제결혼 이주 여성, 힘들게 일하여 번 돈의 대부분을 고국의 가족에게 송금하고 적은 금액으로 힘들게 생활하는 외국인 근로자 등의 입장에서 차별을 당하는 체험을 해 보게 할 수 있다.

한편, 교사는 우리 안의 집단 간 갈등을 소재로 한 역할놀이를 시연해 보게 할 수 있다. 역할놀이는 연기를 하는 학생들로 하여금 자신이 맡은 역할을 통해 풍부한 관점채택과 공감의 기회를 갖게 함과 동시에 역할 시연과정에서 인지적 부조화를 경험하게 할 수 있는 장점이 있다. 맥그리거(MaGregor, 1993, p. 215)는 역할놀이가 인종 간의 수용과 문화적 지식의 확대에 기여함으로써 인종 간 편견 감소에 매우 효과적임을 밝힌 바 있다. 이를테면, 다문화 가정 학생에 대해 암묵적으로 부정적인 태도를 가졌던 학생이 다문화 가정 학생의 역할을 시연하는 경우 그는 역할놀이를 하는 동안에 이전의 부정적인 태도와 감정 사이에서 모순을 경험한다. 따라서 역할놀이가 실감나게 이루어질 경우 그러한 인지적 부조화 경험은 다문화 가정 학생에 대한 태도의 변화를 이끌어 낼 수 있다.

넷째, 교사는 공통의 내집단 정체성을 형성할 수 있는 기회를 자주 제공해 주어야 한다. 편견의 해악에 대해 말해주는 것은 혐오적 인종차별주의의 감소에 있어서 다소 한계가 있다. 왜냐하면 혐오적 인종차별주의자들은 이미 편견의 해악에 대해 어느 정도 알고 있고, 그들 스스로가 편견이 없는 사람이라고 믿고 있기 때문이다. 그러므로 적절한 행동을 위한 지침이 모호하거나 부정적으로 반응할 정당한 이유가 존재할 때에, 타 인종 성원들을 향해 우호적인 사고·감정·행동을 유발할 수 있는 교수 전략이 필요하다. 즉, 타 인종 성원에 대한 무관심을 감소시키고, 인종 집단을 가로지르는 사람들 간의 연관성을 지각하게끔 하는 방안이 필요한데, 이에 가장 부합하는 것이 바로 공통의 내집단 정체성 모델이다(Gaertner & Dovidio, 2005, p. 627).

공통의 내집단 정체성 모델은 집단 간 행위에 대한 사회 범주화 관점에 그 근거를 두고 있다. 이 모델은 집단 간 편견의 생성 및 감소에 있어서 사회적 범주화가 중심적인 역할을 수행하고 있다고 본다. 공통의 내집단 정체성 모델은 참가자들의 소속감 표상을 두 개(예: 나-너)에서 더 포함적인 하나(예: 우리)로 변환시키는 요인들에 의해서 집단 간 갈등과 편견을 감소시킬 수 있다고 본다. 그 결과, 처음에는 내집단 편애주의를 낳았던 인지적·동기적 과정이 이전의 외집단 성원들에게 이익을 주는 방향으로 바뀌게 된다. 이를테면 협동적인 상호작용은 외집단 성원들에 대한 긍정적인 평가를 제고시켜 준다. 왜냐하면 협동은 우리-그들이라는 소속감의 표현을 더 포함적인 '우리'로 변혁시켜 주기 때문이다. 이 모델의 유용성을 검증한 연구 결과들은 두 집단 성원들이 그들을 하나의 집단으로 지각하는 정도에 따라서 협동의 효과가 좌우된다는 것을 보여준다(Gaertner & Dovidio, 2005, pp. 630-631). 이렇듯 공통의 내집단 정체성 모델은 위계 상 낮은 범주를 상위의 범주로 대체하여 공통의 내집단 정체성을 갖게 하는 것이다. 상위 집단 범주를 환기시키면, 외집단 성원들이 보다 포괄적인 내집단 성원이 된다.

그러므로 교사는 도덕과 수업을 통해 학생들이 공통의 내집단 정체성을 갖도록 하기 위해 다양한 상위 범주를 활성화할 수 있어야 한다. 이를테면 통일 관련 단원에서 북한 이탈 주민에 대해 학습할 경우에 교사는 민족, 국가, 지구촌과 같은 보다 상위 개념의 범주를 사용하여, 학생들이 북한 이탈 주민을 내집단의 일원으로 인식하게 만드는 활동을 의도적으로 전개해야 한다. 이를테면, 우리 사회의 다문화를 촉진시킨 인적 구성원 가운데 우리와 같은 민족에 속하는 집단은 누구이며, 우리는 그들과 어떻게 지내야 하는가?, 통일 국가의 구성원으로서 우리 국민들이 지녀야 할 자세는 무엇인가? 지구촌의 한 구성 요인으로서 대한민국 국민들이 지녀야 할 자세는 무엇인가? 등의 질문을 제기하여 학생들이 보다 상위의 범주에서 북한 이탈 주민들을 내집단의 일원으로서 의식적으로 볼 수 있게 만들어 주어야 한다.

끝으로, 교사는 협동학습의 활용을 통하여 학생들의 집단 간 관계 기능을 발달시켜 주어야 한다. 협동학습은 경쟁과 협동을 균형적으로 활용하고 있고, 협동을 위한 제도적·규범적 지원 체제를 갖추고 있으며, 협동을 위한 상위 목적을 갖고 있고, 동등한 지위를 지닌 이질적인 성원들로 구성된다는 점에서 접촉 가설의 기본 아이디어를 충실하게 반영하고 있는 수업 방법이다. 협동학습은 적절한 행동을 위한 명확한 지침이 설정되어 있고, 구성원 간의 대면적 상호작용을 위한 협동을 조장한다는 점에서, 혐오적 인종차별주의자들이 인류평등주의적 가치에 기초하여 행동하는 습관을 갖게 하는 데 매우 유용한 교수 방법이다. 혐오적 인종차별주의자들은 타 인종 성원들과의 만남 자체를 회피하려는 경향을 지니고 있으므로, 이질 집단을 활용한 협동학습은 혐오적 인종차별주의자들에게 인종 간 이해 및 이질 집단 성원들과의 상호 작용에 익숙해지도록 하는 데 매우 효과적이다.

협동학습이 인종에 대한 고정관념과 사회적 소수자에 대한 사회적 거부감을 줄이기 위한 성공적인 교수 전략이라는 점을 보여주는 연구 결과들은 매우 많다(Banks, 2006, p. 610). 협동학습의 효과에 대한 연구들은 협동적인 노력들이 경쟁적 혹은 개별적 노력들보다 긍정적인 인종 간 관계를 더욱 증진시키고, 집단 간 경쟁이 인종 간 관계의 빈도를 감소시키는 반면에 집단 간 협동은 수업 내에서 그것을 증가시킨다는 것을 보여준다. 그리고 소수인종 학생들이 다수인종 학생들보다 더 낮은 수준으로 성취할 경우라도 긍정적인 인종 간 관계들은 협동적인 노력 안에서 형성되며, 다수인종 학생들과 소수인종 학생들 사이의 지적인 갈등은 협동적인 집단 내에서 인종 간 호감을 증가시킨다는 것을 확인시켜 준다. 또한 협동적인 집단들 내에서 형성된 인종 간 관계는 자유 시간, 학교, 학교 밖 상황에 널리 일반화될 수 있다는 것을 보여준다(추병완, 2012, p. 292). 도덕과 수업에서 타 인종 집단에 대한 자료 혹은 다문화적 자료들을 활용한 이질 집단 기반의 협동학습은 타 인종 집단 성원들의 역할을 취할 수 있는 능력을 키워주고, 공유된 가치에 대한 풍부한 정보를 학생들에게 제공해 줄 수 있다.

4. 결론

민주주의의 제도적 정착 및 시민의식 성숙의 결과 각종 형태의 차별은 비도덕적이고 불법적이라는 인식이 사회 전반에 걸쳐 확산되었다.

이에 따라 명백하고 노골적인 형태로 편견을 드러내는 경향은 과거에 비해 현저하게 줄어들었다. 하지만 우리 사회에는 여전히 편견과 차별이 상존하고 있으며, 그러한 편견과 차별은 그 표적 대상인 여성, 장애인, 북한 이탈 주민, 국제 결혼 이주 여성들의 삶에 심각한 영향을 미치고 있다. 이에 따라 국내에서도 현대적 인종차별주의의 한 형태로서의 혐오적 인종차별주의에 대한 학문적 관심이 필요하게 되었다.

전통적인 오래된 인종차별주의자들과는 달리 혐오적 인종차별주의자들은 모든 집단에 대한 공평하고 공정한 처우를 승인하지만 무의식적으로 타 인종에 대한 불편한 감정을 지니고 있기에 그들과의 인종 간 상호작용을 회피하려는 시도를 한다. 인종 간 상호작용을 피할 수 없을 경우, 혐오적 인종차별주의자들은 불안함과 불편함을 경험하기 때문에 가능한 한 빨리 그러한 상호작용으로부터 벗어나고자 한다.

명백한 형태의 차별 행위가 부적절한 것으로 여겨지거나 금지되고 있는 곳일수록 혐오적 인종차별주의의 창궐 가능성이 매우 높으며, 우리나라의 경우도 결코 예외가 될 수 없다. 이를테면 우리의 경우 국민의식 수준의 향상에 따라서 외국인에 대해 과거와 같은 형태의 노골적인 차별 행위는 줄었지만, 그들과의 상호작용에 대해 불안함과 불편함을 느끼는 사람들은 여전히 많다. 초등학생들의 경우도 다문화 가정 학생을 급우로 수용할 수 있다는 비율은 점차 늘고 있으나 가족으로 수용할 수 있다는 데에서는 여전히 매우 부정적이고 회의적인 반응을 보이고 있다는데서 혐오적 인종차별주의의 실상을 엿볼 수 있다.

이에 이 장에서는 혐오적 인종차별주의의 본질을 밝히고, 혐오적 인종차별주의를 감소시키기 위한 도덕과에서의 교육 방안을 제시하고자 하였다. 혐오적 인종차별주의를 감소시키기 위해 교사는 다음과 같은 교육 방안을 실천해야 한다. 첫째, 교사는 학생들이 인류평등주의적 가치들의 진정한 의미를 이해하고 이를 생활 속에서 실천하도록 고무시켜 주어야 한다. 둘째, 교사는 도덕과 수업을 통해 학생들이 인종 개념에 대한 오해나 부정적 고정관념을 갖지 않도록 해 주어야 한다. 셋째, 교사는 공감 훈련이나 역할놀이 등을 통하여 학생들이 인종차별의 표적이 직접 되어보게 하는 다양한 체험 활동을 전개해야 한다. 넷째, 교사는 도덕과 수업을 통해 학생들이 공통의 내집단 정체성을 갖도록 하기 위해 다양한 상위 범주를 활성화할 수 있어야 한다. 끝으로, 교사는 협동학습의 활용을 통하여 학생들의 집단 간 관계 기능을 발달시켜 주어야 한다.

다문화 사회에서 도덕교육에 부여된 중요한 과업 가운데 하나는 인종·민족에 대한 편견과 차별을 줄여서 인종·민족 집단 간의 관계를 개선하고, '다수로부터의 하나'에 근거한 새로운 도덕 공동체를 구축하는 것이다. 새로운 인종차별주의의 한 형태로서의 혐오적 인종차별주의를 맞서기 위해 도덕 교과에서는 인류평등주의적 가치들의 구체적 실천을 더욱 강화시킴과 동시에 혐오적 인종차별주의의 감소에 효과적인 교육 방안들을 지속적으로 실천해 나가야 할 것이다.

최종렬 외 3인(2008), 『다문화주의의 이론적 패러다임과 국가별 유형 비교』, 서울: 한국여성정책연구원·한국사회학회.

추병완(2012), 『다문화사회에서의 반편견 교수 전략』, 서울: 하우.

Aberson, C. L. & Ettlin, T. E. (2004), "The Aversive racism paradigm and responses favoring African Americans: Meta-analytic evidence of two types of favoritism", *Social Justice Research*, 17(1), 25-46.

Anthias, F. & Lloyd, C. (2002), *Rethinking anti-racism: From theory to practice*, London: Routledge.

Banks, J. A. (2006), "Improving race relations in schools: From theory and research to practice", *Journal of Social Issues*, 62(3), 607-614.

Berman, G. & Paradies, Y. (2010), "Racism, disadvantage and multiculturalism: Towards effective anti-racist praxis", *Ethnic and Racial Studies*, 33(2), 214-232.

Blum, L. (1999), "Race, Community and moral education: Kohlberg and Spielberg as moral educators", *Journal of Moral Education*, 28(2), 125-143.

Bonnett, A. (2000), *Anti-racism*, London: Routledge.

Brown, R. (1995), *Prejudice: Its social psychology*, Oxford: Blackwell.

Casas, J. M. (2005), "Race and racism: The efforts of counseling psychology to understand and address the issues associated with these terms", *The Counseling Psychology*, 33, 501-512.

Davidson, F. H. & Davidson, M. M. (1994), *Changing childhood prejudice: The caring work of the schools*, Westport: Greenwood Press.

Derman-Sparks, L. & Phillips, C. B. (1997), *Teaching/learning anti-racism: A developmental approach*, New York: Teachers College Press.

Dovidio, J. F. (2001), "On the nature of contemporary prejudice", *Journal of Social Issues*, 57(4), 829-849.

Essed, P. (1990), *Everyday Racism: Reports from Women of Two Cultures*, Alameda, CA: Hunter House.

Gaertner, S. L. & Dovidio, J. F. (2005), "Understanding and addressing contemporary racism: From aversive racism to the common ingroup identity model", *Journal of Social Issues*, 61(3), 615-639.

Hart, A. J., Whalen, P. J., Shin, L. M., McInerney, S. C., Fischer, H. & Rauch, S. L. (2000), "Differential response in the human amygdala to racial outgroup vs ingroup face stimuli", *NeuroReport*, 11, 2351-2354.

Jones, J. M. (1997), *Prejudice and racism* (2nd ed.), New York: McGraw-Hill.

Jones, J. M., & Carter, R. T. (1996), "Racism and white racial identity: Emerging realities", In B. P. Bowser & R. G. Hunt (Eds.), *Impacts of racism on white Americans* (2nd ed.), Thousand Oaks, CA: Sage.

Kleinpennig, G. & Hagendoorn, L. (1993), "Forms of racism and the cumulative dimension of ethnic attitudes", *Social Psychology Quarterly*, 56(1), 21-36.

Kovel, J. (1970), *White racism: A psychohistory*, New York: Pantheon.

McGregor, J. (1993), "Effectiveness of role playing and antiracist teaching in reducing student prejudice", *Journal of Educational Research*, 86(4), 215-226.

Phelps, E A., O'Connor, K. J., Cunningham, W. A., Funayama, E. S., Gatenby, J. C., Gore, J. C. & Banaji, M. R. (2000), "Performance on indirected measures of race evaluation predicts amygdala activation", *Journal of Cognitive Neuroscience*, 12, 729-738.

Powell, R. (2000), "Overcoming cultural racism: The promise of multicultural education", *Multicultural Perspectives*, 2(3), 8-14.

Rabinowitz, J. L., Wittig, M. A., Braun, M., Franke, R. & Zander-Music, L. (2005), "Understanding the relationship between egalitarianism and affective bias: Avenues to reducing prejudice among adolescents", *Journal of Social Issues*, 61(3), 525-545.

Ridley, C. R. (1989), "Racism in counseling as an averse behavioral process", In P. B. Pederson, J. G. Draguns, W. J. Lonner, & J. E. Trimble (Eds.), *Counseling across cultures*, Honolulu: University of Hawaii Press, 55-77.

Shih, M., Wang, E., Bucher, A. T., & Stotzer, R.(2009), "Perspective Taking: Reducing Prejudice Towards General Outgroups and Specific Individuals", *Group Processes & Intergroup Relations*, 12(5), 565-577.

Stephan, W. (1999), *Reducing prejudice and stereotyping in schools*, New York: Teachers College Press.

Utsey, S. O., Ponterotto, J. G. & Porter, J. S. (2008), "Prejudice and racism, Year 2008-Still going strong: Research on reducing prejudice with recommended methodological advances", *Journal of Counseling & Development*, 86, 339-347.

Vigliante, T. (2007), "Social justice through effective antiracism education: a survey of preservice teachers", *Journal of Educational Inquiry*, 7(1), 103-128.

Virtanen, S. V. & Huddy, L. (1998), "Old-fashioned racism and new forms of racial prejudice", *The Journal of Politics*, 60(2), 311-332.

Wolpert, E. (1999), *Start seeing diversity: The basic guide to an anti-bias classroom*, St. Paul: Redleaf Press.

노인차별주의와
반편견
교육

범주화(categorization)는 우리의 인지를 해방시켜 그것이 더욱 중요한 과업을 수행하도록 해 주는 인간 두뇌의 적응적 특성 가운데 하나이다. 지금 이 글을 작성하고 있는 내 책상 위에 놓여있는 대상이 컵이라는 사실을 알게 되면, 나는 이전에 내가 컵에 대해 획득한 정보에 근거하여 컵의 목적이 무엇인지 그리고 그것을 어떻게 사용해야하는지를 즉각적으로 알아차린다. 그러나 이렇듯 자연스러운 경향성을 우리를 둘러싸고 있는 환경 속의 여타의 대상들에 적용할 때, 범주화 과정은 그렇게 정확하지 않을 뿐만 아니라 때로는 그것이 수반하는 결과로부터 우리를 결코 자유롭지 못하게 만들 수도 있다. 안락의자를 침대로 잘못 범주화하는 것은 대부분의 경우에 있어서 그리 큰 문제가 되지 않는다. 그러나 공개적인 자리에서 어떤 남성을 여성으로 잘못 범주화하는 것, 혹은 어떤 여성을 남성으로 잘못 범주화하는 것은 커다란 문제를 야기할 수 있다. 그러한 범주화의 오류는 자칫하면 상대방으로부터 욕을 듣게 되거나 뺨을 맞을 수도 있는 일이기 때문이다. 이러한 위험성이 존재함에도 불구하고, 우리는 일상을 통해 수많은 차원으로 타인들을 범주화하면서 살고 있다.

사회적 지각에서 우리가 즉각적으로 타인을 범주화하는 대표적인 차원은 인종, 연령, 성(gender) 등일 것이다. 이러한 범주화 과정은 아주 쉽게 학습되기 때문에 어린 시절부터 거의 자동적인 습성이 된다. 이러한 차원으로 타인을 범주화하는 것은 우리가 만나는 어떤 사람의 나머지 부분들을 이해하는 토대가 되기 때문에, 우리는 이러한 범주화 과정을 일컬어 원시적(primitive) 범주화 혹은 자동적(automatic) 범주화라고 부른다(Nelson, 2009, p. 431). 자동적 범주화는 우리로 하여금 어떤 특정한 범주에 속해 있는 모든 사람들이 모두 같은 속성을 가진 사람들로 생각하도록 만든다. 이를 통해 우리는 특정한 집단에 대한 고정관념을 만들어낸다. 우리가 고정관념이라는 렌즈를 통해 타인을 생각하기 시작할 때, 우리는 그들의 행동에 대한 모종의 기대를 갖게 된다. 즉, 우리는 그들의 행동이 우리가 그들에 대해 갖고 있는 고정관념과 일치할 것이라는 기대를 갖게 된다. 우리는 그러한 고정관념에 근거하여 그들에 대해 생각하고 느끼고 행동한다. 이러한 과정을 통해 고정관념화된 집단 및 그 집단의 성원들을 향한 우리의 행동은 상당히 편향되고 부정확해진다.

지금까지 고정관념에 대한 연구는 주로 인종과 성에 국한되었다. 결과적으로 사람들이 연령에 근거하여 타인에게 반응하는 방식에 대해서는 그리 알려진 바가 많지 않다. 그 이유는 우리 사회가 거의 모든 문화의 측면에서 제도화된 연령차별주의를 갖고 있기 때문이다. 사람들은 연령차별주의가 제도화되어 있고, 그러한 편견의 주된 대상인 노인들이 자신들에 대한 고정관념을 거의 사실로서 믿고 있으며, 그 결과 연령에 대한 고정관념을 갖는 것은 아무 것도 잘못된 것이 없다고 여기기 때문에, 연령차별주의를 잘 인식하지 못하고 있다(Nelson, 2009, pp. 431-432).

'노세 노세 젊어서 노세. 늙어지면 못 노나니'라는 오래된 노래 가사에서 볼 수 있는 바와 같이, 젊음은 좋은 것이고 늙음은 나쁜 것이라는 인식이 우리 사회 속에 거의 제도화되어 있다. 지금 많은 사람은 자신의 외모를 조금이라도 더 젊어보이게 만들기 위해 많은 돈을 투자하고 있다. 그런가하면 상당수 사람은 한 살이라도 더 젊었을 때에 하고 싶은 것을 다 해야 한다는 일종의 강박관념에 사로 잡혀 지내고 있는 가운데 노화 현상 및 노인에 대해 매우 부정적인 고정관념과 편견을 드러낸다.

최근 우리 사회의 인구 고령화 현상이 심각해짐에 따라서 노인 차별 및 학대 문제가 심각한 사회 문제로 대두하고 있다. 우리나라에서의 노인 문제는 경제적 빈곤 문제, 질병 문제, 역할 상실의 문제, 고독과 소외 문제, 노인 부양 문제, 노인 학대 문제, 황혼 이혼 문제, 노인 자살 문제 등과 같은 여러 가지 현상으로 나타나고 있으며(추병완, 2012a, p. 68), 특히 연령 범주화에 근거한 젊은 세대의 노인에 대한 차별 및 학대 문제는 우리 사회가 시급하게 해결해야 할 사회적 과제이다. 이에 이 장의 목적은 노인차별주의에 대한 문헌 분석을 통해 노인

차별주의에 대한 기존의 연구 결과들을 분석하고, 노인차별주의를 감소시키기 위한 도덕교육의 과제가 무엇인지를 학습 내용 및 교수 원리에 초점을 맞추어 밝히고자 한다.

1. 노인차별주의에 대한 이해

가. 노인차별주의의 개념 정의

인종이나 젠더와 마찬가지로 연령 또한 우리가 타인을 범주화할 때 사용하는 아주 원초적이고 자동적인 차원 가운데 하나다(Nelson, 2005, p. 207). 일반적으로 말해, 연령차별주의(ageism)는 연령에 근거하여 우리가 상대방에 대해 갖는 편견을 의미한다. 즉, 연령차별주의란 개인이나 집단의 지각된 연대기적 연령에 반응하는 감정·신념·행동을 의미한다(Levy & Banaji, 2002, p. 50). 사실 우리는 거의 모든 연령 집단에 대한 고정관념을 갖고 있다. 연령차별주의에 대한 일부 연구들이 아동과 청소년에 대한 부정적 태도와 고정관념을 다루고는 있지만, 대부분의 연구들은 주로 노인에 대한 편견을 다루는 데 초점을 맞추어 왔기 때문에, 연령차별주의를 노인차별주의로 해석해도 큰 무리가 없을 정도다.

노인차별주의라는 용어를 처음으로 사용한 버틀러(Butler, 1969, p. 243)는 단지 늙었다는 이유만으로 우리가 노인들을 향해 갖는 체계적인 고정관념 및 차별 행위를 일컬어 노인차별주의라고 불렀다. 노인차별주의는 젊은 세대들이 노인을 그들 자신과는 다른 사람으로 지각하고, 나아가 노인을 더 이상 인간으로서 여기지 않으려는 태도를 갖게 만든다(Sorgman & Sorensen, 1984, p. 118). 이렇듯 노인차별주의란 우리가 연령에만 근거하여 노인들을 향해 갖는 부정적 태도와 행동을 의미한다(Bousfield & Hutchison, 2010, p. 451). 우리가 어떤 사람을 늙었다고 지각하는 순간, 우리는 여러 분야에 걸쳐서 그 사람의 능력, 역량, 신념 등에 대한 지식을 가정한다. 그러한 가정들이 노인에 대한 부정적 고정관념에 근거할 때, 노인차별주의가 발생할 수 있다.

한편, 버틀러(Butler, 1980, p. 8)에 의하면 두 가지 유형의 노인차별주의가 존재한다고 한다. 유해한 노인차별주의(malignant ageism)는 노인을 향해 극단적인 혐오감을 드러내어, 노인을 무가치한 존재로 여기는 것을 의미한다. 온화한 노인차별주의(benign ageism)는 노화에 대한 자신의 두려움 때문에 편견과 고정관념을 통해 노인을 보고자 하는 경향을 의미한다.

노인차별주의에 관한 연구들은 주로 편견을 연구하는 심리학자들에 의해 미시적인 차원에서 연구되어 왔다. 심리학자들은 사회 행위자로서 노인차별주의자들이 보여주는 태도와 행동 및 그것이 피해자인 노인들에게 미치는 영향을 조사하였다(Hagestad & Uhlenberg, 2005, p. 350). 성차별주의나 인종차별주의에 비해 노인차별주의에 대한 연구는 활성화되지 못했으나, 최근 인구의 고령화 문제가 심각해짐에 따라서 노인차별주의에 대한 연구가 새롭게 각광을 받고 있다(Dozois, 2006, p. 2).

노인차별주의와 관련된 지금까지의 연구들은 다음의 몇 가지 사항들을 밝혀내었다(Nelson, 2007, pp. 44-45). 첫째, 노인 편견이 실제로 존재하며, 그것은 다면적이다. 사람들은 개별 노인에 대해 다양하면서도 종종 모순적인 태도를 갖고 있다. 둘째, 노인차별주의는 죽음에 대한 문화적 관점과 연관되어 있다. 또한, 노인차별주의는 직장에서의 변화, 이동성, 속도에 강조점을 두고 있는 문화와도 깊은 관련을 맺고 있다. 그런 특성들을 강조하는 사회일수록 노인을 경쟁력이 없는 존재로 생각하여 사회에 대한 부담으로 간주하는 경향이 강하다. 셋째, 노인차별주의는 상당히 제도화되어 있다. 대부분의 사회는 젊음, 이동성, 변화를 강조하고 있으며, 죽음에 대한 은연중의 두려움과 공포는 노인들에 대한 차별과 학대를 유발한다. 넷째, 노인차별주의적인 행동은 신체적·정신적으로 고도의 기능을 갖고 있는 노인들에게만 공격적이고 무례한 것으로 지각되고 있다. 신체적·정신적 결함을 가진 노인들은 젊은 세대의 차별 행동이 노인과 젊은 세대 간의 도움 관계를 소통시켜 준다고 믿는 경향이 있다. 그리고 노인차별주의적인 행동이라고 할지라도 그러한 소통이 자신들에게 위안이 된다는 생각을 갖고 있다.

나. 노인차별주의의 역사와 원인

역사적으로 볼 때, 노인들이 항상 젊은 세대에게 부정적으로 인식된 것은 아니었다. 동서양을 막론하여 역사상 노인들은 존중의 대상이었으며, 그들이 살고 있는 마을이나 지역에서 상당한 권력과 영향력을 행사하고 있었다. 넬슨(Nelson, 2009, p. 35)에 의하면 역사적으로 볼 때 두 가지 중요한 사건이 노인차별주의를 초래했다고 한다. 하나는 인쇄 기술에 의한 출판의 시대가 열리게 됨에 따라서 노인에 대한 지각이 달라진 것이다. 이전에는 소수 노인들의 영향력 하에 있었던 수많은 정보와 기억들이 대량 출판을 통해 모든 사람에게 전해지는 것이 가능해짐으로써 노인에 대한 의존 및 노인에 대한 젊은 세대의 인식이 획기적으로 변화했다. 다른 하나의 사건은 산업혁명이다. 산업혁명을 통해 젊은 세대들이 일자리를 얻기 위해 가정이나 근거지를 떠남으로써 노인에 대한 인식에 있어서 커다란 변화가 생긴 것이다. 젊은 세대는 노인들을 가계에 크게 기여하지 못하는 일종의 짐으로 생각하기 시작했다. 또한 산업혁명 이전에는 전통과 안정성이 매우 중시되었다. 그러나 산업혁명 이후에는 변화가 중시되었다. 직장의 요구에 자신의 기능을 적응시키는 능력, 가족 성원 가운데 몇 명을 골라 일자리가 있는 곳으로 이동하는 것이 가족의 생존에 있어서 매우 중요한 요인으로 여겨지게 된 것이다. 또한 산업혁명과 함께 능력보다는 연령에 근거한 강제적인 퇴직 제도가 도입되어 나이가 많은 사람들은 생산 활동으로부터 배제되기 시작했다. 이러한 현상은 특히 20세기에 들어와 노인을 무능력하고 비생산적인 존재로 바라보는 관점을 낳게 하였다(Dozois, 2004, p. 4).

사회 구조적 관점에서 노인차별주의의 원인을 찾으려는 학자들은 대부분 넬슨의 견해에 동의하면서도 다음의 두 가지 사항을 첨가한다. 하나는 의료 기술의 발전이고, 다른 하나는 연령 분리(age segregation)이다. 의료 기술의 발전은 인간의 수명을 연장시켜 줌으로써 노인 인구가 급증을 초래하였고, 이에 따라 무능력하고 비생산적인 노인들은 일종의 사회적 부담으로 여겨지게 되었다. 사람들은 비생산적인 노인 인구의 급증에 두려움을 갖기 시작했으며, 이에 따라 사회적 부담이 되는 노인에 대한 부정적 태도와 행동이 증가하게 된 것이다(Cuddy, Norton & Fiske, 2005, pp. 273-274).

한편, 사회학자들은 현대 고령화 사회의 연령 분리가 노인차별주의를 초래했다고 본다. 현대 사회에서 인간은 세 가지의 삶의 경로, 즉 준비와 교육, 가족 형성과 노동, 퇴직을 경험하게 되어 있다. 개인의 삶의 궤적을 사회적으로 강제 분리시킨 것은 서로 다른 삶의 경로에 있는 사람들을 제도적·공간적·문화적으로 분리시키는 결과를 초래한다. 연령 집단에 따라 삶의 경로를 분리시키는 현대 사회의 연령 분리는 노인들을 생산과 유용한 기여로부터 배제하고, 의미 있는 사회적 상호작용을 위한 기회를 제한함으로써 '우리'와 '그들'이라는 단순한 구분을 넘어설 수 있는 인간을 능력을 가로막는다. 노인차별주의는 현대 사회의 이러한 연령 분리에 따른 당연한 결과인 것이다(Hagestad & Uhlenberg, 2005, p. 346).

노인차별주의는 이렇듯 사회구조적 변화의 산물이다. 이제 우리의 관심을 돌려 사람들이 노인에 대한 부정적 고정관념이나 차별을 하게 되는 심리적 요인들에 대해 살펴보기로 하자. 노인차별주의는 여타의 편견들과 마찬가지로 여러 가지 심리적 요인들의 산물이다. 하지만 젊은 세대에 의한 노인 차별은 매우 독특한 특성을 갖고 있다. 예를 들어, 우리가 인종차별이나 성 차별을 하는 경우, 그것은 차별의 대상이 되는 사람들이 우리와는 다른 피부색이나 성을 가졌기 때문이다. 하지만 노인 차별의 경우 우리도 언젠가는 차별의 대상인 노인이 된다는 점에서 여타의 차별과는 독특한 특성을 갖는다(Martens, Goldenberg & Greenberg, 2005, p. 223). 그렇다면 사람들은 왜 우리도 머지않아 속하게 될 집단의 성원들인 노인들을 그토록 차별하는 것일까?

오늘날 이 질문에 대한 가장 설득력 있는 해명은 노인차별주의가 주로 우리가 갖고 있는 노인 공포(gerontophobia), 즉 노인을 향한 비합리적 공포나 증오 혹은 적대감으로부터 기인한다는 것이다(Nelson, 2009,

p. 435). 젊은 세대들이 노인을 두려워하는 이유는 무엇인가? 이것을 이해하기 위해 우리는 공포 관리 이론(terror management theory)을 살펴볼 필요가 있다. 공포 관리 이론은 문화인류학자인 베커(Ernest Becker)의 저술에 근거를 두고 있다. 베커는 우리 인간도 동물과 마찬가지로 생존을 위한 생물학적 성향을 갖고 있다고 보았다. 그러나 인간은 동물과 달리 자신이 죽을 것이라는 사실을 깨달을 인지적 능력을 갖고 있다. 인간에게 있어서 죽음의 필연성을 인지하는 것은 심한 불안을 야기한다. 이러한 불안을 경감하기 위해 인간은 공유된 신념체계나 문화적 세계관에 매달리게 된다. 인간의 문화적 세계관은 우리가 어디에서 왔고, 무엇을 해야만 하는지 등과 같은 실존적 질문에 대한 해답을 제공하고, 생명의 유한성으로 인한 불안을 완충시켜주는 자존감을 제공한다 (Popham, Kennison & Bradley, 2011, p. 752에서 재인용).

베커의 아이디어에 근거한 공포 관리 이론에 의하면, 문화와 종교는 우리의 실존에 질서와 의미를 부여하는 대표적인 창조물이며, 그것들은 우리 자신은 유한한 존재이고 우리의 삶은 외견상 무작위적인 본질을 갖고 있다는 두려운 생각을 하는 것으로부터 우리 자신을 보호해 준다. 자존감은 우리가 이 세상에서 하나의 위상과 목적을 갖고 있다는 믿음으로부터 생긴다. 공포 관리 이론에 의하면, 이러한 자존감은 인간 생명의 유한성에 대한 생각과 연합되어 있는 불안을 막아주는 완충 역할을 수행한다. 간단히 말해, 공포 관리 이론은 죽음은 인간의 정신에 유력한 위협을 표상하는 것이기에, 인간은 이러한 위협에 맞서기 위해 문화적 신념 체계에 매달려 자존감을 유지하려는 시도를 한다고 가정한다.

공포 관리 이론은 노인에 대한 우리의 부정적인 반응에 중요한 역할을 수행하는 심리적 요인들을 분석하는 데 매우 효과적이다(Martens, Goldenberg, & Greenberg, 2005, pp. 227-229). 첫째, 죽음에 대한 위협이다. 노화는 우리가 죽음에 다가서는 과정이기에 개별 노인들은 인간 생명의 유한성을 입증하는 직접적인 단서로서 기능한다. 따라서 어떤 사람이 아주 나이가 많은 노인을 보게 될 때, 그 사람은 언젠가는 나도 저 노인처럼 늙어서 죽음을 맞이하게 될 것이라는 생각을 하게 된다. 따라서 노인은 우리가 피할 수 없는 죽음을 표상해 주는 아주 직접적이면서도 위협적인 대상인 셈이다.

둘째, 동물성(animality)의 위협이다. 노인과 죽음이라는 직접적인 연상에 덧붙여, 우리는 노화가 육체의 쇠잔을 상징한다는 비교적 직접 관련성이 적은 연상을 갖게 된다. 노인들이 조우하게 되는 육체적 질병은 우리가 사실상 신체적 피조물이며 죽음에 아주 취약한 존재라는 사실을 자명하게 만들어 준다. 특히 자신의 몸도 제대로 가누지 못하는 노인들을 보게 되는 것은 우리로 하여금 육체에 대한 정신의 우위를 믿었던 우리의 신념을 무색하게 만든다. 따라서 우리 인간도 늙으면 결국 동물과 다를 바 없다는 위협을 느끼게 되는 것이다. 또한 노인의 퇴화된 육체는 성적으로 무능한 남성 혹은 성적 매력이 없는 여성 등과 같은 고정관념이 생기게 한다. 이렇듯 노인은 죽음을 생각나게 하는 것에 덧붙여, 퇴화한 육체와 그에 수반된 고정관념을 통해 우리의 육체적·동물적 본성을 표상하게 된다.

셋째, 무의미(insignificance)의 위협이다. 노인은 우리가 문화적 기준의 획득을 통해 자존감을 고양하려는 우리의 능력에 대한 확신을 훼손시키는 역할을 수행한다. 앞서 말했듯이, 자존감은 죽음과 관련된 불안에 대한 완충 역할을 수행하기 때문에 매우 중요하다. 사람들은 노화하면서 정신적 능력, 육체적 아름다움, 작업 생산성, 역량, 힘, 민첩성 등이 모두 서서히 쇠퇴한다는 믿음을 갖고 있다. 자존감의 토대가 남녀에 따라 다소 다를 수 있다 할지라도, 젊은 사람들이 노화하면서 감소하게 되는 속성들로부터 자신의 자존감을 찾는다면, 노인들은 그들이 만든 자존감의 토대가 일시적이고 덧없는 것에 불과하다는 것을 깨닫게 해 주는 표상이 된다. 따라서 노인은 이제껏 우리가 인간의 유한성에 대한 불안에 맞서기 위해 만든 주된 보호 장치인 상징적인 자존감을 유지해 온 수단들을 상실하게 될 것이라는 불안을 유발시키는 주된 요인이 된다.

이렇듯 공포 관리 이론은 우리 인간이 의미와 가치 기준의 상징적 구성을 통해 죽음이라는 인간의 취약성과 결부된 심층적인 공포를 관리해 나간다고 본다. 공포 관리 이론에 의하면, 우리는 노인을 통해 죽음은 피할 수 없는 것이고, 신체는 퇴화하며, 우리가 찾았던 자존감의 토대들은 덧없는 것이라는 사실을 인식하게 된다. 이렇듯 노인들은 젊은 세대들에게 인간 생명의 유한성을 상기시켜 주기 때문에, 젊은 세대들은 부정적 감정을 노인들과 연합시키게 된다. 죽음과 관련된 공포와 불안은 젊은 세대로 하여금 노인들이 겪고 있는 고통은 그들이 노화한 탓이라고 치부해 버린다. 이렇게 함으로써 젊은 세대들은 자신들 역시 노화할 것이라는 생각을 거부할 수 있게 되는 것이다. 노인을 비난하고, 고정관념을 갖고 대하며, 경멸스럽게 대함으로써 젊은 세대들은 스스로를 기만하여 자신들은 결국 죽지 않을 것이라는 신념을 갖게 된

다. 노인의 가치와 인격을 손상시키고 훼손하는 일련의 행동들은 노인
에 대한 부정적인 편견을 더욱 증가시켜 노인차별주의적인 행동을 하도
록 만든다. 젊은 세대가 죽음에 대해 갖는 불안이 크면 클수록 노인차
별주의적인 행동을 할 가능성은 그만큼 커지게 된다.

2. 노인차별주의의 실상

가. 노인에 대한 태도와 고정관념

오늘날 노인차별주의적 태도는 한국 사회 전역에 걸쳐 만연해 있다.
가족, 사회적 영향력, 각종 매스 미디어, 문학 작품 등은 아동들에게
노인에 대한 부정적 정보와 생각들을 제공하는 가장 일차적인 동인이
다. 아동기에 있어서 노인 및 전반적인 노화 과정에 대한 차별적 태도
의 발달은 아동이 관찰하는 정보와 사례로부터 시작된다. 아동에게 있
어서 부모를 비롯한 여타의 성인 가족 성원들은 노화에 대한 일차적인
정보원 역할을 수행한다. 아동은 가족 성원들이 노인을 대하는 태도를
관찰하여 학습하며, 이것은 노인에 대한 아동의 지각에 큰 영향을 미
친다. 언어, 유머, 다양한 형태의 매스 미디어, 책과 TV 역시 노화 및
노인에 대한 정보를 아동에게 제공한다. 그러므로 아동기에 있어서 노
인에 대한 부정적 태도의 발달은 전체로서의 사회에 만연해 있는 노인
에 대한 감정을 그대로 반영한다고 볼 수 있다(Gilbert & Rocketts,
2008, p. 571).

노인에 대한 아동의 태도를 조사한 고전적인 국외 연구 결과에 따르

면(Murphey & Myers, 1982, pp. 283-284), 모든 연령의 아동은 노인에 대한 제한된 지식 및 접촉 기회를 갖고 있고, 그들 자신이 늙는 것에 대해 긍정적인 반응을 거의 보이지 않으며, 대부분이 노인을 부정적으로 지각하는 것으로 나타났다. 초등학생들은 상이한 연령대의 남성을 묘사한 사진들 중에서 가장 나이가 많은 사람을 식별해낼 수 있으며, 연령의 증가에 따라서 노화에 대한 아동의 개념은 점차 정확성이 커지는 것으로 나타났다. 또한, 연령에 대한 아동의 개념은 피아제의 보존 점수와 높은 상관관계를 보여주고 있는 것으로 나타났다.

이후 연구자들은 여러 가지 방법을 활용하여 노화에 대한 아동의 이해가 연령 증가에 따라 발달한다는 것을 입증해 주었다. 연령이 증가함에 따라서 아동은 노인을 더욱 잘 인식하게 된다. 즉, 아동은 연령이 증가함에 따라서 젊은 성인과 노인을 정확하게 구별할 수 있는 능력을 갖추게 된다. 하지만 연령의 증가에 따라 노인에 대한 아동의 부정적 고정관념도 더 증가한다. 연구 결과에 의하면, 3세 무렵부터 아이들은 이미 노인에 대해 부정적인 생각을 갖기 시작한다고 한다. 5세 무렵에 아이들은 노인에 대한 부정적인 태도를 갖게 되며, 8세 무렵에는 노인 및 노화에 대해 제대로 정의된 부정적인 개념을 갖게 된다고 한다(Gilbert & Rocketts, 2008, p. 572). 아동은 특히 주름, 흰머리, 틀니 등과 같은 노인들의 신체적 속성에 대해 적대감을 갖는 경우가 매우 많으며, 이러한 부정적 관점은 부모, 매스 미디어, 또래집단과의 접촉을 통해 아주 이른 시기에 사회화된다(Sorgman & Sorensen, 1984, p. 119). 또한 아동은 나이가 듦에 따라 자신들도 늙는다는 것에 대해 대부분 부정적인 생각을 갖고 있으며, 노인과의 접촉이 적은 아동일수록 노화 과정 및 노인에 대해 고정관념과 그릇된 생각을 갖게 된다.

노인차별주의는 노인에 대한 고정관념적 태도와 신념의 총화에서 비롯되며, 그러한 신념은 긍정적인 것과 부정적인 것을 모두 포함하고 있다. 고정관념 내용 모델(stereotype content model)은 특정 집단이 한 사회에서 어떻게 분류되고, 그 구성원들이 어떤 유형의 편견에 연루되는지를 기술하고 예측하는 데 큰 도움을 준다. 고정관념 내용 모델은 온정(warmth)과 유능(competence)이라는 두 차원과 그것의 높고 낮음을 활용하여 모두 네 가지 유형의 집단 유형을 제시한다. 온정적이고 유능한 집단(예: 내집단, 친밀한 동맹)은 자부심과 감탄을 유발한다. 온정적이나 무능한 집단(예: 주부, 노인)은 연민과 동정심을 유발한다. 차가우나 유능한 집단(예: 동양인, 유태인)은 질투와 시기심을 유발한다. 차갑고 무능한 집단(예: 복지 수혜자, 빈곤층)은 혐오, 화, 적개심을 유발한다. 고정관념 내용 모델에 따른 조사 결과에 의하면, 노인은 온정적이지만 무능한 사람으로 지각된다고 한다(Cuddy, Norton & Fiske, 2005, p. 269).

팔모어(Palmore, 1990)는 노인에 대한 대표적인 부정적 고정관념과 긍정적 고정관념을 제시한 바 있다(Dozois, 2006, pp. 7-8에서 재인용). 먼저 부정적 고정관념은 질병, 무능, 추함, 정신적 쇠약, 정신 질환, 무용성, 고독, 빈곤, 절망이다. 다른 학자들은 노인에 대한 고정관념으로 엄격, 구시대적임, 비생산성, 외로움 등을 추가한 바 있다. 그런데 이러한 부정적 고정관념들은 남성보다는 여성과 더욱 강력하게 연합되어 있는 것으로 나타난다. 즉, 여성 노인들은 노인에 대한 일반적 고정관념과 더불어 성 차별적인 고정관념이라는 이중적 기준에 의해 남성 노인에 비해 더 부정적으로 인식되는 경우가 많다. 한편 노인에 대한 긍정적인 고정관념은 친절, 지혜, 의존 가능성, 유복, 정치적 권력, 자유, 영원한 청춘, 행복이다.

이렇듯 노인에 대한 고정관념은 다양한 측면으로 구성되어 있고, 긍정적인 것보다는 부정적인 것이 훨씬 많으며, 다소의 개인차가 있기는 하지만 많은 측면에서 사람들은 노인에 대해 동일한 고정관념을 갖고 있는 것으로 밝혀졌다. 아동들이 노인들에 대해 갖고 있는 고정관념의 실태에 관한 국내의 연구는 아직 보고된 바 없으나, 대학생들을 대상으로 한 연구 결과를 놓고 볼 때, 긍정적인 고정관념에 비해 부정적인 고정관념이 훨씬 많다는 것을 확인할 수 있다. 우리나라 대학생들이 노인에 대해 갖고 있는 부정적 고정관념 특성에는 생활 감각이 부족한, 자기중심적인, 폐쇄적인, 삶에 지친, 비생산적인, 비관적인, 위축된 등이 포함되어 있다(이영숙·박경란, 2003, p. 96).

나. 노인 차별 및 학대의 실태

노인차별주의적인 행동은 크게 보아 다음의 세 유형으로 구분할 수 있다(Dozois, 2006, p. 11). 첫째, 노인을 소외·무시·배제하거나 대변하지 않는 행동이다. 일례로 의사가 노인 환자를 진료하는 데 시간을 적게 활용하거나 노인 환자를 잘 받지 않으려는 행동, 양로원의 직원들이 노인을 무시하는 행동을 하거나 노인의 독립성을 강화시키려고 하지 않는 경우, 대중매체에서 노인을 잘 대변하지 않는 행동 등이 이에 속한다. 둘째, 젊은 성인에 비해 노인들에게 더 적극적이고 보호적인 행동이다. 예를 들어, 노인 우대를 위한 입법, 노인 의료 보장, 대중 매체에서 노화에 대한 긍정적인 고정관념의 표현 등이 이에 속한다. 셋째,

부정적이거나 명백하게 해로운 행동이다. 예를 들어, 대중 매체에서 노화에 대한 부정적인 이미지 표출, 진료에 대한 상이한 접근, 고용 및 주거 거부, 유아어의 사용, 노인 학대 등이 이에 속한다.

우리 사회의 노인 차별이 어떤 양상으로 어느 정도 만연해 있는지를 전체적으로 파악할 수 있는 경험 연구는 매우 부족한 상태이다. 김욱(2003, pp. 31-32)은 노인 차별의 실태 및 관련 요인에 관한 탐색적 조사 연구를 통해 응답자의 86.2%가 최소 한 가지 이상의 노인 차별을 경험한 것으로 나타나고 있다고 보고한 바 있다. 노인 차별 경험이 높은 영역은 '의사나 간호사가 나의 병이 나이로 인한 것이라고 추정함', '타인이 당신을 그 일을 하기에 너무 늙었다고 말함', '나이로 인하여 선심을 받는 대상이 되거나 낮추어서 대우함', '타인이 내가 나이 때문에 잘 이해하지 못할 것이라고 추정함', '나이로 인하여 무시당하거나 중요하게 받아들여지지 않음', '타인이 내가 나이 때문에 잘 듣지 못할 것이라고 추정함', '나이로 인하여 고용을 거절당함' 등의 순으로 나타났다. 이렇듯 우리 사회의 노인들이 주로 경험하는 노인 차별의 유형은 노령으로 인한 신체적 상황과 관련하여 일어나는 어려움과 사회생활을 하는 데 있어서 무시를 당하거나 적절한 대우를 받지 못하는 상황, 그리고 취업 등에서의 어려움이라고 말할 수 있다.

한편, 우리 사회의 노인들은 단순한 차별의 대상을 넘어서서 학대의 대상이 되고 있기도 하다. 일반적으로 노인 학대(abuse)란 노인에 대하여 신체적·정신적·정서적·성적 폭력 및 경제적 착취 또는 가혹 행위를 하거나 유기 또는 방임을 하는 것을 의미한다. 노인 학대는 그 방법에 따라 크게 신체적 학대, 정서적 학대, 경제적 학대, 방임(neglect)에 의한 학대로 구분된다(김미혜·권금주·임연옥·이연호, 2006, pp. 821-822). 신체적 학대는 노인에게 구타나 폭력을 사용하여 육체적인 해를 가하는 것을 뜻한다. 정서적 학대는 노인을 의도적으로 자주 구박·무시·방해·비난·소외·격리하는 등의 유무형의 방법으로 심기를 불편하게 하거나 괴롭히는 것을 의미한다. 경제적 학대는 노인 소유의 재산을 노인자신의 의지와 상반되게 불법적으로 이용하거나 경제적으로 착취하는 것을 지칭한다. 끝으로, 방임에 의한 학대는 노인들이 신체적·정신적으로 건강을 유지하는 데 필요한 조치를 해 주지 않는 것으로 노인을 통제하거나 영향을 주기 위한 수단으로 고의적으로 행하는 방임을 의도적 혹은 적극적 방임이라고 하며, 의도적이지는 않았으나 그 의무를 소홀히 함으로써 방임이 발생한 경우 이를 소극적 방임이라고 한다.

보건복지부에서 실시한 전국가정폭력실태조사의 전체 조사 대상 9,846명 중 65세 이상 노인 2,325명을 대상으로 노인 학대 실태를 조사한 결과에 의하면, 노인 학대 발생율은 6.0%로서 아직까지는 부부 폭력이나 아동 학대에 비해 낮은 수준이다. 노인 학대 유형별로는 정서적 폭력(5.2%), 방임(2.3%), 경제적 폭력(0.2%)의 순으로 나타났으며, 성별로는 남성 노인보다는 여성 노인의 노인 학대 발생율이 높았으며, 고연령층·저학력층일수록 그리고 무배우자일수록 노인 학대 발생율이 높은 것으로 나타났다. 하지만 노인 학대에 대한 사회 전반적인 인식 부족과 함께 우리나라의 사회문화적 특성상 노인 학대의 심각성이 은폐되었을 가능성이 더 크기 때문에 노인 학대가 보다 장기화·잠재화될 가능성이 높다(조애저, 2008, pp. 16-17). 특히 가족의 수치스러운 부분이나 갈등이 밖으로 노출되는 것을 금기시하는 우리의 사회문화적 풍토는 노인 학대가 보다 장기화·잠재화될 가능성이 있음을 잘 보여준다.

한편, 노인 차별이나 학대 행위에 대해 대부분 노인은 대응하지 않거나, 끝날 때까지 참거나, 무조건 피하는 등의 소극적인 대응에 머물고 있는 상태다. 차별이나 학대 행위의 부당함에 정면으로 맞서거나 주위의 도움을 요청하는 것과 같은 적극적 행동을 보이는 노인은 아주 극소수에 불과하다(조애저, 2008, p. 29). 우리 사회의 고령화 현상이 급속하게 진행되고 있음에 비추어 볼 때, 향후 노인 차별 및 학대 현상이 발생할 가능성은 더 커지고 있다. 이제 우리는 노인차별주의 문제를 개인적인 문제나 가정 내적인 문제로 간주하여 은폐하거나 방치하지 말고 하나의 사회 문제로 인식하고, 그것에 맞설 수 있는 다양한 대응책을 마련하여 노인들이 스스로의 인격적 존엄성을 유지하는 가운데 인간다움 삶을 영위할 수 있도록 해야 할 것이다.

3. 노인차별 의식 감소를 위한 반편견교육 원리

지금까지 노인차별주의의 개념, 역사와 원인, 그 실상에 대해 살펴보았다. 노인들에 대한 아동의 태도는 긍정적인 것과 부정적인 것을 모두 포함하고 있기에 매우 복잡한 문제이다. 오늘날의 노인들은 이전 시대의 노인들에 비해 교육 수준이 높고, 부유하며 더 활동적인 모습을 보여주는 것이 사실이지만, 아동은 여전히 노화 및 노인에 대한 부정적인 고정관념 내용을 상당히 많이 가지고 있다. 아동은 아픈, 피곤한, 추한, 무력한, 완고한, 노쇠한 등과 같은 부정적 표현의 용어들을 신체적 노화와 연합하여 생각하고 있으므로, 노화 및 노인에 대한 지각을 변화시키려는 교육적 시도는 빠르면 빠를수록 좋다. 이에 여기서는 노인차별주의를 감소시키기 위한 도덕과교육의 과제를 학습 내용과 교수 원리에 초점을 맞추어 살펴보고자 한다. 태도 변화와 관련된 기존의 연구들은 또래와의 논의, 태도 대상과의 직접적인 경험, 지식과 정보의 획득이 태도를 변화시키는 데 있어서 효과적인 교육 방안임을 제시해 준다(Aday, Aday, Arnold & Bendix, 1996, p. 40). 이를테면, 노화에 대해 논의하고, 노인과 상호작용을 경험하며, 노화에 대한 새로운 지식과 정보를 습득하도록 하기 위한 프로그램에 참여한 10대 청소년들의 노화 및 노인에 대한 태도는 매우 긍정적인 변화를 보여주었다.

이렇듯 아동과 노인 간의 접촉과 상호작용은 노인에 대한 고정관념과 태도를 감소시켜주는 매개 요인이지만, 그러한 접촉과 상호작용의 결여는 부정적 고정관념과 태도를 존속시키는 요인이 된다. 시펠트(Seefeldt, 1987, pp. 231-232)는 네 가지의 구성 요인, 즉 집단 간의 동등한 지위, 친밀한 접촉, 두 집단 모두에게 유쾌하고 보상을 가져다주는 접촉, 두 집단이 모두 목표 달성에 관여하고 중요한 활동에 참여하는 것과 같은 기능적 상호작용이 존재할 때에 세대 간 프로그램이 노인에 대한 아동의 고정관념과 태도를 변화시키는 데에 효과적이라는 사실을 밝혀내었다. 이후 학자들의 계속된 연구를 통해 노인에 대한 긍정적 태도를 형성함에 있어서 이러한 접촉 조건들이 매우 중요하다는 사실이 계속 입증되었다(Schwartz & Simmons, 2001, p. 128). 즉, 세대 간 프로그램에 참여하는 두 집단 간의 동등한 지위 접촉 및 자발적 참여, 잠재적 친교를 위한 통로, 협동과 상호 의존성, 고정관념의 부당성을 확인할 수 있는 접촉이 이루어질 때 아동의 노인에 대한 편견과 고정관념을 감소시킬 수 있다.

하지만 연령 분리적인 우리 사회의 특성 및 교실 상황을 고려하여 볼 때, 아동과 노인과의 직접적인 상호작용의 마련하여 제공하는 것은 그리 용이한 일이 아니다. 또한 도덕과 수업을 통해 경로효친의 덕목을 가르치는 것만으로 노인에 대한 편견과 차별이 저절로 감소할 것이라는 기대를 하는 것도 무리다. 이에 여기서는 반편견교육에 관한 도덕과 수업 상황에서 교사가 아동의 노인차별주의적 의식과 태도를 긍정적으로 변화시키기 위한 학습 내용 및 교수 원리들을 제안하고, 그것을 정당화하는 데 초점을 맞출 것이다.

가. 노화 과정 및 노인에 대한 객관적 지식의 제공

노인에 대한 학생들의 부정적 고정관념을 감소시키기 위해서는 무엇보다도 노화 과정 및 노인에 대한 객관적 지식 및 정보를 제공해 주어야 한다. 왜냐하면 노인에 대한 정보 및 지식이 부족한 학생일수록 노인에 대한 부정적 고정관념 및 사회적 거리감의 수준이 매우 높기 때문이다. 노화 과정 및 노인에 대한 정확한 지식 및 정보의 제공은 학생들이 노인에 대해 갖고 있는 부정적 고정관념이나 오개념을 대체시켜 줄 수 있다. 노화의 과정 및 그것이 개인의 완성과 삶의 질에 함의하는 사항에 대한 심층적 이해는 학생들에게 있어서 매우 중요한 것이다. 왜냐하면 노화는 사회 구성원으로서의 학생들 역시 자신들의 생애 주기에서 언젠가는 반드시 직면하게 될 문제이기 때문이다. 학생들이 언젠가 직면할 자신의 노화를 긍정적으로 파악하고, 노인을 사회 속의 다양한 사람들의 집합으로 인정하고 존중할 때, 그들은 장차 자신의 잠재력을 실현할 수 있을 뿐만 아니라 노인차별주의라는 사회 문제를 극복할 수 있기 때문이다.

생명공학 기술의 획기적 발전에도 불구하고, 노화는 인간에게 있어서 하나의 생물학적 필연 현상이다. 우리는 늙을 수밖에 없는 존재이며, 우리는 결코 노화를 피할 수 없다. 따라서 우리는 노화를 우리가 맞서 싸워 극복해야 할 대상이 아니라 오히려 죽을 때까지 우리와 함께해야 할 일종의 반려로 여길 수 있어야 한다. 또한 노년기는 죽음에 임박한 삶의 정리 시기가 아니라 새로운 나를 만들어 가는 끝없는 과정으로 인식할 수 있어야 한다. 청소년기, 성인기와 마찬가지로 노년기에도 우리는 삶의 의미 파악 및 의미 구성을 위해 노력하는 가운데 자신만의 독특한 삶의 내러티브를 만들어 나간다. 따라서 우리는 학생들이 노년기를 삶의 정체기 혹은 쇠퇴기로 보는 것에서 탈피하여, 노년기 역시 세상과 나의 역동적인 상호작용이 계속되는 가운데 삶의 의미를 능동적으로 창조하는 가치 있는 시기라는 점을 인식할 수 있게 해 주어야 한다.

현재 도덕과에서는 노인차별주의의 문제점을 해결하는 데 필요한 학습 내용이 매우 제한적으로 다루어지고 있으며, 초등학교에서 다룬 내용이 중·고등학교에서 보다 심화된 형태로 취급되고 있지도 않다. 또한 노인 공경의 문제를 주로 가정생활의 문제에 국한시키고 있으며, 전체 사회생활에서의 노인에 대한 공경과 존중의 문제로 확산시키지 못하는 한계를 드러내고 있다. 아울러 노인차별주의를 심각한 사회 문제의 차원에서 직접적으로 다루고 있지 않으며, 가족 성원 간의 마땅한 도리로서의 노인 공경을 강조하는 우회적 입장을 취하고 있다. 따라서 노화 과정 및 노인에 대한 정확한 지식과 정보를 제공할 수 있는 학습 내용 그리고 노인차별주의의 심각성과 폐해를 드러낼 수 있는 학습 내용, 노인 존중의 태도를 강화시킬 수 있는 학습 내용이 교육과정에 새롭게 추가될 필요가 있다.

나. 역(逆)고정관념과 상위 범주의 활성화

노인차별주의는 노인에 대한 고정관념적인 태도와 신념에서 비롯된다. 따라서 노인차별주의를 감소시키기 위해서는 노인에 대한 부정적 고정관념을 극소화하고, 긍정적 고정관념을 극대화시켜야 한다 (Gilbert & Ricketts, 2008, p. 578). 따라서 도덕과 수업에서는 노인에 대한 부정적 측면보다는 긍정적 측면의 고정관념에 초점을 맞출 필요가 있다. 우리 사회의 노인차별주의는 늙어 빠진 노인, 무능력한 노인, 주책을 떠는 노인, 시대에 뒤떨어진 노인, 노망을 부리는 사람 등과 같은 노인 표현 담론에 잘 드러나 있다(김문영, 2000, p. 517). 이러한 표현들은 육체적으로 늙고 정신적으로 뒤떨어져 있음을 강조하면서 노인에 대한 부정적 관념을 형성하고 있으며, 학생들은 아주 어린 시기부터 이러한 부정적 고정관념 내용에 쉽게 노출되고 있다.

집단과 특성 간의 연결은 고정관념의 기본 요소이다. 노인에 대한 부정적 고정관념의 해소에 있어서 교사는 집단 노드와 긍정적 특성 간의 연결을 강화함으로써 부정적인 고정관념을 감소시킬 수 있다. 집단 노드와 긍정적인 특성이 연결되면, 학생들이 노인을 떠올릴 때마다 긍정적인 고정관념이 자동적으로 활성화될 수 있기에, 부정적 고정관념을 감소시키는 데 있어서 매우 효과적이다. 달리 말해, 역고정관념을 활성화하는 것은 학생들이 제대로 인식하지 못하고 있는 노인에 대한 새로운 긍정적인 고정관념을 만들어 이전의 부정적인 고정관념을 변화시키는 방법이다. 이를테면 교사는 학생들에게 긍정적 역고정관념(예: 노인이 직장에서 열심히 일하고 있는 모습)을 활성화시킴으로써 노인 집단에 있어서 이례적인 사례로 여겨졌던 고정관념 불일치 인물(예: 활기 있고 유능한 노인)에 대한 인상을 더 긍정적인 사례나 전형으로 인식하게 함으로써 노인에 대한 부정적 고정관념에서 탈피할 수 있도록 만들 수 있다.

이와 비슷하게 위계 상 낮은 범주를 상위의 범주로 대체하는 것이 고정관념의 영향을 감소시키는 보다 효과적인 방법이 될 수도 있다(김혜숙, 1999, p. 23). 상위 집단 범주를 환기시키면, 외집단 성원들이 보다 포괄적인 내집단 성원이 된다. 즉, 상위 범주(우리 혹은 인간)를 활성화시키는 것은 하위 범주(노인)에 대한 활성화에 비해 편견적인 반응을 줄일 수 있다. 따라서 교사는 학생들이 노인들을 지각함에 있어서 '우리'와 '그들'이라는 이분법적 논리에서 탈피하여 우리 가족의 중요한 성원, 우리 사회의 경험 많은 구성원 등과 같은 보다 상위의 범주를 활용하여 노인을 지각할 수 있도록 해 주어야 한다.

다. 다양한 대리 경험의 활용

직접 경험이 우리 스스로의 경험 속에서 얻는 것이라면, 대리 경험은 다른 사람에게 어떤 일이 일어났는지를 성찰해 봄으로써 얻는 것이다. 비록 우리가 북극 지방에 직접 가서 개썰매를 타보지 못했을지라도, 우리는 북극 탐험에 관한 영상물을 보거나 책을 읽어 봄으로써 그 경험이 어떤 것인지에 대해 많은 것을 배울 수 있다. 이것이 바로 대리 경험이다(Sleeter & Grant, 2007, p. 99). 대리 경험은 사회적 거리를 줄여 주고, 공감 능력을 발달시킬 수 있다. 대리 경험은 현실의 상징 활용을 통한 접촉을 촉진하는데, 교실 수업 상황에서 활용 가능한 대리 경험에는 역할놀이, 사회극, 문학과 영상물을 통한 접촉 등이 있으며, 학생들은 이를 통해 노화 및 노인에 대한 다양한 정보들을 대리적으로 접할 수 있다. 예를 들어, 학생들이 비좁은 거처에서 외롭게 생활하는 독거노인의 역할을 연기할 때, 그들은 독거노인들이 직면할 수 있는 문제를 발견하고, 그들에 대한 고정관념을 재평가할 것이다. 이렇듯 노화 및 노인에 대한 다양한 대리적 경험의 기회를 제공하는 것은 학생들로 하여금 이전의 부정적인 태도와 감정 사이에서 모순을 경험하게 함으로써, 인지적 부조화를 유발하고 그것은 결국 노인에 대한 부정적인 태도를 감소시키는 데 도움을 준다.

또한, 학생들로 하여금 자신의 노화에 대한 이미지를 형성해 보게 하는 것도 노화 및 노인의 태도를 긍정적으로 변화시키는 데 있어서 효과적이다. 이를테면 교사는 학생들에게 자신의 인생 주기를 예측해 보게 하는 대리 경험을 제공할 수 있다. 학생들로 하여금 자신의 60대의 모습, 70대의 모습, 80대의 모습, 90대의 모습 등을 글로 서술해 보거나 그림으로 표현해 보게 하는 것, 자신이 80대의 노인으로서 손자 소녀들에게 하고 싶은 말을 저널 형식으로 작성해 보게 하는 것 등은 학생들의 노화 및 노인에 대한 긍정적 인식을 촉진하는 데 큰 도움을 준다. 나아가 노인들을 인터뷰하는 것 역시 노인에 대한 공포와 고정관념을 감소시키는 데 도움을 준다. "지금까지 살아오면서 가장 기억에 남는 일은 무엇입니까?", "나이가 들어 노인이 되면서 가장 좋은 점은 무엇입니까?" 등의 질문은 노화에 대한 긍정적 이미지를 갖게 하는 데 도움을 준다. 이렇듯 교사는 다양한 대리 경험의 기회를 제공하여 학생들이 인간의 삶에 있어서 연령에 따른 변화의 중요성을 이해하게 해 주어야 한다. 왜냐하면 학생들은 그들에게 각인된 노인에 대한 고정관념에서 탈피하여 노년기를 인생에서 가치 있는 시간으로 바라볼 필요가 있기 때문이다.

라. 상상된 접촉 기회의 제공

정신적 상상은 실제 경험에서 발생하는 것과 유사한 감정적·동기적 반응을 유발시킨다. 신경심리학 연구들은 정신적 상상이 지각과 유사한 신경 체제를 공유하고 있고, 기억·정서·운동 통제를 위한 메커니즘과 유사한 신경 메커니즘을 사용하고 있음을 보여준다. 정신적 상상은 선택·연습·준비·행동 계획·목표 지향 행동에서 중요한 요소로서 기능한다(Crisp & Turner, 2009, p. 233). 교사는 상상력이 지닌 힘과 가능성을 노인차별주의를 감소시키는 데에 유용하게 활용할 수 있어야 한다.

상상된 접촉 가설은 자아를 직접적으로 포함하고 있는 간접적인 접촉 방식이다. 그것은 외집단 범주에 속하는 성원들과의 사회적 상호작용에 대한 정신적 시뮬레이션(mental simulation)이다. 상상된 접촉은 실제적인 접촉이 일어나지 않는다는 점에서 간접적이지만, 자아와 외집단 간에서 일어나는 상호작용을 포함한다. 이런 의미에서 상상된 접촉은 확대된 접촉에 비해 실제적 접촉과 더욱 유사하다. 상상된 접촉 가설의 기본 아이디어는 이런 것이다. 긍정적인 접촉 경험을 정신적으로 시뮬레이션해 보는 것은 외집단 성원들과의 성공적인 상호작용과 연합된 개념들을 활성화시킨다. 그것은 외집단 성원들과의 향후 접촉 전망에 대해 편안하고 덜 우려하는 감정을 포함한다. 그리고 이렇듯 감소된 불안감은 외집단에 대한 부정적 태도를 감소시킨다(Crisp & Turner, 2009, p. 234). 또한 상상된 접촉은 외집단에 대한 투사를 포함하고 있기에, 개인의 역할채택과 공감 능력을 향상시켜 줌으로써 편견 감소에 효과적이다. 상상된 접촉의 긍정적 효과는 다양한 외집단을 포함하는 실험 연구들을 통해 입증되고 있다. 상상된 접촉이 노인과 동성애자에 대한 편견을 감소시키고, 다른 민족·종족 집단의 속성에 대한 긍정적 지각을 유도한다는 연구 결과들이 존재한다(Dovidio, Eller & Hewstone, 2011, p. 155).

교사는 학생들로 하여금 노인들과 매우 긍정적이고 유쾌한 상호작용과 관계를 맺고 있다고 상상해 보게 하는 활동을 전개할 수 있다. 교사는 학생들로 하여금 개별적으로 혹은 집단을 이루어 그들이 상상한 긍정적 접촉의 과정 및 결과를 간단한 보고서, 4컷 만화, 마인드맵, 협동화 등으로 다양하게 표현하게 한 후에 서로의 생각을 공유해 보는 활동을 전개할 수 있다. 이때 교사는 학생들로 하여금 막연하게 노인들과의 긍정적인 상호작용을 상상하게끔 방치하는 것이 아니라, 학생의 발달 상황을 고려하여 구체적인 상상의 조건과 맥락을 규정해 주는 것이 바람직하다. 이를테면 학생들에게 잘 알려져 있는 유명한 노인 배우나 가수와의 인터뷰 장면이나 1박 2일 여행 등 구체적인 상황을 제시하여 학생들이 그 안에서 상상된 접촉의 기회를 풍부히 갖도록 하는 것이 바람직하다.

교사는 학생들이 노인과의 긍정적 접촉을 상상함과 동시에 귀인 과정에 있어서 제 3자의 관점을 취할 수 있도록 지도해야 한다. 일반적으로 행위자는 자신의 행동에 대해 상황적 귀인을 하는 반면에, 관찰자는 성향적 귀인을 한다. 상상된 접촉 상황에서 제3자적 입장을 취하는 것은 자신의 상상된 행동에 대해 상황적 귀인보다는 성향적 귀인을 선호하도록 만든다. 왜냐하면 제3자적 입장은 자아를 더욱 현저한 판단 근거로 만들어주기 때문이다. 그러므로 상상된 접촉에서 제3자적 관점은 상상된 긍정적인 접촉을 자신의 성향 경향성으로 귀인하기 때문에 향후 접촉 의도를 강화시켜 준다(Crisp & Hsunu, 2011, p. 277).

4. 결론

2022년 현재 65세 이상 고령인구는 901만 8천 명으로 전체 인구의 17.5%이며, 2025년에는 20.6%로 우리나라가 초고령사회로 진입할 것으로 전망된다. 특히 급증하는 후기 고령층 노인의 증가는 신체적 질병, 일상생활 수행 능력 저하, 치매 등 인지 기능 장애, 경제적 능력 저하 등 신체적·심리적·경제적으로 의존적인 노인의 증가로 이어져 부양자의 부양 부담을 증대시킴은 물론 차별 및 학대 행위에 더욱 쉽게 노출되게 된다(조애저, 2008, pp. 16-17). 노인차별주의는 인종차별주의나 성차별주의처럼 편견이나 억압의 한 형태로서 그 차별의 대상이 되는 사람들뿐만 아니라 차별을 행하는 사람에게도 그릇된 태도나 관점을 고착화시키게 된다. 또한 인종차별이나 성차별과는 달리 언젠가 나이가 들어 우리 모두가 속하게 될 집단에 대한 차별을 의미한다는 점에서 여타의 차별 행위와 구별되는 독특한 특징을 보여준다.

노인들에 대한 학생들의 태도는 긍정적인 것과 부정적인 것을 모두 포함하고 있기에 매우 복잡한 문제이다. 오늘날의 노인들은 이전 시대의 노인들에 비해 교육 수준이 높고, 부유하며 더 활동적인 모습을 보여주는 것이 사실이지만, 학생들은 여전히 노화 및 노인에 대한 부정적인 고정관념 내용을 상당히 많이 가지고 있다. 학생들은 아픈, 피곤한, 추한, 무력한, 완고한, 노쇠한 등과 같은 부정적 표현의 용어들을 신체적 노화와 연합하여 생각하고 있으므로, 노화 및 노인에 대한 지각을 변화시키려는 교육적 시도는 빠르면 빠를수록 좋다.

그러므로, 이제 우리는 도덕과의 교육 내용에서 노인차별주의를 비중 있게 다루어야 함과 동시에 노인차별주의를 감소시키기 위한 교수 원리들을 적용하는 데에 힘을 기울여야 할 것이다. 도덕과에서 노인차별주의를 감소시키기 위해서는 노화 과정 노인에 대한 정확한 지식과 정보의 제공, 역고정관념 및 상위 범주의 활성화, 다양한 대리 경험의 기회 제공, 상상된 접촉 기회 제공 등을 제공해 주어야 한다. 노화의 과정 및 그것이 개인의 완성과 삶의 질에 함의하는 사항에 대한 심층적 이해는 학생들에게 있어서 매우 중요한 것이다. 왜냐하면 노화는 사회 구성원으로서의 학생들 역시 자신들의 생애 주기에서 언젠가는 반드시 직면하게 될 문제이기 때문이다. 학생들이 언젠가 직면할 자신의 노화를 긍정적으로 파악하고, 노인을 사회 속의 다양한 사람들의 집합으로 인정하고 존중할 때, 그들은 장차 자신의 잠재력을 실현할 수 있을 뿐만 아니라 노인차별주의라는 사회 문제를 극복할 수 있기 때문이다.

교육과학기술부, 『도덕과 교육과정』, 서울: 교육과학기술부.

김문영(2000), "Ageism을 통해 본 노인차별에 관한 고찰", 『정신간호학회지』, 9(4), 515-523.

김미혜 · 권금주 · 임연옥 · 이연호(2006), "노인 학대 측정 도구: 학대 유형과 심각성을 중심으로", 『한국노년학』, 26(4), 819-842.

김욱(2003), "노인차별의 실태 및 관련 요인에 관한 탐색적 조사 연구", 『한국노년학』, 23(2), 21-35.

김혜숙(1999), "집단 범주에 대한 고정관념, 감정과 편견", 『한국심리학회지: 사회 및 성격』, 13(1), 1-33.

이영숙 · 박경란(2003), "대학생이 인지하는 남녀 노인의 고정관념 비교 분석", 『노인복지연구』, 19, 83-108.

조애저(2008), "노인학대 실태와 정책 방안", 『보건복지포럼』, 통권 제 143호, 16-29.

추병완(2012a), 『도덕교육의 새 지평』, 고양: 인간사랑.

추병완(2012b), 『다문화 사회에서 반편견 교수 전략』, 서울: 하우.

Aday, R. H., Aday, K. L., Arnold, J. L. & Bendix, S. L. (1996), "Changing children's perceptions of the elderly: The effects of intergenerational contact", *Gerontology and Geriatric Education*, 16(3), 37-51.

Bousfield, C. & Hutchison, P. (2010), "Contact, anxiety, and young people's attitudes and behavioral intentions towards the elderly", *Educational*

Gerontology, 36, 451-466.

Butler, R. N. (1969), "Age-ism: Another form of bigotry", *Gerontologist*, 9, 243-246.

Butler, R. N. (1980), "Ageism: A forward", Journal of Social Issues, 36(2), 8-11.

Crisp, R. J. & Husnu, S. (2011), "Attributional processes underlying imagined contact effects", *Group Processes & Intergroup Relations*, 14(2), 275-287.

Crisp, R. J., & Turner, R. N. (2009), "Can imagined interactions produce positive perceptions? Reducing prejudice through simulated social contact", *American Psychologist*, 64(4), 231–240.

Cuddy, A. J. C., Norton, M. I., & Fiske, S.T. (2005), "This old stereotype: The pervasiveness and persistence of the elderly stereotype", *Journal of Social Issues*, 61(2), 267-285.

Dovidio, J. F., Eller, A., & Hewstone, M. (2011), "Improving intergroup relations through direct, extended and other forms of indirect contact", *Group Processes & Intergroup Relations*, 14, 147-160.

Dozois, E. (2006), *Ageism: A review of the literature*, Calgary: World on the Street Consulting Ltd.

Greenberg, J., Schimel, J., & Martens, A. (2002), "Ageism: Denying the face of the future", In T. D. Nelson (Ed.), *Ageism: Stereotyping and prejudice against older persons*, Cambridge: MIT Press, 188-212.

Gilbert, C. N. & Ricketts, K. G. (2008), "Children's attitudes toward older adults and aging: A synthesis of research", *Educational Gerontology*, 34, 570-586.

Grefe, D. (2011), "Combating ageism with narrative and intergroup contact: Possibilities of intergenerational connections", *Pastoral Psychology*, 60(1), 99-105.

Hagestad, G. O. & Uhlenberg, P. (2005), "The social separation of old and young:

A root of ageism", *Journal of Social Issues*, 61(2), 343-360.

Hatch, L. R. (2005), "Gender and ageism", *Generations*, 29(3), 19-24.

Levy, B. R. & Banaji, M. R. (2002), "Implicit ageism", In T. D. Nelson (Ed.), *Ageism: Stereotyping and prejudice against older persons*, Cambridge: MIT Press, 49-75.

Martens, A., Goldenberg, J. L., & Greenberg, J. (2005), "A terror management perspective on ageism", *Journal of Social Issues*, 61(2), 223-239.

Martens, A., Greenberg, J., Schimel, J., & Landau, M. J. (2004), "Ageism and death: Effects of mortality salience and perceived similarity to elders on reactions to elderly people", *Personality and Social psychological Bulletin*, 30(12), 1524-1536.

Murphey, M. & Myers, J. E. (1982), "Attitudes of children toward older persons: What they are, what they can be", *The School Counselor*, 29(4), 281-289.

Nelson, T. D. (2005), "Ageism: Prejudice against our feared future self", *Journal of Social Issues*, 61(2), 207-221.

Nelson, T. D. (2007), "Ageism: The strange case of prejudice against the older you", In R. L. Wiener & S. L. Willborn (Eds.), *Disability and aging discrimination*, New York: Springer, 37-47.

Nelson, T. D. (2009), "Ageism", In T. D. Nelson (Ed.), *Handbook of prejudice, stereotyping, and discrimination*, New York: Psychology Press, 431-440.

Palmore, E. (2004), "Ageism in Canada and the United States", *Journal of Cross-Cultural Gerontology*, 19, 4-46.

Popham, L. E., Kennison, S. M., & Bradley, K. I. (2011), "Ageism and risk-taking in young adults: Evidence for a link between death anxiety and ageism", *Death Studies*, 35, 751-763.

Schwartz, L. K. & Simmons, J. P. (2001), "Contact quility and attitudes toward the elderly", *Educational Gerontology*, 27, 127-137.

Seefeldt, C. (1987), "The effects of preschoolers' visits to a nursing home", *The Gerontologist*, 27(2), 228-232.

Sleeter, C. E. & Grant, C. A. (2007), *Making choices for multicultural education*, Danvers: John Wiley & Sons, Inc.

Sorgman, M. I. & Sorensen, M. (1984), "Ageism: A course of study", *Theory Into Practice*, 23(2), 117-123.

다문화 시대의 반편견교육론

찾아보기